WERELD RELIGIES

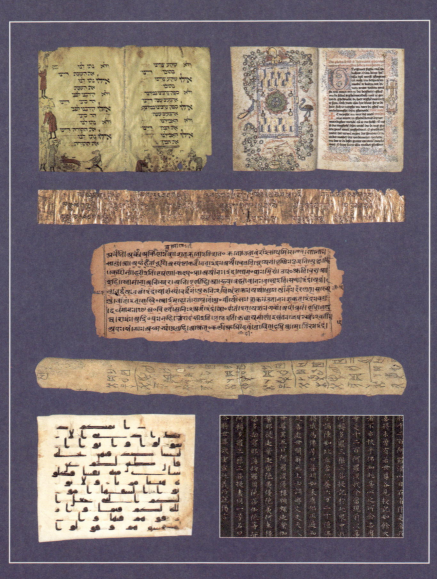

WERELD RELIGIES

Redactie: Michael D. Coogan

LIBRERO

Oorspronkelijke titel: *World Religions*

© 2007 Librero b.v. (Nederlandstalige editie),
Postbus 72, 5330 AB Kerkdriel
WWW.LIBRERO.NL

© 2003 Duncan Baird Publishers Ltd

Kaarten en illustraties
© Duncan Baird Publishers 1998, 2003

Foto's omslag
Wereldbol: TCS
Vogelkop Haggada: Z. Radovan,
www.BibleLandPictures.com
Lotus Sutra: British Library

Hoofdredactie: Peter Bently
Hoofd ontwerp: Paul Reid
Lay-out: Dan Sturges
Beeldredactie: Cecilia Weston-Baker
Register: Brian Amos
Kaarten: Michael Taylor
Ontwerp decoraties: Sally Taylor

Productie en zetwerk Nederlandstalige editie:
Textcase, Hilversum
Vertaling: Barbara Boudewijnse, e.a.

Druk- en bindwerk: Imago
Printed in Thailand

ISBN-13: 978-90-5764-502-0
ISBN-10: 90-5764-502-5

Alle rechten voorbehouden.

INHOUD

● **INLEIDING** 6 Michael D. Coogan

● *Hoofdstuk een:* JODENDOM 14
Carl S. Ehrlich

INLEIDING 16

Ontstaan EEN GELOOF IN WORDING 20
Historische ontwikkeling VAN HERODES TOT HERZL 22
Aspecten van het goddelijke 1 GOD, DE ONHERLEIDBARE 26
Aspecten van het goddelijke 2 MESSIANISME EN VERLOSSING 28
Heilige teksten DE LEVENDE WET 30
Heilige personen WETGEVERS, GELEERDEN EN STICHTERS 36
Ethische uitgangspunten DE WEG VAN ISRAËL 38
Heilige ruimte HEILIGDOMMEN VOOR EEN VOLK 40
Heilige tijd HET RITME VAN HET LEVEN 44
Samenleving en religie HET JODENDOM IN DE MODERNE WERELD 48

● *Hoofdstuk twee:* CHRISTENDOM 52
Rosemary Drage Hale

INLEIDING 54

Ontstaan 'IN DEN BEGINNE' 58
Historische ontwikkeling TWEEDUIZEND JAAR GELOOF 60
Aspecten van het goddelijke 1 OPENBARING EN WAARHEID 64
Aspecten van het goddelijke 2 MYSTIEKE EENWORDING 66
Heilige teksten DE CHRISTELIJKE CANON 68
Heilige personen MARTELAREN, HEILIGEN EN ENGELEN 70
Ethische uitgangspunten DE WEG VAN CHRISTUS 74
Heilige ruimte HET HUIS DES HEREN 76
Heilige tijd LITURGIE, SACRAMENTEN EN FEESTEN 80
Dood en hiernamaals DE GELIEFDE OVERLEDENEN 84
Samenleving en religie KERK, STAAT EN GEMEENSCHAP 86

● *Hoofdstuk drie:* ISLAM 88
Matthew S. Gordon

INLEIDING 90

Ontstaan DE ARABISCHE SMELTKROES 94
Historische ontwikkeling EEN TIJDPERK VAN VEROVERINGEN 96
Aspecten van het goddelijke BENADERINGEN VAN GOD 100

Heilige teksten HET WOORD VAN GOD 104
Heilige personen 1 PROFEET EN BOODSCHAPPER 106
Heilige personen 2 IMAMS EN 'HEILIGEN' 108
Ethische uitgangspunten SJARIE'A EN DE WET VAN DE ISLAM 110
Heilige ruimte MOSKEEËN EN SCHRIJNEN 112
Heilige tijd RELIGIEUZE PLICHTEN 114
Dood en hiernamaals DE TERUGKEER NAAR GOD 118
Samenleving en religie DE ISLAM IN DE MODERNE TIJD 120

● *Hoofdstuk vier:* HINDOEÏSME 124
Vasudha Narayanan

INLEIDING 126

Ontstaan en historische ontwikkeling VIJFDUIZEND JAAR TRADITIE 130
Aspecten van het goddelijke GODEN EN GODINNEN 134
Heilige teksten WOORDEN VAN DEVOTIE 138
Heilige personen LERAREN EN LEIDERS 142
Ethische uitgangspunten WEGEN NAAR VERLOSSING 144
Heilige ruimte EEN HEILIG LAND 146
Heilige tijd HEILIGE VIERINGEN 152
Dood en hiernamaals KARMA, DOOD EN WEDERGEBOORTE 156
Samenleving en religie ONDERSCHEID EN IDENTITEIT 158

● *Hoofdstuk vijf:* BOEDDHISME 162
Malcolm David Eckel

INLEIDING 164

Ontstaan HET LEVEN VAN DE BOEDDHA 168
Historische ontwikkeling SCHOLEN EN VOERTUIGEN 172
Aspecten van het goddelijke HEMELSE WEZENS 176
Heilige teksten DE LEER VAN DE DHARMA 178
Heilige personen IN HET SPOOR VAN DE MEESTER 182
Ethische uitgangspunten DE WEG NAAR HET *NIRVANA* 184
Heilige ruimte GEWIJDE PLAATSEN 186
Heilige tijd EERBIEDIGING VAN DE WEG 190
Dood en hiernamaals DE KRINGLOOP DER WEDERGEBOORTE 192
Samenleving en religie ROLLEN EN RELATIES 194

● *Hoofdstuk zes:* CHINESE TRADITIES 198
Jennifer Oldstone-Moore

INLEIDING 200

Ontstaan en historische ontwikkeling EEN RIJKDOM AAN TRADITIES 204
Aspecten van het goddelijke HET HEMELSE KEIZERRIJK 208
Heilige teksten DE WOORDEN DER WIJZEN 212
Heilige personen HEILIGEN EN HELDEN 214
Ethische uitgangspunten HET STREVEN NAAR HARMONIE 216
Heilige ruimte EEN GEWIJDE KOSMOS 220
Heilige tijd RELIGIEUZE FEESTEN 224
Dood en hiernamaals DE ONSTERFLIJKHEID VAN LICHAAM EN ZIEL 230
Samenleving en religie DE STAAT, DE FAMILIE EN HET INDIVIDU 234

● *Hoofdstuk zeven:* JAPANSE TRADITIES 236
C. Scott Littleton

INLEIDING 238

Ontstaan en historische ontwikkeling GELOOF EN COËXISTENTIE 242
Aspecten van het goddelijke EEN WERELD VAN GEESTEN 246
Heilige teksten KRONIEKEN EN HEILIGE GESCHRIFTEN 250
Heilige personen BAKENS VAN WIJSHEID 252
Ethische uitgangspunten HARMONIE EN VERLICHTING 256
Heilige ruimte EEN LANDSCHAP VAN HEILIGDOMMEN 258
Heilige tijd DELEN IN DE GEEST 262
Dood en hiernamaals HEMELEN EN HEL 266
Samenleving en religie 1 OUDE GELOVEN IN DE MODERNE WERELD 268
Samenleving en religie 2 DE 'NIEUWE RELIGIES' 270

VERKLARENDE WOORDENLIJST 272
LITERATUUR 273
INDEX 277
VERANTWOORDING ILLUSTRATIES 288

INLEIDING

Duizenden jaren geleden, lang voor de uitvinding van het schrift, hielden mensen zich al bezig met religie. Zorgvuldig gesneden figuurtjes, opvallende grotschilderingen en uitgebreide begrafenisgebruiken kunnen op grond van overeenkomsten met latere verschijnselen beschouwd worden als bewijzen van religieuze activiteit. Het is dus sinds prehistorische tijden al zo dat men gelooft in het bestaan van een werkelijkheid die de menselijke werkelijkheid te boven gaat; een geloof waardoor culturen worden gekenmerkt en voortgebracht, en dat functioneert als tegengif voor de breekbaarheid en ogenschijnlijke eindigheid van het menselijke bestaan.

Religie heeft in het verleden in talloze gedaanten bestaan, maar ook nu nog verschijnen er onafgebroken nieuwe vormen. In dit boek komen de levende tradities aan de orde die met een adequaat cliché 'wereldgodsdiensten' genoemd worden: jodendom, christendom, islam, hindoeïsme, boeddhisme, Chinese en Japanse tradities. Een belangrijk criterium voor de keuze voor deze zeven stromingen is het aantal aanhangers dat ze hebben. Het christendom (met bijna twee miljard aanhangers), de islam (met meer dan één miljard aanhangers) en het hindoeïsme (met bijna 800 miljoen gelovigen) behoren vanzelfsprekend tot de hier geselecteerde groep. Het aantal boeddhisten is niet zo eenvoudig vast te stellen, maar het is de godsdienst van de meerderheid van de bewoners van Zuidoost-Azië en een belangrijk bestanddeel van de Chinese en Japanse religieuze tradities. Het precieze aantal Chinezen dat nog vasthoudt aan de traditionele religieuze gebruiken is eveneens moeilijk in te schatten; dit geldt met name voor de 1,2 miljard inwoners van de Volksrepubliek, maar zelfs een voorzichtige schatting loopt in de honderden miljoenen.

Een tweede criterium is geografische verspreiding. Hoewel een joodse populatie van dertien miljoen numeriek bijvoorbeeld niet veel voorstelt, heeft de diaspora al vanaf de eerste eeuwen v. Chr. geleid tot de aanwezigheid van joden in alle delen van de wereld. In de twintigste eeuw is deze zogenaamde 'verstrooiing' afgenomen, hoewel nog steeds twee derde van alle joden buiten Israël woont. Van oudsher hebben vooral het christendom en de islam missionaire activiteiten ontplooid waardoor beide godsdiensten zich hebben kunnen uitbreiden tot ver buiten hun geografische oorsprong. In de huidige tijd hebben islamitische, Hindoestaanse en Chinese migranten hun religieuze opvattingen en gebruiken met zich meegenomen naar praktisch alle delen van de wereld. Ook het boeddhisme heeft vanuit India een enorme vlucht genomen en zowel de religieuze ervaring van vele Aziaten als van vele westerlingen diepgaand gevormd.

Hoewel de religieuze traditie van Japan hoofdzakelijk beperkt is tot de Japanse archipel, verdient ze toch een plaats in dit boek vanwege de omvang van de Japanse bevolking (125 miljoen) en de invloed die het moderne Japan wereldwijd heeft.

Het laatste criterium voor opname in het onderhavige overzicht is het historische belang van een godsdienst. Het jodendom, bijvoorbeeld, heeft ondanks een relatief klein aantal aanhangers een enorme religieuze, intellectuele en culturele invloed gehad.

Het christendom is rechtstreeks uit het jodendom ontstaan en er zijn vele punten van overeenstemming met de derde grote monotheïstische godsdienst, de islam. De joods-christelijke traditie heeft een centrale rol gespeeld in de ontstaansgeschiedenis van de westerse cultuur, hetzelfde geldt in vele opzichten voor de islam.

Op grond van deze criteria valt een groot aantal tradities buiten het bestek van dit overzicht. Het oude zoroastrisme bijvoorbeeld, of de jongere takken van de grote godsdiensten die in dit boek behandeld worden, zoals het sikhisme, bahaigeloof en mormonisme, of het jainisme, dat slechts een regionaal verschijnsel is. Eveneens onbesproken blijven de talloze heilige tradities die niet gebaseerd zijn op een heilig geschrift, zoals we die aantreffen in Zuid-Amerika, Afrika en Oceanië. In de volgende hoofdstukken zal er hier en daar echter gelegenheid zijn om ook hun invloed op de geschiedenis en de doctrines van de belangrijkste levende godsdiensten te laten zien.

Elk hoofdstuk biedt een uitgebreid overzicht van één van de zeven godsdiensten. Om vergelijkingen tussen de zeven tradities mogelijk te maken en hun overeenkomsten en verschillen te kunnen beoordelen, is het materiaal bovendien in tien vaste rubrieken verdeeld van twee of vier pagi-

Indiase vrouwen verzamelen zich voor een maaltijd ter ere van de godin Lakshmi. Hindoeïstische vieringen zijn een in toenemende mate vertrouwde verschijning in vele delen van de wereld. Het is tegenwoordig een algemeen verschijnsel dat vele religieuze tradities van verschillende geografische oorsprong naast elkaar bestaan.

Een beeldje uit circa 600 v. Chr. dat de Egyptische godin Isis voorstelt die haar zoon Horus de borst geeft. Deze voorstelling van Isis, die in het gehele Nabije Oosten en het Middellandse-Zeegebied algemeen gangbaar was, heeft als een vroeg model gefunctioneerd voor de interpretatie van Maria, de moeder van Christus (zie de afbeelding op p. 9).

na's. In het hele boek worden bepaalde belangrijke onderwerpen extra belicht in vetgedrukte kolommen in de marge en in apart omkaderde tekstgedeelten.

De systematische behandeling van elke traditie wordt voorafgegaan door een inleidend essay dat dienst doet als een samenvatting van de belangrijkste kenmerken van de godsdienst en van zijn historische en huidige betekenis en verspreiding. Daarna volgt de gedetailleerde bespreking van de volgende tien rubrieken:

ONTSTAAN EN HISTORISCHE ONTWIKKELING
In de eerste vier hoofdstukken worden deze twee onderwerpen apart behandeld (bij jodendom, christendom, islam en boeddhisme) en in drie gevallen gecombineerd (bij hindoeïsme, Chinese tradities, Japanse tradities). In het algemeen is het onmogelijk één exact punt te bestempelen als het moment waarop een godsdienst werkelijk begon, aangezien alle geloofssystemen nauw verbonden zijn met de ontwikkeling van de respectievelijke culturen waaruit zij zijn voortgekomen. Bovendien dateren de geschreven bronnen waarin de oorsprong van een godsdienst wordt beschreven vaak van een veel latere periode dan de gebeurtenissen die erin beschreven worden. Een andere complicerende factor is dat deze teksten vaak mythologische en historische gegevens combineren. Een moderne godsdiensthistoricus heeft in aanvulling op dit complexe bronnenmateriaal vaak niet meer informatie tot zijn beschikking dan de fragmentarische en soms dubbelzinnige gegevens van archeologen en antropologen.

De oorsprong van het boeddhisme, het christendom en de islam ligt echter ondubbelzinnig in de leer van één diepvereerde persoon die met aanzienlijke historische nauwkeurigheid te plaatsen is. In de hoofdstukken over deze drie tradities bestaat de rubriek over het ontstaan van de betreffende godsdienst uit een apart essay over het leven van de Boeddha, Jezus, Mohammed en hun eerste volgelingen. De formatieve periode van het jodendom heeft zijn neerslag gevonden in één verzameling geschriften – de Hebreeuwse bijbel – en daarom wordt het ontstaan van het jodendom ook in een afzonderlijke rubriek behandeld waarin extra aandacht besteed wordt aan de bijbelse geschiedenis van het volk Israël.

ASPECTEN VAN HET GODDELIJKE
Zoals gezegd is een centraal element in elke religie 'het goddelijke', ofwel 'een werkelijkheid die de menselijke werkelijkheid te boven gaat'. De manier waarop deze werkelijkheid wordt gedefinieerd is het onderwerp van de derde rubriek, 'aspecten van het goddelijke'. Is de goddelijke werkelijkheid uniform of pluriform? Is zij persoonlijk of onpersoonlijk, in de wereld gelegen of daarbuiten, dichtbij of veraf, transcendent of immanent? Elke religieuze traditie benadert dergelijke vragen op haar eigen manier, maar toch zijn er op een abstracter niveau vele punten van overeenkomst tussen de verschillende antwoorden.

Bij de vraag naar de uniformiteit of pluriformiteit van de goddelijke werkelijkheid blijkt het onderscheid tussen monotheïsme en polytheïsme soms meer theoretisch dan actueel. Het hindoeïsme kent bijvoorbeeld een zeer groot aantal goden en godinnen. Deze worden echter in zekere zin gezien als manifestaties van één enkele onderliggende goddelijke werkelijkheid. Ook de centrale christelijke leer van de drie-eenheid – één god die in drie personen bestaat – is in dit opzicht interessant, maar voor christenen niet in strijd met het strikte monotheïsme van hun geloof.

De monotheïstische tradities ontkomen, zeker op populair niveau, niet aan een soort 'functioneel polytheïsme'. Aan een hele serie 'heiligen' en demonen wordt een soort goddelijke macht toegekend. Een prominent voorbeeld hiervan is Maria, de moeder van Jezus, die voor vele christenen het vrouwelijke aspect binnen het in wezen patriarchale monotheïsme belichaamt. Bovendien vinden we zowel in het christendom als in de islam, en tot op zekere hoogte ook in het jodendom, een voortdurende strijd om de heerschappij tussen god en de machten van het kwaad.

HEILIGE TEKSTEN

Eén van de manieren waarop het goddelijke toegankelijk is gemaakt voor de mens is door middel van geïnspireerde geschriften en andere teksten. Elke geletterde geloofsgemeenschap heeft teksten voortgebracht. Soms in korte tijd of soms in de loop van eeuwen zijn deze teksten geschreven, verzameld en verspreid. Ze worden gebruikt in de eredienst en in het religieuze onderwijs en bevatten de belangrijkste idealen en soms ook een verhalend overzicht van de geschiedenis van de traditie. In veel religies wordt van deze heilige teksten aangenomen dat ze 'geopenbaard' zijn, dat wil zeggen direct of indirect goddelijk geïnspireerd. Zelf gevormd in een zich geleidelijk ontwikkelende traditie, dragen de heilige teksten bij aan de verdere vorming van deze traditie door hun rituele en didactische functie. In de geschriften van een religieuze traditie zijn de belangrijkste principes verwoord die tevens als maatstaf dienen bij het formuleren van de religieuze leer.

In sommige tradities is het corpus van heilige literatuur, oftewel de canon, gesloten. De teksten die samen de canon vormen zijn relatief oud. Dit geldt met name voor het jodendom, het christendom en de islam. De joodse bijbel, de christelijke bijbel en de koran zijn alle op een relatief vroeg tijdstip in de ontwikkeling van de respectievelijke religieuze tradities definitief vastgesteld (hoewel er tussen christelijke denominaties verschil van mening bestaat over de status van een aantal boeken, 'apocriefen' genaamd). De drie grote monotheïstische godsdiensten stellen daarnaast dat ook andere, soms eveneens oude maar niet goddelijk geïnspireerde teksten een speciale religieuze betekenis kunnen hebben. Er zijn ook tradities waar de canon minder gesloten is en waarin ook teksten uit latere perioden zijn opgenomen en soms ook mondelinge composities.

In alle religies ontwikkelde zich rondom het centrale corpus van heilige geschriften een interpretatieve en becommentariërende traditie. Sommige van deze secundaire teksten kregen op hun beurt religieus gezag en soms zelfs canonieke status.

HEILIGE PERSONEN

In elke serieuze godsdienst wordt de speciale betekenis van één of meer individuen voor de eigen traditie erkend. Soms zijn dit de 'stichters', die verantwoordelijk worden gehouden voor bepaalde essentiële aspecten van

Madonna en kind, *van de hand van de Meester van San Miniato (actief ca. 1460-1490). De eerbiedwaardige, soms zelfs goddelijke status van Maria is gedeeltelijk ontleend aan de mediterrane tradities die het christendom verving. Het gangbare christelijke beeld van Maria die het kind Jezus voedt, is bijvoorbeeld direct afgeleid van de voorstelling van Isis met Horus (zie de afbeelding op p. 8).*

de traditie, of zelfs voor het bestaan van de godsdienst überhaupt. Deze figuren kunnen vereerd worden als belichaming van de godheid, zoals in het geval van Jezus en Krishna; als ontvangers van een speciale goddelijke openbaring, zoals Mozes en Mohammed; of als personen die buitengewone, fundamentele inzichten hebben ervaren, zoals de Boeddha en Lao Tse. De geschriften van deze individuen en hun levensverhalen vormen vaak het hart van een canon van heilige teksten.

Naast deze stichters vinden we in de meeste religieuze tradities een heel scala aan personen die gerespecteerd of zelfs vereerd worden vanwege hun voorbeeldige leer en levenswandel. Van deze personen wordt meestal geloofd dat ze een bijzondere mate van heiligheid of verlichting bereikt hebben. Het gaat vaak om leiders en leraren, maar ook om mensen die vereerd worden vanwege hun heroïsche standvastigheid in tijden van vervolging. Vaak zal een heilige, wijze, monnik, imam, non, mysticus of goeroe vereerd worden binnen de gehele traditie, maar vaker zal deze verering een meer lokaal karakter hebben of beperkt blijven tot een kleinere groep binnen de hoofdstroom van de traditie.

ETHISCHE UITGANGSPUNTEN

De fundamentele ethische gedragsvoorschriften voor zowel individuen als voor de gemeenschap als geheel worden bewaard in de heilige teksten en belichaamd in de levens van heiligen. Deze principes zijn vaak beknopt geformuleerd, zoals de 'tien geboden' van het jodendom en christendom en het 'Edele Achtvoudige Pad' van het boeddhisme. Soms zijn voorschriften systematisch afgeleid uit de heilige geschriften, zoals de 613 geboden die volgens de joodse traditie in de Tora zijn vastgesteld.

In de loop van de ontwikkeling van een traditie kan er verschil van inzicht ontstaan over de toepassing van oudere regels op nieuwe situaties. Debatten over vraagstukken van persoonlijke en gemeenschappelijke moraliteit kunnen hoog oplopen en zelfs tot schisma's leiden en tot de vorming van nieuwe subgroepen binnen een traditie. Toch is elke gemeenschap en sekte serieus bezig met het formuleren van ethische principes die hun volgelingen in de gelegenheid zullen stellen het uiteindelijke doel van de traditie te bereiken – redding, verlossing, verlichting en de 'bevrijding' van de ziel.

HEILIGE RUIMTE

In elke godsdienst vinden we speciale ruimtes die als ontmoetingsplaats tussen het aardse en het goddelijke dienst doen. Tempels, moskeeën, kerken, kapellen, graven en huisaltaren functioneren als plaatsen voor openbare en particuliere verering, voor rituelen als huwelijk en naamgeving, voor religieus onderricht, voor festiviteiten en ceremonieën, en als administratief centrum van de religieuze hiërarchie. Veel tradities hebben op basis van de lokale en regionale architectuur hun eigen religieuze bouwstijl ontwikkeld, waarbij vaak gebruikgemaakt wordt van een complexe symboliek.

In veel godsdiensten vereren de gelovigen bepaalde elementen in de natuur zoals bergen, rivieren en bronnen. Het geloof in de heiligheid van dergelijke plaatsen is vaak van een respectabele ouderdom, daterend van vóór de betreffende godsdienst. Soms worden bepaalde plaatsen heilig vanwege hun relatie tot een bepaalde heilige. Elke heilige plaats kan een pelgrimsoord worden.

HEILIGE TIJD
In elke religieuze traditie wordt gedacht dat bepaalde uren van de dag, tijden van het jaar, momenten van de menselijke levenscyclus en zelfs gebeurtenissen in de geschiedenis een speciale goddelijke nabijheid vertegenwoordigen. Deze momenten dienen daarom gemarkeerd te worden door individuele of gemeenschappelijke religieuze uitingen. Het kosmische ritme van zon, maan, planeten en sterren wordt bewaard in de religieuze kalender. Dageraad en zonsondergang worden algemeen beschouwd als momenten van speciale heiligheid, maar er zijn ook liturgieën die andere momenten aanwijzen als geëigend voor bepaalde religieuze handelingen. De meeste tradities vieren het nieuwe jaar als een moment van vernieuwing voor zowel individu als gemeenschap – een moment van optimisme waarop de godheid om zegeningen gevraagd kan worden. Het nieuwe jaar is vaak verbonden met de cyclus van zaaien en oogsten; het einde van de

In de loop van de geschiedenis kan één en dezelfde plaats voor verschillende godsdiensten een heilige plek worden. De grote Umajaden-moskee in Damascus bijvoorbeeld (hieronder), gebouwd in 705-710 n. Chr., staat op de plaats waar eerder een aan Johannes de Doper gewijde Byzantijnse kerk stond, die op zijn beurt al in de plaats was gekomen van een Grieks-Romeinse Zeus/Jupitertempel.

Kinderen voeren een rituele reiniging van een beeldje van de Boeddha uit in de Zenkoji-tempel in Nagano, Japan, tijdens 'Kinderdag'. Dit soort vieringen zijn een belangrijke manier om gelovigen al op jonge leeftijd te betrekken bij het religieuze leven van hun gemeenschap.

oogst of het begin van het nieuwe zaaiseizoen wordt erdoor gemarkeerd.

Heilige ceremonieën ('overgangsrituelen') begeleiden eveneens de verschillende overgangsfasen in een mensenleven. Dit geldt met name voor de geboorte van een kind, het bereiken van seksuele rijpheid, het huwelijk en overlijden. Veel tradities kennen ook de zogenaamde voorouderverering. Dit soort rituelen dient om individuen en families een gevoel van verbondenheid te verschaffen met de hen omringende religieuze gemeenschap waar ze deel van uitmaken.

Er wordt ook groot belang gehecht aan de herdenking van beslissende gebeurtenissen uit de geschiedenis van een godsdienst, zoals de geboorte of dood van een stichter. Pelgrimages naar plaatsen die verbonden zijn met bepaalde personen, gebeurtenissen of objecten zijn een belangrijke religieuze uiting in veel tradities.

DOOD EN HIERNAMAALS

Sterfelijkheid is een onontkoombaar menselijk gegeven en daarmee een van de centrale aandachtspunten van het geloof en van religieus handelen. Het moment van overlijden wordt gewoonlijk begeleid door een of andere vorm van heilig ritueel. In de meeste geloofssystemen wordt uitgegaan van een bepaalde vorm van persoonlijk voortbestaan na de dood. In veel godsdiensten vinden we de notie van een wereld boven deze wereld, die als tijdelijke of permanente verblijfplaats dient voor de overledenen: een hemel voor de rechtvaardigen, een hel voor de verdoemden. In de godsdienstige tradities uit India staat het idee centraal dat een ziel na de dood reïncarneert in een nieuwe fysieke vorm. De aard van deze nieuwe incarnatie hangt af van de som van al iemands verdiensten en misstappen.

Zij die zich houden aan de ethische voorschriften van hun geloof, doen dit vaak met als expliciet doel het ontkomen aan de dood, of het bereiken van een gezegende onsterfelijkheid in nabijheid van de godheid. Boeddhisten beschouwen de opeenvolging van reïncarnaties als een vorm van eeuwig menselijk lijden en zij streven dan ook naar bevrijding uit de eeuwige cirkel van geboorte en wedergeboorte. Het jodendom is een uitzondering in zijn onverschilligheid tegenover vragen over een voortbestaan na de dood; dat is ook de reden dat de rubriek 'dood en hiernamaals' in het betreffende hoofdstuk ontbreekt.

SAMENLEVING EN RELIGIE

De wereldgodsdiensten weerspiegelen niet alleen de waarden van de samenlevingen waarmee zij onlosmakelijk verbonden zijn, maar hebben die waarden ook mede vorm gegeven. De geschiedenis laat zien dat religieuze leiders vaak invloedrijk geweest zijn bij het bepalen van de nationale agenda met betrekking tot morele, sociale en politieke kwesties. Tot op de dag van vandaag is dat in vele landen nog steeds het geval. De opkomst van de moderne seculiere staat heeft echter hier en daar tot spanningen geleid tussen het burgerlijke en het religieuze establishment. Dit soort spanningen ontstaan doordat soms wordt aangenomen dat de belangen van 'kerk' en 'staat' – of welke termen hiervoor ook gebruikt worden – per definitie uiteenlopen. Bemoeienis van religieuze groeperingen met de aangelegenheden van een moderne staat wordt al gauw als 'bemoeizucht' beschouwd. Veel vragen echter waar de huidige samenleving mee te maken heeft, hebben rechtstreeks te maken met fundamentele en vaak oeroude religieuze overwegingen. Is oorlog in het algemeen bijvoorbeeld toelaatbaar, of is één bepaalde oorlog toelaatbaar? Moeten echtscheiding, abortus of genetische manipulatie verboden worden?

Voor de aanhangers van een bepaald geloof kan de vraag om een overheidsfunctie te vervullen of zich onafhankelijk op te stellen, een lastig dilemma zijn. Twee vragen kunnen dit illustreren. De eerste heeft betrekking op gelijke rechten voor mannen en vrouwen: tot op welke hoogte kan een religieuze overtuiging waarin andere waarden gelden (bijvoorbeeld het exclusief mannelijke priesterschap) op geloofwaardige wijze veranderingen bepleiten met betrekking tot de status en behandeling van vrouwen? Een ander onderwerp is culturele tolerantie: als de geschriften en de geschiedenis van een godsdienst leren dat alleen in deze godsdienst de beste of zelfs enige weg tot verlossing gelegen is (hoe die verlossing ook nader gedefinieerd wordt), hoe kan een dergelijke overtuiging een samenleving dan op overtuigende wijze voorhouden dat andere tradities dezelfde rechten hebben?

Op de volgende pagina's zullen deze en andere complexe thema's besproken en toegelicht worden door schrijvers die stuk voor stuk erkende deskundigen zijn in hun vakgebied. Samen bieden zij een levendig en gezaghebbend overzicht van de belangrijkste en meest invloedrijke aspecten van de wereldgodsdiensten: de mysteriën, de intellectuele prestaties, de innerlijke logica en samenhang, en de indrukwekkende uitingen van heiligheid.

Michael D. Coogan,
Hoogleraar Religious Studies, Stonehill College, Easton, Massachusetts en
Hoofd publicaties, Harvard Semitic Museum

Paus Johannes Paulus II wordt begroet door president Fidel Castro van Cuba op het vliegveld van Havana op 21 januari 1998. De invloed van de paus op het rooms-katholieke volksdeel is soms aanleiding tot frictie tussen de kerk en de nationale overheden van met name communistische staten, zoals Cuba, die officieel atheïstisch zijn.

Hoofdstuk een

JODENDOM

Carl S. Ehrlich

Het tetragrammaton, de vier letters die de naam van God vormen (YHWH), staat in het midden van deze verluchting van een Hebreeuwse bijbel die in 1384 n. Chr. in Spanje werd gekopieerd. De naam wordt zo heilig geacht dat hij niet wordt uitgesproken.

INLEIDING 16

Ontstaan EEN GELOOF IN WORDING 20

Historische ontwikkeling VAN HERODES TOT HERZL 22

Aspecten van het goddelijke 1 GOD DE ONHERLEIDBARE 26

Aspecten van het goddelijke 2 MESSIANISME EN VERLOSSING 28

Heilige teksten DE LEVENDE WET 30

Heilige personen WETGEVERS, GELEERDEN EN STICHTERS 36

Ethische uitgangspunten DE WEG VAN ISRAËL 38

Heilige ruimte HEILIGDOMMEN VOOR EEN VOLK 40

Heilige tijd HET RITME VAN HET LEVEN 44

Samenleving en religie HET JODENDOM IN DE MODERNE WERELD 48

LINKS Qumran in de woestijn van Judea, nabij de Dode Zee. De 'Dode Zeerollen' bevatten onder meer de vroegst bekende manuscripten van vele bijbelboeken. Ze zijn hier in 1947 gevonden en dateren van voor de verwoesting van de tempel van Jeruzalem in 70 n. Chr.

INLEIDING

Een verluchte pagina uit de eerste complete gedrukte editie (Italië 1475) van de Arba'ah Turim, een beroemde codificatie van joods recht door Jacob ben Asher.

Het jodendom is met zijn naar schatting huidige dertien miljoen aanhangers de kleinste van de wereldgodsdiensten. Het heeft echter een invloed en geografische verspreiding gekend die omgekeerd evenredig zijn aan zijn omvang. De oorsprong van het jodendom ligt in de staatsgodsdienst van het oude koninkrijk Judea dat in 586 v. Chr. ophield te bestaan (zie p. 20). De overlevende Judeeërs stonden voor de uitdaging om hun nationale godsdienst geschikt te maken voor een volk in ballingschap, dat verspreid was van Egypte tot Mesopotamië. De mate van hun succes is af te lezen aan zowel de ontwikkeling van het jodendom zelf als aan de diepgaande invloed van het jodendom op twee andere grote godsdiensten, het christendom en de islam.

De diaspora ('verstrooiing') van na 586 v. Chr. bracht het jodendom naar alle windstreken, waar het zich onder invloed van de verschillende gastculturen verder ontwikkelde. Deze invloed was echter wederzijds, want joden hebben vooral veel kennis overgedragen. De kennis van het Arabische en antieke Griekse gedachtegoed, bijvoorbeeld, die sefardische joden (zie p. 24) met zich meebrachten nadat ze uit Spanje verdreven waren, vormde een van de belangrijke impulsen voor de Europese Renaissance.

De joodse godsdienst kent drie essentiële aspecten: God, de Tora en Israël. Deze aantoonbaar oudste monotheïstische godsdienst gelooft in één universele en eeuwige god, schepper van en heerser over alles wat er bestaat. God heeft een speciale relatie, ofwel een verbond, met één volk – de joden, Israël – en dit heeft de taak een 'licht der volken' te zijn (Jesaja 49:6). Binnen het jodendom leeft niet de verwachting dat iedereen uiteindelijk joods zal worden, maar wel bestaat de hoop dat de hele wereld de heerschappij van de ene God zal gaan erkennen. Als tegenprestatie voor Gods zorg voor Israël hebben de joden de verplichting om de goddelijke leer, de Tora, te onderhouden (zie p. 30-33). Deze vormt het kader waarbinnen God en Israël elkaar ontmoeten. De Tora bevat de ethische en rituele geboden *(mizvot)* waardoor men deel kan gaan uitmaken van Gods ethische en morele heiligheid.

De naam 'Israël' staat voor een historisch-politieke eenheid, een volk, een natie, een geloofssysteem, een sociale groep, een cultuur. De afwezigheid van een eenduidige betekenis van het woord is een van de redenen dat er zo weinig overeenstemming bestaat onder joden over de vraag wie wel en wie geen jood is (zie p. 49-51). Het jodendom dat ontstaan is als de godsdienst van één bepaalde natie, heeft door de eeuwen heen te maken gehad met het probleem van een pluriforme identiteit. De godsdienst is altijd de basis van de joodse identiteit met zijn specifieke voorschriften en rituelen, hoe die dan ook werden uitgevoerd, geweest. Een gemeenschappelijk historisch bewustzijn en een wereldwijde etnische solidariteit hebben echter ook altijd een rol gespeeld. In zijn streven naar de verlossende toekomst is het jodendom in een permanente dialoog met zijn eigen geschiedenis verwikkeld.

Het legendarische verleden zoals dat in de oudste boeken van de bijbel is vastgelegd, verschafte een gevoel van gemeenschappelijke identiteit tussen verschillende stammen. Volgens het bekende verhaal ging God, die de hemel en de aarde geschapen heeft, een persoonlijk verbond aan met Abraham, een statenloze nomade uit Mesopotamië. In ruil voor Abrahams geloof beloofde

JOODSE POPULATIES WERELDWIJD

Van de totale joodse wereldbevolking van 13 miljoen woont ongeveer een derde – 4,7 miljoen – in Israël (dat een inwoneraantal van bijna 6 miljoen heeft) en twee derde in de Diaspora: 5,8 in de Verenigde Staten en ongeveer 2,3 miljoen in Europa. Na New York (1,75 miljoen), Miami (0,53 miljoen), en Los Angeles (0,49 miljoen) komt Jeruzalem op de vierde plaats met 422.000 joden onder haar 603.000 inwoners. (Bron van deze gegevens: Joods Wereldcongres 1997).

Nationale joodse populaties

- 1 miljoen of meer
- 500.000–999.999
- 250.000–499.000
- 100.000–249.000
- 50.000–99.999
- 25.000–49.000
- 10.000–24.999
- 0–9.999

Stedelijke joodse populaties

- Stad met meer dan 100.000 joden
- Overige plaatsen en steden

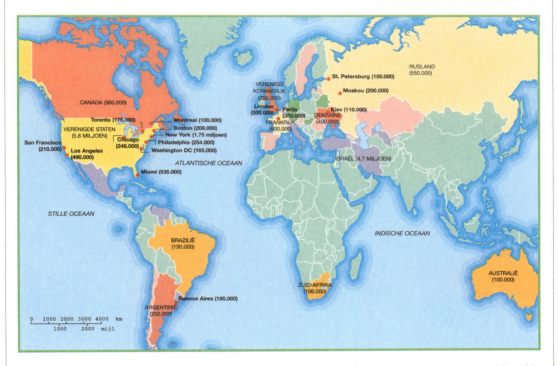

Het vastbinden van Izaäk, een mozaïek uit de Beth Alpha-synagoge in Noord-Israël (zesde eeuw). Het stelt de gebeurtenissen uit Gen. 22:1-19 voor waar God Abrahams geloof op de proef stelt door hem te vragen zijn enige zoon te offeren.

God hem een thuisbasis in Kanaän, het toekomstige Israël, en een talrijk nageslacht. Abrahams kleinzoon Jacob (door God later Israël genoemd), trok met zijn zonen en hun families naar Egypte om een hongersnood te ontlopen. Zij traden in dienst van de farao van Egypte, maar hun nakomelingen werden slaven, totdat Giod hen bevrijdde. Onder leiding van Mozes verlieten de Israëlieten Egypte (een gebeurtenis die doorgaans met de naam Exodus, of uittocht, wordt aangeduid) en kwamen bij de berg Sinaï, waar God een eeuwigdurend verbond met hen sloot. In de joodse traditie is dit de beslissende gebeurtenis in de geschiedenis geweest, de geboorte van het monotheïsme. Maar de Israëlieten bleven dit geloof niet trouw en werden veroordeeld tot een zwerftocht door de woestijn van veertig jaar voordat zij, onder leiding van Mozes' opvolger Jozua, het beloofde land Kanaän binnentrokken en veroverden.

Onder druk van de oorspronkelijke inwoners en van de nog niet zo lang in het land aanwezige Filistijnen, verenigden de twaalf stammen zich, zij het schoorvoetend, in een monarchie. De eerste koning was Saulus. Hij werd opgevolgd door David en Salomo, die aan het begin van een gouden tijdperk stonden dat sindsdien het ideaal is gebleven van elk joods streven. Vanwege verdere overtredingen van het volk Israël zag God zich echter genoodzaakt om hen nogmaals te straffen, ditmaal met het verlies van hun nationale heiligdom en hun vaderland. Zij bleven echter in elke situatie de hoop koesteren dat oprecht berouw hun relatie met de godheid zou herstellen. Gedurende het grootste deel van hun geschiedenis hebben de joden hun hoop gesteld op deze trotse maar voorzichtige houding.

Op dezelfde wijze als God in het verleden voor hen gezorgd had, zo zou

CHRONOLOGIE

voor 1200 v. Chr.	Tijd van Abraham, Jacob en de andere voorouders van Israël; de emigratie naar Egypte; de Exodus; de verovering van Kanaän
1200-1000 v. Chr.	Vorming van Israël tot etnoreligieus verband
ca. 1000 v. Chr.	Koningschap van David
ca. 960 v. Chr.	Troonsbestijging van Salomo die de eerst tempel bouwt
ca. 925 v. Chr.	Israël raakt verdeeld in twee rivaliserende staten: Israël en Juda
722 v. Chr.	Israël komt onder het gezag van Assyrië; optreden van de profeet Jesaja
586 v. Chr.	Juda komt onder het gezag van Babylon; de tempel wordt verwoest en de leiders van het volk worden verbannen; tijdens de ballingschap is de profeet Ezechiël actief
538 v. Chr.	Cyrus II van Perzië staat de ballingen toe om terug te keren naar hun land en de tempel te herbouwen
458 v. Chr.	Optreden van de profeet Ezra in Jeruzalem
164 v. Chr.	Hernieuwde wijding van de tempel door de Hasmoneeën
63 v. Chr.	Judea komt onder Romeins bestuur
66-73 n. Chr.	Eerste Joodse Oorlog tegen Rome
70 n. Chr.	Verwoesting van de tweede tempel; Yahanan ben Zakkai sticht de school van Yavneh
132-135 n. Chr.	Tweede Joodse Oorlog (de Bar Kochba-opstand); martelaarschap van rabbi Akiva
ca. 200 n. Chr.	Codificatie van de Mishna onder leiding van Rabbi Juda, de Prins
ca. 400 n. Chr.	Voltooiing van de Jeruzalemse Talmoed
ca. 500 n. Chr.	Voltooiing van de Babylonische Talmoed
882-942 n. Chr.	Leven van Saadia Gaon, hoofd van de Academie van Sura, Babylon
1040-1105 n. Chr.	Leven van Rasji, Frans-joods commentator
1096 n. Chr.	Massamoord op joden uit de Rijnstreek tijdens de Eerste Kruistocht
10de-12de eeuw	Bloeiperiode van het jodendom in Spanje
1135-1204	Maimonides
1492	Verdrijving van de joden uit Spanje
1648-49	Massamoord op joden in de Oekraïne
1665-66	Optreden van Shabbetai Zvi (Mystieke Messias)
1789-91	Franse Revolutie, begin van de emancipatie van de joden in het Westen
1844	Eerste hervormingssynode in Braunschweig, Duitsland
1897	Eerste zionistische congres in Bazel, Zwitserland
1933-45	Nazistisch antisemitisme culmineert in de massamoord van twee derde van alle Europese joden (de holocaust)
1948	Stichting van de staat Israël (14 mei)
1967	Zesdaagse Oorlog, waarbij Israël de westelijke Jordaanoever, de Golan en de Sinaï verovert op de Arabieren
1972	Hervormingsbeweging installeert de eerste vrouwelijke rabbi
1973	Jom Kippoer-oorlog
1977	Begin van het Israëlisch-Arabische vredesproces
1995	De Oslo-akkoorden initiëren een vreedzame Israëlisch-Arabische coëxistentie

hij dat ook in het heden en in de toekomst blijven doen.

Maar al te vaak is de geschiedenis van de joden voorgesteld als één lange litanie van rampspoed en ellende. Vanaf de hellenistische periode (330-63 v. Chr.) is de joodse religieuze levenshouding inderdaad vaak het onderwerp geweest van ridiculisering en onbegrip. Moslimregimes vervolgden de joden soms, maar het christelijke Europa maakte antisemitisme pas echt tot algemene politiek. Voor een geloof dat nog maar ternauwernood hersteld is van de nazi-vervolgingen (1933-1945), is deze aandacht voor het lijden van de joden door de eeuwen heen begrijpelijk. Maar het is een twijfelachtige basis voor een eigen identiteit. Men ziet de afgelopen jaren dan ook een tendens onder joden om de positieve aspecten uit de eigen geschiedenis te benadrukken. Er wordt meer aandacht besteed aan de grote literaire scheppingen van het jodendom: de bijbel, de Talmoed, poëzie, filosofie, theologie en ethiek. Tegelijkertijd is dit ook een periode van grote creativiteit waarin veel voorheen niet-praktiserende joden de vreugde van een joodse levenswijze herontdekken.

Een centrale factor in de herwaardering van het jodendom is gelegen in de stichting van de staat Israël. Politieke vraagstukken en de vraag naar de definitie van wie wel of niet joods is en wat jodendom is, vormen onmiskenbaar een bron van spanningen tussen Israël en de joden die in de diaspora leven. Niettemin is de staat Israël een ijkpunt voor het moderne joodse leven. Was men in het verleden vaak meer bezig met hoe te leven en te overleven, er is nu genoeg zelfvertrouwen om ook religieuze en etnische vraagstukken het hoofd te bieden. Deze aandacht voor inhoudelijke kwesties is een teken van levensvatbaarheid en geeft hoop voor de toekomst.

De berg Sinaï in het huidige Egypte. Volgens de traditie gaf God de wet aan Mozes op de berg Sinaï en ging zo een eeuwig verbond aan met het volk Israël.

EEN GELOOF IN WORDING

Een ivoren granaatappel, die mogelijk deel heeft uitgemaakt van de versiering van de eerste tempel die door koning Salomo omstreeks 950 v. Chr. gebouwd werd. De Hebreeuwse inscriptie, die niet helemaal goed leesbaar is, luidt: 'Behorend tot [het huis van YHWH?], heilig voor de priesters.'

De vroegste verwijzing naar de Israëlieten die ons bekend is, is een inscriptie, de zogenaamde 'Israël Stela', opgericht door de Egyptische farao Merneptah (ca. 1213-1203 v. Chr.). Uit deze inscriptie kan men afleiden dat in die tijd een etnische groep met de naam Israël de centrale hooglanden van Kanaän bewoonde. Gedurende de volgende twee eeuwen, onder archeologen bekend als de Eerste IJzertijd (1200-1000 v. Chr.), volgde er een significante toename van de populatie in het centrale heuvelland. Het lijkt waarschijnlijk dat de verschillende stammen tijdens de overgang naar de periode die als Tweede IJzertijd bekendstaat (1000-586 v. Chr.), werden samengevoegd tot één natie-staat. In deze periode ontstonden er namelijk ook andere kleine staten in het gebied.

Een onlangs in het Noord-Israëlische Tel Dan ontdekte inscriptie uit de negende eeuw v. Chr. noemt David als de stichter van een dynastie. Archeologisch zijn er voor de legendarische rijkdom van de verenigde Israëlische monarchie echter geen bewijzen. Na de dood van Salomo viel het koninkrijk in twee delen uiteen. Israël in het noorden en Juda in het zuiden. Tot 722 v. Chr., toen Israël verwoest werd door de Assyriërs, was dit de grootste, de rijkste en de belangrijkste van de twee staten. Omdat de bijbel echter geschreven is door schrijvers uit Juda, wordt daarin een consequent negatief beeld geschetst van het noordelijke rijk. De bijbelse waardering voor Juda is genuanceerder, hoewel hierbij eerder religieus dan politiek gemotiveerde oordelen een rol spelen. Er wordt bijvoorbeeld positief gesproken over de religieuze oprechtheid van koning Hizkia, onder wiens bewind het koninkrijk Juda werd gereduceerd tot de stad Jeruzalem en haar directe omgeving. Uiteindelijk werd Juda veroverd door de Babylonische koning Nebukadnezar in 586 v. Chr. Hij verwoestte het religieuze centrum van het land, de tempel in Jeruzalem (zie p. 40-41), en deporteerde de leiders van het volk.

HET MONOTHEÏSME VAN ISRAËL

Tekstvondsten uit het gehele Midden-Oosten hebben het mogelijk gemaakt om de godsdienst van Israël in een bredere culturele context te plaatsen. Vele bijbelse mythen, beelden en aanduidingen van de godheid hebben parallellen onder de buurvolken van Israël. Het meest opvallend zijn de overeenkomsten met de godsdienst van de Kanaänieten, die door de Israëlieten verdrongen zouden zijn.

De historische onwaarschijnlijkheid van een grootschalige Exodus heeft twijfel gezaaid over de historiciteit van de figuur van Mozes en diens rol in de introductie van het monotheïsme. Een minderheid onder de wetenschappers houdt vast aan het bijbelse beeld van een eenmalige introductie van een zuiver monotheïsme aan het begin van de geschiedenis van het volk Israël. De heersende tendens is echter om aan te nemen dat Israëls godsdienst een geleidelijke ontwikkeling heeft doorgemaakt. De ontwikkeling van Israël tot nationale eenheid hangt direct samen met de verering van de nationale Godheid YHWH (zie p. 26). De vroege Israëlieten beschouwden YHWH echter niet als de enige God. Het bestaan van andere goden, als representanten van andere volken, werd niet eerder dan tijdens de eerste tempelperiode (voor de Babylonische ballingschap) ontkend. In de achtste eeuw v. Chr. werd door de profeet Hosea voor het eerst het beeld van een heilig huwelijk tussen God en Israël gebruikt. De exclusiviteit van een dergelijk beeld – namelijk dat Israël aan slechts één god eerbied verschuldigd is – kan op de lange duur geleid hebben tot het idee dat er daadwerkelijk slechts één god bestond die de gehele mensheid onder zijn hoede had. Wat ook de oorsprong van deze opvatting moge zijn, de radicale theologische visie die eruit spreekt, heeft het de joden mogelijk gemaakt om aan hun geloof vast te houden ook na het verlies van hun nationale onafhankelijkheid.

De ballingen behielden echter hun nationale godsdienst en hiermee schiepen ze een precedent waardoor het jodendom gedurende de eeuwen van verstrooiing tot een geloof voor ballingen kon worden.

Teneinde hun identiteit te behouden waren de Judeeërs – de oorspronkelijke betekenis van het woord 'jood'– in ballingschap wel gedwongen om hun geloof enigszins aan te passen. De nationale god van Juda werd nu definitief beschouwd als de god van de gehele menselijke geschiedenis. De rampspoed die de joden was overkomen gold dus niet als een overwinning van Babylon en de Babylonische goden maar als een straf voor de joden door de enige God. Deze theologie leidde tot een gedetailleerde overdenking van de relatie tussen het goddelijke en het menselijke en van de rituele en ethische verplichtingen die deze relatie met zich meebracht. Hier doorheen speelde de noodzaak om de oude tradities van de bannelingen te behouden – sommige geleerden zouden zeggen 'te formuleren'. Op deze manier begon de joodse geleerde traditie die in eerste instantie veel van de bijbelse geschriften voortbracht (zie p. 30-33).

Het Koninkrijk Babylonië werd in 539 v. Chr. veroverd door de Perzen, die alle bannelingen toestonden om naar huis te gaan en hun oude godsdienst in ere te herstellen. Een klein aantal joden keerde inderdaad terug naar Juda en herbouwde de tempel, die in 515 v. Chr. gewijd werd. Nu hadden de joden weer een centraal heiligdom en een zekere mate van zelfbestuur. Zo is de situatie ontstaan waarbij joodse gemeenschappen tegelijkertijd binnen en buiten Israël bestonden; deze situatie is algemeen bekend onder de naam diaspora ('verstrooiing'). De oudste gemeenschappen in de diaspora waren die van Babylon en Egypte. Tijdens de Perzische periode (539-330 v. Chr.) werd het joodse religieuze recht onder leiding van de voormalige ballingen Ezra en Nehemia gelijkgeschakeld met het algemene recht. Deze regulering maakte het de joden in de diaspora mogelijk om een zekere mate van autonomie te behouden ten opzichte van de omringende cultuur.

Judea kwam tijdens de veroveringen van Alexander de Grote (356-323 v. Chr.) onder Grieks bewind. Zijn opvolgers gingen door met het proces van hellenisering, dat bestond uit het opleggen van de Griekse cultuur aan de veroverde gebieden. In religieus opzicht betekende dit dat de goden van de overwonnen volkeren werden vereenzelvigd met de goden uit het Griekse pantheon. Er ontstond een breuk in de joodse samenleving tussen enerzijds de hellenisten, die pleitten voor een snelle aanpassing aan het in wezen zeer open en tolerante hellenistische systeem, en anderzijds de vrome joden, die dit zagen als een bedreiging voor het exclusieve joodse monotheïsme. De Griekse heerser Antiochus Epiphanes IV (175-164 v. Chr.), tot wiens koninkrijk Judea behoorde, stond aan de kant van de hellenisten. Dit leidde ertoe dat in 167 v. Chr. een verbod werd afgekondigd op vele joodse gebruiken en dat in de tempel een altaar ter ere van Zeus werd opgericht. Onder leiding van de priester Mattathias en diens zoon Judas Maccabeus rebelleerden de vrome joden hiertegen en herwonnen een zekere mate van autonomie. De tempel werd in 164 v. Chr. opnieuw gewijd (zie ook p. 46). Ironisch genoeg werd de door de rebellen zelf gestichte Hasmonese dynastie een fervent pleitbezorger van de hellenistische cultuur – tot het jaar 63 n. Chr., toen Judea, verzwakt door corruptie, in handen van de Romeinen kwam.

BIJBEL EN ARCHEOLOGIE

In de negentiende eeuw ontstond het vakgebied bijbelse archeologie, dat met name werd opgezet om de juistheid van de bijbelse gegevens aan te tonen. Deze onderneming is tot op zekere hoogte succesvol gebleken. Men weet nu veel meer over de wereld waarin de bijbelse geschiedenis van Israël zich afspeelde. Bepaalde kenmerken van die wereld hebben gefunctioneerd als conceptuele kader voor de bijbelse verhalen.

De theologische interpretatie van de geschiedenis van Israël wordt echter niet bevestigd en soms zelfs tegengesproken door archeologische ontdekkingen. De duizenden teksten die bewaard gebleven zijn uit de oudheid vermelden bijvoorbeeld nergens de namen van Abraham, Sara of andere voorouders van Israël, zoals Mozes. Ook het verblijf van het volk Israël in Egypte wordt nergens genoemd. Evenmin kunnen de verovering van Kanaän door Jozua of de rijkdom van David en Salomo archeologisch bevestigd worden. Men neigt er tegenwoordig toe om de bijbelse en de archeologische gegevens als twee aparte sferen te beschouwen. Hun onderlinge relatie blijft niettemin onderwerp van levendige discussie.

Harpspelende koning David in een laat-dertiende-eeuws Hebreeuws manuscript uit het noorden van Frankrijk. Joden vereren David als de stichter van het 'gouden tijdperk' van het oude Israël en als schrijver van vele psalmen.

VAN HERODES TOT HERZL

JOODSE TALEN

In de loop van de geschiedenis hebben de joden natuurlijk de talen van de gastlanden overgenomen. Er zijn ook aparte joodse talen ontstaan: op basis van het Spaans het Ladino, en op basis van het Duits het Jiddisch.

Doordat de bijbel het gemeenschappelijke fundament van de joden is, is het Hebreeuws de taal die heeft gefunctioneerd als bindmiddel tussen de joden wereldwijd. Als taal van de Schrift heeft het Hebreeuws ook zelf een aura van heiligheid gekregen. Het Hebreeuws heeft het de joden mogelijk gemaakt om onder alle omstandigheden met elkaar te kunnen communiceren en bidden. De opkomst van het zionisme aan het begin van de twintigste eeuw leidde tot de ontwikkeling van het Hebreeuws als spreektaal, niet langer beperkt tot de religieuze sfeer.

Het jodendom zoals we dat tegenwoordig kennen, heeft zijn wortels in de perioden van sociale onrust in het vroege Romeinse Palestina. Aanvankelijk bestuurden de Romeinen Palestina door middel van een vazallendynastie die met Herodes de Grote (37-4 v. Chr.) werd ingesteld. Een nietsontziende maar efficiënte bestuurder, die vanwege zijn niet-joodse achtergrond door vele joden gewantrouwd werd. Zijn regering wordt gekenmerkt door ambitieuze bouwplannen, onder meer het op grote schaal herbouwen van de tweede tempel.

Herodes werd opgevolgd door zijn zoon Archelaüs, die een zodanig repressief bewind voerde dat de Romeinen hem in 6 n. Chr. afzetten. De decennia daaropvolgend werd Judea bestuurd door een aantal opeenvolgende Romeinse prefecten. In 66 n. Chr. kwamen de joden uiteindelijk in opstand tegen de bezettende macht. Na een aantal aanvankelijke successen werd de opstand (Eerste Joodse Oorlog) echter neergeslagen door de enorme Romeinse overmacht. Na een hevige belegering werd Jeruzalem veroverd en de tempel verwoest (70 n. Chr.). De enige andere poging om de Romeinse overheersing af te schudden (de Bar Kochba-opstand of Tweede Joodse Oorlog, 132-135 n. Chr.) eindigde met de tijdelijke verbanning van alle joden uit Jeruzalem. Joodse nationalistische ambities waren hiermee tot de twintigste eeuw effectief de kop ingedrukt.

Tijdens de belegering van Jeruzalem in de Eerste Joodse Oorlog kreeg rabbi (leraar) Yohanan ben Zakkai toestemming van de Romeinen om een

Romeinse troepen voeren meubilair uit de in 70 n. Chr. geplunderde tempel met zich mee. Reliëf op de triomfboog van Titus, Rome (opgericht 81 n. Chr.).

DE FARIZEEËN EN ANDERE GROEPERINGEN

Het jodendom kende een aantal sekten in de laatste twee eeuwen van de tweede tempel-periode (164 v. Chr - 70 n. Chr.), waaronder de Sadduceeën, de Essenen, de Zeloten en de Jezusbeweging. De Sadduceeën vormden de priesterpartij in Jeruzalem. De Essenen waren asceten die zich terugtrokken uit de samenleving en waarschijnlijk tijdens de Eerste Joodse Oorlog de Dode Zee-rollen verborgen in Qumran. De Zeloten waren anti-Romeinse activisten. De enige groepen die de verwoesting van de tempel in 70 n. Chr. overleefden, waren de Farizeeën en de Jezusbeweging. Uit deze laatste groepering ontstond het christendom (zie p. 58), terwijl de Farizeeën onder leiding van Yohanan ben Zakkai (zie hoofdtekst) de voorlopers van het rabbijnse jodendom waren.

De positie van de Farizeeën werd gekenmerkt door het geloof in zowel de geschreven Tora (de bijbel) als in de 'mondelinge Tora' – wetten die, sinds God ze aan Mozes schonk, via mondelinge tradities waren overgeleverd en aangepast aan veranderende omstandigheden (zie p. 30-33). De Farizeeën stelden hun scholen open voor iedereen en democratiseerden daarmee de joodse geleerdheid. Hun ideale rabbi was iemand die ook een praktisch vak had geleerd. Hun geloof in een hiernamaals maakte het makkelijker om hun vaak zware lot in de wereld te accepteren.

Joodse bezoekers bij het graf van Yohanan ben Zakkai, stichter van de school van Yavne aan het einde van de eerste eeuw n. Chr. Het graf bevindt zich in Tiberias op de westkust van het meer van Galilea in Noord-Israël.

joodse school te stichten in Yavneh (Jamnia), aan de kust tussen het moderne Tel Aviv en Ashdod. Ben Zakkai zag in dat de toekomst van het jodendom niet lag in een vruchteloos verzet tegen Rome, maar veeleer in de geleerde traditie van de Farizeeën. (zie kader hierboven).

Binnen een paar jaar was het centrum van het joodse leven en de joodse leer verschoven van Jeruzalem naar Galilea. Hier hebben achtereenvolgende generaties geleerden tot in elk detail de joodse gewoonten, de wet, en hun toepassing in het dagelijks leven bediscussieerd. Buiten Palestina speelde zich een dergelijk proces af in de grote joodse scholen van Babylon, waar rond 500 n. Chr. de Babylonische Talmoed totstandkwam, het meest invloedrijke joodse werk gedurende 1500 jaar (zie p. 30). Hiermee was het jodendom een periode binnengetreden van geleerde introspectie. Gedurende deze periode leefden haar aanhangers merendeels het onzekere bestaan van een minderheid in een vaak vijandige omgeving.

Op het hoogtepunt van het Romeinse Rijk was waarschijnlijk tien procent van de bevolking van Rome joods. Bovendien voelden grote aantallen niet-joden zich tot deze godsdienst aangetrokken zonder zich, vanwege hun moeite met de besnijdenis, formeel te bekeren. Een zijtak van het jodendom, het christendom zoals dat werd verkondigd door Paulus (zie p. 60), stelde niet zulke specifieke eisen met betrekking tot de joodse wet en bleek hierdoor een aantrekkelijk alternatief voor Romeinen en Grieken die zich aangetrokken voelden tot het ethische monotheïsme. Het christendom werd de staatsgodsdienst van het Romeinse Rijk in 392 v. Chr.. Van die tijd af vaar-

DE KHAZAREN

Rond het jaar 740 n. Chr. bekeerden de leiders van een Turks volk, de Khazaren genaamd, zich tot het jodendom. De reden voor deze bekering is onbekend, maar kan gelegen zijn in hun moeilijke positie in de Kaukasus tussen enerzijds de Byzantijnse christenen en anderzijds de islamitische wereld.

De Khazaren zijn ongeveer twee eeuwen lang een zelfstandige joodse staat geweest, totdat ze veroverd werden door Rusland. Ongeveer anderhalve eeuw na hun teloorgang schreef de Spaans-joodse dichter Juda Halevi (gestorven in 1141) een filosofische beschouwing over het jodendom, getiteld *Kuzari*. Dit geschrift heeft de vorm van een debat, gehouden voor de koning van de Khazaren, en gaat over de diverse verdiensten van het jodendom, het christendom en de islam. Volgens Halevi koos de koning voor het jodendom vanwege de rationele argumenten ten gunste van deze godsdienst.

digden christelijke heersers discriminerende wetten uit die moesten illustreren dat God de joden verworpen had.

De geschiedenis van de joden onder christelijke overheersing is er één van bijna permanente vervolgingen. Massamoorden, verdrijvingen en gedwongen bekeringen waren aan de orde van de dag. Ook werden joden verantwoordelijk gehouden voor natuurrampen, zoals de pestepidemie in de veertiende eeuw (1348-49). Omdat ze van de meeste beroepen waren uitgesloten, werden de joden in Europa in feite gedwongen om handelaar of geldlener te worden (het vragen van rente voor geleend geld was namelijk verboden voor christenen). Vanaf de zestiende eeuw werden de joden, die al lang voordien restricties opgelegd hadden gekregen met betrekking tot de keuze van hun woonplaats, afgezonderd in speciale stadswijken, 'getto's' genaamd (naar de wijk in Venetië waar deze maatregel voor het eerst werd toegepast).

SEFARDISCHE EN ASJKENAZISCHE JODEN

In het jodendom bestaat een belangrijk onderscheid tussen de sefardim (Spanjaarden), die hun afstamming herleiden tot het middeleeuwse Spanje, en de asjkenazim (Duitsers), die afstammen van de joden uit het middeleeuwse Duitsland. De sefardische joden waren gevangen tussen de christelijke en islamitische strijdkrachten, die beide de macht over het Iberisch Schiereiland wilden verkrijgen. Onder het islamitisch regime van de tiende tot de twaalfde eeuw beleefde het Spaanse jodendom een grote en invloedrijke bloeiperiode waarin wetenschap en creativiteit tot ontwikkeling kwamen. Hieraan kwam een einde in het midden van de twaalfde eeuw door de fanatieke anti-joodse dynastie van de Almohaden.

De christelijke herovering van Spanje bracht verdere vervolgingen, totdat in 1492 alle joden die weigerden om zich te bekeren, verdreven werden. Degenen die wegtrokken, gingen naar Nederland, Noord-Afrika, Italië en naar het Ottomaanse Rijk. Sommige sefardische joden kwamen zelfs in Amerika terecht. Deze verdreven groepen speelden een sleutelrol in de overdracht van Arabische wetenschap, een belangrijke impuls voor de Europese Renaissance.

De vestiging van joden in Duitsland was aanvankelijk be-

Een sefardische jongen draagt een Tora-rol tijdens zijn bar mitzva-*ceremonie in Jeruzalem.*

perkt tot het Rijngebied. Tijdens de Eerste Kruistocht in 1096 werden deze vitale gemeenschappen echter verwoest. Ze hergroepeerden zich weliswaar, maar het centrum van het joodse leven in Europa verplaatste zich naar het oosten, waar de stad Vilnius in Litouwen door velen beschouwd werd als het nieuwe Jeruzalem. Aan het begin van de twintigste eeuw bevond de grootste concentratie asjkenazische joden zich in Polen en Rusland, hoewel het leven daar zwaar was omdat hen allerlei beperkingen werden opgelegd. Het merendeel van deze gemeenschappen viel uiteen door massa-emigratie (voornamelijk naar de Verenigde Staten) en door de holocaust.

Een derde groep, die vaak ten onrechte wordt vereenzelvigd met de sefardische joden, zijn de Edot-a-Mizra (gemeenschappen van het oosten). De voorouders van deze groep zijn in het oosten gebleven. Een andere belangrijke groep woonde in Jemen. Elk van deze groepen heeft zijn eigen tradities en geschiedenis. Meer dan duizend jaar was de oude joodse gemeenschap van Babylon het lichtende voorbeeld voor het jodendom. De meeste joden vluchtten of emigreerden na 1948 naar Israël. Een aantal andere oude joodse gemeenschappen zijn moeilijker te classificeren, dit zijn de Chinese, Indiase en Ethiopische joden.

De positie van de joden onder de islam kon soms ook hachelijk zijn, maar in tijden van tolerantie bloeide de joodse gemeenschap er op een manier die onder christelijk bewind ondenkbaar was. Betrekkingen als arts, koopman, ambtenaar bij het hof, wetenschapper en dichter behoorden tot de mogelijkheden. Het hoogtepunt in dit opzicht vormde de joodse 'gouden eeuw' in het islamitische Spanje van de tiende tot de twaalfde eeuw.

Joden speelden een belangrijke bemiddelende rol tussen de verschillende culturen. Aangezien er verspreid over Europa, Azië en Noord-Afrika joodse gemeenschappen waren, maakten zij integraal deel uit van de internationale handel, waarbij hun taalvaardigheid hen tot belangrijke kennisleveranciers maakte.

Door de repressie in West- en Centraal-Europa trokken grote aantallen joden naar het oosten van Europa. Hier waren de omstandigheden echter niet veel beter. In een steeds wanhopiger wordende situatie richtten steeds meer joden zich op mystieke en messianistische speculaties als bronnen van hoop in een vijandige wereld. Er traden een aantal valse messiassen op; de bekendste van hen was Shabbetai Zvi (1626-76) uit Smyrna in Turkije (zie p. 29).

Vanaf de achttiende eeuw leek het met de positie van de joden als verschoppelingen van de maatschappij in het christelijke Europa wat beter te gaan. Vanaf de Verlichting zien we de emancipatie van de joden in vele landen. Voor het eerst in de geschiedenis kregen de joden in sommige landen in West-Europa en in de Verenigde Staten gelijke rechten. Volledige acceptatie ontstond echter pas als men zich liet dopen, en vele joden hebben hun entree in de samenleving moeten betalen met het opgeven van hun godsdienst. Degenen die dit niet van plan waren, vormden de drijvende kracht achter de joodse hervormingsbeweging van de vroege negentiende eeuw. Sommigen juichten de radicale vernieuwingen van de hervormers toe, anderen beschouwden hen als verraders van het ware jodendom. Het resultaat hiervan was de verdeling van het jodendom in de drie groepen die we ook vandaag nog zien: liberale, conservatieve en orthodoxe joden (zie p. 48-51).

Aan het einde van de negentiende eeuw ontstonden er op basis van Darwins evolutietheorie allerlei theorieën over de superioriteit van het ene ras boven het andere. Dit leidde tot een nieuwe vorm van anti-judaïsme, namelijk antisemitisme (zie rechtermarge). Dit noodlottige fenomeen bereikte met de moord op twee derde van alle Europese joden tijdens de holocaust (1941-45) een hoogtepunt – een derde van het totale aantal joden. Deze naam staat voor de systematische massamoord waarmee de antisemitische politiek van nazi-Duitsland haar climax bereikte (1933-1945).

De joodse ambities waren echter niet uitgedoofd door deze ongeëvenaarde ramp. Een andere joodse beweging, het zionisme, door Theodor Herzl gesticht aan het einde van de negentiende eeuw, was onder meer geïnspireerd door Europese nationalistische ideeën. De naam is afgeleid van Sion, de oude poëtische naam voor Jeruzalem. Het zionisme zoekt de oplossing voor het aloude 'joodse probleem' in de terugkeer van de joden naar hun oude vaderland in Palestina, waar zij zich opnieuw als natie moeten organiseren (zie ook p. 37). In 1948 werd op grond van het in 1947 opgestelde VN-verdelingsplan een joodse nationale staat gesticht in Israël. Hiermee kwam een einde aan bijna 1900 jaar van rechteloosheid.

Een joods identiteitsbewijs en een davidster met het woord Jood, *afgegeven door het bezettende nazi-bestuur van Amsterdam in 1943. De ster moest zichtbaar op de kleding gedragen worden om de drager zo als jood te kunnen identificeren.*

'ANTISEMITISME'

De term 'antisemitisme' wordt tegenwoordig gebruikt als aanduiding van elke vorm van anti-judaïsme, of daar nu raciale, religieuze of politieke factoren aan ten grondslag liggen. In feite is dit gebruik van de term vaak anachronistisch. De term 'antisemitisme' is verzonnen in 1879 door Wilhelm Marr, een Duitse politieke agitator die oude anti-joodse gevoelens in termen van ras formuleerde en niet langer in religieuze termen. Het betreurenswaardige succes van Marr's ideeën blijkt uit de overname van de term door virulente anti-joodse racistische groeperingen aan het einde van de negentiende en het begin van de twintigste eeuw, waaronder Hitlers nationaal-socialisten (nazi's).

GOD, DE ONHERLEIDBARE

In het jodendom wordt God beschouwd als transcendent, verheven boven de natuur en de wereld. God is echter wel aanwezig in de wereld; hij communiceert door verschillende kanalen met de mens. De kabbalistische traditie, die bekend staat onder de naam *tzimtzum* ('zelfbeperking'), stelt dat de alwetende en almachtige God vrijwillig een deel van zijn almacht heeft opgegeven om de mens, die daardoor zijn eigen volwassenheid kan bewijzen, over een vrije wil te laten beschikken.

Als schepper is God de onherleidbare realiteit achter elke aardse werkelijkheid. Hij is een God van de geschiedenis, die deze geschiedenis voorziet van een morele lading. Het wezen van God is goedheid, maar het jodendom is niet dualistisch en God wordt derhalve beschouwd als de schepper van goed én kwaad. In hun overwegingen aangaande de vraag naar de zin van het kwaad en het lijden hebben theologen de notie *tzimtzum* gebruikt om de tijdelijke triomf van het kwaad in de mens te verklaren. De enormiteit van de holocaust heeft echter een crisis in de joodse theologie tot gevolg gehad. Sommigen hebben het wezen van God en zelfs diens bestaan ter discussie gesteld.

Het jodendom benadrukt dat de mens gedwongen is om zijn toevlucht te nemen tot onvolledige aanduidingen en metaforen om een God te karakteriseren die uit de aard van zijn wezen verheven is boven dit soort beschrijvingen. Men komt nog het meest in de buurt van een adequate typering met behulp van het inventariseren en bespreken van Gods twee belangrijkste eigenschappen: gerechtigheid en genade. In sommige joodse kringen worden deze gelijkgesteld met het mannelijke en het vrouwelijke aspect van God. Als een vader beloont en bestraft God zijn kinderen en als een moeder betoont de Godheid mededogen met hen.

De God van Israël heeft ook een naam die tijdens de bijbelse periode algemeen gebruikt werd. Dit is het 'tetragrammaton', de onuitspreekbare naam van God die uit vier letters bestaat en in het Hebreeuws gerepresenteerd wordt door de consonanten YHWH (zie de illustratie op p. 15). In het na-bijbelse jodendom werd de naam YHWH te heilig geacht om uit te spreken, en men bedacht verschillende vervangende namen om het uitspreken van die ene naam te vermijden. De meest algemene is *Adonai* ('mijn Heer'). In sommige joodse kringen is *Adonai* ook onuitspreekbaar geworden, behalve in gebeden, en men heeft daar dus weer nadere omschrijvingen moeten bedenken zoals bijvoorbeeld *Hashem* ('de Naam'). Men kan ook nog naar God verwijzen door het noemen van belangrijke kenmerken (zoals 'de heilige', 'de genadige'). Gods aanwezigheid in de wereld wordt *Shechina* genoemd. Dit is een vrouwelijk woord dat tot veel mystieke speculatie aanleiding heeft gegeven met betrekking tot de mannelijke en de vrouwelijke aspecten van God. *Shechina* is ook een belangrijk concept in de moderne feministische theologie geworden.

Tegenover de meer rationele benaderingswijzen bestaan er ook aloude, sterk mystieke stromingen binnen het jodendom. De meest invloedrijke is de kabbala geweest (zie p. 32).

EEN EEUWIGDUREND VERBOND

De bijbel spreekt over verschillende soorten verbond met God (*brit, berit* of *brith* in het Hebreeuws). Ten eerste is er het persoonlijke verbond tussen het individu en God. Bij de man is de besnijdenis het teken van dit verbond *(brit milah*, 'verbond van besnijdenis'). Ten tweede kent men het verbond tussen een volk en God, waarvoor de overeenkomst op de berg Sinaï symbool staat. Het verbond van de Sinaï tussen God en Israël is gemodelleerd volgens oude overeenkomsten die we kennen uit het Nabije Oosten, waarin een opperheer een formele relatie aangaat met een vazal. In ruil voor hun bevrijding uit de slavernij erkennen de Israëlieten de suzereiniteit van God door zich te houden aan de goddelijke geboden. Het vervullen van de geboden wordt dus beschouwd als een verplichting van de joden jegens God, die op zijn beurt de plicht heeft om gedurende de gehele geschiedenis voor de joden te zorgen. Het verbreken van deze wederkerige relatie door een van de partijen wordt als ontoelaatbaar beschouwd.

De exclusieve relatie tussen God en Israël wordt verwoord in het Sjema-gebed, dat het centrum van de joodse geloofsbelijdenis is geworden. Het gebed is genoemd naar de eerste woorden van Deuteronomium 6:4: 'Hoor *(Sjema)* Israël, YHWH is onze God, YHWH alleen' (of, 'YHWH is onze God, YHWH is één'). In de uitgebreide versie van dit gebed wordt dit vers aangevuld met andere citaten uit Deuteronomium en Numeri.

Een mezoeza, met de hand geschreven rol die erin hoort, met daarop de woorden van het Sjema-gebed. De mezoeza bevindt zich aan de deurpost van een joods huis.

VOORSTELLINGEN VAN HET HEILIGE

Anders dan de heidense goden die in allerlei menselijke en dierlijke gedaanten werden afgebeeld, is de God van de joden zonder vorm, onzichtbaar en boven het menselijk bevattingsvermogen verheven. Vanaf het allereerste begin heeft men in het jodendom nadrukkelijk vermeden om portretten te maken die voor pogingen om de godheid af te beelden zouden kunnen worden aangezien. Het verbod is vastgelegd in het tweede van de tien geboden (Exodus 20:4-6, Deuteronomium 5:8-10).

De interpretatie ervan heeft echter spanningen veroorzaakt tussen iconoclasten – joden die elke representatieve kunstuiting veroordelen – en degenen die dit in vrijwel de meeste situaties wel toestaan. Gedurende de late Romeinse en Byzantijnse periode hielden rabbi's die geen iconografie duldden in hun godsdienstige riten, bijeenkomsten in synagogen met prachtige mozaïekvloeren (zie p. 18) en met, tenminste in Dura-Europos in Syrië, muren die versierd waren met bijbelse scènes. Sommige mozaïeken stelden zelfs niet-joodse scènes voor, zoals de zonnegod Helios. De joodse context werd voldoende geacht om dergelijke voorstellingen van hun oorspronkelijk religieuze lading te ontdoen. Zij werden gezien als representaties van de universele levenscyclus. In de loop der eeuwen heeft de slinger tussen deze twee extremen heen en weer bewogen. Zoals de rijkdom aan joodse illustraties laat zien, is er echter altijd, binnen bepaalde grenzen, een artistieke traditie geweest.

Een gedeelte uit de 'Vogelkop Hagada', vervaardigd in Duitsland omstreeks 1300 n. Chr. De kunstenaar portretteert bijbelse figuren met een vogelkop om zo elke indruk te vermijden dat hij een afbeelding van God probeert te maken.

MESSIANISME EN VERLOSSING

In het jodendom ontstonden als reactie op nationale catastrofes messiaanse voorstellingen. Zij boden hoop aan een volk dat vaak in moeilijke omstandigheden verkeerde. Het woord 'Messias' is een transcriptie van het Hebreeuwse *mashiach*, 'iemand die met olie gezalfd is' vanwege een bepaald goddelijk plan. In de bijbel worden allerlei personen 'Messias' genoemd omdat ze gezalfd zijn, onder meer koningen, priesters, profeten en zelfs niet-Israëlieten. Ondanks pogingen om bepaalde passages aan te voeren ter ondersteuning van bepaalde messiaanse verwachtingen, verbindt de bijbel deze personen niet met de latere voorstelling van *de* Messias, wiens optreden het verlossende einde der tijden zou inluiden.

Andere bijbelteksten uit de tijd van de Babylonische ballingschap en uit de periode daarna drukken de hoop uit dat Israël in meer vrijheid zal leven onder de glorierijke heerschappij van een lid van het huis van David. Sommige teksten wensen een tweede Aäron als hogepriester, of een tweede Mozes, die het land met zijn profetische gaven opnieuw kan inspireren.

Tegen het einde van de tweede tempelperiode waren deze diverse toekomstvisies op verschillende manieren in verbinding gebracht met apocalyptisch gedachtegoed. Dit resulteerde in het geloof in een zeer spoedig verschijnende Messias, die volgens de ene voorstelling de joden zou verlossen uit hun onderdrukking en als voorbode zou functioneren van de heerschappij van God, en volgens de andere voorstelling zelf zou heersen nadat God de joden zou hebben gered. Naarmate het Herodiaanse en Romeinse bewind repressiever werden, groeide het aantal messiaanse pretendenten. Zo iemand was bijvoorbeeld Simeon bar Kochba, die de joden leidde bij een

De profeet Elia op de berg Karmel, zoals beschreven in 1 Koningen 18. In de rabbijnse periode werd vaak aangenomen dat de wederkomst van Elia de komst van de Messias en het einde der tijden zou inluiden. Dit idee is ontleend aan Maleachi: 'Ik zal u de profeet Elia zenden voor de grote en verschrikkelijke dag des Heren' (Mal 3:23 in de joodse bijbel; Mal. 4:5 in de christelijke bijbel). Deze muurschildering (ca. 245 n. Chr.) is uit de synagoge van het antieke Dura-Europos, Syrië.

SHABBETAI ZVI

De meeste messiaanse bewegingen bleven qua tijdspanne en lokatie beperkt. De hele joodse wereld was in echter in beroering door het optreden van Shabbetai Zvi of Tzvi (1626-76). Hij was een rondzwervende mysticus, geboren in Smyrna, Turkije. Hij verscheen in 1665 in Israël, waar hij door de visionaire Nathan van Gaza tot Messias werd uitgeroepen.

Shabbetai werd in de gehele joodse wereld bejubeld. Dit is verklaarbaar in het licht van de toen recente pogroms onder aanvoering van Bogdan Chmielnicki in 1648-49 in de Oekraïne. Overal bereidden joden zich voor op de komst van het koninkrijk van God. In datzelfde jaar al werd Shabbetai echter gevangengenomen door de Sultan en bekeerde hij zich liever tot de islam dan geëxecuteerd te worden. Hij hield ook toen nog volgelingen, die zijn bekering zagen als de noodzakelijke vernedering die de Messias moet ondergaan voor de uiteindelijke glorieuze overwinning. Voor de meeste joden was Shabbetai echter de spreekwoordelijke Messias van rabbi Yohanan ben Zakkai (eerste eeuw) die zei: als je van plan bent een jong boompje te planten terwijl iemand je vertelt dat de Messias eraan komt, natuurlijk, ga om de Messias te begroeten – maar plant eerst het boompje.

Een Nederlandse gravure van de zeventiende-eeuwse 'mystieke Messias', Shabbetai Zvi.

---

anti-Romeinse opstand (de Tweede Joodse Oorlog, 132-135 n. Chr.). Met uitzondering van de grote rabbi Akiva (zie p. 37) verwierpen de meeste rabbi's de messiaanse eigenschappen die men hem toedichtte. Het is onduidelijk of Jezus van Nazaret zichzelf als Messias beschouwde, maar zijn volgelingen deden dat zonder twijfel, want ze noemden hem *Christos* ('christus'), het Griekse woord voor *mashiach* (zie p. 55).

Hoewel in de Dode Zee-rollen al melding wordt gemaakt van twee messiassen (een priesterlijke en een koninklijke), kan dit idee verder ontwikkeld zijn in de nasleep van de Bar Kochba-opstand. Er is dan sprake van twee messiassen, één afkomstig uit de lijn van de aartsvader Jozef en één afkomstig uit het huis van David. De van David afstammende Messias, wiens heerschappij het begin zou zijn van Gods koninkrijk op aarde, zou voorafgegaan worden door de van Jozef afstammende Messias, die in een tot mislukking gedoemde strijd tegen de machten van het kwaad de goede strijdkrachten aanvoert. Zijn falen en ondergang zouden dan de voorbode zijn van Gods interventie in de geschiedenis, wanneer hij onder de tweede, davidische Messias zijn heerschappij vestigt .

Er is een traditie die vertelt dat de Messias al aan het begin der tijden is geschapen en bij God het moment van verlossing afwacht. Volgens een andere opvatting wordt er in elke menselijke generatie een potentiële menselijke Messias geboren. Er is zelfs een traditie waarin een melaatse, bedelende Messias bij de poort van Rome zit in afwachting van zijn moment in de geschiedenis. De grote joodse rationalistische filosoof Maimonides (zie p. 37) verwierp het idee van een Messias die buiten de grenzen van de normale menselijke geschiedenis om zou opereren. Hij streed tegen de apocalyptici, die de Messias als voorbode van het einde der tijden beschouwden. Niettemin formuleerde ook hij in één van zijn dertien artikelen tellende geloofsbelijdenis een geloof in de komst van de Messias.

DE LEVENDE WET

EEN DIALOOG TUSSEN DE EEUWEN

In een traditionele joodse setting wordt de bijbel niet in een vacuüm bestudeerd. In rabbijnse bijbels (Miqra'ot Gedolot) bijvoorbeeld staan er commentaren uit verschillende eeuwen en landen naast de tekst van de bijbel, met als eerste het commentaar van Rashi (Rabbi Solomon ben Isaäc, 1040-1105 n. Chr.; zie p. 37) uit Noord-Frankrijk met de tekst van de bijbel in het Hebreeuws en het Aramees. De lezer wordt dus uitgenodigd om deel te nemen aan de oude en voortgaande discussie over de betekenis van de bijbelse tekst. Een dergelijke discussie heeft niet als doel een definitieve interpretatie van de tekst te bieden, maar dient eerder om de lezer te laten zien hoeveel verschillende interpretaties de tekst toelaat. Hierbij ligt de nadruk op het de overtuiging dat de waarheid uit meerdere lagen bestaat.

De belangrijkste religieuze tekst van het jodendom is de Tora, een woord dat vaak vertaald wordt met 'wet' maar oorspronkelijk 'onderwijzing' of 'instructie' betekent. In de nauwere betekenis van het woord slaat Tora alleen op de eerste vijf boeken van de bijbel, die ook worden aangeduid als de vijf boeken van Mozes of als Pentateuch. In deze boeken vinden we de bijbelse verhalen over de oorsprong van de wereld, over de voorouders van Israël, over de slavernij van Israël in Egypte en de bevrijding daaruit, over het ontvangen van de tien geboden op de berg Sinaï en over de zwerftocht van de Israëlieten door de woestijn voorafgaande aan hun intocht in het beloofde land. De rabbijnen uit de talmoedische tijd (zesde en zevende eeuw n. Chr.) hebben 613 geboden uit de Tora afgeleid die samen de bouwstenen van het joodse leven en de joodse gebruiken vormen.

De term 'Tora' kan ook begrepen worden als aanduiding van de hele bijbel, die uit drie delen bestaat. Het gedeelte na de Pentateuch wordt 'de Profeten' genoemd (Nevi'im). Dit gedeelte bevat zowel historische boeken als profetische literatuur. Het derde gedeelte bestaat uit elf boeken die aangeduid worden als 'de Geschriften' (Ketuvim), een mengelmoes van poëzie, wijsheidsliteratuur, profetie en geschiedschrijving. Een andere aanduiding voor de bijbel is *Tenach*, een acroniem dat afgeleid is van de eerste letters van de woorden Tora, Nevi'im en Ketuvim. Deze driedeling van de bijbel weerspiegelt niet alleen de volgorde van het proces van canonisatie, maar ook het relatieve gewicht van de teksten in de joodse traditie.

De Pentateuch, de eigenlijke Tora, is het belangrijkste. Hij vormt de kern

MISHNA EN TALMOED

In het licht van het verlies van de tempel en de tempeldiensten in 70 n. Chr., zag Yohanan ben Zakkai (zie p. 22-23) in dat de sleutel tot overleving voor het jodendom gelegen was in de overdracht van kennis en in de verschuiving van de tempelsymboliek naar andere aspecten van het joodse leven. In zijn school in Yavneh en in andere, later opgerichte scholen ontwikkelde de rabbijnen door middel van intensieve discussies over de joodse traditie en de aanpassing daarvan aan veranderende omstandigheden een systeem van recht en gewoonte. Deze rabbijnse beslissingen, de 'mondelinge wet', waarin alle aspecten van zowel het religieuze als het seculiere leven aan bod komen, werden omstreeks 200 n. Chr. onder de naam Mishna (dat wat geleerd wordt) gecodificeerd door Rabbi Juda de Prins. De Mishna is verdeeld in zes geledingen die op hun beurt onderverdeeld zijn in 63 'traktaten'.

De Mishna zelf vormde weer het uitgangspunt voor verdere discussie in de verschillende joodse gemeenschappen. Deze omvangrijke rabbijnse discussies over de Mishna, met zowel meerderheids- als minderheidsstandpunten, zijn verzameld in de Talmoed van Jeruzalem (ca. 400 n. Chr.) en de Babylonische Talmoed (ca. 500 n. Chr.). De Babylonische Talmoed werd het standaardwerk op het gebied van joodse tradities. De twee Talmoeds maken gebruik van dezelfde Mishna-tekst, maar verschillen in hun weergave van de discussies (gemara). De Talmoed ('studie') heeft de status van heilig geschrift gekregen, volgens de rabbijnen dezelfde status als de bijbel zelf. Een omvangrijke literatuur van aanvullingen (Tosafot), commentaren en commentaren op commentaren ontwikkelt zich tot op de dag van vandaag.

In het traktaat *Pirke Avot* ('Spreuken van de Vaderen') wordt het bevel gegeven om 'een heg (of schutting) rondom de Tora te bouwen'. De rabbijnen deden hiermee een poging om de Tora te beveiligen met aanvullende regels en gebruiken. In theorie was het minder erg om een van deze 'hagen' geweld aan te doen dan een van de centrale 613 geboden uit de Tora. In de praktijk zorgde de eenduidigheid van het jongere voorschrift er vaak voor dat dit beter werd nagevolgd.

van het joodse geloof en de daarbijbehorende gebruiken, maar is ook zelf onderwerp van verering. De Tora-rollen van een joodse gemeenschap worden bewaard in een speciale nis of ark in de muur, waar de gelovigen tijdens het gebed met hun gezicht naartoe staan. Dit is traditioneel in de richting van Jeruzalem. Elke week wordt er in de synagoge een gedeelte *(parasha)* van de Tora gereciteerd, zodat eens per jaar of, in een andere indeling, eens in de drie jaar de hele Tora gelezen wordt. Na de *parasha* wordt er een korter gedeelte gelezen uit de Profeten. De schriftlezing in de synagoge heeft nog een andere naam voor de bijbel voortgebracht: Mikra ('dat wat [hardop] gelezen wordt'). Deze aanduiding is direct verwant met het Arabische 'koran'.

De verwoesting van de eerste tempel in Jeruzalem in 586 v. Chr. en van de tweede tempel in 70 n. Chr., waardoor de nationale identiteit ernstig bedreigd werd, dwong de joden er in feite toe hun traditie op schrift te stellen; dit was de enige manier om het voortbestaan ervan te waarborgen. Dit leidde de eerste keer tot de redactie van grote stukken uit de Tora en de Profeten. De tweede verwoesting gaf aanleiding tot de compilatie van de mondelinge traditie, waar uiteindelijk de Mishna en vervolgens de Talmoed uit voort zouden komen (zie kader op p. 30).

In de rabbijnse traditie wordt aan de zogenaamde 'mondelinge Tora' evenveel waarde toegekend als aan de geschreven Tora. Van beide wordt gezegd dat ze op de berg Sinaï door God aan Mozes zijn gegeven. De geschreven Tora is aan heel Israël geopenbaard. De mondelinge Tora is geopenbaard aan een kleine kring van uitverkorenen die de traditie hebben doorgegeven tot het moment van de schriftelijke compilatie ervan door de rabbijnen, vele eeuwen later.

'Tora' kan dus zowel naar bijbelse als naar talmoedische tradities verwijzen en in de breedste betekenis van het woord naar het geheel van joodse wetten en gebruiken. Omdat hun hele traditie op schrift stond, konden de joden dit 'draagbare vaderland' meenemen waar ze ook maar heen gingen.

Door hun geloof dat de mondelinge Tora tegelijk met de geschreven Tora op de berg Sinaï geopenbaard was, formuleerden de rabbijnen uit de talmoedische tijd het belangrijke en invloedrijke principe dat de ontwikkeling van de joodse wet en traditie net zo goed een geopenbaarde werkelijkheid was als de Tora zelf. De centrale plaats die dit beginsel inneemt, kan beeldend geïllustreerd worden met het verhaal waarin Mozes de school van de grote eerste-eeuwse Rabbi Akiva bezoekt (zie p. 37). Mozes is niet in staat om ook maar iets van de discussie te volgen, totdat een student een argument aan de schriftelijke Tora ontleent, de boeken die Mozes zelf heeft geschreven. Op dat moment begrijpt Mozes dat de traditie die hij aan Israël heeft doorgegeven niet monolithisch en statisch is, maar in de loop der tijden onderhevig is aan verandering.

DE BIJBELBOEKEN

De Tora (Pentateuch)
• Genesis • Exodus • Leviticus • Numeri
• Deuteronomium

De Profeten (Nevi'im)
• Jozua • Richteren • Samuel • Koningen
• Jesaja • Jeremia • Ezechiël • De twaalf kleine profeten (Hosea, Joël, Amos, Obadja, Jona, Micha, Nahum, Habakkuk, Zafanja, Haggaï, Zacharai, Maleachi)

De Geschriften (Ketuvim)
• Psalmen • Spreuken • Job • Hooglied
• Ruth • Klaagliederen • Prediker • Esther
• Daniël • Ezra-Nehemia • Kronieken

Een Tora-rol in versierd foedraal. Vervaardigd voor een joodse gemeenschap in Irak in de negentiende eeuw.

Bij de Westelijke Muur (zie p. 41) leest een dertien jaar oude jongen voor het eerst in het openbaar uit de Tora als onderdeel van de bar mitzva-ceremonie, die zijn meerderjarigheid markeert.

ZOHAR EN KABBALA

Een verzameling Aramese geschriften van het einde van de dertiende eeuw, *Zohar* ('Verlichting') genaamd, vormt de basis van de kabbala, de belangrijkste mystieke beweging binnen het jodendom. De *Zohar* is hoogstwaarschijnlijk geschreven door de Spaanse mysticus Mozes van Léon (gestorven in 1305). Deze beweert dat de tekst is gebaseerd op de geschriften van een beroemde rabbi uit de tweede eeuw n. Chr. (Simeon bar Johai).

In een poging de goddelijke geheimen te doorgronden gebruikt de kabbala de *Zohar*, op grond van welke men zich God voorstelt als een onkenbaar, maar centraal mysterie *(Ein Sof)* dat tien aspecten heeft *(Sefirot)*. Hiermee was een ingewikkelde symboliek verbonden die de ingewijde dichter bij het begrip van de uiteindelijke waarheid moest brengen.

De Verlichting en het rationalisme zwakten de invloed van de *Zohar* af. De afgelopen jaren zien we echter een nieuwe populariteit van de joodse mystiek onder zowel ultra-orthodoxe en chassidische joden als onder joden die beïnvloed zijn door New Age, het millenniumdenken of andere moderne vormen van spiritualiteit.

Veel van de interpretatieve teksten die na de Tora en de Talmoed zijn ontstaan, hebben een soort semi-canonieke status in het jodendom. Een vroeg voorbeeld hiervan is de vertaling van de bijbel in het Aramees, Targoem ('vertaling') genoemd.

De traditionele manier waarop men in het jodendom de bijbel interpreteert, komt vaak overeen met de geleerde methode die bekendstaat onder de naam *midrash* ('onderzoek'). De term staat voor het onderzoeken van een bijbelse tekst om daaruit hetzij juridische *(midrash halacha)*, hetzij niet-juridische inzichten *(midrash haggada)* af te leiden. De *midrash haggada* is de meest geliefde en ook de meest toegankelijke van de twee. De tekst van de Talmoed bevat beide vormen en de methode wordt ook tegenwoordig nog gebruikt bij de vertaling van de traditie naar de huidige tijd.

In de loop der eeuwen heeft de juridische verklaring van de joodse traditie een uitgebreide commentaarliteratuur voortgebracht, waarin commentaar op commentaar wordt gestapeld. Er zijn pogingen geweest om deze juridische traditie te codificeren. De bekendste en meest invloedrijke codificatie is de *Mishne Tora* ('herhaling van de Tora') van de hand van Maimonides (zie p. 37) en de *Shulhan Aruch* ('vastgestelde lijst') van Jozef Caro (1488-1575). In beide werken wordt de joodse praktijk geordend naar onderwerp, wat ze geschikt maakt als naslagwerk. Eigenlijk alle aspecten van het joodse leven komen erin aan de orde.

Naast deze pogingen om een volledige opsomming te geven van de joodse gebruiken en gewoonten ontstonden er ook verzamelingen van de antwoorden *(responsa)* van rabbijnen op vragen die voortkwamen uit het dagelijkse joodse leven. Deze literatuur wordt tot op heden nog steeds uitgebreid, het meest indringend met de publicatie van de *responsa* die tijdens de Holocaust geschreven zijn en die de behoefte van de joden weerspiegelen om zelfs onder extreme bedreiging vast te houden aan een joodse levenswijze.

Er is een passage in de Talmoed waar gesteld wordt dat het bestuderen van de Tora gelijkwaardig is aan welke ethische handeling dan ook, omdat de Tora de basis is van de moraal. Deze preoccupatie met de bestudering en de praktijk van de Tora in al zijn facetten ligt ten grondslag aan de ononderbroken vitaliteit en overleving van het jodendom in de loop van de millennia.

SIDDOER EN HAGGADA

Onder al die verschillende boeken zijn er twee van bijzonder belang voor respectievelijk de liturgie en het dagelijks leven. De eerste is de Siddoer, een gebedenboek. Er zijn vele versies van de Siddoer, bijvoorbeeld voor dagelijkse en bijzondere gebeden, zoals de speciale gebeden voor de sabbat of voor feestdagen. Er zijn ook verschillen tussen de asjkenazische en de sefardische versies en tussen de versies van de orthodoxe, de conservatieve en de liberale richtingen. Aan al die versies ligt echter een gemeenschappelijke basisstructuur en een gemeenschappelijke liturgie ten grondslag.

Na de openingsgebeden, waarin de spirituele toon van het vervolg gezet wordt, volgt het eerste hoofdonderdeel van de dienst, een overweging op grond van het Sjema-gebed (Deuteronomium 6:4), de centrale joodse geloofsbelijdenis van de ene God (zie p. 26). God wordt geprezen als schepper. Zijn liefde voor Israël en Israëls acceptatie van de Tora vormen de grondslag voor de hoop op een uiteindelijke verlossing. Het volgende onderdeel van de liturgie wordt Amida ('staand') genoemd, naar het gebruik om tijdens het reciteren van dit gebed te staan. In de doordeweekse versie bestaat het uit negentien zaligsprekingen, waarin God gedankt wordt voor zijn zorg voor individu en gemeenschap. De dienst eindigt met twee gebeden. Het eerste is het Aleinoe, een gebed waarin vooruitgeblikt wordt naar de tijd waarin de wereld verenigd zal worden in het geloof in de ene God. Het tweede gebed is de Kaddisj, een rouwgebed waarin God verheerlijkt wordt. Dit gebed dient tevens als scheiding tussen de andere onderdelen van de dienst.

Het tweede boek is de Haggada, de 'hervertelling' van het verhaal van de exodus van de Israëlieten uit Egypte onder leiding van Mozes. Het boek doet dienst als de basis voor de in huiselijke kring uitgevoerde pesachritueel (Seder). Tijdens deze ceremonie herdenkt men van generatie op generatie Gods grote daad van bevrijding.

De Haggada verweeft het bijbelse verhaal met rabbijnse interpretaties en *midrasj* (zie de hoofdtekst). De hele opzet is didactisch van aard en ook boeiend voor kinderen; de tekst speelt dan ook een belangrijke rol in de vorming van hun joodse identiteit.

Een fraai verluchte pagina uit de Feibush Haggada, vervaardigd in Duitsland rond 1470 n. Chr. Dit is een van de rijkst versierde Haggada's uit deze periode. De illustraties zijn van de hand van de kunstenaar Joel ben Shimon.

DE TORA-ROL EN DE SCHRIJVER

De Sefer Tora (Tora-rol) is het meest heilige object in het jodendom. Elke letter van de rol moet nauwgezet met de hand geschreven worden door een *sofer* (schrijver), zoals de hier afgebeelde Jemeniet, na een scholing van ongeveer zeven jaar. De Tora wordt geschreven op perkament dat gemaakt is van de huid van een *koosjer* dier. De vervaardiging van dit perkament duurt ongeveer een jaar.

Na zorgvuldige inspectie door de *sofer* en andere deskundigen wordt een asjkenazische rol bedekt ('gekleed') in een geborduurde, beschermende 'mantel', die ook verder vaak rijk versierd is, meestal met kronen. Ook worden er wel zilveren pinakels, of *rimmonim* ('granaatappels' in het Hebreeuws) over de handvaten van de rol geschoven. In de sefardische gemeenschap worden de Tora-rollen bewaard in bewerkte houten of metalen cilinders, die gevoerd zijn met fluweel (zie bijvoorbeeld de afbeelding op p. 24).

De Tora-rol moet wanneer hij niet gebruikt wordt om uit te lezen altijd bedekt zijn. Bij het voorlezen uit de rol kan de lezer de tekst volgen met een aanwijsstokje, ofwel een *jad*, (het Hebreeuwse woord voor 'hand'), om het aanraken van de heilige schrift te vermijden. De *jad* is vaak gemaakt van zilver, maar kan ook van ivoor of hout zijn. De lengte is gewoonlijk zo'n vijftien tot twintig centimeter en aan het uiteinde bevindt zich een miniatuurhandje met uitgestoken wijsvinger.

Als zelfs maar één letter na verloop van tijd onleesbaar wordt, is de rol totdat hij door een *sofer* gerestaureerd is, niet langer bruikbaar. Een rol die uiteindelijk te zeer beschadigd is om nog hersteld te kunnen worden, wordt op een joodse begraafplaats begraven.

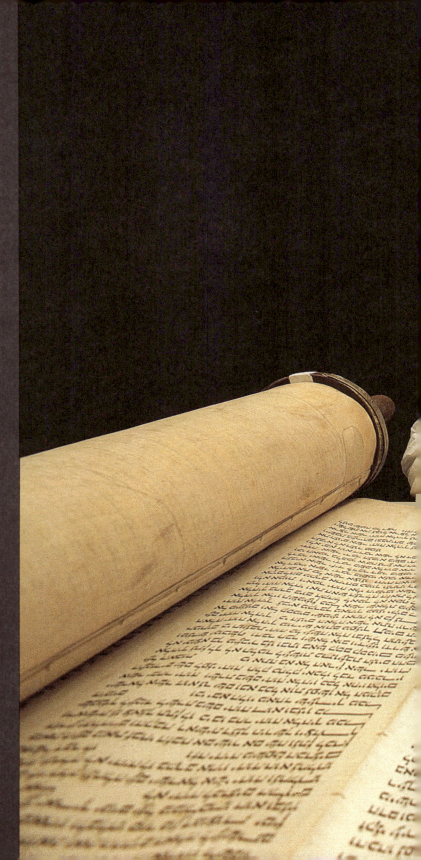

WETGEVERS, GELEERDEN EN STICHTERS

Hoewel mensen door hun levenswijze heilig kunnen worden, vermijdt men in het jodendom in het algemeen de aanbidding van sterfelijke personen. Figuren uit het verleden worden beschouwd als voorbeeld, niet als onderwerp van verering: men handhaaft een strikte scheiding tussen het menselijke en het goddelijke bereik. De vergoddelijking of heiligverklaring van mensen bestaat niet in het jodendom. De twee personen die echter met kop en schouders boven alle anderen uitsteken, zijn Mozes (zie kader hieronder) en koning David. De eerste als wetgever, profeet en voorbeeldig mens, de tweede als politiek leider, dichter en zwak mens dat desondanks door God goedgunstig beoordeeld werd. De legendarische gouden eeuw van David en

Mozes ontvangt de tien geboden op de berg Sinaï. Een illustratie uit de veertiende-eeuwse Sarajevo-Haggada, die vervaardigd werd voor joden in het islamitische Spanje.

MOZES

Hoewel er geen eenduidige historische gegevens zijn van het leven en de persoon van Mozes, is hij de sleutelfiguur in het verhaal van Pentateuch en in het latere jodendom. In de bijbel wordt Mozes door God gekozen om de Israëlieten uit de Egyptische slavernij te bevrijden en hen door de woestijn naar het beloofde land te leiden. Door hem is het goddelijke verbond met Israël totstandgekomen en door hem zijn de geboden overgedragen. Mozes staat dus aan het begin van het ontstaan van het jodendom; hij is de archetypische jood. Hij is de enige mens met wie God van aangezicht tot aangezicht sprak en hij is de eerste en de grootste van de profeten. In rabbijnse tijden werd Mozes *Moshe Rabbenoe*, 'Mozes onze leraar', het prototype van de rabbijn. Hij staat ook model voor de barmhartige leider.

Mozes is wellicht het meest bekend in zijn rol als wetgever. Hij was echter niet de *maker* van de wet – hij was het instrument door wie God aan Israël de geboden gaf. Niettemin doet men in het latere rabbijnse jodendom bij de interpretatie van de joodse traditie een beroep op de autoriteit van Mozes. Volgens de rabbijnen ontving Mozes op de Sinaï niet alleen de tradities die in geschreven vorm in de Tora staan, maar ook de mondelinge tradities die pas veel later, in de rabbijnse periode, werden vastgelegd (zie p. 31). Op deze manier wordt Mozes de eerste schakel in de ketting van de traditie die de rabbijnen met hem verbinden.

Ondanks de centrale plaats van Mozes in de joodse traditie is hij altijd beschouwd als mens. Misschien om vergoddelijking te vermijden benadrukt de bijbel dat de plaats waar hij begraven ligt, onbekend is (Deuteronomium 34:6). Zijn graf kon daarom nooit het doel of object van verering geworden.

zijn zoon Salomo is een belangrijke bron van inspiratie voor joden, die nauw verbonden is met messiaanse verwachtingen (zie p. 28-29).

Een andere belangrijke bijbelse figuur is Ezra, die gezien werd als de tweede wetgever. In de periode die volgde op de Babylonische ballingschap maakte hij de Tora tot wet van het hele land en door hem zegende God het volk Israël met de instelling van een nieuwe tempeldienst.

Het prototype van de rabbijnse jood was Hillel (eerste eeuw v. Chr.), het schoolvoorbeeld van joodse geleerdheid, door en door menselijk en bescheiden. Hillel streefde naar een betere wereld *(tikkoem olam)*. De Talmoed vertelt dat toen een potentiële bekeerling vroeg om in de hele Tora onderwezen te worden, Hillel antwoordde: 'Wat gij niet wilt dat u geschiedt, doe dat ook een ander niet. De rest is commentaar op deze regel, ga heen en studeer.' Rabbi Akiva (ca. 50-135 n. Chr.), misschien wel de grootste geleerde van de rabbijnse periode, was tot zijn veertigste een ongeletterde schaapherder. Hij was een volgeling van de messiaspretender Simeon bar Kochba (zie p. 29). Hij werd gedood door de Romeinen en stierf met de woorden van het Sjema op zijn lippen (zie p. 26); door deze overlevering werd hij tot het prototype van de joodse martelaar door de eeuwen heen.

In de Talmoed wordt één vrouw genoemd, Beroeria (tweede eeuw n. Chr.), wier geleerdheid even groot was als van welke man dan ook. Er worden vele verhalen verteld over haar wijsheid en menselijkheid en ze heeft generaties joodse vrouwen geïnspireerd om het traditionele bolwerk van mannengeleerdheid binnen te dringen. Haar echtgenoot Rabbi Meir was eveneens een beroemde leraar.

De twee belangrijkste middeleeuwse wijzen zijn 'Rashi' en 'Rambam', acroniemen voor respectievelijk Rabbi Shlomo Yitzhaki (Solomon ben Isaac, 1040-1105) en Rabbi Moses ben Maimon (of Maimonides, 1135-1204). Rashi bracht het grootste deel van zijn leven door in het Franse Troyes, maar hij studeerde in Duitsland en is hiermee een representant van de laatste bloeiperiode van het Rijnland voordat dit bij de Eerste Kruistocht ten onder ging. Zijn grootste verdienste is dat hij de joodse geleerdheid door commentaren op de bijbel en Talmoed toegankelijk heeft gemaakt. Tegen de gewoonte in gaf hij zijn kennis door aan zijn dochters. Maimonides was een briljante geleerde en natuurkundige met een encyclopedische kennis. Hij was in dienst van de sultan van Egypte. Zijn meest bekende werken zijn de *Mishne Tora*, een poging om de joodse wet te codificeren en voor allen toegankelijk te maken (zie p. 32) en de *Gids voor de Sprakelozen*, een rationalistisch-filosofische verdediging van het joodse geloof die tot ver buiten het jodendom van invloed is geweest.

Mozes Mendelssohn (1729-1786) wordt met recht de eerste moderne joodse denker genoemd. Hij was een briljant wetenschapper en filosoof, zeer geliefd in niet-joodse kringen van de Duitse intelligentsia in een periode in de geschiedenis dat de joden op het punt stonden zich uit hun tweederangs positie in de samenleving te emanciperen. Mendelssohn was een van de drijvende krachten achter de Haskala (de 'Joodse Verlichting'). In die hoedanigheid probeerde hij de idealen van de Europese Verlichting te verenigen met het jodendom en hij was de eerste die de vraag stelde hoe men de joodse identiteit kon bewaren en tegelijkertijd open kon staan voor de moderne tijd. Deze vraag heeft het jodendom sindsdien onafgebroken beziggehouden.

HERZL EN HET ZIONISME

De meest invloedrijke moderne joodse intellectuele en politieke beweging is gebaseerd op de eeuwenoude hoop op de terugkeer van het volk Israël in zijn land, op messianisme (zie p. 28-29) en op modern nationalisme. Theodoor Herzl (1860-1904), een Oostenrijkse joodse journalist, was ervan overtuigd dat een eigen staat voor de joden de enige oplossing voor 'het joodse probleem' was. In 1897 organiseerde hij het eerste zionistische congres in Bazel, Zwitserland. Hij voorspelde toen dat zijn droom binnen vijftig jaar gerealiseerd zou zijn.

Herzls claim hierop leek belachelijk, maar zijn ideeën schoten wortel en vele joden vestigden zich in Palestina toen het onder Engels bestuur stond (van 1918-1948). In 1947 stemde de Verenigde Naties voor een verdeling van het land in een afzonderlijke joodse en Arabische staat en op 14 mei 1948, de vooravond van het vertrek van de Britten, werd de staat Israël uitgeroepen. In 1949 werd het stoffelijk overschot van Herzl vanuit Wenen naar Jeruzalem gebracht om daar te worden herbegraven. Hij wordt beschouwd als de geestelijke vader van het moderne Israël.

Een laatveertiende-eeuws Italiaans manuscript van de Mishne Tora *van Maimonides, over wie gezegd wordt 'Van Mozes tot Mozes was er niemand als Mozes'.*

DE NOACHITISCHE WETTEN

De rabbijnse theologie stelt dat elk rechtvaardig mens, jood of niet-jood, zich een plaats in de toekomstige wereld kan verwerven. Van joden wordt verwacht dat ze leven volgens de 613 geboden. De ethiek van niet-joden moet in overeenstemming zijn met de zeven 'wetten van Noach', die God na de legendarische zondvloed aan Noach gaf. Deze wetten verbieden idolatrie, blasfemie, moord, seksuele overtredingen, diefstal en wreedheid tegenover dieren; zij bevelen aan om rechtbanken te bouwen.

In het algemeen houdt het jodendom zich bezig met het leven in de huidige wereld en niet met de voorbereidingen voor het leven op een ander bestaansniveau. Een leven na de dood heeft nooit een belangrijke rol in de joodse theologie gespeeld.

De Tora is de bron van de joodse levenswijze en bezet als zodanig de ereplaats in de synagoge in de Tora-nis, of ark. Deze zeventiende-eeuwse ark komt uit Krakau, Polen.

DE WEG VAN ISRAËL

Het geloof in één God is in het jodendom nauw verbonden met de ethische principes die het dagelijkse bestaan reguleren. Het leiden van een ethisch leven is zowel een daad van toewijding aan de wil van God als een nabootsing van de goddelijke werkelijkheid. Aangezien God heilig en rechtvaardig is, moeten de joden trachten God in dit opzicht en in alle andere goddelijke aspecten, te evenaren. De basis voor het leiden van een ethisch zuiver leven zijn de 613 geboden *(mitzvot)* die de rabbijnen uit de Pentateuch ofwel de eigenlijke Tora (zie p. 30-31) hebben afgeleid. Deze verzameling geboden vormt samen met het daarop gebaseerde reusachtige corpus van tradities de *halacha*, letterlijk 'wandel' – dat wil zeggen, de manier waarop Israël in de wereld moet wandelen.

In het talmoedische traktaat Pirke Avot *(Ethiek van de Vaderen)*, beweert een leraar, Simeon de Rechtvaardige, dat de wereld gegrondvest is op de Tora (de geboden en de naleving ervan), de dienst aan God (aanbidding en lofprijzing) en op daden van liefhebbende vriendelijkheid (goede daden verricht voor de naaste). In hetzelfde traktaat wordt dit inzicht wat abstracter verwoord door Simon ben Gamliel, die beweert dat de wereld bestaat dankzij waarheid, gerechtigheid en vrede. In geen van beide gevallen speelt de potentiële beloning voor ethisch correct gedrag een rol: goede werken worden verricht vanwege hun intrinsieke waarde, omdat God de mens hiertoe in de *mizvot* opdracht geeft. De uitvoering van de geboden wordt vooral in tijden van tegenspoed beschouwd als heiliging van Gods naam *(kiddush Hashem)*, terwijl overtreding van de geboden Gods naam bezoedelt *(hillul Hashem)*.

De zorg voor armen, zwakken en hulpbehoevenden krijgt zo een religieuze lading, en de zorg voor anderen heeft ook inderdaad een belangrijke rol gespeeld in de ontwikkeling van de joodse ethiek. Joodse gemeenschappen hebben van oudsher een goed georganiseerde sociale zekerheid waar ieder naar vermogen aan bijdraagt. Een andere factor van belang is de *tikkun olam* ('verbetering van de wereld'), het verlangen om iets positiefs toe te voegen aan de wereld. Deze elementen samen verklaren waarom joden vaak in de voorste rijen hebben gestreden voor rechtvaardigheid en sociale veranderingen in de moderne wereld.

De leer van de erfzonde maakt geen deel uit van de joodse theologie; men gelooft dat ieder mens is geboren met het vermogen om zowel goed als kwaad te doen. Iedereen is verantwoordelijk voor zijn of haar daden; het leven wordt beschouwd als een strijd tussen de neiging om het goede te doen *(yetzer ha-tov)* en de neiging om het kwade te doen *(yetzer ha-ra)*.

De mens die worstelt met morele problemen en het hoofd biedt aan verleidingen staat – volgens een bepaalde opvatting – meer in aanzien dan degene die een volkomen perfect leven leidt. De vrije wil is een belangrijk concept in het joodse denken. De mens onderscheidt zich van het dier doordat hij in staat is te kiezen tussen goed en kwaad. Niettemin is God alwetend en hij weet dus ook welke keuzes een mens zal maken.

Er zijn twee categorieën van ethische geboden in het jodendom: de categorie die betrekking heeft op relaties tussen mensen en God, en de geboden die de verhoudingen tussen mensen onderling reguleren.

Op Jom Kippoer, Grote Verzoendag, belijdt de gemeenschap haar gemeenschappelijke overtredingen tegenover God die de gemeente hier vervolgens vergeving voor schenkt. De verzoening is echter niet compleet voordat ieder individu aan elke persoon die hij of zij dat jaar ook maar enige schade berokkend heeft, vergeving heeft gevraagd. God kan geen vergiffenis schenken voor wetsovertredingen tussen mensen onderling, maar uitsluitend voor overtredingen die tegen hemzelf gericht zijn.

KASHRUT

De joodse spijswetten worden gezamenlijk *kashrut* genoemd, van het Hebreeuwse *kasher* ('passend') – of *koosjer* in de asjkenazische-Jiddische uitspraak. Het fenomeen *kashrut* wordt door buitenstaanders vaak slecht begrepen, maar het werpt licht op drie belangrijke aspecten van het joodse denken. Om te beginnen zijn de spijswetten een illustratie van de irrationaliteit van het naleven van de joodse wet. Men heeft wel apologetische pogingen ondernomen om de *kashrut*-wetten van een rationele en wetenschappelijke verklaring te voorzien, maar dergelijke pogingen gaan voorbij aan de houding die aan het naleven van alle geboden ten grondslag ligt, namelijk onderwerping aan de wil van God. De geboden vertegenwoordigen de eisen die God aan het volk van Israël stelt en behoeven als zodanig geen rationele verklaring.

In de tweede plaats maakt de ontwikkeling van de spijswetten duidelijk wat de rabbijnen bedoelen met het bouwen van 'een haag rondom de Tora' (Pirke Avot). Om de centrale leer veilig te stellen voorzagen de rabbijnen de geboden uit de Pentateuch van allerlei aanvullende regelgeving. Bijvoorbeeld het gebod 'kook een geitenbokje niet in de melk van zijn moeder' is blijkbaar van grote betekenis, aangezien het drie keer in de Tora voorkomt (Exodus 23:19; 34:26 en Deuteronomium 14:21). De rabbijnen wilden de overtreding van dit gebod, wat het in zijn oorspronkelijke context ook betekend mag hebben, voorkomen door een aantal ervan afgeleide regels voor te schrijven. Zo werd het bijvoorbeeld verboden om zuivel- en vleesgerechten te combineren. Zuivel en vlees moesten ook in aparte potten en pannen bereid en bewaard worden en men moest een tijdje wachten met melk drinken na het eten van vlees.

In de derde plaats geven de *kashrut*-wetten uitdrukking

Een koosjere *slagerij in Londen. Deze stad kent, na Parijs, de grootste joodse populatie van Europa.*

aan de heiligheid van al het leven. In de joodse visie waren de eerste mensen vegetariërs. Het eten van vlees is een concessie die God na de zondvloed deed. Maar niet alle dieren zijn geschikt voor consumptie en degene die dat wel zijn moeten op een speciale manier behandeld worden. *Koosjere* vogels en zoogdieren moeten goed zijn leeggebloed; bloed wordt beschouwd als de levenskracht en op grond daarvan ongeschikt geacht voor menselijke consumptie. Dieren moeten zo snel mogelijk en met zo min mogelijk pijn geslacht worden – een dier dat buitensporig lijdt is niet *koosjer*. Wreedheid tegen dieren in het algemeen gaat in tegen de joodse ethiek en ook de jacht wordt bijvoorbeeld verboden door de joodse wet.

HEILIGDOMMEN VOOR EEN VOLK

Een moderne reconstructie van het centrale heiligdom van de tempel van Herodes. Onderdeel van een model van Jeruzalem zoals het in de eerste eeuw geweest zou kunnen zijn (in het Heilige Land Hotel in Jeruzalem).

Het jodendom is zowel gericht op de gemeenschap als op de familie. In de moderne wereld vinden we dit terug in het bestaan van twee soorten heilige ruimte: de synagoge en het huis. In zekere zin was de tempel in Jeruzalem, het centrale heiligdom van het antieke jodendom, van beide typen de voorloper. Deze tempel stond op een uitgestrekt verhoogd plateau (de Tempelberg of Haram esh-Sharif), waar zich tegenwoordig de islamitische Rotskoepel en de Al Aksa-moskee bevinden (zie p. 116). De enige informatie die we hebben over de eerste tempel is te vinden in de bijbel. Koning Salomo was de oprichter ervan en hij stond van ongeveer 950 tot 586 v. Chr. op de tempelberg. In het begin kan de tempel als een soort kapel aan het koninklijke paleis gebouwd zijn geweest – een dergelijke constructie kennen we ook van sommige culturen van het Nabije Oosten.

De tempel van Salomo werd verwoest door de Babyloniërs maar herbouwd onder de Perzen en in 515 v. Chr. opnieuw gewijd. Deze tweede tempel was tot aan de uitbreiding en verbouwing door koning Herodes de Grote van Judea (37-4 v. Chr.) waarschijnlijk een weinig indrukwekkend gebouw. De nieuw verworven pracht was echter maar van korte duur, want in 70 n. Chr. werd deze tempel verwoest door de Romeinen. Er is

HET LAND ISRAËL

Volgens de bijbel bestond Gods zegen over Abraham uit een dubbele belofte: nakomelingen en land. Het joodse volk beschouwt zichzelf als de vervulling van de eerste belofte; de vervulling van de tweede belofte is de aanwezigheid van joden in Israël. Hierin ligt een unieke paradox: het jodendom is een godsdienst waartoe iemand ongeacht zijn geboorteland kan behoren, maar waarin men tegelijkertijd een sterke band heeft met één bepaald klein land.

Volgens de joodse overtuiging zijn er niet alleen gradaties van heiligheid in het ontwerp van de tempel (zie hoofdtekst) er zijn ook geografisch bepaalde niveaus van heiligheid. Israël wordt het heilige land genoemd. De hoofdstad van Israël is Jeruzalem, de heilige stad, de navel van de wereld (Ezechiël 5:5; 38:12) waar de goddelijke en de menselijke sfeer meer met elkaar in contact staan dan elders op de wereld. Het land Israël is de as waaromheen het hele joodse leven draait. De joodse kalender (zie p. 45), die het liturgische ritme over de hele wereld bepaalt, is afgestemd op de wisseling van de seizoenen in Israël. Eeuwenlang is het religieuze leven van elke jood bepaald geweest door de herinnering aan een periode uit de geschiedenis van een meestal ver verwijderd land.

Sinds de verwoesting van de tempel heeft een aanzienlijk deel van het joodse volk min of meer permanent in ballingschap geleefd. Er zijn tijden geweest waarin de joodse gemeenschappen in de diaspora, buiten het heilige land, toonaangevend voor het joodse leven waren. Er zijn ook tijden geweest waarin de joodse gemeenschap in Israël het belangrijkste was. Deze wisselwerking tussen Israël en de diaspora heeft voor een creatieve spanning gezorgd waaraan het jodendom zijn ontwikkeling mede te danken heeft.

Hoe men zich echter ook thuisvoelde in de landen van de diaspora, en hoe loyaal men ook stond ten opzichte van de gastlanden, toch heeft de gehechtheid aan het land Israël en de hoop op herstel ervan in het messiaanse tijdperk (zie p. 28-29) een centrale rol gespeeld in de identiteit en de theologie van de joden over de hele wereld. De stichting van de moderne staat Israël, zo spoedig na de holocaust, en de daaropvolgende integratie in dit land van joodse vluchtelingen uit de hele wereld wordt als één van de grootste wonderen uit de joodse geschiedenis beschouwd. Voor sommigen is de stichting van een joodse staat, bijna twee millennia na de vorige, een voorbode van het messiaanse tijdperk *(athalta d'geulah)*.

niets van de tempel bewaard gebleven. Alleen een gedeelte van het platform dat door Herodes werd uitgebreid en dat ondersteund wordt door massieve muren, is nog aanwezig. Onder de bewaard gebleven Herodiaanse gedeelten van de tempel is ook de Westelijke Muur, de heiligste plaats in Jeruzalem (zie marge).

Het tempelterrein bestond duidelijk uit plaatsen met een toenemende graad van heiligheid naarmate men dichter bij het centrale heiligdom kwam. In de tijd van Herodes kende men bijvoorbeeld de hof van de heidenen, de hof van de vrouwen, de hof van de Israëlieten (dat wil zeggen: mannelijke joden), en de priesterhof. De tempel zelf had een voorhof, een centrale ruimte en een binnenste heiligdom (het heilige der heiligen) waartoe alleen de hogepriester toegang had op één bepaalde dag van het jaar (Jom Kippoer, Grote Verzoendag, zie p. 46). De tempel was noch een democratisch, noch een egalitair instituut.

Waar en wanneer de synagoge precies is ontstaan is niet bekend. De joden moeten na hun verbanning, na de verwoesting van de eerste tempel in de zesde eeuw v. Chr., een manier hebben gevonden waarop ze hun religieuze en gemeenschappelijke leven konden voortzetten. De eerste archeologische gegevens die duiden op de aanwezigheid van synagogen, dateren echter van tegen het einde van de tweede tempelperiode, vijfhonderd jaar later. Het woord 'synagoge' zelf is afgeleid van de Griekse weergave van het Hebreeuwse *bet keneset* ('verzamelplaats') en wijst op de gemeenschapsfunctie van het gebouw. Er waren dus al synagogen toen de tweede

DE WESTELIJKE MUUR

Na de verwoesting van de tempel, bleef men de ruïnes als heilig beschouwen, zelfs nadat elk spoor ervan door achtereenvolgende bouwactiviteiten was uitgewist. Eeuwenlang was de Tempelberg voor joden verboden terrein; ze werden van deze plaats geweerd door respectievelijk de Romeinen, christenen en moslims. Dientengevolge verlegden ze hun vrome aandacht naar het overgebleven gedeelte van de Westelijke Muur. De joodse religieuze autoriteiten verklaarden de Tempelberg overigens ook tot *no-go-area* uit angst dat iemand per ongeluk het gebied zou betreden waar het heilige der heiligen zich bevonden had. Zo werd de Westelijke Muur, ofwel de Klaagmuur, de heiligste plaats in het jodendom.

Een orthodoxe jood bidt bij de Klaagmuur. Gelovigen steken vaak handgeschreven gebeden in de ruimten tussen de massieve stenen die uit de tijd van Herodes stammen.

PELGRIMSOORDEN

Hoewel het jodendom persoonsverheerlijking officieel afwijst, zijn verschillende plaatsen die men als graven van bijbelse figuren heeft geïdentificeerd, tot pelgrimsoorden geworden. Hiertoe behoren onder meer de graven van de aartsvaders en -moeders in Hebron; het graf van Rachel in de buurt van Bethlehem, de graven van David en Absalom in Jeruzalem, en vele andere (maar niet het graf van Mozes, zie p. 36). De graven van beroemde rabbijnen en andere spirituele leiders zijn eveneens plaatsen van verering geworden. Hetzelfde geldt voor plaatsen die geassocieerd worden met hoogte- en dieptepunten uit de geschiedenis van Israël.

De populairste pelgrimsplaats is echter de Klaagmuur, de heiligste plaats voor de joden (zie p. 41).

tempel nog in gebruik was. Na 70 n. Chr., tijdens de opkomst en bloei van het rabbijnse jodendom, dat zijn basis had in de synagogen, is het te verklaren dat de tempel niet langer nodig was voor het voortbestaan van het jodendom, ondanks de eeuwige joodse hoop op herbouw ervan. Het verlies van de tempel resulteerde in een toename van de rol van de synagoge. Van een gemeenschaps- en studiehuis werd de synagoge tot een gebouw waar religieuze handelingen werden verricht, een functie waar voordien de tempel in voorzag. Een belangrijk onderdeel van de tempeldienst bestond uit het brengen van offers die volgens de joodse wet nergens anders mogen worden gebracht. In de synagoge werden de offers dus noodgedwongen vervangen door verdere studie en gemeenschappelijke godsdienstoefeningen. Dit zou een diepgaand effect hebben op de ontwikkeling van het rabbijnse jodendom, dat enerzijds de herinnering aan de tempelrituelen levend trachtte te houden – voor het geval dat het heiligdom hersteld zou worden – maar anderzijds het proces van herinterpretatie van deze rituelen en het opzetten van synagogen als zelfstandige centra ter hand nam. Door middel van de synagoge bewerkstelligde het rabbijnse jodendom de verheffing van de individuele jood. Volgens de joodse opvatting leidde dit tot de verwezenlijking van de bijbelse beschrijving van Israël als 'een priesterlijk koninkrijk en een heilige natie' (Exodus 19:6).

Terwijl de tempel en het tempelterrein integraal heilig zijn in het jodendom, is de synagoge zelf niet heilig, maar uitsluitend de handelingen die er verricht worden en de dingen die er bewaard worden (de Tora-rollen en

De ark waar de Tora in bewaard wordt in de dertiende-eeuwse Altneu-synagoge in Praag. Deze synagoge was in de Middeleeuwen een belangrijk centrum van joodse geleerdheid. De ark heeft de plaats ingenomen van het heilige der heiligen in de tempel in Jeruzalem, waar de Ark van het Verbond zich bevond met daarin de Tien Geboden (ca. 960-586 v. Chr.). De Tora-ark is het onderdeel van het interieur van de synagoge dat meestal het rijkst versierd is (zie ook de afbeelding op p. 38).

de gebedenboeken, zie p. 30-34). Hierdoor wordt een synagoge tot het 'kleine heiligdom' (Ezechiël 11:16) van Israël in ballingschap, zonder tempel. Synagogen zijn traditioneel op Jeruzalem georiënteerd. In de muur die in de richting van Jeruzalem wijst, bevindt zich een nis of 'ark' waarin de Tora-rollen bewaard worden. In orthodoxe synagogen is een apart vrouwengedeelte prominent aanwezig, vaak achter een gordijn of op een balkon.

Met het herdefiniëren en opnieuw toepassen van tempelrituelen in het rabbijnse jodendom is ook de joodse woning tot heilige plaats geworden. Een indicatie hiervoor is de *mezoeza*, een klein doosje met daarin een perkamenten rol, die aan de deurpost van joodse woningen bevestigd dient te worden (zie p. 26). De *mezoeza* bevat de woorden van de geloofsbelijdenis, het Sjema-gebed (Deuteronomium 6:4) en de eerste twee daarbijbehorende zegenwensen. De *mezoeza* dient om aan te geven dat men bij het binnengaan van de woning een ruimte betreedt die aan God gewijd is en waar een bepaalde ethische code heerst. Hoewel de rabbijnen van het talmoedische tijdperk de dienst in de synagoge hebben ingesteld als afspiegeling van de offerdiensten in de tempels, is in de privé-woning het altaar vervangen door de tafel. In huiselijke kring krijgt de maaltijd een rituele connotatie en wordt daarmee voor de joden tot een uiterst belangrijke religieuze handeling.

SYMBOLIEK

Een voor joden heilige plaats kan met allerlei joodse symbolen versierd zijn. Voor velen is de zespuntige Davidster *(Magen David)* het bekendste. Dit is echter een tamelijk modern symbool, dat voor het eerst in het laatmiddeleeuwse Praag werd gebruikt. Mozaïekvloeren uit synagogen uit de Romeinse en Byzantijnse perioden geven ons een indruk van de symbolen die de joden uit de formatieve rabbijnse periode gebruikten. In de eerste plaats behoort hier de zevenarmige kandelaar *(menora)* toe, die ook afgebeeld staat op het beroemde reliëf van de triomfboog van Titus in Rome (zie de afbeelding op p. 22). Dit is nog steeds een bekend joods symbool, net zoals de ramshoorn *(sjofar)*.

Minder bekend in de moderne tijd zijn de palmtakken *(loelav)* en de muskuscitroen *(etrog)*, die gebruikt worden bij het Loofhuttenfeest *(Sukkot,* zie p. 46). Een ander algemeen symbool is de wierookschep die herinnert aan het branden van wierook als centraal element in de offerrituelen in de tempel.

Een menora of zevenarmige kandelaar. Afbeelding uit een geïllustreerde Hebreeuwse bijbel, Portugal, ca. 1300 n. Chr. Een grote menora was een van de opvallendste attributen van de oude tempel (zie p. 22).

HET RITME VAN HET LEVEN

Een meisje reciteert de Haftara (een tekst uit de profeten) ter gelegenheid van haar bat mitzva ('dochter van het verbond'). Bij deze gelegenheid krijgt ze alle verplichtingen van een volwassene. Meisjes worden bat mitzva op hun 12de of 13de, jongens op hun 13de (zie het kader op de volgende pagina).

DE SABBAT

De geleerde Ahad Ha-Am (1856-1927) zei: 'Israël heeft niet zozeer de sabbat gehouden maar de sabbat Israël.' Het houden van een algemene dag van rust, gebed en studie op de zevende dag van de week heeft het joodse volk sinds de oudheid verenigd. In het scheppingsverhaal wordt deze dag al genoemd als onderdeel van de goddelijke kosmische orde (Genesis 2:2-3).

Overeenkomstig de traditionele joodse berekening duurt de sabbat (Hebreeuws: *shabbat*) van zonsondergang op vrijdag tot zonsondergang op zaterdag. Zowel aan het begin als aan het einde van de sabbat worden kaarsen aangestoken om de scheiding tussen de profane werkweek en de heilige periode van niet-werken aan te geven. Centraal in de zaterdagochtenddienst in de synagoge staat het lezen van de *parasja*, het gedeelte van de Tora dat bij die bepaalde week hoort, samen met een aanvullend gedeelte uit de profetische geschriften.

De rabbijnen uit de talmoedische periode hebben een lijst opgesteld met 39 soorten werk die verboden zijn tijdens de sabbat. Deze zijn afgeleid van de lijst van activiteiten die te maken hebben met het bouwen van de oude tempel in Jeruzalem. Hoe deze verboden onder veranderende omstandigheden geïnterpreteerd dienen te worden is door de eeuwen heen een punt van conflict geweest.

In een traditioneel joodse levenswijze hebben zowel ethische als religieuze overwegingen een plaats, evenals een gevoel van verbondenheid met de geschiedenis van het joodse volk. Dit wordt bereikt door rituelen die in dagelijkse, wekelijkse, maandelijkse en jaarlijkse cycli worden uitgevoerd in combinatie met het ritme van de rituelen die bij de belangrijke momenten in het leven horen.

De relatie van het individu met God en de dankbaarheid voor het leven als goddelijk geschenk bepalen het dagelijkse ritueel. Joden moeten drie keer per dag bidden. Elk gebed correspondeert met een van de drie dagelijkse offers die plaatsvonden in de oude tempel. Een zeker gemeenschapsgevoel is echter ook belangrijk in de dagelijkse individuele rite. Sommige gebeden mogen dan ook alleen in de aanwezigheid van een vereist aantal aanwezigen (*minyan*) worden uitgesproken. Men hecht sterk aan persoonlijke hygiëne als de afspiegeling van goddelijke perfectie en reinheid. Voor praktisch elke situatie die zich in de loop van een dag kan voordoen kent men wel een zegenspreuk, waardoor de meest profane handeling iets heiligs krijgt.

In Israël werden in de oudheid in een driejarige cyclus wekelijks gedeelten uit de Tora gelezen (zie p. 31). Tegenwoordig volgt men de Babylonische traditie en leest men de Tora in een jaarlijkse cyclus. Op de sabbat (zie marge p. 44) wordt het gedeelte van de hele week gelezen en bestudeerd. Ook op maandag en donderdag worden grotere gedeelten gelezen. Dit zijn de marktdagen van het oude Israël, dagen waarop grote groepen mensen verzameld waren.

Hoewel de eerste maand van de joodse kalender, Nissan, in de lente (maart/april) valt, wordt het joodse nieuwjaar (Rosj Hasjana) pas in de zevende maand gevierd (Tisjri, september/oktober). Dit komt door het verschijnsel dat in de oudheid een jaar met de lente-oogst kon beginnen of met het einde van het landbouwjaar. Met Rosj Hasjana wordt de vernieuwing van Gods scheppingsdaad gevierd op het moment dat de cyclus voltooid is.

DE KALENDER

De oude joodse kalender wordt nog gebruikt voor religieuze doeleinden. Deze kalender begint bij de scheppingsdatum zoals die op basis van de bijbel berekend wordt: 1999 correspondeert zo met het joodse jaar 5759-5760. De jaarkalender is een combinatie van een zonne- en een maankalender. Maanden worden volgens de maanstand berekend, veel feestdagen vallen samen met volle maan. Zeven keer per negentien jaar wordt er een maand aan het jaar toegevoegd zodat de feestdagen in het juiste seizoen blijven vallen.

OVERGANGSRITUELEN

In het jodendom wordt uitgebreid stilgestaan bij belangrijke momenten in het leven van een individu. Van geboorte tot dood, overal heeft men rituelen voor. Als een jongetje acht dagen oud is, gaat hij officieel deel uitmaken van de joodse gemeenschap en gaat hij door de rituele besnijdenis (*brit mila*, 'verbond van de besnijdenis') deelnemen aan het verbond met God. Bij deze gelegenheid krijgt hij ook een naam. Een meisje wordt traditioneel tijdens een sabbatviering verwelkomd in de gemeenschap. Maar men ziet tegenwoordig ook wel geboorterituelen voor een dochter die bedoeld zijn als tegenhanger van de *brit mila*. Deze worden *simhat bat* ('vreugde over een dochter') of *brit bat* ('verbond van de dochter') genoemd.

Sinds de Middeleeuwen wordt de religieuze volwassenheid van een jongen gevierd met de *bar mitzva* ('zoon van het verbond')-ceremonie. Bij deze gelegenheid moet de dertienjarige jongen voor het eerst een gedeelte uit de Tora lezen. Liberale joden staan deze eer ook aan meisjes toe in eenzelfde ceremonie, die *bat mitva* heet ('dochter van het verbond'). Een huwelijksceremonie bestaat uit drie onderdelen. Ten eerste het ondertekenen van een juridisch verbindend huwelijkscontract *(ketubba),* traditioneel in het Aramees

Een achttiende-eeuws huwelijkscontract (kettuba) *uit Venetië. De ketubba wordt vaak bont versierd en op een opvallende plaats in de woning tentoongesteld.*

opgesteld. In de tweede plaats de ceremonie van de ring, of *hoeppa*. Deze naam is ontleend aan de draagbare huwelijksbaldakijn die bij de ceremonie gebruikt wordt. De *hoeppa* wordt vaak in de synagoge bewaard. De laatste fase is de *jihoed*, vroeger bedoeld om het huwelijk te consumeren, tegenwoordig meer een rustpauze tijdens een hectische dag.

Een scheidingsakte *(get)* moet de instemming van beide partijen hebben. In het traditionele jodendom kan alleen de man een *get* opstellen; een vrouw kan in die situatie alleen een joodse rechtbank vragen haar man hiertoe te dwingen.

Tijdens het sterven zou men eigenlijk het Sjema-gebed, de geloofsbelijdenis, moeten uitspreken (p. 26). Na de begrafenis volgt een week van intense rouw *(sjiva)*. De begrafenis zelf moet eigenlijk binnen 24 uur na het overlijden plaatsvinden. Na de eerste week volgt met een maand van iets minder intensieve rouw (sjelosjim) een geleidelijke overgang naar het normale leven. De overgang naar de normale staat is compleet na nog tien maanden van rouw. De dode wordt een jaar na zijn sterven herdacht *(jahrzeit).* Op al deze momenten wordt het traditionele rouwgebed, de kaddisj ('heiliging'), ter ere van God, gereciteerd.

Het aansteken van de Chanoeka-kandelaar. Voor het Chanoeka-feest heeft men een speciale menora met negen kaarsen – één voor elke dag van het feest en een negende om de andere mee aan te steken.

JOM KIPPOER

Jom Kippoer of Grote Verzoendag, de tiende dag van het nieuwe jaar, is een dag van vasten en gemeenschappelijke boetedoening voor God. Men gaat van oudsher in het wit gekleed, symbool van de reinheid, en men onthoudt zich van eten, drinken, seks en baden. Centraal staat het lezen van het boek Jona, een meditatie over profetie en boetedoening.

Het feest begint bij zonsondergang en eindigt, wanneer er de volgende avond drie sterren zichtbaar zijn aan de hemel (25 uur later), met het blazen op de ramshoorn *(sjofar)*, waarna men vaak een gemeenschappelijke maaltijd houdt. Pas na Jom Kippoer kan men het nieuwe jaar met een schone lei beginnen.

Het nieuwe jaar wordt voorafgegaan door een periode van tien dagen bedoeld voor reflectie en introspectie, die bekendstaan als de 'dagen van ontzag' *(jamim noraim)*. Tijdens deze plechtige dagen behoort men schoon schip te maken met problematische verhoudingen. Men gelooft dat God tijdens deze dagen voor iedereen vaststelt wat er het komende jaar gaat gebeuren. De climax van deze periode is *Jom Kippoer* (zie linkermarge).

Op de vijftiende Tisjri begint de viering van *Soekkot* (het Loofhuttenfeest) dat een week duurt. Dit is het eerste van de drie zogenaamde 'pelgrimage-feesten' (deze feesten worden zo genoemd omdat de mensen in de oudheid tijdens deze feesten werden opgeroepen om de tempel in Jeruzalem te bezoeken). Oorspronkelijk herdacht men met dit feest het einde van het oogstseizoen, maar in het jodendom heeft het een extra betekenis gekregen. De tijdelijke onderkomens of hutten *(soekkot*, enkelvoud *soekka)* waarin de boeren tijdens het oogstseizoen woonden, stellen de hutten voor waarin de Israëlieten gedurende hun veertigjarige verblijf in de woestijn hebben gewoond voordat ze het beloofde land bereikten. Tijdens het Loofhuttenfeest eet men in deze hutten, en als het klimaat dat toestaat slaapt men er ook. Op deze manier herdenkt men het verleden en de broosheid van het menselijk bestaan.

Aan het einde van *Soekkot* volgt een dubbel feest. Eerst *Sjemini Atzeret* ('De achtste dag van de vergadering'), een bijbels ritueel waarvan de betekenis onduidelijk is. Daarna volgt de *Simchat Tora* ('vreugde der wet') waarmee men de voltooiing van de cyclus van wekelijkse Tora-lezingen viert door in feestelijke bijeenkomsten opnieuw te beginnen met het lezen van Deuteronomium 34 en Genesis 1. Het voorlezen wordt voorafgegaan door zeven rondedansen met de Tora-rollen van de gemeenschap.

Het achtdaagse Chanoeka-feest ('Herinwijding') is een van de weinige premoderne feesten zonder bijbelse achtergrond. Met dit feest herdenkt men de overwinning van de joden op de Griekse overheersers van Syrië en de herwijding van de tempel in 164 v. Chr. (zie p. 21). Van oorsprong is het feest waarschijnlijk de verlate Soekkot-viering van het jaar 164 v. Chr. die in dat jaar niet eerder gehouden kon worden omdat de tempel ontwijd was. Volgens een latere legende wordt met dit feest herdacht dat een hoeveelheid olie acht dagen lang brandde in plaats van de verwachte ene dag.

De vijftiende dag van de maand *Sjvat (Toe Bisjvat)*, die in januari of februari valt, markeert de tijd waarop men in Israël bomen placht te planten. Buiten Israël plant men bomen wanneer het weer dat toestaat. Een element van de huidige viering is dat men aan fundraising doet voor herbebossingsprojecten in Israël.

Een kleiner maar zeer populair bijbels feest is *Poerim*. Hiermee herdenkt men de wonderbaarlijke redding van de joden van een massamoord in de dagen van het Perzische rijk, een gebeurtenis die in het boek Esther *(Megillat Esther)* verteld wordt. Het lezen van het boek Esther is het hart van dit feest. Het Poerim-feest, dat voor generaties joden hoop vertegenwoordigt, heeft een carnavaleske sfeer met parades en kostuums. Het geven van geschenken aan de armen hoort ook bij *Poerim*.

Bij de eerste volle maan begint het joodse paasfeest *(Pesach)*, dat een week duurt. Van oorsprong is het een pelgrimage-feest waarmee de opbrengst van de eerste oogst van het jaar werd gevierd. Met *Pesach* herdenkt men de uittocht uit Egypte. Volgens Exodus 12:11-12 en 12:27 vierden de Israëlieten *Pesach* toen de engel des doods de huizen van de Israëlieten in Egypte voorbij ging. Het belangrijkste moment van de *pesach*viering vindt plaats tijdens een overvloedige maaltijd *(seder)* waarbij het verhaal van de Exodus wordt voorgelezen uit de *Haggada* (zie p. 33). Kinderen en volwassenen hebben hierin hun eigen rol en alle joden mogen zich persoonlijk bevrijd voelen uit de ballingschap.

Zeven weken na het begin van *Pesach* vindt het derde pelgrimage-feest plaats, het Wekenfeest *(Sjavuot)*, van oorsprong een herdenking van de graanoogst. Men viert hiermee de openbaring op de Sinaï zeven weken na de exodus. Het boek Ruth, dat zich afspeelt tijdens de graanoogst, biedt een passende tekst voor dit feest.

De negende dag van de maand *Av (Tisja b'Av)*, in juli of augustus, is een nabijbelse vastendag. Op deze dag, zo zegt men, hebben zich een aantal rampen in de joodse geschiedenis voltrokken; onder andere de verwoesting van de tempel in 586 v. Chr en in 70 n. Chr. en de verdrijving van de joden uit Spanje in 1492.

MODERNE GEDENKDAGEN

Er zijn twee nieuwe gedenkdagen bijgekomen, die door praktisch alle joden gevierd worden. De Holocaust-herdenkingsdag *(Jom ha-Sjoa)* is ingesteld ter herinnering aan de zes miljoen joden die door de nazi's tijdens de Tweede Wereldoorlog vermoord zijn. Deze dag valt ongeveer twee weken na Pesach, toen de joden in het getto van Warschau in 1943 in opstand kwamen tegen de agressor. Het is uiteraard een dag van rouw.

In contrast hiermee is Israëls onafhankelijkheidsdag *(Jom ha-Atzmaut)* een feestelijke dag waarop men het wonderbaarlijke herstel van het joodse volk na het dieptepunt van de holocaust viert. Het hoogtepunt van dit herstel was de onafhankelijkheidsverklaring van 14 mei 1948.

Een sefardische familie viert Seder (de pesachmaaltijd). Het hoofd van het gezin houdt een matza omhoog, symbool voor het brood dat de Israëlieten aten toen ze, in hun haast om uit Egypte te vluchten, geen tijd hadden om dit op de juiste manier te bakken (Exodus 12:39).

HERVORMINGSBEWEGING EN JOODSE IDENTITEIT

De hervormingsbeweging heeft grote invloed gehad op andere stromingen binnen het jodendom en heeft altijd vooraan gestaan bij het ontwikkelen van strategieën om met nieuwe sociale ontwikkelingen om te gaan. Omdat veel van de oplossingen van de hervormingsbeweging echter onafhankelijk van andere joodse groeperingen totstandgekomen zijn, zijn er regelmatig conflicten met geloofsgenoten. Een treffend voorbeeld van zo'n conflict is de herdefinitie van de joodse identiteit. Men kan op twee manieren joods zijn: door bekering of door geboorte.

Geboren zijn als jood betekent van oudsher dat men een joodse moeder heeft, aangezien de joodse identiteit matrilineair is. In een poging om recht te doen aan het hoge percentage gemengde huwelijken onder moderne joden heeft de Amerikaanse hervormingsbeweging de definitie van wie joods is uitgebreid tot iedereen die een joodse ouder heeft, moeder of vader, en die als jood is opgevoed. Van de andere stromingen binnen het jodendom heeft alleen de kleine groepering van de reconstructionisten (p. 51) deze definitie overgenomen.

HET JODENDOM IN DE MODERNE WERELD

De moderne tijd begon voor het jodendom in de achttiende eeuw met de geleidelijke emancipatie van de joden in West-Europa en Amerika als resultaat van de Verlichtingsidealen. Zolang de joden buiten de maatschappij werden gehouden, was het niet zo moeilijk om hun eigen godsdienst en identiteit te behouden. In hun haast om er volledig bij te horen kozen velen er echter voor om zich christelijk te laten dopen. De noodzaak om zich tot het christendom te bekeren bestaat niet langer, maar de verleiding tot assimilatie met de liberale westerse maatschappij oefent nog steeds grote invloed uit op vele joden. Niettemin zijn er ook velen die geprobeerd hebben om binnen de context van het jodendom met de moderne tijd om te gaan.

Hun uiteenlopende antwoorden hebben tot een levendige vernieu-

Sinds 1967 worden mannen en vrouwen bij de Klaagmuur in Jeruzalem door een schutting gescheiden (zie p. 41).

wing van de joodse theologie geleid en tot diepgaande religieuze en ideologische conflicten binnen de joodse gemeenschap.

De eerste moderne joodse beweging, 'hervormd jodendom', ontstond in het negentiende-eeuwse Duitsland als een poging om het joodse ethische monotheïsme te verzoenen met de filosofieën van het Europa van na de Verlichting (zie p. 25). Het hervormde jodendom biedt een eclectische theologie die zijn aanhangers toestaat zelf uit te maken welke aspecten van de joodse traditie men naleeft en welke niet. In de praktijk blijkt men een grotere nadruk te leggen op de ethiek dan op allerlei rituelen en men benadrukt het belang van sociale activiteiten zowel binnen als buiten de grenzen van de joodse gemeenschap (zie linkermarge).

Van al de joodse bewegingen is de orthodoxie het moeilijkste te definiëren, omdat het in allerlei stromingen is onderverdeeld, van de moderne centrum-orthodoxen tot de chassidim en de ultra-orthodoxen op de rechterflank. Bovendien ontbreekt hier, in tegenstelling tot andere stromingen binnen het jodendom, een centrale organisatie. De moderne orthodoxie is ontstaan in het midden van de negentiende eeuw in Duits-

CHASSIDISME

De beweging is ontstaan als reactie op het gevestigde orthodoxe jodendom in Oost-Europa. De geestelijk leider van de beweging is Israël-ben-Eleazar (1700-1760), bekend onder de naam Baal Shem Tov ('Meester van de Goede Naam'). Hij en zijn volgelingen probeerden de simpele genoegens van eredienst en gebed te herontdekken. Ze werden hierin tegengewerkt door de gevestigde intellectuele orthodoxie van de grote leraar Elia ben Solomon (1720-1779), bekend onder de naam Vilna Gaon ('Het genie van Vilna', Litouwen). Elia excommuniceerde de chassidische joden – ironisch genoeg, want de chassidim zijn de meest extreme fundamentalisten van het orthodoxe jodendom geworden. Aanhangers van beide groeperingen hebben de handen ineengeslagen in de strijd tegen de veronderstelde afkalving van het traditionele jodendom.

Chassidische gemeenschappen zijn georganiseerd in dynastieën rondom een charismatische rabbi of *rebbe*. De *rebbes* worden zeer vereerd. Bij geen enkele chassidische dynastie komt dit beter naar voren dan bij de 'Lubavitische chassidim', die zo ver gingen dat ze messiaanse verwachtingen koesterden met betrekking tot hun *rebbe* Menachem Mendel Schneerson (1902-1994). Sommige chassidische groepen dragen bepaalde kleding die herinnert aan de mode van de (niet-joodse) adel in Oost-Europa in de achttiende eeuw.

Chassidische joden in gesprek op straat in Jeruzalem. Ze dragen de opvallende lange jassen en de breedgerande hoeden die karakteristiek zijn voor sommige chassidische groepen.

HALACHA VANDAAG DE DAG

Gedurende het grootste gedeelte van de geschiedenis van het rabbijnse en het post-rabbijnse jodendom stond de autoriteit en de goddelijke oorsprong van de *halacha*, de joodse wet, niet ter discussie (zie p. 38). Onder invloed van rationalisme en historicisme daagde bij degenen die daar gevoelig voor waren echter het besef dat *halacha* altijd al een flexibel systeem was geweest. De moderne scheidingen binnen het jodendom hebben een gemeenschappelijke oorsprong, namelijk de vraag naar de autoriteit van de *halacha*. Heeft de gehele *halacha* als zodanig een bijzonder gezag of kan de *halacha* gebruikt worden als bron waaruit op basis van een persoonlijk oordeel materiaal gekozen kan worden? Volgens de laatste positie kan de *halacha* wel een stem hebben, maar geen veto uitspreken bij de beslissing over veranderingen.

Bet Sjaloom, een conservatieve synagoge in Philadelphia, Pennsylvania, ontworpen door de (niet-joodse) architect Frank Lloyd Wright, gewijd in 1959. Een dergelijke samenwerking tussen joden en niet-joden heeft een oud precedent in de bouw van de tempel van Salomo door Feniciërs.

land als een reactie op de opkomst van radicale hervormingsbewegingen. Onder leiding van Rabbi Samson Rafael Hirsch (1808-1888) ontwikkelde het zich onder het motto 'Tora en seculiere kennis'. Hirsch realiseerde zich dat de joodse gemeenschap zich niet terug moest trekken in een zelf gekozen intellectueel getto, maar dat men het debat met de moderne tijd moest aangaan. In tegenstelling tot de hervormingsgezinden geloofde Horsch dat dit mogelijk was in de context van een traditioneel joods leven. De moderne orthodoxie staat dus open voor wetenschappelijk onderzoek op elk gebied, met uitzondering van vakgebieden als moderne bijbelkritiek, door welke men in conflict zou raken met de eigen religieuze dogma's. Kenmerkend voor de orthodoxie is bijvoorbeeld het geloof in de goddelijke oorsprong van zowel de mondelinge als de schriftelijke Tora. Aangezien nieuwe situaties om nieuwe regels vragen, wordt de veranderende werkelijkheid geïnterpreteerd met behulp van de *halacha* (de complete joodse wet); de *halacha* wordt niet aan de omstandigheden aangepast maar de omstandigheden aan de *halacha* (zie linkermarge).

De conservatieve beweging ontstond als middenpositie tussen de hervormingsgezinde en de orthodoxe joden. Deze groepering is dus 'conservatief' vergeleken met de hervormingsbeweging maar 'liberaal' in vergelijking met de orthodoxie. Hoewel de intellectuele wortels van de conservatieve beweging eveneens in Duitsland liggen, is de beweging ontstaan in de Verenigde Staten. Het is een compromis tussen de liberale Duitse hervormers, die de meerderheid uitmaakten van de joodse Amerikanen in de negentiende eeuw, en de stroom van traditioneel opge-

voede Oost-Europese joodse immigranten die tussen 1881 en 1924 Amerika binnenkwamen. Net zoals de orthodoxie is het conservatieve jodendom gebaseerd op de *halacha,* maar men is in het algemeen wat rekkelijker in de interpretatie van de joodse traditie. Men is bijvoorbeeld de hervormingsbeweging gevolgd in het toekennen van gelijke rechten aan vrouwen (zie rechtermarge), maar men verwerpt het standpunt met betrekking tot de vaderlijke lijn als criterium voor het al dan niet jood-zijn (zie p. 48). Dit is weer wel overgenomen door een aftakking van de conservatieve beweging, de reconstructionistische beweging, die het jodendom beschouwt als een beschaving die constant in ontwikkeling is. Deze laatst groepering heeft grote invloed op de intellectuele ontwikkeling van het jodendom in Noord-Amerika.

De tragiek van de holocaust en de stichting van de staat Israël hebben de joden wereldwijd al weer bijna een halve eeuw verenigd. In de afgelopen jaren hebben de joden zich ook meer en meer beziggehouden met interne religieuze onderwerpen. Vanwege de belangrijke positie van Israël voor het joodse volk is de moderne seculiere staat regelmatig het slagveld waar de onderling van mening verschillenden groeperingen met elkaar de strijd aangaan. De stichters van de staat Israël waren grotendeels seculiere zionisten, die religieuze en sociale kwesties graag overlieten aan de officiële orthodoxe autoriteiten. Dit heeft geleid tot een scheiding in de Israëlische samenleving tussen een religieus niet-geïnteresseerde seculiere meerderheid en een politiek machtige orthodoxe minderheid. Om hun invloed veilig te stellen hebben de religieuze autoriteiten stappen ondernomen om de orthodoxie als enige legitieme vorm van jodendom in Israël te laten erkennen. Op deze manier is het orthodoxe jodendom Israëls staatsgodsdienst geworden, waardoor andere vormen van jodendom onwettig worden verklaard. De ironie hiervan is dat de overgrote meerderheid van de joden in de diaspora, waar het meeste geld en de meeste politieke steun voor Israël vandaan komen, niet orthodox is.

Israël was bedoeld als een toevluchtsoord voor alle joden. De Israëlische immigratiewetgeving verleent iedere joodse immigrant automatisch de Israëlische burgerrechten. Ultra-orthodoxe elementen in Israël hebben echter geprobeerd om de autoriteit van niet-orthodoxe rabbi's buiten Israël te ondergraven, met name wat betreft de kwestie van het vaststellen of iemand joods is of niet (zie p. 48). Conservatieve, reconstructionistische, hervormingsgezinde en liberaal-orthodoxe joden uit alle delen van de wereld hebben teruggevochten, in een poging om de rechten van alle joden in Israël te beschermen en om wat kleur te brengen in het soms wat ééndimensionale religieuze leven in Israël.

De huidige intern-joodse ruzies en conflicten, inclusief de spanningen tussen de joden in Israël en in de diaspora, kunnen frustrerend zijn voor degenen die actief bij deze kwesties betrokken zijn. Ze zijn tegelijkertijd echter een teken van de gezondheid en vitaliteit van het jodendom in zijn geheel.

JODENDOM EN SEKSE

Van oudsher ontwikkelde het jodendom zich langs patriarchale lijnen. Het waren voornamelijk mannen die openbare functies op zich namen en die de interpretatie van religieuze teksten en tradities bepaalden. Vrouwen zorgden voor het huishouden en zorgden voor de overdracht van de joodse godsdienst op de kinderen. De rabbijnen interpreteerden dit als een situatie waarin de vrouwen vrijgesteld waren van religieuze plichten of *mitzvot.* Aangezien alleen mannen de verplichting hadden om deel te nemen aan de dagelijkse gebeden werd dit hun terrein en de vrouwen werden hiervan vrijgesteld (of buitengesloten, afhankelijk van welk perspectief men inneemt). Vrouwen werden in de synagoge inderdaad afgezonderd van de mannen en omdat ze geen religieuze plichten hadden werd hun vaak een degelijke joodse opleiding onthouden.

Met de opkomst van het liberale jodendom zijn vrouwen een grotere rol gaan spelen in het joodse openbare leven. De hervormingsbeweging heeft een leidende rol gespeeld bij de herwaardering van de plaats van de vrouw in de synagoge. Met het afschaffen van de gescheiden plaatsen is ook het aandeel van de vrouwen in de dienst veranderd. In 1972 werden er voor het eerst vrouwelijke rabbijnen en zangers aangesteld door de hervormingsbeweging. In 1985 waren alle drie de liberale joodse bewegingen zover.

Deze positieverandering heeft ook een aanzienlijke invloed gehad op het orthodoxe jodendom. Het belang van Tora-studie voor vrouwen wordt nu in brede kring erkend en er is meer aandacht in de joodse wetgeving voor de positie van vrouwen, bijvoorbeeld binnen het echtscheidingsrecht. Het joodse feminisme heeft geleid tot meer aandacht voor de vrouwelijke aspecten van God, met name de Sjechina (zie p. 26).

Hoofdstuk twee

CHRISTENDOM

Rosemary Drage Hale

Een rijk versierd Nederlands getedenboek uit 1475. De rijke symboliek op de linkerpagina omvat onder meer een pelikaan die haar jongen voedt met haar eigen bloed (onderaan). Hiermee wordt Christus' reddende offer verbeeld.

INLEIDING 54

Ontstaan 'IN DEN BEGINNE' 58

Historische ontwikkeling TWEEDUIZEND JAAR GELOOF 60

Aspecten van het goddelijke 1 OPENBARING EN WAARHEID 64

Aspecten van het goddelijke 2 MYSTIEKE EENWORDING 66

Heilige teksten DE CHRISTELIJKE CANON 68

Heilige personen MARTELAREN, HEILIGEN EN ENGELEN 70

Ethische uitgangspunten DE WEG VAN CHRISTUS 74

Heilige ruimte HET HUIS DES HEREN 76

Heilige tijd LITURGIE, SACRAMENTEN EN FEESTEN 80

Dood en hiernamaals DE GELIEFDE OVERLEDENEN 84

Samenleving en religie KERK, STAAT EN GEMEENSCHAP 86

Een majesteitelijke Christus, een mozaïek uit ca. 1050 in de kerk van de Hagia Sophia (Heilige Wijsheid) in Istanboel (voormalig Constantinopel), de moederkerk van het orthodoxe christendom. Tegenwoordig is de kerk, die gebouwd werd in de eerste helft van de zesde eeuw n. Chr., een museum

INLEIDING

Niet lang na de kruisiging van de joodse prediker en genezer Jezus van Nazaret ontstond er een nieuwe religieuze beweging in de Grieks-Romeinse wereld die de loop van de geschiedenis beslissend zou veranderen. Jezus' discipelen en velen van zijn volgelingen geloofden namelijk dat hij de Christus of de Messias was, een goddelijke verlosser van de mensheid die na zijn dood weer was herrezen. Zij maakten er hun taak van deze boodschap te verspreiden, maar verkondigden ook Jezus' leer, die gebaseerd was op de liefde voor God en de naaste. Uit deze 'Jezusbeweging' ontstond het christelijke geloof dat nu de grootste van de wereldgodsdiensten is met bijna twee miljard aanhangers in vrijwel alle landen van de wereld.

In essentie is het christendom een monotheïstische godsdienst die gebaseerd is op het geloof in één God – als eeuwige schepper, die de schepping te boven gaat maar desalniettemin actief aanwezig is in de wereld – en in Jezus Christus als redder en verlosser van de mensheid. Het christendom gelooft dat God geïncarneerd is, volledig mensgeworden is, in Jezus van Nazaret. Christenen geloven dat Jezus stierf aan het kruis en daarna is opgewekt, dat wil zeggen: fysiek verrezen is uit de dood. Het geloof in de triniteit, het heilige mysterie van de Vader, de Zoon en de Heilige Geest als één persoon, de drie-ene God, is fundamenteel voor de christelijke traditie.

Er zijn honderden christelijke groeperingen of denominaties. De belangrijkste zijn de rooms-katholieke kerk (de grootste), de oosters-orthodoxe kerk en het protestantisme. In zijn algemeenheid kan men zeggen dat de rooms-katholieken een onfeilbare paus (de bisschop van Rome) als hoofd van de kerk accepteren. Hun eredienst is nadrukkelijk liturgisch, met centraal daarin de zeven sacramenten (handelingen die geacht worden godde-

Orthodoxe priesters uit Ethiopië nemen deel aan een paasviering in Jeruzalem waarbij de opstanding van Christus herdacht wordt. Men gelooft dat deze opstanding heeft plaatsgevonden op de derde dag na de kruisiging. De kruisiging zelf vond waarschijnlijk plaats op een plek die nu in de oude stad ligt maar toentertijd net erbuiten.

CHRISTELIJKE POPULATIES WERELDWIJD

Legenda *(NB: 'overwegend' = 80% of meer; 'groot' = 20% of meer)*

- Overwegend rooms-katholiek
- Overwegend protestant
- Overwegend oosters-orthodox
- Overwegend katholiek met een grote protestantse minderheid
- Overwegend protestant met een grote katholieke minderheid
- Overwegend protestant met een grote orthodoxe minderheid
- Overwegend orthodox met een grote katholieke minderheid
- Overwegend orthodox met een grote islamitische minderheid
- Overwegend christelijk (zonder overheersende denominatie)
- Overwegend christelijk (zonder overheersende denominatie) met een grote niet christelijke minderheid
- Ongeveer evenveel christenen als niet-christenen
- Overwegend niet-christelijk
- Overwegend niet-christelijk met een grote christelijke minderheid

- ● Zetel van een westerse denominatie
- ● Autonoom nationaal orthodox patriarchaat
- ■ Zetel van een orthodox patriarchaat
- ■ Pelgrimsplaats

De Kroning van de Maagd, *door Lorenzo di Niccolò (actief omstreeks 1400). In het centrum van de heiligenverering in de rooms-katholieke kerk staat de verering van Maria, de maagdelijke moeder van Christus, die hier is afgebeeld terwijl ze tot koningin van de hemel wordt gekroond, één van haar vele titels.*

lijke genade over te brengen) – doop, eucharistie (het avondmaal of de heilige communie), vormsel, biecht (het sacrament van verzoening), huwelijk, priesterwijding en het laatste oliesel (zalving van de stervenden). Heiligenverering neemt eveneens een belangrijke plaats in in de praktijk van de katholieke devotie.

Op vergelijkbare wijze als de Rooms-Katholieke Kerk heeft de Oosters-Orthodoxe kerk een sterk besef van continuïteit met de vroege kerk; men vindt hier echter niet de exclusieve aan één persoon toebehorende autoriteit. In plaats hiervan wordt de Oosters-Orthodoxe Kerk bestuurd door bisschoppen, patriarchen (senior bisschoppen) en conciles. In tegenstelling tot hun rooms-katholieke collega's mogen oosters-orthodoxe priesters trouwen, als ze dat tenminste doen vóór hun wijding. Ook in de orthodoxie spelen de sacramenten een centrale rol. Kenmerkend voor de orthodoxe kerken zijn de iconen (heilige afbeeldingen) als hulpmiddel voor de spiritualiteit.

De protestantse beweging dateert uit de zestiende eeuw toen Maarten Luther en andere hervormers allerlei aspecten van de katholieke leer verwierpen, inclusief de pauselijke autoriteit. Het protestantisme heeft zich ontwikkeld tot een tak van het christendom die gekenmerkt wordt door een enorme diversiteit; diversiteit in bestuur en liturgie en in de eisen die aan de voorganger gesteld worden. Ook diversiteit in de houding ten opzichte van de eucharistie, heiligenverering, doop en verlossing. Overeenstemming is er in de afwijzing van het gezag van de paus en de visie op de bijbel als uiteindelijke autoriteit. Men kent maar twee sacramenten (doop en avondmaal) en voor sommige protestantse kerken zijn ook deze twee gebruiken eerder symbolisch dan sacramenteel. De protestantse kerk wordt geleid door dominees, maar men houdt in het algemeen vast aan Luthers notie van

CHRONOLOGIE *Alle data zijn n. Chr. tenzij anders aangegeven*

ca. 4 v. Chr.	Geboorte van Jezus van Nazaret
ca. 30 n. Chr.	Kruisiging van Jezus
ca. 40-64	Optreden van Paulus
ca. 70-100	Ontstaan van de nieuwtestamentische evangeliën
313	Edict van Milaan, einde van de christenvervolgingen in het Romeinse Rijk
325	Concilie van Nicea formuleert het trinitarisch dogma; ontwerp Niceense geloofsbelijdenis
392	Verbod op heidense godsdiensten in het Romeinse Rijk
354-430	Augustinus van Hippo, theoloog
451	Concilie van Chalcedon
ca. 543	Dood van Benedictus, stichter van het westerse monastieke leven
590-604	Regering van Paus Grauwgors de Grote
638-56	Arabische verovering van Egypte, Palestina, Syrië en Mesopotamië
800	Karel de Grote wordt door paus Leo III tot Romeins keizer gekroond
863	Begin van de kerstening van de Slavische volken door Cyrillus en Methodius
950-1000	Kerstening van Europa voltooid
1054	Schisma tussen de oosterse (orthodoxe) en westerse (rooms-katholieke) kerk
1095-9	Eerste Kruistocht naar het heilige land
1182-1226	Leven van Franciscus van Assisi, stichter van de Orde der Franciscanen
1237	Instelling van de inquisitie om ketterijen tegen te gaan
1225-74	Leven van Thomas van Aquino, theoloog
1378	Het 'Grote Schisma' in de westerse kerk, met rivaliserende pausen in Rome en Avignon (Frankrijk)
1414-17	Concilie van Constance; einde van het Grote Schisma
1453	Verovering van Constantinopel door de Turken
1492	'Herovering' van Spanje voltooid
1517	Maarten Luther begint zijn hervormingsbeweging tegen de misstanden in de kerk
1534	Stichting van de Anglicaanse Kerk
	Ignatius van Loyola sticht de Orde der Jezuïeten (Societas Jesu)
1536	Johannes Calvijn publiceert zijn *Christianae Religionis Institutio*, het grondleggende werk van het calvinisme
1545-1563	Concilie van Trente
1542-1582	Missie van de Jezuïeten naar India, Japan en China
1618-1648	Dertigjarige Oorlog
1647	George Fox begint met het organiseren van de quakergemeenschappen
1666	De Russisch-Orthodoxe Kerk raakt verdeeld in hervormingsgezinden en 'oude gelovigen'
1726	De evangelische beweging ('Great Awakening') begint in Noord-Amerika
1738	John Wesley, stichter van het methodisme, begint zijn werkzaamheden
1830	Joseph Smith sticht het mormonisme
1869-70	Eerste Vaticaanse Concilie
1910	De zendingsconferentie van Edinburgh lanceert de moderne oecumene
1948	Oprichting van de Wereldraad van Kerken
1963-5	Tweede Vaticaanse Concilie

het 'priesterschap van alle gelovigen', zodat leken een veel actievere rol spelen dan in de katholieke kerk.

Een generatie geleden was het nog zo dat iemand die zichzelf 'katholiek', 'methodist' of 'baptist' noemde er vanuit kon gaan dat zijn wereldbeeld overeenkwam met dat van degenen die tot dezelfde denominatie behoorden. Dit is nu niet meer zo. Onderwerpen als homoseksualiteit, niet-seksistisch taalgebruik, vrouwen in het ambt en abortus worden druk bediscussieerd, zowel in individuele gemeenten als in de breedte van de denominaties. In veel kerken staan tegenwoordig 'fundamentalisten' tegenover 'liberalen'.

Er zijn echter ook krachten aan het werk die juist de eenheid van het christendom, de oecumene, willen benadrukken. Sinds 1948 heeft de Wereldraad van Kerken geprobeerd om de kerken die Jezus Christus als God en Verlosser aanvaarden tot elkaar te brengen. Dit orgaan adviseert bijvoorbeeld de Verenigde Naties en heeft zelf een uitgebreid hulpprogramma ten behoeve van vluchtelingen en slachtoffers van rampen wereldwijd.

Ondanks de verschillen, de meningsverschillen en soms zelfs de vijandigheid en het geweld waardoor de relaties tussen de verschillende opvattingen soms gekenmerkt worden, is er een aantal onderwerpen waarover alle christenen het in principe eens zijn. Men is het er in principe over eens dat gemeenschapszin en naastenliefde van vitaal belang zijn voor het christendom. Men deelt de centrale christelijke deugden – 'geloof, hoop en liefde' (1 Corinthiërs 13:13) – en men is algemeen de opvatting toegedaan dat men zoveel mogelijk in navolging van Jezus moet leven. Critici hebben de christelijke ideeën omtrent het lijden en 'het toekeren van de andere wang' wel als morbide en ongezonde wereldverzaking getypeerd. Maar in het algemeen omarmt het christendom het leven. De incarnatie van God in Christus wordt gesymboliseerd als het licht dat verschenen is in de duisternis, en de opstanding wordt beschouwd als een vreugdevolle bevestiging van hoop waaruit ook de liefde van God voor zijn schepping blijkt.

Een Roemeens-Orthodoxe kerk in Humor, Moldavië. Dit type kerk, met aan de buitenkant versierde muren, vindt men alleen in Roemenië; heilige afbeeldingen als zodanig zijn kenmerkend voor de oosters-orthodoxe kerken in het algemeen.

'IN DEN BEGINNE'

Het verhaal van de geboorte, het leven, de dood en de opstanding van Jezus vinden we in de vier nieuwtestamentische evangeliën: Mattheüs, Marcus, Lucas en Johannes (zie p. 68-69). De evangeliën zijn in de eerste plaats bedoeld als verkondiging van het 'rijk van God' en van Jezus als zoon van God en verlosser van de mensheid. Ze lenen zich daarom niet zo goed als bronnen van historische kennis. Er bestaat niettemin algemene overeenstemming over een aantal gegevens: Jezus is geboren tijdens de regering van Herodes de Grote (die over Judea heerste van 37-4 v. Chr.); zijn ouders waren Maria en Jozef, vrome joden; hij groeide op in Nazaret, een plaats in Galilea, Noord-Palestina.

De geboorteverhalen in het evangelie van Mattheüs en Lucas scheppen vanaf het begin een sfeer van goddelijkheid. De engel Gabriël verschijnt aan de jonge vrouw Maria en verkondigt dat zij op miraculeuze wijze, namelijk door de Heilige Geest, zwanger zal worden van een goddelijk kind. Drie wijze mannen of magiërs gaan op reis naar de plaats waar Jezus geboren is. Ze volgen een ster die hen naar de 'koning der joden' zal leiden. Schaapherders die hun kudde hoeden, krijgen een boodschap van een engel: 'Aan u is heden de Heiland geboren, namelijk Christus, de Here, in de stad van David' (Lucas 2:11).

JEZUS EN HET JODENDOM

Het christendom was, ondanks zijn uitgesproken joodse achtergrond, het meest succesvol in het bekeren van niet-joden. Jezus was een jood, evenals zijn familie en de meeste personen in het Nieuwe Testament, dat zelf in belangrijke mate een tekst is die vanuit joods-christelijk perspectief geschreven is. Jezus' boodschap was tot de joden gericht en zijn eerste volgelingen waren joden.

Wat voor soort jood Jezus was is moeilijker te beantwoorden. Hij is door verschillende onderzoekers met verschillende groeperingen uit zijn dagen verbonden (zie p. 23). Jezus heeft zeker in contact gestaan met de Farizeeën, tegen wie hij in de evangeliën vaak oppositie voert.

De joodse geschiedenis kent vele messiaspretendenten (zie p. 28-29) en het was ook zeker niet Jezus' veronderstelde messiasschap dat de breuk tussen zijn volgelingen en het jodendom veroorzaakte. Die was veeleer te wijten aan de christelijke afwijzing van de bindende voorschriften van de joodse wet (ze zagen bijvoorbeeld af van besnijdenis) en aan hun geloof in de goddelijkheid van Jezus. Het jodendom stelt dat evenmin als de mens goddelijk kan zijn, God menselijk kan zijn.

Ondanks de uiteindelijke triomf van het niet-joodse christendom is er in Palestina nog een paar eeuwen na Jezus' dood een joods-christelijke gemeenschap blijven bestaan.

De synagoge in Capernaüm, de stad die als uitvalsbasis diende voor Jezus' missie in Galilea, gebouwd in 300 n. Chr. op de plaats van het gebouw dat hij gekend moet hebben. Synagogen waren de machtscentra van de Farizeeën, met wie Jezus volgens de traditie een aantal conflicten had over onder andere de joodse spijswetten en het houden van de sabbat. Deze meningsverschillen passen echter allemaal binnen het reguliere joodse debat van die dagen.

Jezus' triomfantelijke intocht in Jeruzalem aan het einde van zijn optreden (links) en zijn laatste maaltijd met de twaalf belangrijkste discipelen vóór de kruisiging, het Laatste Avondmaal, (rechts). Uit een boek met scènes uit het leven van Jezus, vervaardigd in Constantinopel ca. 1650.

De evangeliën vermelden dat Jezus als hij volwassen is gedoopt wordt door Johannes de Doper, een opvallende profetische figuur, die de wegbereider van Jezus genoemd wordt. De doop markeert het begin van Jezus' openbare optreden in Galilea en het omliggende gebied. Bij het begin van zijn werkzaamheden koos Jezus twaalf discipelen of apostelen (van het Griekse *apostolos*, boodschapper of afgevaardigde van Christus). Deze apostelen werden na Jezus' dood als zijn opvolgers beschouwd en waren verantwoordelijk voor de verspreiding van het geloof in Jezus als Messias en verlosser. Het evangelieverhaal beschrijft Jezus als een wonderen verrichtende profeet. Genezingswonderen, opwekkingswonderen, exorcismen, het veranderen van water in wijn, het vermenigvuldigen van broden en vissen om een menigte te voeden – al dergelijke verrichtingen werden door zijn volgelingen beschouwd als tekenen dat hij de Messias was.

Net zo belangrijk voor het ontstaan van het christendom als de geboorte en het optreden van Jezus, waren zijn dood en opstanding. Er is brede consensus dat Jezus in Jeruzalem gearresteerd werd ten tijde van het joodse paasfeest, als gevolg van het verraad van één van zijn volgelingen. Na ondervraging door de joodse autoriteiten werd hij naar de Romeinse stadhouder Pontius Pilatus gestuurd en schuldig bevonden aan de claim dat hij de koning der joden was. Dit was voor de joodse wet blasfemie en voor de Romeinen verraad. Jezus werd tot de dood door kruisiging veroordeeld, een gangbare Romeinse straf voor criminelen en verraders. Hij stierf aan het kruis binnen enkele uren.

De jezusbeweging hield met de dood van haar leider niet op te bestaan. Kort na de kruisiging begon een groepje joden te verkondigen dat Jezus was opgewekt en dat met zijn opstanding de messiaanse verwachting van Israël vervuld was. Ze hadden geen idee van het verbluffende succes dat hun prediking zou hebben.

'CHRISTUS' EN 'CHRISTENEN'

Het woord 'Christus' is de Griekse vertaling (christos) van het Hebreeuwse masjiach ('Messias' of 'gezalfde van God'). Het was aanvankelijk uitsluitend een titel waarmee Jezus als Messias geïdentificeerd werd, maar het werd al snel een eigennaam, 'Jezus Christus'. Zijn volgelingen werden 'christenen' genoemd, een aanduiding die voor het eerst gebruikt werd voor de volgelingen van Jezus in Antiochië, Syrië.

Het gebruik van Christus als naam in plaats van als titel zien we voor het eerst bij een niet-christen. De Romeinse geschiedschrijver Tacitus (eerste eeuw) schrijft over een 'bijgeloof' onder de joden in Rome waarvan een man genaamd 'Chrestos', zoals hij het spelt, de geestelijk vader is.

TWEEDUIZEND JAAR GELOOF

Jezus en de discipelen in de hof van Gethsemane. Een laatromeins mozaïek in de kerk van San Apollinare Nuovo in Ravenna, Italië (gewijd in 549 n. Chr.). Christus en de elf discipelen (zonder de twaalfde, Judas Iscariot, die hem verraadde) zijn hier gekleed in de gewaden van de Romeinse aristocratie.

ORTHODOXIE EN KETTERIJ

De termen 'ketters' en 'ketterij' (van het Griekse katharos, 'rein', 'schoon') en het meer formele synoniem 'heresie' (van het Griekse hairesein 'kiezen') verwijzen naar christenen die ervoor kozen af te wijken van de orthodoxe doctrine en het orthodoxe geloof. Om succesvol te kunnen overleven moest de vroege kerk een uniform geloofssysteem en een duidelijk afgebakende canon opstellen. De kerkelijke orthodoxie werd gedomineerd door bisschoppen en theologen die elkaar ontmoetten op concilies om zaken als het priestercelibaat, de rol van de vrouw, het schriftgezag en de vorm van de liturgie te bespreken.

Het belangrijkste was dat zij ook de triniteit (zie p. 65) en de relatie tussen God en Christus bespraken. Verschillen van mening over deze onderwerpen liggen aan de wortel van vroege ketterijen als het manicheïsme, het marcionisme, het arianisme, en het montanisme. Het debat hierover leidde op de concilies van Nicea (325 n. Chr.) en Chalcedon (451 n. Chr.) tot formulering van een geloofsbelijdenis waarin de essentie van het christelijke geloof werd geformuleerd.

In de jaren direct na de kruisiging waren de meeste mensen die in Jezus als Messias geloofden Palestijnse joden. Dit veranderde echter radicaal in de twee decennia na ongeveer 40 n. Chr., toen de christenen hun boodschap gingen verkondigen onder de heidenen (niet-joden). Het verhaal van deze missie begint met Saulus van Tarsus, een Grieks-sprekende jood uit de diaspora en Romeins staatsburger, die zowel een Romeinse als een Hebreeuwse naam had. Paulus/Saulus begon zijn carrière als vervolger van de christenen; hij assisteerde bij de steniging van Stephanus – vereerd als de eerste christelijke martelaar – in Jeruzalem. Kort daarna, op weg naar Damascus om daar andere volgelingen van Jezus te arresteren, kreeg hij een visioen waarin hij Jezus aanschouwde en bekeerde hij zich (Handelingen 9:1-19; 22:5-16). Hierna begon Paulus een fanatieke, levenslange en succesvolle missie om de niet-joden in Griekenland en Klein-Azië te bekeren. Paulus was een van de eerste die een eigen, niet-joodse christelijke theologie formuleerde.

In het begin ontmoette het vroege christendom een aantal obstakels. Christenen weigerden bijvoorbeeld om offers te brengen aan de Grieks-Romeinse goden of om de Romeinse keizer als God te erkennen, zoals de wet voorschreef. Het was dus al verraad om alleen maar christen te zijn en velen werden als martelaar gedood. Hun voorbeeld was echter vooral een effectieve reclame voor de nieuwe religie en verenigde de aanhangers. De vervolgingen hielden pas op na het Edict van Milaan (313 n. Chr.), waarin Constantijn de tolerantie tegenover alle godsdiensten afkondigde. In 392 n.

HET SCHISMA TUSSEN OOST EN WEST

De breuk tussen de kerken uit het Oosten (orthodox) en het Westen (Romeins) in 1054 markeert het einde van een geleidelijk proces dat zijn wortels had in het culturele verschil tussen het Latijn-sprekende West-Romeinse Rijk en het Griekstalige Oosten. Dit verschil in taal en cultuur werd versterkt door een lange geschiedenis van complexe doctrinaire meningsverschillen, waaronder een verschil van opvatting over de definitie van de twee naturen van Chistus (goddelijk en menselijk) en over de aanbidding van de iconen (Grieks eikon, 'beeld'), afbeeldingen van heilige personen zoals Christus, Maria en de heiligen. In de achtste eeuw kregen de oosterse iconoclasten ('iconenbrekers'), die het gebruik van iconen in de kerk als afgoderij beschouwden, een tijdlang de overhand en talloze kunstwerken werden vernietigd. De iconodoelen ('icoonaanbidders') wisten het tij te keren en de iconen werden in het Oosten niet alleen als symbool maar ook als intrinsiek heilig beschouwd, in staat om de gelovige genade te schenken. Deze opvatting werd in het Westen niet overgenomen.

Uiteindelijk leidde de kwestie van trouw aan het bisschoppelijk gezag in Rome tot de kerkscheuring. In het Westen verkreeg de paus – de bisschop van Rome, die zijn gezag via de apostel Petrus op Christus zelf terugvoerde – de hoogste kerkelijke autoriteit. In het Oosten berustte het gezag bij een episcopaat waarvan alle bisschoppen deel uitmaakten. In 1054 kwam het conflict tot een climax doordat de Byzantijnse gemeenschap in Zuid-Italië weigerde om paus Leo IX eer te bewijzen. De paus excommuniceerde de Oosterse kerk, die hierop reageerde met de excommunicatie van de Westerse kerk. Hoewel er pogingen gedaan zijn om de breuk te herstellen, zijn de twee kerken nooit meer herenigd.

Scènes uit het leven van de heiligen Florus en Laurus. Een Russische icoon uit de vroege 16de eeuw, Novgorod.

Chr. verklaarde keizer Theodosius I het christendom tot de enige godsdienst in het rijk.

De eerste periode van de geschiedenis van het christendom wordt vaak aangeduid als het 'patristische tijdperk', naar het Latijnse *Patres Ecclesiae* ('kerkvaders'), de grote (mannelijke) theologen die met hun werk de christelijke leer mede vorm gaven. Misschien wel de meest invloedrijke was Augustinus (354-430 n. Chr.), die bisschop was van Hippo in Noord-Afrika. Het ambt van bisschop (Grieks *episkopos*, 'opzichter') werd al vroeg ingesteld. De bisschop trad op als de geestelijk leider van een christelijke gemeente; de bisschoppen van Rome, Antiochië, Jeruzalem, Alexandrië en Constantinopel werden beschouwd als de 'patriarchen' van de kerk.

Aan het einde van de vijfde eeuw viel het West-Romeinse Rijk in handen van Germaanse veroveraars. De kerken in het westen en het Byzantijnse oosten bleven echter één. In de feodale staten die vervolgens in het middeleeuwse West-Europa tot ontwikkeling kwamen, waren de monarchie, de aristocratie en de kerk de machtigste instituten. Staat en kerk botsten regelmatig met elkaar, maar langzamerhand ontstond er een verdeling waarbij de monarch de bevoegdheid had om over wereldlijke zaken te beslissen en de paus over alle geestelijke kwesties de autoriteit had. Een conflict over het gezag van de paus vormde de aanleiding van het Grote Schisma in de kerk tussen West en Oost (zie kader hierboven).

Het westerse (Romeinse) christendom bleef zich uitbreiden tijdens de periode van de kruistochten, vanaf 1095 – militaire expedities die als doel

KLOOSTERWEZEN

Traditioneel beschouwt men de heilige Antonius (ca. 251-356 n. Chr.) als stichter van het kloosterleven. Hij leefde als heremiet in de Egyptische woestijn. Talloze anderen volgden zijn voorbeeld door ook een solitair leven te leiden of door gemeenschappen te vormen onder leiding van een abt of abdis. Zij die op deze wijze het leven in de wereld de rug toekeerden, werden het prototype van de christelijke deugd.

Beroemd is het klooster dat al aan het begin van de zesde eeuw gesticht werd door Benedictus van Nursia (480-550 n. Chr.). De 'regel' (spirituele en administratieve richtlijnen) van zijn orde heeft eeuwenlang als basis gediend voor het hele westerse kloosterleven (en is dat nog steeds voor benedictijnse kloosters vandaag de dag). Nonnen en monniken beloven kuisheid en gehoorzaamheid, en wijden zichzelf hoofdzakelijk aan het gebed en het dagelijks reciteren van het heilig officie (zie p. 82). De regel van Benedictus bevat ook aanwijzingen voor slaaptijden, dagelijkse werkzaamheden, lezen en maaltijden.

DE CONTRAREFORMATIE

De protestantse Reformatie riep een vernieuwingsbeweging binnen de Rooms-Katholieke Kerk in het leven die bekendstaat onder de naam Contrareformatie. Aangemoedigd door het Concilie van Trente (1545-63) maakte de Contrareformatie een einde aan allerlei ongewenste praktijken (zoals de verkoop van aflaten) die de hervormers hadden verontrust. Ook stichtte men nieuwe kloosterorden, zoals de intellectuele jezuïeten (Societas Jesu), die onder leiding van hun stichter Ignatius van Loyola (1491-1556) een nieuwe nadruk probeerden te leggen op pastorale zorg en missionaire activiteiten.

De Contrareformatie leidde ook tot een hernieuwde nadruk op de autoriteit van de priesters, de sacramenten en het gezag van de paus. Het nieuwe optimisme van de katholieke kerk wordt weerspiegeld in de bloei van de religieuze kunst van die tijd.

Een portret van Maarten Luther, de leider van de Duitse Reformatie, geschilderd in 1529 door een van zijn eerste volgelingen, de kunstenaar Lucas Cranach (1472-1553)

hadden de moslims uit het heilige land te verdrijven. Het contact met de islamitische wereld bracht het Westen opnieuw in aanraking met de verloren gegane filosofische tradities van het antieke Griekenland, met name met het werk van Aristoteles, dat door Arabische geleerden bewaard gebleven was. Deze herontdekking vormde een uitdaging voor de christelijke filosofie en gaf haar een nieuwe kracht, die te herkennen is in het werk van de theologen die met een collectieve aanduiding 'scholastici' genoemd worden. De grootste scholasticus was Thomas van Aquino (1225-74) (zie p. 64). Hij probeerde de christelijke antwoorden op vragen omtrent rede, kennis en openbaring te verzoenen met de opvattingen van de antieke filosofen.

De middeleeuwse bloei van de christelijke wetenschap viel samen met de opkomst van de universiteiten in Europa en met de hervorming van de oude benedictijner kloostertraditie (zie p. 61). Deze hervorming resulteerde in de stichting van verschillende nieuwe kloosterorden en in de opkomst van de zogenaamde 'bedelorden' van de dominicanen en franciscanen, waar men in directe navolging van Jezus en zijn discipelen trachtte om een arm en eenvoudig leven te leiden.

Al voor de protestantse Reformatie in de zestiende eeuw waren hervormers als John Wyclif (of Wycliffe; 1330-84) in Engeland en Jan Hus (1373-1415) in Bohemen begonnen met vraagtekens te plaatsen bij de traditionele autoriteit van de kerkelijke hiërarchie; zij verzetten zich tegen wat zij beschouwden als corrupte kerkelijke praktijken. Beide mannen werden veroordeeld als ketter, maar hun kritiek en hervormingsvoorstellen bleven onder de leken aan invloed winnen .

In 1517 kwam de ontevredenheid tot een hoogtepunt toen Maarten Luther (1483-1546), een augustijner monnik uit Wittenberg in Duitsland, in het openbaar 95 stellingen met kritiek op Rome's aflaatpraktijken – kwijtscheldingen van het vagevuur, verleend tegen betaling – ophing. Ondanks tegenwerking vanuit de kerk won de Duitse Reformatie snel terrein en binnen een paar jaar was het schisma in het Westerse christendom onherroepelijk. In 1529 werden de ondertekenaars van een formeel protest tegen de onderdrukking van hervormingsgezinden 'protestanten' genoemd. Deze naam beklijfde.

Het protestantisme, dat in essentie de suprematie van De Schrift tegenover dat van de kerkelijke hiërarchie stelde, ontwikkelde zich langs verschillende lijnen. Radicale hervormers, zoals Ulrich Zwingli (1484-1531) en Johannes Calvijn (1509-64), verzetten zich tegen de verering van beelden, tegen bepaalde aspecten van de roomse liturgie en tegen het celibaat. Anders dan degenen die Luthers 'redding door het geloof en niet door werken' aanhingen, geloofde Calvijn in predestinatie: sommige gelovigen waren voorbestemd om gered te worden, anderen niet. Tegenwoordig staat de term 'protestant' voor een ongekend aantal denominaties (zie marge p. 63).

Wereldlijke overheden stelden zich om verschillende redenen aan de zijde van de hervormers op. Velen waren het eens met de kritiek; anderen zagen een mogelijkheid om kerkelijke rijkdommen te bemachtigen. De oorsprong van een van de grootste protestantse denominaties, de Anglicaanse Kerk (de 'Church of England' en aftakkingen hiervan, zoals het 'episcopalisme') houdt verband met de huwelijksproblemen van de Engelse koning Hendrik VIII (die regeerde van 1509-47); de paus weigerde hem een echtscheiding.

De nieuwe waardering voor het huwelijk en het gezin binnen het protestantisme had een negatief effect op het kloosterleven en in veel van de hervormde gebieden verdwenen de kloosters vrijwel volledig. Het tijdperk van de Reformatie en Contrareformatie (zie marge p. 62) valt samen met het begin van het Europese kolonialisme. Toen de Europeanen hun horizon verbreedden met de ontdekking en verovering van Noord- en Zuid-Amerika, hadden missionarissen, die stonden te trappelen om 'al de volken tot discipelen' te maken (Mattheüs 28:19) een enorme invloed op de wereldwijde verspreiding van het christendom. Missionaire activiteiten zijn er nog steeds, maar deze zijn door de oecumenische beweging van karakter veranderd. Deze beweging is opgericht in Edinburgh in 1910 tijdens een interconfessionele conferentie. De oecumenische beweging moedigt samenwerking en dialoog tussen de verschillende denominaties aan en wil een einde maken aan vaak eeuwen van wantrouwen en vijandigheid tussen christenen uit verschillende tradities.

In de moderne tijd is het christendom sterk beïnvloed door stromingen als het rationalisme, scepticisme, de achttiende-eeuwse 'Verlichting', de industriële revolutie met de opkomst van het kapitalisme, en de vooruitgang in de wetenschap van de zeventiende eeuw tot nu toe. Urbanisatie en secularisatie, met name in de westerse wereld, zijn de belangrijkste factoren die ertoe hebben bijgedragen dat de traditionele rol en functie van de kerk in de samenleving veranderd zijn.

Niettemin blijkt de vitaliteit van het christelijke geloof, net zoals dat van elke levende godsdienst, uit een continu proces van hervormingen en intern pluralisme. Er zijn momenteel meer dan vierhonderd groeperingen die zichzelf christelijk noemen. Velen zien deze wereldwijde religieuze diversiteit als een van de grootste uitdagingen waarmee het christendom in de moderne wereld te maken heeft.

PROTESTANTSE DENOMINATIES

De belangrijkste georganiseerde protestantse kerkgenootschappen zijn: lutheranen, baptisten, presbyterianen, anglicanen (episcopalisten), quakers, mennonieten, mormonen en christian scientists. De Anglicaanse Kerk heeft de meest uitgebreide liturgie; de eredienst is overal ter wereld gebaseerd op The Book of Common Prayer. De baptisten, een van de grootste protestantse kerken (met vele subgroepen), benadrukt de persoonlijke religieuze ervaring en kent de volwassendoop. Andere groeperingen, zoals de zevende-dag-adventisten, vieren de sabbat op zaterdag en houden zich aan bepaalde oudtestamentische voedselwetten. Jehova-getuigen zijn chiliasten die geloven dat Christus spoedig op aarde zal terugkeren voor de laatste apocalyptische strijd, waarna hij duizend jaar zal regeren.

De evangelische stroming is een vertrouwd verschijnsel in veel protestantse kerken. Evangelische christenen zien zichzelf als 'wedergeboren' in Christus. Ze benadrukken de persoonlijke bekering en wijden zichzelf vaak aan evangelisatie. Evangelische dominees zijn sterk bijbels georiënteerd.

Onder invloed van televisiedominees en wereldwijde zendingsactiviteiten is de pinksterbeweging een van de snelst groeiende kerken, met ook onder rooms-katholieken enige aanhang. We vinden hier een sterke gerichtheid op het evangelie. De beweging is in essentie charismatisch, dat wil zeggen dat extatische ervaringen zoals 'het spreken in tongen' als een vitaal onderdeel van de dienst worden beschouwd. De term pinksterbeweging verwijst naar de uitstorting van de Heilige Geest op de apostelen met Pinksteren (Handelingen 2:1-4)

Een dienst in de 'Kristallen Kathedraal', een moderne evangelische protestantse kerk in Orange County, Californië.

OPENBARING EN WAARHEID

HET VLEESGEWORDEN WOORD

'In den beginne was het Woord, en het Woord was bij God, en het Woord was God... en het Woord is vlees geworden en het heeft onder ons gewoond, en wij hebben zijn heerlijkheid aanschouwd.' Het moderne onderzoek zet vraagtekens bij de authenticiteit en het auteurschap van de openingsverzen van het evangelie naar Johannes, maar weinigen betwijfelen het belang van deze verzen voor het inzicht in de oorsprong van het christendom. De woorden zijn een echo van de openingswoorden van de Hebreeuwse bijbel, het christelijke Oude Testament – 'In den beginne schiep God de hemelen en de aarde' (Genesis 1:1) – maar ze onthullen ook een kritieke afstand tussen het christendom en het jodendom waar het uit voortkomt. In de woorden van Johannes wordt de godheid lichamelijk geschapen in de mens Jezus van Nazaret en deze goddelijke persoon wordt gezien als de Zoon van God, de verlosser van de mensheid.

Augustinus predikend tot zijn discipelen. Een Engelse illustratie uit ca. 1100 n. Chr. bij Augustinus' werk De Civitate Dei *('De stad van God').*

Christelijke theologie is met haar verscheidenheid aan vormen en methoden een enorm complex onderwerp – natuurlijke theologie, praktische theologie, systematische theologie, mystieke theologie, pastorale theologie, speculatieve theologie en, een recente ontwikkeling, bevrijdingstheologie (zie p. 87) zijn een paar voorbeelden. Op een meer abstract niveau kan men ruwweg twee typen theologie onderscheiden: dogmatische theologie en moraaltheologie. Dogmatische theologie is de wetenschap van de theoretische inzichten met betrekking tot God. Men probeert fundamentele doctrines en geloofswaarheden op te stellen. Op grond van De Schrift en de traditie houdt de dogmatische theologie zich voornamelijk bezig met onderwerpen zoals de triniteit (zie kader hiernaast). Moraaltheologie is weliswaar gebaseerd op de christelijke dogmatiek, maar houdt zich bezig met praktische morele vraagstukken en probeert de relatie tussen de mens en God in kaart te brengen. Onder de alomvattende noemer van 'de goddelijke natuur' behandelen systematische theologen een heel scala aan onderwerpen die relevant zijn voor de christelijke leer, zoals 'christologie' (de studie van de persoon en de natuur van Jezus); 'mariologie' (de studie van Maria's rol bij de incarnatie); 'soteriologie' (de studie van de openbaring met betrekking tot redding en verlossing); en eschatologie (de studie van de openbaring aangaande het einde van de wereld).

Ook in het Nieuwe Testament vinden we theologische reflectie, maar de eigenlijke theologie als discipline ontstaat pas bij 'kerkvaders' als Augustinus, die de geestelijk vader is van de algemene christelijke opvatting dat de mensheid lijdt onder een erfelijke morele ziekte die ontstaan is door de zondeval van Adam (zie p. 74) en waar men slechts door Gods genade van verlost kan worden.

In latere tijd, toen in het middeleeuwse Europa de universiteiten ontstonden, werd de theologie verheven tot de 'Koningin der wetenschappen'. Dit was de periode van de 'scholastische' theologie, een systematische methode om theologische conclusies te trekken uit 'syllogismen' (deductieve redeneringen). De belangrijkste scholasticus is Thomas van Aquino (1225-74), schrijver van de *Summa Theologica* (Het geheel van de theologie), een werk met diepgaande invloed. De schrijver probeert een synthese tot stand te brengen tussen rede en geloof in het licht van de West-Europese herontdekking, via islamitische kanalen, van de antieke Griekse filosofie, met name de filosofie van Aristoteles. Het werk geniet in de moderne katholieke theologie nog steeds aanzien; de studie en voortzetting van Van Aquino's werk wordt 'thomisme' genoemd.

Na de Reformatie en de Verlichting ontstond er diversiteit en pluraliteit in het theologische denken door de opkomst van verschillende kerkelijke groeperingen. Kritisch denken en wetenschappelijke vooruitgang vormden een verdere uitdaging voor de theologie. Friedrich Schleiermacher (1768-1834), uitgeroepen tot de grondlegger van de protestantse theologie, beweerde dat de theologie niet met behulp van redelijkheid en moraliteit beschreven kan worden, maar uitsluitend op grond van de menselijke ervaring dat men van een eeuwig wezen afhankelijk is.

Ludwig Feuerbach, auteur van *Das Wesen des Christentums* (1841), stelde dat God een menselijke projectie is die ten doel heeft om menselijke hoop te vervullen en menselijke behoeften te bevredigen. In de twintigste eeuw zag Paul Tillich (1886-1965) de christelijke theologie in de context van de moderne wereld en hij meende dat het christelijke geloof een van de vele manieren is waarop de mens omgaat met de uiteindelijke vragen omtrent het bestaan en aangaande God. Samenvattend kan men stellen dat de geschiedenis van de christelijke theologie een lappendeken is van verschillende vertalingen, interpretaties en reconstructies van het mysterie van het geloof.

DE HEILIGE DRIE-EENHEID

Het geloof in de drie-eenheid is een centrale doctrine van het christendom, die theologen keer op keer stof tot nadenken heeft gegeven. De doctrine leert dat er slechts één God is, maar dat God drie elementen omvat – Vader, Zoon en Heilige Geest – die als eenheid aanbeden worden. De voorstelling van God als 'één-in-drie en drie-in-één' blijft een van de meest heilige mysteriën voor zowel de Oosterse als de Westerse kerk.

Er is consensus over het feit dat de bijbel geen expliciete uitspraken doet over de triniteit. De evangeliën van Mattheüs, Marcus en Lucas benadrukken Christus' menselijkheid, terwijl het evangelie van Johannes zijn goddelijkheid juist belangrijk vindt. De eerste theologen legden ook veel nadruk op Jezus' goddelijke natuur, maar tegelijkertijd vroegen ze zich af hoe het christendom monotheïstisch kon blijven als zowel Jezus als God goddelijk waren. Al in de tweede eeuw gebruikte de kerkvader Tertullianus (155-222 n. Chr.) de term trinitas (Latijn, 'triniteit') in theologische uiteenzettingen, waarmee hij bedoelde dat God 'een substantie' is die uit 'drie personen' bestaat. Origenes (185-254 n. Chr.) beklemtoonde dat het christelijke geloof gefundeerd is op de eenheid van een transcendente God (die de mens geschapen heeft), voor eeuwig samen bestaand met de Zoon (die de mens verlost heeft) en met de Geest (die de mens geheiligd heeft). Tegen de vierde eeuw was de orthodoxe positie waarin God als drie personen in één natuur wordt opgevat, veiliggesteld en men zette deze doctrine in de openingsregels van de 'Athanasische Geloofsbelijdenis'.

De Cappadocische Vaders – theologen uit Klein-Azië wier geschriften nog steeds van vitaal doctrinair belang zijn voor de oosterse orthodoxie – verschilden van mening over de vraag naar de wording van de Zoon en de emanatie van de Heilige Geest. Een van de centrale doctrinaire meningsverschillen die een rol speelde in het schisma tussen Oost en West, was dat men in het Oosten vasthield aan de formulering dat de Geest emaneerde (uitging van of voortkwam uit) uit de Vader, door de Zoon, terwijl men in het Westen wist dat de Geest emaneerde uit de Vader en de Zoon.

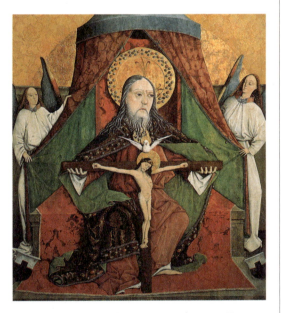

De Heilige Drie-eenheid, *door een veertiende-eeuwse Hongaarse schilder die bekend staat als 'Meester van de Triniteit'. God de Vader, op de troon, houdt de gekruisigde Zoon in zijn handen boven wiens hoofd de Heilige Geest zweeft, in de vorm van een witte duif. Middeleeuwse theologen vergeleken de drie-eenheid met de drie menselijke vermogens geheugen, intellect en wil, die in één persoon verenigd zijn.*

MYSTIEKE EENWORDING

Christelijke mystiek is in essentie theïstisch, dat wil zeggen gebaseerd op de notie van een transcendente God met een typerende nadruk op de goddelijke liefde. In het algemeen ziet men dat de mystieke ervaring in christelijke noties omtrent God wordt uitgedrukt en de relatie tussen God en de menselijke ziel is een terugkerend element. De talrijke geschriften van christelijke mystici worden vaak in tweeën gedeeld: geschriften waarin de intellectuele discussie over de mystieke filosofie wordt gevoerd en beschrijvingen van concrete mystieke ervaringen. In deze literatuur vindt men als gemeenschappelijk thema de onnoembaarheid van de mystieke eenwording met God. De filosofische mystiek analyseert de aard van de eenwording met God, terwijl men bij de praktische mystiek ziet dat in metaforisch taalgebruik deze ervaring zélf wordt beschreven.

De individuele verslagen van christelijke mystieke ervaringen vertonen grote onderlinge verschillen. Wat ze echter gemeenschappelijk hebben is dat alle mystici op de een of andere manier een direct ervaring van de aan-

'VLEESGEWORDEN MYSTIEK'

De christelijke mystieke literatuur omvat een heel scala aan wat 'vleesgeworden' mystieke ervaringen zouden kunnen worden genoemd. Hieronder vallen lichamelijk verschijningen van Christus of Maria; 'audities' (het horen van de stem van God of van engelen); mystieke zwangerschappen; en spontane melkproductie als gevolg van de devotie voor het kindje Jezus.

Er zijn talloze andere berichten over gelovigen die in een staat van mystieke extase allerlei fysieke verschijnselen vertoonden, zoals in zwijm vallen, levitatie, huilbuien en trances. Dergelijke toestanden, die gewoonlijk vergezeld gaan van een bewustzijnsverandering (een verscherpte of juist verlaagde zintuiglijke waarneming), worden gewoonlijk toegeschreven aan de werking van goddelijke activiteit in de ziel. In de dertiende eeuw, toen de devotie in het bijzonder gericht was op het lijden van Christus, was Franciscus van Assisi (1182-1226) de eerste mysticus die de stigmata ontving, dezelfde vijf wonden als de gekruisigde Christus.

Teresa van Avila, een Spaanse mystica uit de zestiende eeuw die ook een hervormster was en de Orde van de Karmelietessen stichtte, was ervan overtuigd dat de extatische ervaring een stadium op weg naar de mystieke eenwording met God was. Haar autobiografische werk 'Het innerlijke kasteel' is een verhandeling over de mystieke weg. Dit werk werd geschreven tijdens de tumultueuze tijden van de Spaanse inquisitie en het bevat derhalve slechts voorzichtige beschrijvingen van de stadia van extase en vervoering.

De heilige Teresa in extase, *door Gian Lorenzo Bernini (1598-1680). Het beeld drukt de toestand uit die door Teresa 'transverberatie' genoemd werd: de ervaring dat de ziel doorstoken wordt door Gods liefde (hier verbeeld als Cupido).*

wezigheid van God beschrijven, die door wetenschappers en theologen doorgaans aangeduid wordt als 'mystieke eenwording' (Latijn: *unio mystica*) met God. Mystieke eenwording vereist doorgaans een langdurige voorbereiding, het is een levensweg die begint met het 'ontwaken', gevolgd door een periode van loutering, dan bereikt men de 'verlichting' en uiteindelijk de ervaring van de eenwording met God. Voor anderen is het echter een plotseling optredende transcendente ervaring die hen onvoorbereid treft en waardoor hun leven diepgaand verandert. De spirituele weg van de mysticus is een weg van reflectie en wereldverzaking.

De wortels van de christelijke mystiek zijn in De Schrift te vinden. Met name Paulus dacht dat de gelovige door de liefde voor Christus de aanwezigheid van God kon ervaren. Niettemin was de vroege christelijke mystiek, ondanks een sterk contemplatief element, in essentie intellectueel en filosofisch, gebaseerd op het Griekse en Romeinse denken. De filosoof Plotinus (205-270 n. Chr.) bijvoorbeeld, schreef uitgebreid over de notie van 'het Absolute'. Hij zag wereldverzaking en contemplatie als de meest geëigende wijze om tot eenwording met God te komen. In een poging om de Griekse filosofie met de christelijke theologie te verzoenen, zag Augustinus (354-430 n. Chr.) God in het centrum van de werkelijkheid, verheven boven elke gedachte en het concrete bestaan. De eerste die de term 'mystieke theologie' gebruikte, was de schrijver die bekendstaat als Pseudo-Dionysius de Areopagiet (ca. 500 n. Chr.). Hij bracht het vroegchristelijke ascetisme op een intellectueel plan. Hij spreekt over Gods verborgen aanwezigheid en is ervan overtuigd dat kennis van God alleen bereikt kan worden door zelfnegatie en het uitbannen van elke gedachte uit de geest.

De middeleeuwse kerk kende een bloei van mystieke ervaring. Mystici beschouwden zichzelf als instrumenten van God en leidden een contemplatief leven. Ze werden zowel door pausen als wereldlijke leiders geraadpleegd. Onder de vele beroemde mystici uit deze periode is ook Hildegard van Bingen (1098-1179), een Duitse abdis die haar profetische en apocalyptische visioenen beschrijft met behulp van allegorische symbolen. De Franse mysticus Bernardus van Clairvaux (1090-1153) gebruikte de beeldtaal uit het boek Hooglied om de eenheid van de ziel met Christus als een metaforisch huwelijk uit te drukken. In Italië beoefende Franciscus van Assisi (1181-1226), stichter van de franciscaner kloosterorde, een mystiek die gebaseerd was op de imitatie van Christus (zie kader p. 66). In de beschrijving van haar visioenen met betrekking tot het mysterie van het geloof richt Juliana van Norwich (1342-ca. 1415), een van de vele middeleeuwse Engelse mystici, zich op de oneindigheid en onmetelijkheid van de goddelijke liefde en zij gebruikt daarbij de metafoor van Christus als moeder. In het protestantisme staat men veelal negatief tegenover mystiek, een enkeling echter, zoals Jacob Boehme (1575-1624), doet wel verslag van een mystieke eenwording met God.

Meer recentelijk hebben mystici ook mystieke tradities buiten het christendom als inspiratiebron ontdekt. Thomas Merton (1915-1968), bijvoorbeeld, werd geïnspireerd door het boeddhisme. De aantrekkingskracht van de mystiek leeft ook heden ten dage nog bij christenen die blijven proberen om het diepe en intense mysterie van de eenwording van de ziel met God tot uitdrukking te brengen.

HET JEZUSGEBED

Contemplatieve mystiek vormt een integraal element van de oosterse orthodoxie. Deze vorm van mystiek is gebaseerd op bepaalde meditatieve technieken, waaronder het onophoudelijk herhalen van het 'Jezusgebed': 'Heer Jezus Christus, heb medelijden met mij, zondaar.' Het gebed dateert uit de vijfde eeuw n. Chr. en wordt nog steeds in orthodoxe kerken gereciteerd.

Het almaar herhalen van dit Jezusgebed wordt 'hesychasme' genoemd (van het Griekse woord voor 'rust').

Personen die dit in praktijk brengen, verklaren dat door deze techniek een staat van spirituele stilte wordt bereikt waarin ze een soort heilige wijsheid ervaren, een deel uitmaken van de goddelijke natuur. Een beroemde Griekse heilige en mysticus, Gregorius van Palamas (1296-1359), is een van degenen die zo'n directe communicatie met de goddelijke werkelijkheid beschrijft.

Door het almaar opzeggen van het gebed hoopt de gelovige ook een visioen van het goddelijke licht te ervaren, waarvan gezegd wordt dat het identiek is met het licht van de transfiguratie (Mattheüs 17:1-9 en de parallellen in Marcus en Lucas).

Een zeventiende-eeuwse gravure met het portret van Jacob Boehme, een van de meest invloedrijke protestantse mystici. Boehme, die lutheraan was, beweert dat hij op mystieke wijze het wezen van de triniteit heeft ervaren (zie p. 65).

DE CHRISTELIJKE CANON

DE TALEN VAN DE BIJBEL

De Hebreeuwse bijbel (het christelijke Oude Testament), is oorspronkelijk grotendeels in het Hebreeuws geschreven. In de derde eeuw v. Chr. is er een Griekse vertaling van gemaakt ten behoeve van Griekssprekende joden in de diaspora. Deze vertaling, de Septuaginta, was gezaghebbend voor de vroege kerk en is dat nog steeds voor de Grieks-Orthodoxe Kerk. Het Nieuwe Testament is in zijn geheel in het Grieks geschreven.

Na het totstandkomen van de canon gaf de paus aan bisschop Hiëronymus van Dalmatië (340-420 n. Chr.) de opdracht om de christelijke bijbel in het Latijn te vertalen, de taal van het westerse christendom. Het werk van Hiëronymus, de Vulgaat (Latijn: versio vulgata, 'algemene versie'; 382 n. Chr.), was de standaard bijbelvertaling van het roomse christendom tot aan de Reformatie en is nog steeds de officiële bron voor katholieke vertalingen.

Het Latijn was in de Middeleeuwen uitgestorven als gesproken taal; alleen priesters en goed opgeleide leken konden de bijbel nog lezen. Er waren wel glossen, parafrasen en zelfs complete vertalingen in omloop, maar pas met de Reformatie kwam de verspreiding van de bijbel in allerlei omgangstalen goed op gang. Protestantse kerken stonden er op dat de Schrift voor iedereen toegankelijk was. Tegenwoordig is het in alle christelijke kerken normaal om de Schrift in de eigen taal te lezen. De bijbel is in meer dan tweeduizend talen vertaald.

De heiligste tekst van het christendom is de bijbel, die christenen als goddelijk geïnspireerd beschouwen. De bijbel bestaat uit twee delen: het 'Oude Testament', dat praktisch identiek is met de Hebreeuwse bijbel (zie p. 30-31) en dat voor christenen Gods eerste verbond ('testament') met de mensheid vertegenwoordigt; en het 'Nieuwe Testament', het verbond van Jezus-Christus in wie Gods beloften aan Israël vervuld zijn. De zevenentwintig boeken van het Nieuwe Testament zijn ontstaan in de honderd jaar na de dood van Jezus. Hierin wordt verslag gedaan van zijn geboorte, zijn verkondiging, zijn lijden en zijn opstanding. Men vindt hierin ook de 'Handelingen van de apostelen', met onder meer een verslag van Paulus' missie onder de niet-joden; brieven van Paulus en van andere personen uit de vroege kerk (zie kader rechts). Het laatste geschrift van het Nieuwe Testament, de 'Openbaring van Johannes', is een apocalyptisch visioen van het einde der tijden.

Het hart van deze verzameling wordt gevormd door de vier 'evangeliën' (van het Griekse *euaggelion*, 'goede boodschap') die toegeschreven worden aan Mattheüs, Marcus, Lucas en Johannes (de 'evangelisten'). Sinds het einde van de achttiende eeuw worden de eerst drie evangeliën door wetenschappers aangeduid met de term 'synoptici' ('samen bekeken'), omdat deze teksten, als ze naast elkaar gelegd worden, vele opvallende parallellen vertonen zowel qua vorm als qua inhoud. Het evangelie van Johannes, oftewel het 'vierde evangelie' (ca. 95 n. Chr.), is duidelijk afwijkend van stijl en toon. Samen worden deze vier boeken eenvoudigweg aangeduid als 'het evangelie'.

Hoe het Oude en het Nieuwe Testament tot gezaghebbende christelijke canon zijn geworden, is een complex verhaal. Christenen en joden hebben de meeste teksten van de Hebreeuwse bijbel gemeenschappelijk, maar de vroege kerk bracht een andere volgorde aan, zodat het Oude Testament eindigt met de profetische geschriften. Het Oude Testament eindigt dus met het boek Maleachi, waarin Elia wordt genoemd als voorloper van de Messias.

Een Armeens evangelie-omslag, geëmailleerd zilver uit 1658. Op de voorkant (rechts) een afbeelding van God, tronend boven de tempel, met daaromheen portretten van oudtestamentische profeten; op de achterkant (links) Jezus voor de tempel en portretten van de twaalf discipelen.

Deze passage werd door de evangelie-schrijvers opgevat als een verwijzing naar Johannes de Doper (Mattheüs 11:7-15 en Lucas 1:16-17).

De canon van het Nieuwe Testament bestaat uit de geschriften die in de vroege kerk als goddelijk geïnspireerd beschouwd werden en die het beste uitdrukking gaven aan de christelijke religieuze ervaring. De canon is niet het werk van één individu of concilie maar ontstond langzamerhand in een proces van enkele eeuwen. Al in 160 n. Chr. gebruikte de theoloog Tertullianus de frase 'Nieuwe Testament' als aanduiding van een verzameling christelijke geschriften uit de eerste eeuw. Maar pas aan het begin van de vijfde eeuw werden de zevenentwintig geschriften die samen het Nieuwe Testament zijn gaan vormen algemeen in de kerk geaccepteerd.

Vanaf het begin zijn er ook teksten geweest die de kerk als 'apocrief' (letterlijk 'verborgen') beschouwde. Hiermee bedoelde men dat deze teksten weliswaar speciale geestelijke of historische waarde hadden, maar dat ze niet beschouwd konden worden als goddelijke openbaring. Over de status van enkele van deze teksten verschillen de protestantse, katholieke en orthodoxe kerken van mening.

De bijbel kan op allerlei manieren geïnterpreteerd worden en is gebruikt om zelfs tegengestelde praktijken te rechtvaardigen, zoals polygamie en monogamie. Voor christenen uit fundamentalistische groeperingen is de bijbel in zijn geheel geopenbaard, woord voor woord, en is hij dus letterlijk waar, zonder fouten. Andere groepen lezen de bijbel met een allegorische bril. Er zijn wetenschappers die literaire interpretatieve methoden op de bijbelteksten toepassen en die de vraag naar auteur en genre stellen. Bijbelinterpretatie heeft ook direct te maken met bijbelvertaling, een tendens die teruggaat op de Duitse bijbelvertaling van Luther. Nieuwe vertalingen (zie marge links) weerspiegelen hoeveel interpretaties er mogelijk zijn.

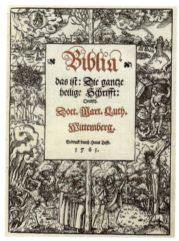

Een vroege gedrukte editie (1561) van Luthers Duitse bijbel. De katholieke kerk beschuldigde de reformator ervan bepaalde passages 'fout' vertaald te hebben om zo beter aan te sluiten bij de lutherse leer, bijvoorbeeld Paulus' woorden over de rechtvaardiging door het geloof (Rom. 3:28).

DE BRIEVEN VAN HET NIEUWE TESTAMENT

De brief, als literaire vorm, neemt een belangrijke plaats in onder de geschriften die samen het Nieuwe Testament vormen. Terwijl de evangeliën verhalende teksten zijn over het leven en de leer van Jezus, zijn de brieven openbare mededelingen aan nieuw gevormde gemeenten (slechts vier brieven zijn aan privé-personen gericht). De brieven waren een middel van missionaire activiteit. Ze waren daarom vaak volgens de regels der retorica opgesteld, duidelijk bedoeld om in de samenkomsten te worden voorgelezen.

De brieven dienden ook als antwoord aan tegenstanders van de Jezusbeweging. Hoewel alle brieven op concrete problemen betrekking hebben en plaats- en tijdgebonden zijn, zagen de theologen die betrokken waren bij de canonvorming vooral hun niet-tijdgebonden kwaliteiten. Zij achtten deze teksten even essentieel voor de formatie van het geloof als de evangeliën en het boek Handelingen.

Het hart van de brieven wordt gevormd door de dertien 'paulinische' brieven. Dit zijn de brieven die traditioneel aan Paulus worden toegeschreven (hoewel wetenschappers hebben vastgesteld dat deze toeschrijving niet voor alle brieven correct is). Net zoals de rest van het Nieuwe Testament zijn de brieven in het Grieks geschreven. Men leest erin over Paulus' missie onder de niet-joodse volkeren en over de totstandkoming van zijn autoriteit als apostel van Christus. Zijn twee brieven aan de gemeente van Corinthe, in Griekenland, bevatten een schets van zijn visie op de doctrinaire en ethische problemen van die gemeente, zoals het celibaat, het eten van voedsel dat aan heidense goden is geofferd en de aard van de opstanding.

In zijn brief aan de Galaten (een christelijke gemeente in Klein-Azië) schrijft Paulus over de vraag of een niet-jood besneden moet worden voordat hij christen kan worden. Zijn antwoord hierop – nee – markeert een belangrijke breuk van de christelijke praktijk ten opzichte van haar joodse wortels.

MARTELAREN, HEILIGEN EN ENGELEN

In het christendom worden personen die een extreem deugdzaam leven geleid hebben of die als martelaar gestorven zijn, vereerd als 'heiligen' (Latijn: *sanctus* of *sancta*, 'heilige [man, vrouw]'). De verering van deze personen omvat het koesteren van zijn of haar nagedachtenis, actieve aanbidding en pogingen om de spiritualiteit na te volgen van een leven dat een voorbeeld is van religieuze en morele idealen. Deze heiligenverering omvat ook vaak het brengen van offers, het aanroepen van de heilige, het zweren bij de heilige en het vragen om genezingen en wonderen. Aangezien heiligen in de hemel vertoeven, dicht bij God, denkt men dat zij speciale mogelijkheden hebben om ten behoeve van de smeker bij God te bemiddelen.

De verering van heiligen is geen eenrichtingsverkeer: de gelovige ver-

Een zestiende-eeuwse Kretenzische icoon van de Maagd met het Kind. De speciale verering die Maria in de oosterse kerk geniet, is herkenbaar aan het akathistos, *een hymne uit de vijfde eeuw die nog steeds gebruikt wordt in de eredienst, en aan de titel* Theotokos, *('Drager van God').*

DE MAAGD MARIA

In de loop van vele eeuwen is er zowel in het oosterse als in het westerse christendom een populaire cultus met betrekking tot de verering van Maria, de moeder van Christus, ontstaan.

Deze Mariadevotie kwam eerst in het oosten tot ontwikkeling in de vierde eeuw n. Chr.. Later bepaalde het tweede concilie van Nicea (787 n. Chr.) dat voor Maria weliswaar een hogere mate van verering gold dan voor de andere heiligen, maar dat echte aanbidding alleen aan God voorbehouden bleef.

In de westerse kerk kwam de Mariaverering pas veel later op gang, maar is daar met name in de Rooms-Katholieke Kerk niet minder populair. Tegen de twaalfde eeuw werd Maria algemeen met de simpele benaming 'Onze (Lieve) Vrouwe' (Notre Dame, Madonna) aangeduid en honderden kerken waren aan haar gewijd. Eeuwenlang hebben theologen gediscussieerd over onderwerpen als 'de onbevlekte ontvangenis' (dit houdt in dat zowel Maria als Jezus geconcipieerd zijn zonder erfzonde; zie p, 74) en de 'ten hemelopneming', de lichamelijke hemelvaart van Maria. In de moderne tijd zijn er vele meldingen van Mariaverschijningen in plaatsen als Lourdes, Frankrijk, dat een belangrijk pelgrimsoord is geworden (zie p. 76).

De Mariadevotie is net als de verering van andere heiligen gebaseerd op de aan haar toegeschreven bemiddelende kracht. Het geloof hierin komt voort uit de voorstelling dat Jezus, als haar zoon, de smeekbeden van zijn moeder niet kan weigeren. Er zijn talloze verhalen van haar mededogen voor al degenen die haar naam aanroepen. Hierom ziet men haar vaak afgebeeld als een genadige en welwillende moeder van alle gelovigen.

In het protestantisme wordt Maria in ere gehouden als moeder van Christus, maar ze neemt niet dezelfde belangrijke plaats in als in de oosters-orthodoxe kerken of in het rooms-katholicisme. Ze wordt niet actief vereerd en speelt geen rol van betekenis in het protestantisme.

klaart zich loyaal en devoot, en de heilige biedt bescherming en bemiddeling als tegenprestatie.

De verering van heiligen begon al tijdens de perioden van vervolgingen in het Romeinse Rijk. Het geloof in de bemiddelende kracht van heiligen lag in het verlengde van Grieks-Romeinse praktijken waarbij men van degenen die een heldendood gestorven waren ook dacht dat zij vanuit hun graf bovennatuurlijke krachten uitoefenden. Het woord martelaar (Grieks: *marturos*) betekent 'getuige' (dat wil zeggen van Christus) en de vrouwen en mannen die in deze periode omkwamen waren de voorbeelden en helden van het vroege christendom, degenen die het voorbeeld van Christus het meest na kwamen. De namen van de martelaren uit deze periode zoals Perpetua en Felicitas (beiden gestorven in 203 n. Chr.), werden opgenomen in de liturgie van de vroege christelijke gemeenschappen. In latere eeuwen zouden hun stoffelijke resten als relikwieën en als stille getuigen van de eerste grondleggende periode, vereerd worden. De lichamen van de eerste martelaren en heiligen werden niet begraven maar onder de altaren in de kerken bijgezet.

Genezingen, exorcismes en een heel scala aan wonderen werden met de heiligenverering in verband gebracht. Met de van de vierde eeuw tot aan de Middeleeuwen toenemende populariteit van dit fenomeen nam ook de behoefte aan heilige relikwieën toe: botten en andere voorwerpen die met de heilige in verband gebracht werden. Onder leiding van kerkelijke leiders ontwikkelde het christendom een heel netwerk van heilige tomben en reliekschrijnen. Eeuwenlang vormde de vrome aanbidding van een hele stoet heiligen een centraal element in het christelijke geloof, zowel privé als openbaar. Een heiligenkalender voorzag de gelovige van een dagelijkse handleiding voor meditatie.

Heiligenverering was ook in de Middeleeuwen van centraal belang. Bij de relikwieën werden verhalen ofwel 'hagiografieën' (Grieks: *hagios* of *hagia*, 'heilige'; en *graphia*: 'schrift') van hun leven en wonderen gevoegd, die de verering bevorderden. Bijzonder populair was de dertiende-eeuwse verzameling wonderverhalen van Jacobus van Voragine. Later, in de achttiende eeuw, verscheen het werk van Alban Butler, *Lives of the Saints*, waarin 2565 heiligen worden opgesomd in de volgorde van hun gedenkdagen.

Sommige heiligen werden uitsluitend plaatselijk vereerd, terwijl andere veel breder verering genoten. Dit geldt met name voor Maria (zie kader links) en haar man Jozef de timmerman.

Jozef die in de evangeliën wordt beschreven als een 'rechtvaardig man' (Mattheüs 1:19), wordt vereerd als een invoelende en liefhebbende echtgenoot en beschermer van het kind Jezus, dat zijn vrouw door de Heilige Geest ontvangen

Een reliekschrijn van zilver, goud op zilver en brons uit het Vaticaan. Vervaardigd voor paus Pius II (bewindsperiode: 1458-64) om de relikwieën van de apostel Andreas in te bewaren. Er zijn meer dan tweehonderd edelstenen en halfedelstenen in verwerkt.

heeft. Zijn vroomheid en gehoorzaamheid aan God zijn de belangrijkste aspecten van zijn voorbeeldige karakter.

Met de ontwikkeling van de heiligenverering ontstond ook het begrip 'beschermheilige', dat nog steeds een rol speelt in de volksdevoties van de Rooms-Katholieke en Oosters-Orthodoxe Kerk. In deze voorstelling worden de levens en legenden van heiligen en de speciale wonderen die zij verrichtten als een aanwijzing beschouwd voor het soort hulp dat de heilige biedt. De heilige Lucia (gestorven in 304 n. Chr.), over wie verteld wordt dat haar ogen op wonderbaarlijke wijze herstelden nadat ze door haar vervolgers blind gemaakt was, is de beschermheilige van mensen met oogklachten. De hulp van de heilige Sebastiaan, een Romeinse soldaat die herstelde na met speren doorboord te zijn geweest, werd in geroepen tegen een ziekte als de pest en andere kwalen waarvan men aannam dat ze veroorzaakt werden door pijlen die de goden op hen afschoten (Sebastiaan stierf later een pijnlijke marteldood).

Als beschermer van Christus werd Jozef, de echtgenoot van Maria, vereerd als beschermheilige van de hele kerk (vanaf 1870) en van vaders, timmerlieden en arbeiders. Omdat aangenomen wordt dat hij enige tijd voor de kruisiging vredig stierf in familiekring, is hij ook de beschermheilige van de stervenden. Religieuze verenigingen en gemeenschappen kiezen vaak een heilige als hun speciale patroon en in de Rooms-Katholieke Kerk is het gebruikelijk om kinderen naar heiligen te vernoemen.

Men doet dit in de veronderstelling dat het kind hiermee verzekerd is van de speciale leiding en bescherming van de betreffende heilige.

CANONISATIE

Het rooms-katholieke gebruik om nieuwe namen toe te voegen aan de officiële lijst van heiligen staat bekend als 'canonisatie'. De paus heeft het alleenrecht om iemand heilig te verklaren, maar een groep deskundigen op het gebied van het canonieke recht bestudeert al het materiaal op grond waarvan iemand heilig verklaard zou kunnen worden. Het is een ingewikkelde en langdurige procedure die al vierhonderd jaar in grote lijnen hetzelfde is gebleven, hoewel het sinds paus Johannes Paulus II in 1979 duidelijk korter duurt. Eerst wordt het leven van de kandidaat-heilige onderworpen aan een minutieus onderzoek om de reputatie van heiligheid en orthodoxie zeker te stellen. Meldingen van goddelijke tekenen – onverklaarbare gebeurtenissen die als wonderen beschouwd zouden kunnen worden – worden gecheckt. De heilige wordt dan 'zalig' (gezegend) verklaard en mag plaatselijk vereerd worden. Aanvullend bewijs dat God zich onophoudelijk blijft bedienen van de tussenkomst van de zaligverklaarde persoon leidt ertoe dat het hele proces nog eens herhaald wordt, waarna de paus de betreffende man of vrouw heilig kan verklaren, waardig om universeel vereerd te worden.

Canonisatie is betrekkelijk zeldzaam. De laatste acht eeuwen zijn er slechts driehonderd nieuwe heiligen bijgekomen. In de loop der jaren heeft het Vaticaan ook een aanzienlijk aantal personen 'ontheiligd' nadat men het bewijs voor de heiligheid bij nader inzien onvoldoende vond. Dit lot trof ook populaire en bekende heiligen als St. Joris en St. Christoffel.

MARTELAREN, HEILIGEN EN ENGELEN

De aartsengel Michaël, een Russische icoon uit de Stroganov-school, omstreeks 1600. Michaël wordt vereerd als beschermer van de kerk tegen de machten van het kwaad. Daarom wordt hij vaak afgebeeld als strijder.

ENGELEN

De titel 'heilige' wordt ook aan een aantal engelen gegeven. Dit zijn bovennatuurlijke wezens van wie men gelooft dat ze in de hemel wonen en over buitengewone krachten beschikken.

Engelen worden regelmatig genoemd in de bijbel. Ze prijzen God en beschermen de gelovigen. Maar deze bijbelse engelen zijn in de eerste plaats, zoals hun naam al zegt (Grieks *aggelos*, 'boodschapper') goddelijke boden, bemiddelaars tussen hemel en aarde. Onder hen zijn de aartsengelen ('leidende' engelen) Gabriël, Rafaël en Michaël. In het OudeTestament kondigen engelen de geboorten aan van Ismaël, Izaäk en Samson, en in de evangeliën de geboorten van Johannes de Doper en Jezus. Ook doen engelen mededeling van de opstanding en ze adviseren Jozef van Nazaret in zijn dromen.

Aan het begin van de zesde eeuw n. Chr. spreekt de schrijver Pseudo-Dionysius de Areopagiet over engelen als onderdeel van een hiërarchie van hemelse krachten, die ieder een speciale kosmische functie hebben. Engelen die als opdracht hebben om de menselijke bezigheden in het oog te houden, treden op als redders, aanspoorders en troosters. De voorstelling van de beschermengel – een door God aan ieder mens afzonderlijk toegekende engel die hem of haar beschermt – is afkomstig uit de Schrift (Psalm 91:11) en uit het Grieks-Romeinse geloof in beschermende godheden. Twee oktober is in de Rooms-Katholieke Kerk de feestdag van de beschermheiligen. Het feest van St. Michaël valt op 29 september (dit feest wordt in de Anglicaanse Kerk gevierd als het feest van St. Michaël en alle andere engelen).

De belangstelling voor engelen is wijd verspreid en komt in alle stromingen van het christendom voor, hoewel men in het protestantisme het geloof in hun bovennatuurlijke kracht of zelfs in hun bestaan vaak probeert af te zwakken.

In de oosters-orthodoxe kerken worden veel minder heiligen vereerd. De devotie is hier meer gericht op de kerkvaders (zie p. 61) en op de eerste martelaren. Iconen met hun afbeeldingen worden overal in kerken en huizen opgehangen. Protestantse kerken voelen grote verering voor de profeten van het OudeTestament en voor de apostelen, maar men beschouwt heiligenverering als een godslasterlijke praktijk en men ontkent dat ook anderen dan Christus bij God kunnen bemiddelen. In zowel de Anglicaanse als de Lutherse Kerk beveelt men echter aan om bepaalde namen te gedenken en in gebeden dank te brengen.

De Rooms-Katholieke Kerk is de enige christelijke denominatie met een formele procedure voor het determineren van heiligen (zie kader p. 72). De kerk heeft ook precies voorgeschreven hoe men met de heiligen dient om te gaan. De verering van heiligen wordt aangemoedigd, maar noch zijzelf noch hun relikwieën mogen onderwerp van aanbidding zijn. Dit is uitsluitend gereserveerd voor de goddelijke drie-eenheid (Vader, Zoon en Heilige Geest).

ZONDE EN DEUGD

Christelijke theologen uit de vroege kerk hebben het onvermogen van Adam en Eva om te gehoorzamen aan Gods gebod om niet van de bomen in de tuin van Eden te eten (Genesis 2:17) geïnterpreteerd als de val van de mensheid uit haar begenadigde staat (zondeval), en als symbool van het menselijke onvermogen om met morele vrijheid om te gaan. Volgens Paulus kwam met de fout van Adam de zonde in de wereld; Augustinus ontwikkelde dit idee tot de doctrine van de 'erfzonde'. In deze opvatting erft ieder mens (behalve Christus en Maria; zie p. 70) Adams zondigheid. Deze doctrine is nog steeds van kracht.

Het middeleeuwse christendom zag zeven dood- (of hoofd-)zonden – trots, hebzucht, lust, woede, vraatzucht, afgunst en luiheid – als bron van alle andere zonden. Trots werd beschouwd als de bron van alle kwaad. Als personificaties vinden we de zeven zonden in preken, in de kunst en in religieuze literatuur vaak afgeschilderd als in gevecht met hun tegenstanders – nederigheid, vrijgevigheid, kuisheid, zachtmoedigheid, matigheid, broederliefde en vlijt.

Wijsheid, matigheid, moed en rechtvaardigheid zijn de 'kardinale deugden', terwijl 'geloof, hoop en liefde' (zoals verwoord door Paulus in 1 Corinthiërs 13:13), de 'theologische deugden' zijn. Deze theologische deugden vertegenwoordigen wat in Handelingen 9:2 de [christelijke] 'weg' genoemd wordt. In het algemeen is men het erover eens dat de belangrijkste christelijke deugd de liefde is, zoals Paulus stelt – zowel de liefde voor God als voor de naaste.

DE WEG VAN CHRISTUS

Gedurende de hele geschiedenis van het christendom is er weinig veranderd in de fundamentele principes die bedoeld zijn om de gelovigen een christelijk leven te laten leiden. Christelijke ethische voorschriften hebben vaak de vorm van goddelijken bevelen of geboden. De belangrijkste bron voor de christelijke ethiek wordt gevormd door de tien geboden, die Mozes volgens Exodus 19:24-20:17 en Deuteronomium 5:6-21 op de berg Sinaï van God ontvangen heeft, en door de leer van Jezus. In beide gevallen zijn de schriftelijke bronnen constant gebleven, hoewel rooms-katholieken en lutheranen enerzijds en oosters-orthodoxen en protestanten anderzijds enigszins verschillen in de manier waarop ze de tien geboden ordenen. De interpretatie van de Schrift is ‚afhankelijk van de historische, sociale en geografische context en de denominatie, ook aan veranderingen onderhevig geweest. De oude Inquisitie gebruikte om de status quo te handhaven bijvoorbeeld dezelfde principes als hedendaagse bevrijdingstheologen (zie p. 87) gebruiken om een radicale sociale agenda op te baseren.

De tien geboden of 'decaloog' zijn fundamentele religieuze en sociale voorschriften en worden in de bijbel expliciet als woord van God bestempeld. In deze regels wordt de relatie tussen het individu en God, de ouders, de echtgeno(o)t(e) en de gemeenschap vastgelegd. De eerste vier geboden hebben betrekking op de relatie met God – men moet uitsluitend God aanbidden (afgodendienst vermijden), de sabbat houden en Gods naam eren. Na een aansporing om ook de ouders te eren hebben de overige vijf geboden betrekking op ethisch maatschappelijk gedrag met een verbod op diefstal, hebzucht, leugens, moord en overspel.

Het evangelie van Mattheüs bevat een lang verslag van een redevoering voor een menigte die Jezus op een heuvel hield. Deze zogenoemde

Een lid van de congregatie Missionaries of Charity, een rooms-katholieke orde gesticht in India door de Albanese non Moeder Theresa (1910-97). De leden bieden hulp aan zieken en behoeftigen. Hier worden jonge oorlogsslachtoffers in Mozambique behandeld. Onbaatzuchtige daden van liefde (Latijn: caritas, 'liefde', 'affectie') behoren tot de opvallendste uitingen van christelijke deugdzaamheid.

DE ZALIGSPREKINGEN

In de Bergrede (zie hoofdtekst), geeft Jezus een lijst van negen zegeningen die volgen op goed gedrag, bijvoorbeeld: 'Zalig de zachtmoedigen, want zij zullen de aarde beërven' (Mattheüs 5:3-12). Deze woorden worden in de westerse kerk 'zaligsprekingen' genoemd en in de oosterse kerk spreekt men van de 'geboden van zaligheid'. In tegenstelling tot de tien geboden zijn de zaligsprekingen niet als ethische imperatieven geformuleerd. Ze spreken van bepaalde kwaliteiten die de volgelingen van Jezus zouden moeten nastreven om een staat van zaligheid en eeuwig hemels leven te bereiken. In deze kwaliteiten weerklinken de centrale christelijke deugden als nederigheid, eenvoud, een actief verlangen naar rechtvaardigheid, eenvoud van hart, mededogen, vredelievendheid en de bereidheid om vervolgingen te doorstaan voor het geloof.

Lucas 6:20-26 heeft een andere versie van de zaligsprekingen, waarin een contrasterende serie vervloekingen is opgenomen.

De Berg van de Zaligsprekingen. Volgens de traditie is dit de plaats waar Jezus de Bergrede uitsprak, aan de noordwest-kust van het meer van Galilea. De rooms-katholieke Kerk van de Zaligsprekingen (voorgrond) is gebouwd in 1936.

'Bergrede' (Mattheüs 5-7) is van essentieel belang geweest voor de formatie van de ethische fundamenten van het christendom. Jezus begint met de menigte mee te delen dat hij niet gekomen is om de wet van Mozes te ontbinden maar om deze te vervullen en hij waarschuwt hen ervoor dat wie zich niet aan de tien geboden houdt of anderen aanspoort dat niet te doen, 'zeer klein' zal zijn in het koninkrijk der hemelen (Mattheüs 5:17-20). Hij gaat verder met het schetsen van een geheel nieuw ethisch systeem dat ver uitgaat boven de Mozaïsche wet, waarmee de basis gelegd werd voor een geheel eigen christelijke ethiek. Jezus breidt het verbod om te doden uit tot een verbod op het hebben van haatgevoelens jegens een ander; het verbod op overspel breidt hij uit tot een verbod op het zelfs maar denken aan overspel; en het verbod om Gods naam ijdel te gebruiken omvat nu ook een verbod op zweren bij de hemel, de aarde of zichzelf (zie ook kader hierboven).

Het hart van de christelijke ethiek ligt echter bij Jezus' herwaardering van het liefdesgebod. Verderop in het evangelie van Mattheüs vraagt een wetgeleerde hem wat het grootste gebod is. Jezus citeert dan de bijbel: ' "U zult de Here uw God liefhebben met geheel uw hart, en met geheel uw ziel en met geheel uw verstand" [Deuteronomium 6:5]. Dit is het grote en eerste gebod. Het tweede is daaraan gelijk: "Gij zult uw naaste liefhebben als uzelf" [Leviticus 19:18]. Aan deze twee geboden hangt de ganse wet en de profeten.' (Mattheüs 22:36-40; ook Marcus 12; 29-31 en Lucas 10:25-28). Op een persoonlijk niveau moeten mensen niet alleen degenen liefhebben die die liefde beantwoorden, maar ze moeten ook hun vijanden liefhebben en zich met hen verzoenen.

DE BARMHARTIGE SAMARITAAN

In Jezus' beroemde parabel van de barmhartige Samaritaan (Lucas 10:29-37) zien we zijn interpretatie van het begrip 'naaste' zoals dat in de geboden voorkomt. De parabel illustreert het morele gedrag dat hij van zijn volgelingen verwacht.

In het verhaal is een man door zijn overvallers achtergelaten om te sterven. Zijn benarde toestand wordt genegeerd door heilige mannen van zijn eigen volk en hij wordt geholpen door een Samaritaan – een aanhanger van een religieuze traditie die men aantreft in Samaria (tussen Judea en Galilea) en die verwant is aan het jodendom, maar anders is. De meeste van Jezus' toehoorders zouden de Samaritaan met argwaan en vijandigheid tegemoet zijn getreden. Maar Jezus zegt dat de Samaritaan in de gelijkenis de ware 'naaste' representeert: niet alleen iemand die tot de eigen familie, natie of godsdienst behoort – maar iedereen die liefde betoont aan allen, vanuit een goed hart en zonder een tegenprestatie te verwachten.

PELGRIMSPLAATSEN

Duizenden christenen bezoeken elk jaar plaatsen die op de een of andere manier in verband staan met het leven van Christus, zoals Bethlehem, Jeruzalem en lokaties in Galilea. Ook buiten het heilige land zijn er talloze pelgrimsplaatsen, meestal verbonden met de relikwieën van een bepaalde heilige die vereerd worden vanwege de heilige kracht die ze zouden bezitten.

Een pelgrimage is in de eerst plaats een daad van devotie; men doet bijvoorbeeld boete, vraagt een heilige om bemiddeling of dankt daar juist voor.

Een van de beroemdste pelgrimsoorten (zie kaart p. 55) is Santiago de Compostella, in Spanje (waar de relikwieën van de apostel Jacobus worden bewaard). Een andere belangrijke pelgrimsplaats is de kathedraal van Canterbury in Engeland (waar zich het graf van de heilige Thomas à Becket bevindt, aartsbisschop van Canterbury, vermoord in 1170). In de Middeleeuwen stak Santiago Rome als pelgrimsplaats naar de kroon. De pelgrimages naar Canterbury vormden de inspiratiebron voor het beroemde werk van de veertiende-eeuwse Engelse schrijver Chaucer: de Canterbury Tales.

Er zijn rond de plaatsen waar de maagd Maria verschenen zou zijn ook talloze pelgrimscentra ontstaan, met name in rooms-katholieke landen. De bekendste zijn Fatima (Portugal), Lourdes (Frankrijk) en Czestochowa (Polen). Lourdes is misschien wel de bekendste. Hier had een boerenmeisje in 1858 in een grot visioenen van Maria. Op dezelfde plek verscheen een bron, die sindsdien menige wonderbaarlijke genezing heeft bewerkstelligd. Elk jaar stromen duizenden gelovigen naar de Kerk van de Rozenkrans die boven de grot gebouwd is.

Een van de belangrijkste pelgrimsplaatsen in het Heilige Land is de Geboortebasiliek in Bethlehem, die gebouwd is boven een grot waarvan men zegt dat Jezus er geboren is. Het is een Romeinse basiliek, in 326 n. Chr. gebouwd door keizer Constantijn. In de zesde eeuw is hij na een brand herbouwd.

HET HUIS DES HEREN

Het woord 'kerk' wordt gebruikt om de gehele christenheid mee aan te duiden, maar ook voor individuele denominaties. Het is ook het woord dat gebruikt wordt om de plaats waar God zich op aarde ophoudt aan te duiden en waar christenen komen voor persoonlijk gebed of een openbare eredienst. Deze functies zijn in vele talen terug te vinden in de naam van deze ruimte – *kerk*, *church*, *Kirche*, *église*, *iglesia*, enzovoort. Deze woorden zijn ofwel afgeleid van het Griekse *kuriakos* [*domos*] ('[huis] des heren') ofwel van *ekklesia* ('verzameling').

De grote verscheidenheid aan christelijke denominaties tegenwoordig wordt weerspiegeld in een enorme variëteit in architectuur en inrichting. Maar tijdens de eerste jaren van het christendom, de periode van de Romeinse vervolgingen, was er nog geen sprake van aparte kerkgebouwen: christenen kwamen voor hun diensten bijeen in de huizen van particulieren ('huiskerken') en ze verzamelden zich heimelijk in ondergrondse catacomben om hun doden te begraven. Toen er in de vierde eeuw n. Chr. een einde kwam aan de vervolgingen werd het voor christenen mogelijk om openlijk bijeen te komen. Onder een keizer als Constantijn de Grote werden heidense tempels afgebroken of voor christelijk gebruik geschikt gemaakt en er werden magnifieke nieuwe kerken gebouwd, vaak net zozeer ter ere van de wereldse als van de hemelse vorst. Vele herbergden het gebeente van een hei-

lige of andere vereerde relikwieën, waardoor het vroegchristelijke landschap tot een netwerk van bedevaartplaatsen werd gesmeed (zie marge p. 76).

De eerste kerken in het westen die als christelijke kerk gebouwd werden, waren in de stijl van de *basilica* (Latijn, van het Griekse *basilike*: 'koninklijk'), het belangrijkste openbare gebouw in iedere Romeinse stad, dat dienst deed als vergaderruimte en als gerechtsgebouw. De lengte-as, van de hoofdingang tot aan het koor, domineert het gebouw. Het koor vormt het oostelijke gedeelte van de kerk waar het altaar is opgesteld en waar vandaan de eredienst geleid wordt. Tegen de vijfde eeuw had elke grotere stad in de christelijke wereld tenminste één kerk in basilica-stijl. Zo'n kerk bood de groeiende gemeenten voldoende ruimte.

In de vroege Middeleeuwen ontstond een ander type kerk, de kruiskerk, zo genoemd omdat de basis de vorm van een kruis heeft, met aan weerszijden twee uitbouwen, de transepten of dwarsbeuken, die loodrecht op het schip, de lange hoofdas van de kerk, staan. Oosters-orthodoxe kerken, zowel oude als nieuwe, zijn doorgaans gebouwd op een vierkante basis en hebben meestal een aantal koepels.

Hoe eenvoudig of hoe kostbaar ook, een christelijke kerk is een heilige ruimte van verering en ontzag, bedoeld om het christelijke mysterie en de grote gebeurtenis van de verlossing aan de gelovigen over te dragen. Deze bedoeling blijkt duidelijk uit de grote artistieke triomfen van de romaanse (ca. 1000-1150), gotische (ca. 1150-1550) en barokke (ca. 1550-1750) stijlen van de westerse christelijke architectuur. Met massief steen, exquise

CHRISTELIJKE SYMBOLIEK

De eerste christenen gaven de heiligheid van huizen of catacomben vaak met uitgesneden of geschilderde symbolen aan, zoals een vis (symbool van de doop, van Christus en van de opstanding); een schaapherder die een lam draagt (een beeld van heidense origine); de letters A en W (de eerste en de laatste letter van het Griekse alfabet, waarmee verwezen wordt naar Christus als het begin en het einde van alle dingen; zie Openbaring van Johannes 1:8); en de Chi-Rho, een monogram van de Griekse letters C en R, de eerste twee letters van Christus in het Grieks).

Voordat keizer Constantijn de Grote (306-337 n. Chr.) de kruisiging als straf verbood, gebruikten christenen zelden afbeeldingen van de gekruisigde Christus of van het kruis. Sindsien verdween de associatie van deze straf met een minderwaardige dood voor misdadigers geleidelijk aan. Tegenstanders van het christendom gebruikten soms afbeeldingen van het kruis om Christus en zijn volgelingen

HET ALTAAR

Het belangrijkste object in de meeste christelijke kerken is het altaar dat, afhankelijk van de vorm van de kerk, opgesteld staat aan de oostzijde of in het centrum. Het altaar kan van rijk bewerkt hout zijn maar het kan ook een eenvoudige houten, marmeren of stenen tafel zijn. De positie van altaar duidt op de speciale rol ervan: in de vroege kerk, en tot op de dag van vandaag ook in de Rooms-Katholieke, de Oosters-Orthodoxe en de Anglicaanse Kerk, was dit de plaats waar de eucharistie wordt gevierd. (zie p. 82-83). Het altaar is doortrokken van een speciaal religieus mysterie en het gebied rondom het altaar is vaak alleen toegankelijk voor de clerus.

Met het formuleren van de doctrine van de transsubstantiatie (het geloof, later verworpen door de protestanten, dat het brood en de wijn van de eucharistie op miraculeuze wijze in het lichaam en bloed van Christus veranderen), werd het altaar beschouwd als de plaats waar God zich ophield. De gelovigen tonen hun eerbied door voor het altaar te knielen.

Zowel in de Rooms-Katholieke Kerk als in de Oosters-Orthodoxe Kerk bevindt zich op het hoofdaltaar of op een zijaltaar een 'tabernakel'. Dit is een versierde houder voor de 'hostie' (het geconsacreerde brood) en in beide kerken branden hierbij voortdurend kaarsen. Tijdens de liturgie bevinden zich ook een kelk voor de wijn en een zilveren of gouden schaal voor het brood op het altaar. Bij speciale feesten wordt in de Rooms-Katholieke Kerk het geconsacreerde brood voor aanbidding tentoongesteld in een draagbare schrijn die 'monstrans' wordt genoemd (van het Latijnse monstrare, 'laten zien').

Boven het altaar hangt meestal een crucifix en soms een altaarstuk. In protestantse kerken is het altaar (vaak aangeduid als 'de tafel van de Heer' meestal veel eenvoudiger, met alleen een kruis erop of erboven.

Een monstrans uit de dertiende-eeuwse kathedraal van Toledo, Spanje. Hij heeft een hoge gotische pinakeltoren, de stijl van veel West-Europese kerken uit die periode.

gesneden of geschilderde ornamenten, gewelfde plafonds, hoge spitsen en doorschijnend gekleurd licht eerde men God en inspireerde men de gelovige.

Met zijn nadruk op licht en een opgaande ruimte was het ontwerp van de middeleeuwse kerk gebaseerd op een interactie van theologische symboliek en geometrische harmonie. De ruimtelijke oriëntatie was een belangrijke punt bij de bouw van een kerk. De ingang was in het westen, de plaats van zonsondergang, duisternis en dood. Deze liet de gelovige symbolisch achter zich als hij het heiligdom betrad en het altaar aan de oostzijde naderde: de plaats van zonsopgang, licht en opstanding. De noordkant van de kerk representeerde het Oude Testament, en de zuidkant het Laatste Oordeel en het christelijke paradijs op aarde, het nieuwe Jeruzalem.

In elke tijd en binnen elke denominatie zijn bepaalde belangrijke elementen van het kerkontwerp constant gebleven, zoals het altaar (zie p. 77), het schip, het preekgestoelte en de kerkbanken in het westen. In veel kerken markeren drie treden de overgang tussen koor en schip waar de gemeente zich verzamelt. In de Oosters-Orthodoxe Kerk heeft men er echter een scherm, of *iconostase* ('plaats voor de afbeeldingen') geplaatst, rijk versierd met iconen (zie kader p. 78). Anglicaanse kerken hebben meestal een communiebank waar de gelovigen knielen om van de priester de eucharistie te ontvangen.

AFBEELDINGEN VAN HET HEILIGE

Gedurende de hele geschiedenis van het christendom zijn de heilige verhalen en mysteriën uitgedrukt in stenen en houten sculpturen, in ingewikkelde mozaïeken, fresco's, gesneden altaarstukken en gekleurd glas (zie marge p. 79). Voor de ongeletterde massa hadden de religieuze afbeeldingen een didactische functie maar ze deden ook dienst als hulpmiddel voor spirituele bewustwording en contemplatie. De onderwerpen van deze kerkelijke voorstellingen omvatten natuurlijk God, Christus, Maria, heiligen en gebeurtenissen uit de Schrift en uit de christelijke geschiedenis.

Op gezette tijden in de geschiedenis keerden sommigen zich tegen de verering van afbeeldingen in de kerk, soms probeerde men ze zelfs volledig uit de kerk te verwijderen, (meestal met uitzondering van het kruis). De aanleiding hiervoor is de gedachte dat men een bijbels verbod op het dienen van afgoden overtreedt (Exodus 20:4). In de achtste eeuw slaagde de iconoclasten ('beeldenbrekers') in de oosterse kerk erin om de afbeeldingen voor een paar decennia uit de kerk te verbannen. De nog radicalere protestanten in de zestiende en zeventiende eeuw ontdeden vele kerken van hun versieringen. Ze vervingen glas-in-loodramen door ramen van gewoon glas en ze bedekten fresco's met witkalk. De plechtige grandeur van vele middeleeuwse kathedralen in het protestantse Europa is over het algemeen het resultaat van dergelijke acties; in de Middeleeuwen zijn het waarschijnlijk ruimten van een adembenemende kleurenrijkdom geweest.

Het heiligdom van een Russisch-orthodoxe kerk in Harbin, in de provincie Heilongjiang, China. Bovenaan de trap is de iconostase, *getooid met iconen van Christus, Maria en heiligen. Tot het gebied achter het scherm, waar het altaar staat, hebben alleen priesters toegang.*

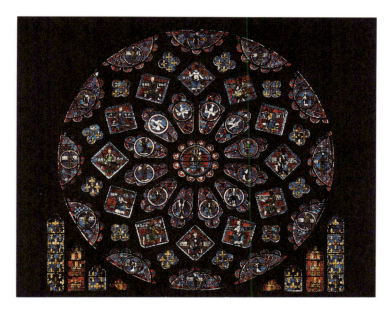

Het roosvenster in de noordelijke dwarsbeuk van de kathedraal van Chartres, Frankrijk. De gekroonde Maagd met het Kind (in het midden) is omgeven door afbeeldingen van engelen, de Heilige Geest (in de vorm van een duif), Israëlitische koningen en oudtestamentische profeten.

De preekstoel is een verhoogd stenen of houten podium dat gebruikt wordt voor schriftlezingen en preken. In protestantse kerken, waar het lezen uit de Schrift centraal staat, heeft de preekstoel vaak een prominente plaats. Kerkbanken of stoelen zijn een middeleeuwse innovatie in het westen: al de eeuwen daarvoor stonden de gelovigen gedurende de liturgie, zoals nog steeds in de meeste oosters-orthodoxe kerken.

Hoewel de meeste gebouwen voor de christelijke eredienst 'kerken' genoemd worden, zijn er ook andere termen in gebruik. Een kathedraal (afkorting voor 'kathedrale kerk') was de kerk waar de *cathedra* stond, de zetel of troon van de plaatselijke bisschop. In de Rooms-Katholieke Kerk geeft de paus bepaalde kerken de titel *basilica*. Hiermee geeft men aan dat de kerk een altaar huisvest dat alleen door de paus zelf of door zijn afgezant gebruikt mag worden (de term *basilica* moet hier onderscheiden worden van de zuiver architectonische zin van het woord; zie p. 77). Kleine, minder belangrijke ruimtes voor aanbidding of privé-kerken worden vaak 'kapel' genoemd (Latijn: *capella*, letterlijk 'manteltje' – het woord is afgeleid van een beroemde middeleeuwse schrijn in de buurt van Tours, Frankrijk, die de mantel van St. Maarten bevatte). Een kapel kan zich aan een van de zijden van het schip van een grotere kerk bevinden of in een school, een ziekenhuis of zelfs een vliegveld, maar ook in een koninklijke of aristocratische residentie. Vele protestantse denominaties in Engelstalige gebieden gebruiken deze aanduiding ('chapel') echter voor hun belangrijkste kerkgebouw.

GETRANSFORMEERD LICHT

Een van de meest opvallende architectonische hoogstandjes in de romaanse en gotische kerken van West-Europa is het gebrandschilderde (gekleurde) glas, waarmee de ruimte binnen met licht gekleurd werd. Gebrandschilderde ramen kunnen zowel figuratief als geometrisch en abstract zijn.

De vorm en verhoudingen van sommige ramen, zoals de roosvensters in de kathedraal van Chartres, Frankrijk, hebben soms numerologische betekenis (groepen van drie staan bijvoorbeeld voor de triniteit, groepen van vier staan voor de evangeliën, enzovoort).

Het concept van de kerk als huis van God leidde in de Middeleeuwen tot het idee dat het kerkgebouw de maagd Maria representeerde, het voertuig van de goddelijke incarnatie.

De Abt Suger, een Fransman uit de twaalfde eeuw, meende dat de gebrandschilderde ramen het mysterie van de maagdelijke geboorte demonstreerden, omdat het licht dat er doorheen viel veel mooier werd zonder dat het glas brak.

LITURGIE, SACRAMENTEN EN FEESTEN

Een gelovige wordt gezegend door de officiërende aartsbisschop tijdens een Russisch-orthodoxe kerstviering in Moskou.

KERSTMIS

Het Nieuwe Testament geeft weinig informatie over de tijd van Jezus' geboorte, hoewel men wel heeft opgemerkt dat schaapherders in Palestina eerder in de zomer dan in de winter 's nachts met hun kudden in de heuvels zouden zijn. In het Romeinse Rijk werd de winterzonnewende gevierd op 25 december als het feest van de onoverwinnelijke zon (Sol Invictus), dit was ook de tijd van de Saturnalia, een uitbundig en populair feest. Aan het einde van de vierde eeuw toen de heidense feesten werden afgeschaft, heeft men de datum van Sol Invictus als de geboortedag van Jezus genomen, die in het evangelie van Johannes het 'licht van de wereld' genoemd wordt (Johannes 8:12).

Met 25 december als beginpunt kon men de andere christelijke feesten berekenen, zoals de Annunciatie (Lucas 1:26-38) op 25 maart; de besnijdenis (Lucas 2:21) op 1 januari, en Epifanie of Driekoningen (Matthëus 2) op 6 januari.

In de christelijke traditie heeft het woord 'liturgie' twee verschillende betekenissen. In het algemeen verwijst het woord naar alle publieke kerkdiensten en heeft het geen betrekking op de diverse uitingen van privé-devotie. De term verwijst ook naar een specifieke rituele handeling, die voor rooms-katholieken en oosters-orthodoxen synoniem is met de viering van de eucharistie (heilige communie of avondmaal) en die door protestanten de 'liturgie van het Woord' genoemd wordt, de viering van de Schrift. De term 'liturgie' zelf (Grieks: *leitourgia*, 'werk van de mensen') drukt het belang uit van het gemeenschappelijke aspect van de christelijke vieringen, waarbij de gelovigen samenkomen om deel te nemen aan de liturgie door gezamenlijk te spreken, te zingen en te bidden.

Alle vormen van het christendom hanteren een liturgische kalender, een jaarlijkse cyclus van heilige dagen die om twee centrale feesten draait: Kerstmis, het geboortefeest van Jezus (zie linkermarge) en Pasen, het opstandingsfeest (zie kader p. 81). Deze twee feesten worden voorafgegaan door een periode met een speciale heilige betekenis, advent en de vastentijd. Advent (Latijn: *adventus*, 'aankomst') is de periode van de verwachting van de geboorte van Jezus en van zijn verwachte tweede komst. In westerse tradities omvat deze periode de vier zondagen voor 25 december, in de Oosters-Orthodoxe Kerk zijn het de veertig dagen voor Kerstmis. Hoe dit ook zij, alle kerken hanteren de eerste adventszondag als het begin van het liturgische jaar.

Pasen wordt voorafgegaan door de vastentijd, een voorbereidende periode van veertig dagen waarin men biecht en vast. Deze periode begint op 'Aswoensdag' De drie dagen onmiddellijk voorafgaande aan de vastentijd is het carnaval; dit eindigt op 'vette dinsdag' of Vastenavond, traditioneel de laatste gelegenheid voor Pasen dat men vlees kan eten, vandaar de term 'carnaval' (uit het Italiaans: *carne*, 'vlees').

Vijftig dagen na Pasen volgt Pinksteren. Men viert dan de uitstorting van de Heilige Geest op Jezus' discipelen (Handelingen 2:1-4). In het nieuwtestamentische verhaal valt deze gebeurtenis op door de *glossolalie* ('spreken in tongen'), het kenmerk van de huidige pinksterbeweging (zie marge p. 63).

In het oosterse christendom zijn nog twee andere feesten erg belangrijk: het feest van de Transfiguratie (6 augustus), dat herinnert aan Jezus' verheerlijking op de berg (Matthëus 17:1-13; Marcus 9:2-13; Lucas 9:28-36), en Maria-Hemelvaart (15 augustus), dat herinnert aan de lichamelijke tenhemelopneming van Maria.

In de loop der eeuwen hebben feesten van lokale heiligen en andere regionale feesten, zoals de wijding van een kerk, een aanzienlijk variatie en verwarring in de liturgische kalender veroorzaakt. In 1582 bracht paus Gregorius XIII de feestdagen voor de Rooms-Katholieke Kerk op orde als onderdeel van een serieuze hervorming van de liturgische

PASEN

Pasen, de herdenking van het verlossende sterven en de opstanding van Jezus is het belangrijkste kerkelijke feest. Als plichtsgetrouwe jood ging Jezus met Pesach (zie p. 47) naar Jeruzalem – vandaar de naam voor het paasfeest (Grieks en Latijn: Pascha). Mattheüs, Marcus en Lucas beschrijven zijn laatste maaltijd met de discipelen – 'het Laatste Avondmaal' – als een paasmaaltijd, waarna Jezus gearresteerd, ondervraagd en veroordeeld werd. Hij werd de volgende dag terechtgesteld, door christenen 'Goede Vrijdag' genoemd, het plechtigste feest. Hij stierf binnen een paar uur en vanwege de op handen zijnde sabbat (vrijdagavond tot zaterdagavond; zie p. 44) werd hij haastig begraven.

Volgens de evangeliën vond een groep vrouwen de volgende zondag het lege graf; een goddelijke boodschapper deelde hen mee dat Jezus was opgestaan uit de dood. De opstanding wordt gevierd op paaszondag, de vrolijkste dag op de christelijke kalender. In de vroege kerk vierde men het paasfeest tegelijk met het joodse Pesach (dat op de veertiende dag van de joodse maand Nissan valt, de lente-equinox). Later koos de kerk ervoor om het feest op de zondag na de eerste volle maan na de lente-equinox te vieren.

De week voorafgaand aan Pasen wordt Heilige Week genoemd. In de Oosters-Orthodoxe en Rooms-Katholieke Kerk worden in deze week de liturgieën gevierd van Witte Donderdag (waarop het laatste avondmaal en de voetwassing van de discipelen door Jezus plaatsvonden; [Johannes 13]); Goede Vrijdag (de kruisiging en het einde van de vastentijd); Heilige Zaterdag (het verblijf van Jezus' lichaam in het graf); en de paaswake (wanneer de gelovigen in de paasnacht op de paaszondag wachten).

Een processie in Mompox, Columbia, op palmzondag, de zondag voor Pasen en de eerste dag van de Heilige Week. Men herdenkt dan Jezus' intocht in Jeruzalem, op een ezel, waarbij de menigte de weg voor hem bedekte met (palm)takken (Joh. 12; 13).

Een Russisch-orthodoxe gelovige steekt een kaars aan in een kerk in Moskou. Deze individuele geloofsdaad wordt gewoonlijk begeleid door een moment van reflectie en gebed.

INDIVIDUELE GELOOFSUITINGEN

De liturgie en de daarbij behorende viering van de sacramenten zijn de traditionele rituelen van de christelijke eredienst. Daarnaast bestaat er een heel aantal niet-liturgiegebonden rituelen die vaak ongestructureerd en spontaan zijn, zoals het gebed. Dergelijke geloofsuitingen vormen een belangrijk onderdeel van het religieuze leven van veel christenen. Voor de Oosters-Orthodoxe Kerk valt hieronder ook de verering van iconen. Iconen nemen ook in privé-woningen een speciale plaats in, waar men tijdens het gebed een lamp, een kaars of wierook brandt voor de icoon. Ook veel rooms-katholieken steken buiten de officiële diensttijden in de kerk kaarsen aan en bidden er. Ze zeggen bijvoorbeeld 'weesgegroetjes' (een gebed tot de maagd Maria: 'Wees gegroet Maria', Latijn: *Ave Maria*), of het 'onzevader'. Hierbij kan men aftellen met behulp van de kralen van een rozenkrans. Het 'onzevader', dat Jezus aan zijn leerlingen leerde (Matteüs 6:9-13; Lucas 11:2-4), vormt het hart van het gebedsleven van alle christenen.

kalender. De protestantse kerken elimineerden het merendeel van deze feesten, omdat ze niet op de bijbel gebaseerd waren. Maar tegen het midden van de achttiende eeuw hadden de meeste kerken en staten van West-Europa Gregorius' aanpassingen van de oude Juliaanse kalender overgenomen; deze laatste was sinds zijn introductie in de Romeinse tijd twaalf dagen uit de pas geraakt met het zonnejaar.

Hoewel de meeste orthodoxe landen de Gregoriaanse kalender echter hebben overgenomen voor seculier gebruik, houdt de kerk zich nog steeds aan de Juliaanse kalender. Dientengevolge is er een voortdurende discrepantie tussen de kerst- en paasdata van enerzijds de rooms-katholieke en protestantse kerken en anderzijds de oosters-orthodoxe kerken. Zo valt 25 december valt in de Juliaanse kalender bijvoorbeeld op de dag die in de Gregoriaanse kalender 6 januari is; daarnaast verschilt ook de paasdatum, omdat de lente-equinox in de Juliaanse kalender op een andere dag valt (zie p. 81).

Het christendom heeft talloze rituelen die het leven van Christus in eerbiedige herinnering brengen en die de gelovige in de directe nabijheid van het heilige brengen. Hieronder vallen de sacramenten; het bijbellezen; vaste gebeden; waken; vasten en pelgrimages (zie p. 76). Voor vele monniken, nonnen en priesters is het een dagelijks ritueel om de 'goddelijke officie' te zingen. Dit houdt in dat men dagelijks een serie gemeenschappelijke bijeenkomsten houdt die men 'getijden' noemt – lauden, primen, tertsen, sexten, nonen, vespers, completten en metten. Ook ziet men wel dat kerken dagelijks metten en vespers vieren.

Centraal in het christelijke ritueel staat de viering van de sacramenten. De meeste christenen zouden het erover eens zijn dat Christus zelf twee sacramenten ingesteld heeft: de doop (een initiatierite waarmee men wordt opgenomen in de gemeenschap van de gelovigen en waaraan vaak het geven van een naam verbonden is) en de eucharistie of het avondmaal, een rituele herdenking van het lijdensverhaal. Beide sacramenten zijn het onderwerp van diepgaande debatten geweest, die ten grondslag liggen aan de belangrijkste verschillen tussen de denominaties. De doop, die bestaat uit het onderdompelen in of besprenkelen met water, is een ritueel waarmee in veel kerken de kinderen in de gemeenschap worden opgenomen. Het kind krijgt dan ook vaak zijn naam. Er zijn ook kerken die alleen een volwassendoop hebben.

Het belang en de betekenis van de eucharistie (Grieks: *eucharistia*), voor velen het belangrijkste sacrament van het christendom; is ook een bron van grote onenigheid geweest. Voor de rooms-katholieke, oosters-orthodoxe en anglicaanse gelovigen veranderen het brood ('hostie') en de wijn bij de consecratie door de priester werkelijk in het lichaam en het bloed van Christus. Dit geloofsmysterie wordt 'transsubstantiatie' genoemd.

Lutheranen hanteren een aangepaste vorm hiervan, die 'consubstantiatie' genoemd wordt. Met deze term wordt uitgedrukt dat het brood en de wijn samen met het lichaam en bloed aanwezig zijn. Calvinisten en anglicanen geloven dat er geen fysieke verandering van brood en wijn plaatsvindt, maar dat ze de gelovige een zekere kracht geven (een notie die 'virtualisme' genoemd wordt). De meeste andere protestantse denominaties geloven dat de eucharistie uitsluitend een herdenkingsritueel is en dat er geen transformatie van het brood en de wijn plaatsvindt.

In het rooms-katholicisme en in de orthodoxie mogen alleen degenen die gedoopt zijn deelnemen aan de eucharistie. In deze kerken kent men nog vijf andere sacramenten, waarvan men eveneens aanneemt dat ze de kracht van God in het leven van de gelovige brengen. Dit zijn: vormsel (de vernieuwing van de doop met heilige olie); biecht (de vergeving van zonden); huwelijk; priesterwijding en het laatste oliesel (de zalving van zieken en stervenden). In beide tradities ziet men dat de sacramenten een voorwaarde zijn om gered te worden. In het protestantisme heerst de opvatting dat de eucharistie en de doop weliswaar noodzakelijk zijn maar, als het aankomt op wie gered zal worden en wie niet, niet doorslaggevend.

DE DAG DES HEREN

In de tweede eeuw n. Chr. zien we dat de christelijke sabbat, of 'dag des Heren' (Openbaring 1:10), verschoven is van de laatste (zaterdag) naar de eerste dag (zondag) van de week. Dit was niet alleen ter onderscheiding van de joodse sabbat (zie p. 44) maar ook en vooral omdat dit de dag was van de opstanding. Op zondagen komen christenen gewoonlijk bijeen om opnieuw het avondmaal te beleven of te herdenken. In de liturgie van de eucharistie wordt dit gedaan doordat de parochianen eten van het brood en drinken van de wijn. In de protestantse liturgie van het woord houdt men schriftlezingen en een preek. Rooms-katholieken noemen de liturgie van de eucharistie de 'mis', een term die van het Latijnse *missa est* (het is afgelopen) afgeleid is. Deze woorden worden door de priester aan het einde van de dienst uitgesproken.

Rituelen die met de dag des Heren verbonden zijn, hebben in de eerste plaats betrekking op wat christenen beschouwen als Jezus' offer van zijn lichaam en bloed. De volgende passage uit het evangelie van Lucas (Lucas 22:19-20) vindt men in de meeste christelijke vieringen van de eucharistie terug: 'Daarop nam hij het brood en sprak een dankgebed uit, brak het en gaf het hun met de woorden: "Dit is mijn lichaam, dat voor u gegeven wordt; doet dit tot een gedachtenis aan mij." Evenzo gaf hij de beker, na de maaltijd, terwijl hij sprak: "Deze beker is het nieuwe verbond in mijn bloed, dat voor u wordt vergoten." '

Een gelovige in een evangelisch-protestantse openluchtdienst in Manilla op de Filippijnen ontvangt het gewijde brood van een voorganger. Katholieken, anglicanen en oosters-orthodoxen gebruiken de term eucharistie, maar in andere christelijke denominaties spreekt men van 'communie' of 'avondmaal', waarmee men direct het evangelieverhaal over het Laatste Avondmaal van Jezus met zijn leerlingen, net voor zijn gevangenneming en kruisiging, in herinnering roept.

DE GELIEFDE OVERLEDENEN

Het hart van het christendom ligt in het geloof in een eeuwig leven na de dood. De basis hiervan is Gods verlossende handelen teneinde de zondige mensheid te redden. Dit handelen is manifest geworden in de voor alle gelovigen geïncarneerde en opgestane Christus. Zoals dat voor de meeste christelijke ideeën geldt, wordt ook voor deze opvatting verwezen naar de bijbel. Een van de meeste aangehaalde passages in dit verband is Johannes 3:16: 'Zozeer immers heeft God de wereld liefgehad, dat hij zijn eniggeboren zoon heeft gegeven, opdat al wie in hem gelooft niet verloren zal gaan, maar eeuwig leven zal hebben.' De rituele bevestiging van het geloof in een eeuwig leven zien we in de christelijke liturgie wanneer de geloofsbelijdenis gereciteerd wordt. De laatste zin van alle christelijke belijdenissen bevestigt het geloof in de opwekking van het lichaam en een eeuwig leven.

Het bereiken van verlossing, de term die gebruikt wordt voor de staat van redding en verzoening met God, is het belangrijkste spirituele streven van een christen. Afgezien van het calvinistische concept van de predestinatie, waarmee uitgedrukt wordt dat slechts een beperkt aantal uitverkorenen gered zal worden, wordt verlossing in de meeste protestantse denominaties uitsluitend door het persoonlijke geloof in Jezus Christus zeker gesteld. Voor rooms-katholieken en oosters-orthodoxen is de verlossing mede afhankelijk van het geloof in de mysteriën van de kerk en van het uitvoeren van de sacramenten (zie p. 82-3). De interpretatie van de aard van de verlossing en de weg ernaartoe verschilt onderling, maar de opvatting dat de mens een onsterfelijke ziel bezit wordt door alle christenen gedeeld.

Men verschilt eveneens van mening over de vraag waardoor iemand verlost of verdoemd wordt. Maar ook hier vinden alle christelijke groeperingen eensgezind dat degenen die gered zijn voor eeuwig beloond zullen worden in het hemelse paradijs, terwijl de verdoemden een altijddurende straf zullen ondergaan in de hel. De exacte lokatie van het eeuwige leven is een complex onderwerp voor zowel theologen als leken. In de Middeleeuwen stelde men zich vier mogelijke plaatsen voor waar de ziel na de dood heen kon gaan: de hemel, de hel, het vagevuur of het voorgeborchte. In het Oude Testament staat het woord 'hemel' voor het blauwe firmament, het gebied boven de wolken waar God resideert. Het Nieuwe Testament maakt herhaaldelijk melding van het 'koninkrijk der hemelen' of het 'koninkrijk van God', (dit zijn termen die nog verschillende andere betekenissen hebben) als de plaats waar de gelovigen in volle glorie bij God zijn. Voor christenen in de huidige tijd is de hemel een staat van glorievolle vreugde, een gezegend paradijs waarin men in een staat van gelukzaligheid God aanschouwt.

Vijandigheid jegens God leidt tot verdoeming in de hel. De hel is in de christelijke traditie altijd voorgesteld als een plaats van onuitsprekelijke straffen, een eeuwig inferno, geregeerd door de duivel of Satan. De verdoemden zijn voor eeuwig van God afgesneden; hun verblijfplaats is zo ver mogelijk verwijderd van de hemel, gesitueerd in een vurige duisternis. De bijbelse achtergrond van deze voorstelling van de hel kan men vinden in de levendige

Bij het wegen van de zielen van de doden in een weegschaal, weert een engel de aanvallen van de duivel af; door Guariento di Arpo (ca. 1310-70)

beschrijving van de dag des oordeels in het evangelie van Mattheüs. Christus zit op een troon waar hij de schapen (gered) van de bokken (verdoemd) scheidt; tegen de laatsten zegt hij: 'Gaat weg van mij, vervloekten, in het eeuwige vuur dat bereid is voor de duivel en zijn trawanten' (Mattheüs 25:41).

In de Middeleeuwen zien we de voorstelling van het vagevuur. Dit was de plaats waar de zielen heen gingen die niet verdoemd waren maar ook niet geheel vrij van zonden. Ze verbleven een tijdje in het vagevuur tot ze van hun zonden bevrijd waren. Deze opvatting komt voort uit het idee dat zonde onverenigbaar is met God; de ziel moet geheel vrij van zonde zijn voordat hij het hemelse paradijs binnen kan gaan. In het moderne katholicisme zien we dat deze opvatting niet veel veranderd is. Ook nu nog is het de straf voor diegenen die bij hun sterven niet vrij van zonden zijn, bijvoorbeeld omdat ze niet gebiecht hebben (zie p. 83). In het protestantisme acht men het geloof in het vagevuur zonder bijbels fundament.

Sommige rooms-katholieke theologen kennen ook nog 'het voorgeborchte', een vredige plaats zonder goddelijke nabijheid, waar de ongedoopte kinderen heengaan.

HET BEGRAVEN VAN DE DODEN

Van oudsher worden de doden in het christendom begraven. Begrafenisgebruiken veranderden in de loop van de geschiedenis en er zijn grote regionale verschillen. De begrafenispraktijk geeft uitdrukking aan het christelijke geloof in onsterfelijkheid. Net zoals in andere godsdiensten is het afscheid nemen van de doden een overgangsritueel; deze wereld wordt ingeruild voor een andere. De zorg voor de doden vereist speciale ceremoniële rituelen. Het lichaam wordt verzorgd om opgebaard te worden, zodat men afscheid kan nemen. Hierna volgt de begrafenis of de crematie. Begrafenisdiensten en dodenwaken hebben een troostende functie en worden vaak afgesloten met een gemeenschappelijke maaltijd voor de rouwenden.

HET EREN VAN DE DODEN

In veel kerken herdenkt men de doden met speciale missen, gebeden of feesten. De data van deze feesten zijn niet overal hetzelfde. In de Grieks-orthodoxe kerk herdenkt men de doden op de vooravond van Sexagesima (de tweede zondag voor de vastentijd) of op de avond voor Pinksteren. In de Armeens-orthodoxe kerk houdt men dodenherdenking op paasmaandag. In de rooms-katholieke kerken viert men Allerzielen op twee november. Dit heeft zijn oorsprong in de middeleeuwse dodencultus. Dit was in die tijd, met Allerheiligen (op één november), het belangrijkste feest na Kerstmis en Pasen. In veel landen is dit nog steeds een belangrijke gelegenheid, een dag van gebed en herdenking.

In het koloniale Mexico combineerden Spaanse missionarissen een inheems religieus dodenfestival met Allerzielen, waarmee de beroemde Mexicaanse dodendag ontstond. Net zoals in vele Europese landen brengen familieleden op deze dag en bezoek aan de graven van hun overleden verwanten en versieren deze. De Mexicanen houden hiernaast ook een picknick op de begraafplaats en na de maaltijd vertellen ze verhalen over het leven van de doden en ze laten speciale geschenken achter. Bij het avondmaal eet de familie dan een brood dat pan de muerto ('doodsbrood') genoemd wordt. Voor degene die in het kleine plastic skelet bijt dat in het brood verstopt is, is dat een teken van geluk.

Door familie met bloemen, kaarsen en speciale gaven, zoals voedsel, versierde graven, tijdens het dodenfeest op het eiland Juanita, Mexico.

EEN SOCIAAL EVANGELIE

Aan het begin van de twintigste eeuw zien we dat sommige christelijke denkers en activisten een uitdagende sociale visie aan hun geloof ontlenen. Zowel van protestantse als van katholieke zijde werd er hartstochtelijk gepleit – zoals bevrijdingstheologen en feministische theologen nog steeds doen – voor een christendom met oog voor sociale problemen en mensenrechten. Het idee van een 'sociaal evangelie' is gebaseerd op de overtuiging dat de mensheid aan problemen lijdt die alleen opgelost kunnen worden door de religie. Een van de bewegingen die op deze gedachte gebaseerd is, is bijvoorbeeld het 'Leger des Heils', in 1878 opgericht door William Booth (1829-1912). Deze beweging richtte ziekenhuizen, weeshuizen, tehuizen voor daklozen en gaarkeukens op; ook nam men openlijk politiek stelling voor economische rechtvaardigheid en raciale gelijkheid.

Het Leger des Heils is sterk evangelisch in zijn sociale hulpverlening; de meeste christelijke hulpverleningsorganisaties zijn echter niet zozeer bezig met de christelijke verlossing van degenen die ze helpen dan wel met hun fysieke en sociale welbevinden.

Bewegingen die gebaseerd zijn op het idee van het sociale evangelie hebben hun tegenhanger in de conservatieve en fundamentalistische organisaties die zich in de eerste plaats bezighouden met evangelisatie en de handhaving van traditionele christelijke waarden.

Een konvooi van de internationale hulpbeweging Christian Aid brengt hulp aan slachtoffers van de droogte in het West-Afrikaanse Mali.

KERK, STAAT EN GEMEENSCHAP

De bijbel roept christenen op om de overheid te gehoorzamen. Men ziet dit bijvoorbeeld in de instructie van Jezus in Marcus 12:17: 'Geef dan aan de keizer wat de keizer toekomt en aan God wat God toekomt.' De relatie tussen de kerkelijke en wereldlijke overheid heeft echter in verschillende landen en in verschillende tijden nogal eens onder druk gestaan. De latere Romeinse keizers speelden in kerkelijke aangelegenheden een rol van vitaal belang. Ze riepen concilies bijeen, vervolgden ketters en stelden kerkelijke leiders aan. Deze taken werden in het Oosten overgenomen door de Byzantijnse keizers en in het Westen door de leiders van het Heilige Roomse Rijk (een federatie van Centraal-Europese staten, gesticht door Karel de Grote in 800 n. Chr. en door Napoleon in 1804 ontbonden).

In de Middeleeuwen nam de politieke macht van de geestelijkheid in het Westen toe. Met name na de 'investituurstrijd' in de twaalfde eeuw. Dit was een controverse over de mate waarin wereldlijke vorsten gezag hadden in kerkelijke kwesties. De kerk kwam hieruit als overwinnaar te voorschijn. De Reformatie in de zestiende eeuw zag een verdere versterking van de scheiding tussen kerk en staat. In protestantse landen kwam alle wetgevende en politiek macht aan de civiele overheid (behalve in Engeland, waar de monarch tevens het hoofd van de Church of England, de 'Kerk van Engeland', is).

In de laatste eeuwen, evenals in de huidige tijd, zijn er allerlei anti-klerikale en anti-kerkelijke bewegingen ontstaan – grotendeels vanuit de kritiek op de rijkdom van de kerk en het misbruik van privileges door de geestelijkheid. In de twintigste eeuw hebben enkele regeringen een expliciet anti-klerikale politiek gevoerd, waarbij de clerus allerlei beperkingen kreeg opgelegd en kerkelijke eigendommen geconfisqueerd werden. In communistische staten is het anti-klerikalisme onderdeel van een algemene anti-religieuze ideologie; hier gaat men zelfs zover dat er een verbod is op openbare religieuze activiteiten. Het moderne christendom omvat concepten als 'sociaal evangelie' (zie linkermarge) en verschillende radicale stromingen, of 'bevrijdingstheologieën' (zie rechtermarge p. 87), waarin theologische concepten opnieuw doordacht worden vanuit het perspectief van de armen en onderdrukten. Men vindt dat de theologie, met haar bijzondere aandacht voor de verhouding tussen God en mens, ook praktisch en politiek stelling moet nemen.

In de twintigste eeuw zijn er nog steeds scherpe conflicten tussen christelijke groeperingen.

Vele interconfessionele meningsverschillen gaan terug op de Reformatie of, zoals de confrontatie tussen rooms-katholieken en orthodoxen in het voormalige Joegoslavië, nog eerder. De politiek van rassensegregatie in het zuiden van de Verenigde Staten en de apartheid in Zuid-Afrika werden door regionale kerken gesteund maar door kerken van elders fel bekritiseerd.

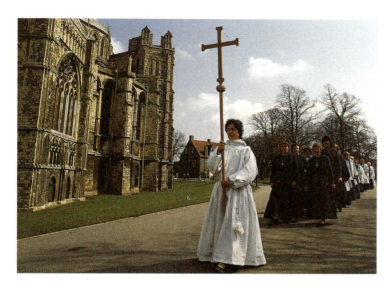

Anglicaanse vrouwelijke priesters en diakenen bij een speciale ceremonie in de kathedraal van Canterbury. De priesterwijding van vrouwelijke geestelijken is een van de punten die de kerken gescheiden houdt: de meeste protestantse kerken laten vrouwen toe tot het ambt, maar in de Rooms-Katholieke en Oosters-Orthodoxe Kerk blijft men hier sterk tegen gekant.

'BEVRIJDINGS'THEOLOGIEËN

De term 'bevrijdingstheologieën' is de verzamelnaam voor een aantal christelijke stromingen, waaronder de eigenlijke bevrijdingstheologie en feministische theologie. Bevrijdingstheologie is ontstaan onder katholieken in Latijns-Amerika. Om de armoede uit te bannen streeft men radicale sociale veranderingen na en men ziet Jezus als de belangrijkste bevrijder van de onderdrukten. Aanhangers zien in de lijdende mens Gods uitverkorene. Men heeft een voorkeur voor de bijbelboeken Exodus (het verhaal van de bevrijding van een volk) en Job (het verhaal van de lijdende rechtvaardige).

Sommige rooms-katholieke leiders hebben de bevrijdingstheologie, die ook marxistische theorieën gebruikt, bekritiseerd omdat ze het geloof zou reduceren tot politiek. Men kan echter vaststellen dat er een lange traditie van christelijk politiek engagement bestaat, zelfs in de katholieke landen. Dit is bijvoorbeeld te zien aan de sociaal-christelijke en christen-democratische bewegingen in Italië en Duitsland en elders.

Feministische theologie is gebaseerd op het inzicht dat de traditionele theologie fundamenteel patriarchaal is, dat wil zeggen: vrijwel exclusief geformuleerd door en voor mannen. Het primaire doel van feministische theologes is elke onderdrukking op basis van geslacht, ras of sociale klasse uit te bannen en een staat van volledig mens-zijn voor iedere christen na te streven. Om de systematische onderdrukking van vrouwen in de christelijke geschiedenis, theologie en praktijk aan de orde te stellen, maken feministische theologes in hun kritiek op de patriarchale theologie en hun zoektocht naar de verloren gegane ervaringen van vrouwen gebruik van de bijbel en de traditie.

Er zijn nog andere uitdagingen waarmee het christendom in de moderne tijd geconfronteerd wordt. Al vanaf de zestiende en zeventiende eeuw heeft de wetenschap vraagtekens gezet bij fundamentele christelijke opvattingen en zij doet dat op doctrinair, moreel en ethisch gebied nog steeds. Creationisme en evolutieleer houden gelovigen na honderd jaar nog steeds verdeeld. Hier kunnen bio-ethische kwesties als het klonen en genetische manipulatie aan worden toegevoegd.

Andere onderwerpen waar ook christenen aan het begin van het derde christelijke millennium mee te maken hebben, zijn: de keuze voor het milieu of voor economische ontwikkeling; de doodstraf; abortus en complexe vragen met betrekking tot seksualiteit en gezin. Hoewel de protestantse kerken het huwelijk niet als sacrament beschouwen, in tegenstelling tot de Rooms-Katholieke en Oosters-Orthodoxe Kerk, vergelijken alle kerken het huwelijk met de relatie tussen de kerk en Christus (zie Efeziërs 5:22-33). Van oudsher heeft de kerk het gezin voor het overdragen van christelijke waarden en normen van vitaal belang geacht en zowel progressieve als conservatieve theologen van alle denominaties zijn overtuigd van het sociale belang van huwelijk en gezin. Er bestaan echter grote meningsverschillen over de regels waaraan men zich in een huwelijk moet houden als het gaat om seksualiteit en opvoeding. De controversen over de gelijkheid van man en vrouw binnen het huwelijk, gezinsplanning en seksuele voorkeur, vaak uitgevochten in de linies van linkse en rechtse politieke partijen, lijken de gelovigen voorlopig nog gescheiden te houden.

Hoofdstuk drie

ISLAM

Matthew S. Gordon

Een bladzijde uit een grote Koran (54x66 cm), vervaardigd in Noord-Afrika aan het begin van de achtste eeuw n. Chr. Deze kalligrafische stijl wordt koefisch genoemd naar de Irakese stad Koefa.

INLEIDING 90

Ontstaan DE ARABISCHE SMELTKROES 94

Historische ontwikkelingen EEN TIJDPERK VAN VEROVERINGEN 96

Aspecten van het goddelijke BENADERING VAN GOD 100

Heilige teksten HET WOORD VAN GOD 104

Heilige personen 1 PROFEET EN BOODSCHAPPER 106

Heilige personen 2 IMAMS EN 'HEILIGEN' 108

Ethische uitgangspunten SJARIE'A EN DE WET VAN DE ISLAM 110

Heilige ruimte MOSKEEËN EN SCHRIJNEN 112

Heilige tijd RELIGIEUZE PLICHTEN 114

Dood en hiernamaals DE TERUGKEER NAAR GOD 118

Samenleving en Religie DE ISLAM IN DE MODERNE TIJD 120

LINKS *Het magnifiek betegelde interieur van de Sjah-moskee in Isfahan, Iran, gebouwd in 1612-30 door Sjah Abbas de Grote. De versiering bestaat vrijwel uitsluitend uit symbolen en kalligrafie, in overeenstemming met de islamitische opvatting over figuratieve kunst (zie p. 100).*

INLEIDING

De islam is de derde grote monotheïstische traditie die in de geschiedenis van de mensheid verschijnt. De term *islam*, vaak vertaald met 'onderwerping', verwijst naar de beslissing van de moslim ('iemand die zich onderwerpt of overgeeft') om zich zowel naar lichaam als naar geest te voegen naar de wil van God (in het Arabisch *Allah*, 'de ene God'). Onderwerping aan de goddelijke wil zoals die wordt geformuleerd in de heilige teksten, betekent dat men tracht harmonie tot stand te brengen in het universum. In dit opzicht verwijst islam niet alleen naar de daad van onderwerping maar ook naar de consequentie daarvan, namelijk vrede *(salaam)*.

De islamitische traditie vindt zijn oorsprong in gebeurtenissen die plaatsvonden aan het begin van de zevende eeuw n. Chr. in de Arabische plaats Mekka. De traditie vertelt dat een veertigjarige koopman, Mohammed ibn Abdallah – gewoonlijk aangeduid als de Profeet of de Boodschapper van God – vanaf het jaar 610 n. Chr. tot kort voor zijn dood in 632 n. Chr. een serie goddelijke openbaringen ontvangt. Deze openbaringen, als collectief bekend onder de naam koran, worden door moslims beschouwd als Gods directe en onfeilbare woord; ze zijn de belangrijkste bron van het islamitische geloof en de daarbijbehorende praktijk. De koran is zowel het symbool als de belichaming van de nauwe relatie tussen God en mens.

Een aanvulling op de koran zijn de uitgebreide en ingewikkelde overleveringen van Mohammeds leven, de Hadieth (zie p. 105), waarin de *soenna*, of 'traditie' van het denken, het spreken en het handelen van de profeet is opgetekend. De koran en de Hadieth zijn de twee belangrijkste bronnen van het islamitische religieuze en juridische denken. Degenen die belast zijn met de interpretatie van de koran en de Hadieth worden *oelama* genoemd, 'theologen'. afgeleid van het Arabische woord voor 'geleerden'. Door hun inspanningen ontstond de gedragscode die wij ken-

Palestijnse mannen in gebed op het Mangerplein in Bethlehem, een grotendeels islamitische plaats die van religieus belang is voor zowel joden als christenen. De interactie tussen de drie monotheïstische godsdiensten is in de loop van de geschiedenis zowel controversieel als verrijkend geweest.

ISLAMITISCHE POPULATIES WERELDWIJD

Moslims zijn met meer dan een miljard aanhangers in vele landen in de meerderheid en in vele andere landen een minderheid van betekenis. Er zijn vitale groeiende gemeenschappen in Europa en in zowel Noord- als Zuid-Amerika. Het grootste aantal moslims woont echter in de ontwikkelingslanden inclusief het Arabisch-sprekende Noord-Afrika, het Nabije-Oosten en de Oost- en West-Afrikaanse landen en de landen van Zuid- en Zuidoost-Azië.

Percentage moslims onder de bevolking

- 90% or meer (Soennieten)
- 90% (Sji'ieten)
- 50 - 89%
- 20 - 49%
- 6 - 19%
- Minder dan 5%
- Heilige stad
- Andere stad

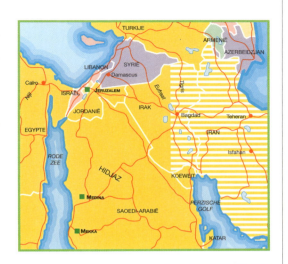

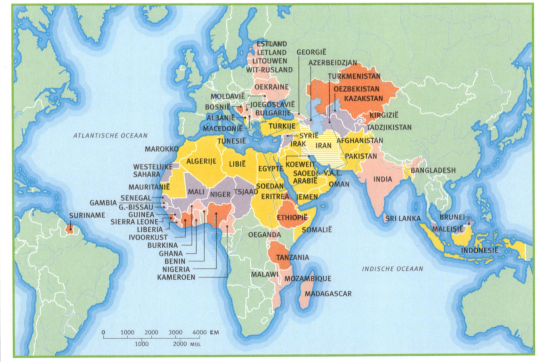

nen als de Sjarie'a; hieruit ontstond vervolgens de islamitische wet (zie p. 110-11).

De meerderheid van de moslims is soenniet. De soenni-variant van de islam (zie p. 98) is ontstaan in de tiende eeuw n. Chr. onder hoger opgeleiden in Caïro, Damascus, Bagdad en belangrijke Iraanse steden als Nishapur. Soenni-moslims beschouw zichzelf als leden van de wereldwijde islamitische gemeenschap, maar accepteren onderlinge sociale en culturele verschillen die ontstaan zijn door de ontmoeting tussen de islamitische leer en locale en regionale praktijken in het Midden-Oosten en elders. Ook zijn er onderlinge doctrinaire verschillen die met name ontstaan zijn door verschillen in juridische interpretatie.

De soennitische islam is gedeeltelijk het resultaat van de onvermijdelijke neiging van georganiseerde godsdiensten om een zogenaamde 'orthodoxie' te vestigen en gedeeltelijk het resultaat van een reactie op de opkomst van andere islamitische stromingen. De belangrijkste andere stroming is het sji'isme, soms aangeduid als de 'minderheidsgroepering' van de islam. (zie p. 97). Van de verschillende takken van de shi'itische islam is de grootste de groep van de 'twaalver-sji'ieten' (zie p. 108-9), die in Iran en in Zuid-Irak de meerderheid vormen en in Libanon, Koeweit, Pakistan en elders een belangrijke minderheid. Een andere subgroep wordt gevormd door de isma'ielieten (zie p. 109) die ook zelf weer verschillende afsplitsingen hebben en hoofdzakelijk in India, Oost-Afrika en in toenemende aantallen in de steden van Canada en het Verenigd Koninkrijk wonen. Ten slotte zijn er de zogenaamde zaidieten die men hoofdzakelijk in Jemen vindt.

De islam ontstond in de context van het Nabije-Oosten. In zijn vroege periode kwam het geloof in aanraking met jodendom en christendom, met

CHRONOLOGIE *Alle jaartallen zijn n. Chr.*

570-632 • Leven van de profeet Mohammed	1099 • Jeruzalem veroverd door de kruisvaarders	1885-1898 • Mahdi-staat in Soedan
622 • Mohammed gaat naar Medina; het begin van de islamitische kalender (16 juli)	1250-1517 • Mammelukken-dynastie regeert over Egypte	1920 • Mandaat-systeem vestigt Europese koloniale besturen in ex-Ottomaanse landen zoals Irak, Syrië, Libanon, Palestina en Transjordanië
632 • Dood van Mohammed; Aboe Bakr wordt gekozen tot eerste kalief	1258 • Mongolen nemen Bagdad in; einde van het Abbasidisch kalifaat	1923 • Republiek Turkije uitgeroepen door Kamal Atatürk; kalifaat afgeschaft
632-661 • Het rasjidoen-kalifaat (vier rechtgeleide kaliefen); de islam breidt zich uit naar Noord Afrika, Perzië, Jeruzalem, Damascus, de Kaukasus en Centraal-Azië.	1291 • Laatste kruisvaardersplaats Akko door de Mammelukken veroverd	1932 • Stichting van Saoedi-Arabië
	1453 • Constantinopel (Istanboel) veroverd door de Ottomaanse Turken	1947 • Stichting van de islamitische staat Pakistan
	1492 • Val van Granada; einde van de moslimheerschappij in Spanje	1948 • Stichting van de staat Israël en de eerste Arabisch-Israëlische oorlog
ca. 640-660 • Begin van de islamitische Sji'a-traditie	1502-1736 • Safawiden-rijk in Iran	1949 • Onafhankelijkheid van Indonesië
732 • Moslims door de christelijke legers van Karel de Grote bij Poitiers (Frankrijk) verslagen	1520-1566 • Sultan Süleyman de Prachtige breidt het Ottomaanse Rijk uit naar Zuidoost-Europa, Noord-Afrika en het Nabije-Oosten	1967 • Tweede Arabisch-Israëlische oorlog
		1973 • Derde Arabisch-Israëlische oorlog
750-925 • 'Gouden eeuw' onder Abbasidisch kalifaat, Bagdad hoofdstad van een verenigd islamitisch rijk	1526 • Groot-Mogol-dynastie in India	1979 • Islamitische revolutie in Iran
	1683 • Turks beleg van Wenen	1991 • Onafhankelijkheid van de voormalige Sovjetrepublieken in Centraal-Azië
969-1171 • Fatimiden-kalifaat regeert Caïro	1798 • Napoleons expeditie naar Egypte	
1055-1220 • Saldjoeken-sultans heersen vanuit Bagdad	1832 • Frankrijk bezet Algerije	1993 en 1995 • Oslo-akkoorden leiden tot de vestiging van Palestijnse politieke zelfstandigheid in Gaza en op de Westelijke Jordaanoever
1096 • Eerste Kruistocht	1857 • Britse bewind over India wanneer de Mogol-dynastie instort	

het zoroastrisme in Iran (Perzië) en met de juridische en politieke tradities van het Byzantijnse Rijk, Iran en de voornamelijk Turkse Centraal-Aziatische steppen. Naarmate de islam zich meer en meer buiten deze kerngebieden begon uit te breiden ontstond er onvermijdelijk contact met een heel scala aan andere culturen. De wereldwijde islamitische gemeenschap die we vandaag kennen vertegenwoordigt een enorme variëteit aan nationale, etnische, sociaal-economische en linguïstische achtergronden.

De islam is een geloof dat wereldwijd een geleidelijk groeiend aantal aanhangers kent. Meestal wordt het aantal op één miljard geschat, hoewel precieze aantallen moeilijk te geven zijn; niet overal zijn dergelijke cijfers zonder meer beschikbaar. Een wijdverbreid misverstand onder niet-moslims is dat alle moslims Arabieren zijn; een idee dat gebaseerd is op het gegeven dat de meeste Arabieren moslim zijn, en op de Arabische oorsprong van de islamitische traditie. Bovendien is het Arabisch de taal waarin de koran geopenbaard zou zijn. De meeste moslims wonen echter buiten de Arabische landen van het Nabije-Oosten en Noord-Afrika. Het land met de grootste moslimpopulatie is Indonesië, gevolgd door Pakistan, Bangladesh en India. De meeste Iraniërs en Turken zijn moslim evenals grote aantallen Chinezen, Russen en Afrikanen uit de landen ten zuiden van de Sahara. In Europa en Noord-Amerika bevinden zich relatief kleine maar vitale en snelgroeiende populaties. In Engeland zijn er bijvoorbeeld grote aantallen Pakistaanse en Indiase moslims; in Frankrijk zien we redelijk omvangrijke gemeenschappen van Noord-Afrikaanse moslims en in Duitsland vindt men vooral moslims uit Turkije en Iran. De islamitische populatie van Engeland en de Verenigde Staten bestaat zowel uit bekeerde Amerikanen als uit immigranten en hun nakomelingen.

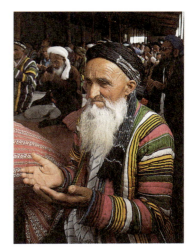

Gelovigen in de Hajdar-moskee in Koeljab, Zuid-Tadzjikistan. In de Middeleeuwen drong de islam diep in Centraal-Azië door, zelfs tot aan het westen van China (Chinees Turkistan). Na de onafhankelijkheid van het gebied van Rusland in 1991 volgde een opleving van het islamitische leven.

De moderne Faisal-moskee (gebouwd in 1967-88) in Islamabad, Pakistan, is een monument van het islamitische internationalisme. De moskee, die ontworpen is door een Turkse architect als blikvanger voor het centrum van de nieuwe Pakistaanse hoofdstad, was een geschenk van Saoedi-Arabië (en ook genoemd naar de Saoedische koning Faisal ibn Abd al-Aziz Al Saoed). Pakistan zelf is gesticht in 1947 en bestaat uit de hoofdzakelijk islamitische gebieden van Noordwest- en Oost-India, een gebied dat ooit het centrum van het Mogolrijk vormde dat het subcontinent domineerde van de zestiende tot de achttiende eeuw.

DE HARAAM

Het pre-islamitische Mekka was de plaats waar zich een oud heiligdom bevond dat de Haraam genoemd werd, van het Arabische woord voor 'heilig, onaantastbaar'. Rond de tijd van Mohammeds geboorte, ongeveer 570 n. Chr., beheersten de Koeraisjieten de toegang tot de Haraam, het centrum van de plaatselijke religieuze praktijk en een pelgrimsplaats. In het centrum van de Haraam bevond zich de Ka'ba, een oud heilig object (zie p. 112), waarin en waar stenen godenbeelden omheen stonden die verschillende godheden vertegenwoordigden. De belangrijkste van deze goden was Hoebal, wellicht een oorlogsgod, en de drie dochters van Allah, de goddelijke meester van de Haraam. Het was in de naam van Allah – oorspronkelijk het Arabische woord voor 'de god' *(al-ilah)* – dat Mohammed zijn onderricht begon, hoewel Allah in deze begintijd duidelijk nog begeleidende godheden had.

De Haraam werd gebruikt door pelgrims en kooplieden: het was neutraal gebied waar goederen uitgewisseld en vergaderingen gehouden konden worden zonder angst voor gewelddadige uitbarstingen. De rol van de Koeraisjieten was dus een complexe, waar diplomatie, de bescherming van heilige grond en participatie in de actieve plaatselijke handel deel van uitmaakten.

DE ARABISCHE SMELTKROES

De islamitische traditie is terug te voeren op de Hidjaz, het westelijke gebied van het Arabische schiereiland en met name op de steden Mekka (of Makkah) en Jathrib, later bekend onder de naam Medina (van het Arabisch, *Madinat al-Nabi,* 'stad van de profeet'). In de zesde eeuw n. Chr. vormde Mekka het decor van de eerste openbaringen aan een veertigjarige koopman, Mohammed ibn Abdallah, die het fundament van de islam vormden. Invloedrijke leden van Mohammeds clan, de Banoe Hasjiem, een tak van de machtige stam van de Koeraisjieten, beheersten een handelsnetwerk dat de Hidjaz voorzag en dat verbonden was met Zuid-Syrië, Mesopotamië (Irak), Jemen en Oost-Afrika.

'Arabië' omvatte in de zesde eeuw n. Chr. bijna het volledige Arabische schiereiland, evenals het gebied van Transjordanië, het zuiden van Syrië en Mesopotamië. Verspreid over het schiereiland bevonden zich kleine handelssteden zoals Mekka en landbouwgemeenschappen zoals Jathrib. Men had een gemeenschappelijke taal, het Arabisch, maar er was geen politieke eenheid. De stam vormde de belangrijkste sociale en politieke eenheid. De meeste Arabieren waren veehoudende nomaden die met het fokken van kamelen, schapen en geiten een hard en veeleisend bestaan leidden. De stam en het stamhoofd voorzagen in identiteit en fysieke veiligheid.

Het leven van de Arabieren werd beïnvloed door de politieke, economische en religieuze ontwikkelingen in het Nabije Oosten. Het is waarschijnlijk dat christelijke kooplieden en rondtrekkende predikers ook het Arabische schiereiland bezochten en dat Mohammed in contact is geweest met christelijke tradities. Er waren ook joden in de Hidjaz, vooral in Jathrib, waar ten minste drie joodse stammen woonden. Het Nabije-Oosten zelf werd gedomineerd door twee met elkaar rivaliserende supermachten, het Byzantijnse en het Sassanidische (Perzische) Rijk. Beide rijken raakten echter in de vroege zevende eeuw n. Chr. verzwakt door oorlogen en interne conflicten.

Gezicht op Medina, waar de eerste moslimgemeenschap werd gesticht. Na Mekka is dit de heiligste stad van de Islam, gelegen in het tegenwoordige Saoedi-Arabië. Schildering uit ca. 1750 n. Chr.

De islamitische gemeenschap of *oemma*, om de aanduiding uit de koran te gebruiken, hanteert als ontstaansdatum een specifieke gebeurtenis uit het leven van Mohammed. Hiertoe aangezet door goddelijke openbaringen begon hij zijn profetische missie ca. 610 n. Chr. (zie p. 106-107). De houding van de inwoners van Mekka, en van de Koeraisjieten in het bijzonder, was aanvankelijk tolerant maar sloeg al gauw om in vijandigheid toen Mohammed meer en meer in de richting van een zuiver monotheïsme ging en kritiek leverde op het heilige cultische centrum in de Haraam (zie linkermarge p. 94). In 622 n. Chr. was de profeet gedwongen om door de vervolgingen met zijn aanhangers naar Jathrib (Medina), een landbouwplaats ten noorden van Mekka, te vluchten. Mohammed en een nauwe verwant van hem, Aboe Bakr, vertrokken als laatsten. Deze vlucht van de profeet in 622 staat bekend als de Hidjra en wordt in de islamitische traditie gehanteerd als datum van de stichting van de *oemma* en als het begin van de islamitische jaarrekening.

DE PROFETISCHE TRADITIE

In zekere zin beschouwen moslims de goddelijke leer die aan Mohammed geopenbaard is als het fundament van hun geloof. Maar men meent tegelijkertijd dat de traditie die door de profeet expliciet gemaakt is, zo oud is als de mensheid.

Moslims geloven dat de ene ware almachtige en eeuwige God zijn Woord eerst in een ongerepte, zuivere vorm aan Adam, de eerste mens, geopenbaard heeft en vervolgens aan de aartsvader Abraham (in het Arabisch, Ibrahim). Dezelfde oorspronkelijke boodschap en de unieke relatie met de mensheid die er de inhoud van is, is later aan Mohammed gegeven. De islam ziet zichzelf dus als de originele en ware religie, de religie van Abraham.

Tussen Abraham en Mohammed hebben volgens de koran vele andere profeten *(nabis)* geleefd, van wie er achtentwintig uitverkoren waren om het goddelijke woord te verkondigen. Dezen zijn bekend als *rasoels*. De belangrijksten zijn Noach (Arabisch: Noeh), David (Dawoed), Mozes (Moesa) en Jezus (Isa). De twee laatstgenoemden hebben de goddelijke boodschap aan joden en christenen gebracht; beide groepen behoren dus net zoals de islam tot een gemeenschappelijke 'Abrahaminische' traditie. De koran noemt joden en christenen 'volkeren van het boek' en spreekt met speciaal respect over hen.

De koran bevat echter ook polemische passages over de twee andere 'Abrahaminische' godsdiensten. Volgens de islamitische leer vertegenwoordigt elk openbaringsmoment het begin van een nieuwe profetische cyclus die uitmondt in een bewuste of onbewuste corruptie van de oorspronkelijke verkondiging – op dat moment verschijnt er dan weer een nieuwe profeet. De cyclus die met Jezus begonnen is, eindigde dus in de 'corruptie' die met name zichtbaar is in het christelijke vasthouden aan de triniteit (zie p. 64). Elke volgende profeet heeft dientengevolge door de degeneratie van de goddelijke boodschap een dubbele verantwoordelijkheid: waarschuwen en vernieuwen. In de islamitische visie staat ook Mohammed in deze traditie maar is hij toch uniek omdat hij het 'zegel' van de profeten is: met hem houdt de profetische cyclus op. Hij herinnert de mensheid aan de originele ware boodschap en brengt deze boodschap in zijn uiteindelijke volmaakte vorm: de koran.

Een engel komt tussenbeide met een offerram wanneer Abraham op het punt staat zijn zoon te offeren. Islamitische geleerden verschillen van mening over de vraag of deze zoon Izaäk (Ishaq) of Ismaël (Ismail) was. Een Turkse schildering uit 1583.

DE REIZEN VAN IBN BATTOETA

Een belangrijke bron van kennis over de middeleeuwse islamitische wereld is het reisverslag van de veertiende-eeuwse geleerde Ibn Battoeta (1304-ca.1370). Hij doorkruiste de wereld van Noord-Afrika naar Egypte en de Hidjaz; van Palestina naar Perzië, Centraal-Azië, India, Zuidoost-Azië en misschien ook naar China. Op deze reizen ontmoette hij een enorme diversiteit aan islamitische gemeenschappen, ontstaan vanuit verschillende linguïstische, culturele en historische achtergronden. Hij doet verslag van de verwoestende invasie van de Mongolen in Perzië en Centraal-Azië in de dertiende eeuw; van de verspreiding van de Islam onder de Turken die geleidelijk het Anatolische schiereiland bezetten; en van de groeiende aanwezigheid van het geloof in de landen langs de Indische oceaan en in Afrika.

EEN TIJDPERK VAN VEROVERINGEN

In Medina zette Mohammed zijn prediking voort en hij maakte zijn aanhang hechter door de zogenaamde 'constitutie van Medina' te formuleren, waarmee het bestaan van de *oemma* (zie p. 95) een feit is. De daaropvolgende tien jaar was Mohammed de religieuze, politieke en militaire leider van een dynamische nieuwe gemeenschap. Pogingen om de steun van de joodse stammen in Medina te krijgen liepen uit op een tragedie; twee stammen werden verdreven en een derde gewelddadig onderdrukt. Een militaire campagne om Mekka te veroveren werd wel een succes, en bij zijn dood op 8 juni 632 n. Chr. had Mohammed het grootste deel van het Arabische schiereiland veroverd en zijn troepen waren op weg naar het zuiden van Syrië om de Byzantijnse verdediging te peilen. Nog geen twee decennia later hadden de Arabische legers onder islamitisch commando het Perzische Sassanidenrijk compleet verwoest en de Byzantijnen uit Syrië en Egypte verdreven. Verdere veroveringen voerden de islamitische legers naar Centraal-Azië, Noord-India, de rest van Noord-Afrika en naar het Iberisch schiereiland.

De controle over dit snelgroeiende gebied was aanvankelijk in handen van vertrouwelingen van de profeet. Dezen werden opgevolgd, na bloedige interne conflicten, door een elite uit Mohammeds stam, de Koeraisjieten,

De Hagia Sofia, een Byzantijnse kerk in Constantinopel, werd na de verovering van de stad door de Turken in 1453, een moskee.

VEROVERDE VOLKEREN

De eerste eeuwen van de islamitische geschiedenis vond er een geleidelijke bekering plaats onder de onderworpen volkeren van het Arabisch-Islamitische rijk. In het Nabije-Oosten en Noord-Afrika was al snel de meerderheid van de bevolking islamitisch. Maar in Egypte, in Irak en ook elders bleven er aanzienlijke christelijke en joodse gemeenschappen bestaan. Er is af en toe sprake geweest van gedwongen bekeringen maar dit behoorde in het algemeen tot de zeldzaamheden. Sommige christelijke kerken werden tot moskeeën getransformeerd, maar ook dat waren uitzonderingen.

Als 'volkeren van het boek' – dat wil zeggen, volkeren waaraan God zijn profetische boodschap gezonden heeft – kregen joden en christenen van de *oelama*, de islamitische religieuze geleerden, de *dzimmi*-status of 'beschermde status'. Dit hield in dat hun traditie en gebruiken gerespecteerd werden en dat ze grotendeels de bevoegdheid over hun eigen interne aangelegenheden konden behouden. Later kreeg ook het zoroastrisme de *dzimmi*-status, voornamelijk om politieke en fiscale redenen.

Dzimmis genoten enerzijds de bescherming van hun persoon, eigendom en religieuze gebouwen en gewoonlijk werd deze bescherming ook daadwerkelijk geboden. Anderzijds was de *dzimmi*-status duidelijk tweederangs vergeleken met de positie van moslims. Op veel plaatsen en op verschillende momenten in de geschiedenis werd van de *dzimmis* geëist dat zij onderscheidende kleding droegen en het was hen vaak verboden om wapens te dragen. Belangrijker is dat het hen ook verboden was om hun geloof te verkondigen of om nieuwe kerken en synagogen te bouwen. Tenslotte moesten ze een bepaalde hoofdelijke belasting betalen, de *djizja*. Het stigma dat verbonden was aan de *dzimmi*-status heeft velen niet-moslims uiteindelijk toch min of meer vrijwillig doen besluiten om zich tot het nieuwe geloof te bekeren.

onder leiding van de familie van de Oemajjaden. De politieke opvolger van de profeet droeg de titel 'kalief', van het Arabische *khalifa* ('afgezant' of 'opvolger'). In de periode van 661 n. Chr. tot 750 n. Chr., waarin de hoofdstad van de islam zich van Medina naar Damascus verplaatste, werd het kalifaat beheerst door de Oemajjaden die zich erop toelegden om de veroverde gebieden te arabiseren en te islamiseren. In 750 n. Chr. werden de Oemajjaden verdreven door de Abbasieden, een andere tak van de Banoe Hasjiem (de clan van de profeet). Vanuit Bagdad regeerde het Abbasidische kalifaat tijdens een periode van gestage groei van de islamitische gemeenschap die zich uitbreidde naar Noord-Afrika, Spanje en het Nabije-Oosten.

In het kielzog van hun veroveringen vestigden de Arabieren zich in de belangrijkste stedelijke centra van het Nabije-Oosten, terwijl nieuwe Arabische garnizoensplaatsen zoals Basra, Koefa en Foestat zich geleidelijk ontwikkelden tot stadjes en steden. In deze stedelijke omgeving ziet men in de negende en tiende eeuw een grote bloei van het juridische, religieuze en politieke denken in de islam, die mede ontstaan is door de confrontatie met joodse, christelijke, Perzische en zoroastrische tradities en door de noodzaak een uitgestrekt rijk te besturen. De grootste activiteit was te vinden in de welvarende hoofdstad van het rijk, Bagdad. Prominente figuren uit deze periode zijn geleerden als Jafar-al-Sadiek (700-765 n. Chr) en al-Sjafii (767-819 n. Chr.), de historicus en exegeet al-Tabari (838-923 n. Chr.), de filosoof Ibn Sina (in Europa bekend als Avicenna (980-1047) en, misschien wel de meest invloedrijke van allen, al-Ghazali (1058-1111; zie p. 103).

Rond het midden van de negende eeuw begonnen de Abbasiden echter hun greep op de macht te verliezen. Spanje waren ze anderhalve eeuw eerder al kwijtgeraakt aan een afstammeling van de Oemajjaden-dynastie en nu verloren ze hun geloofwaardigheid verder door politieke tegenvallers en de toenemende macht van de *oelama*. Niet minder ernstig was de opkomst van twee sektarische groepen die later bekend zouden worden als de Sji'a-varianten van de islam (zie rechts).

DE SJI'A

De wortels van het sji'isme zijn gelegen in een conflict over de opvolging van de profeet. Een handjevol gerespecteerde moslims koos Aboe Bakr, Mohammeds naaste vertrouweling, als eerste kalief. Dit tot ongenoegen van degenen die Ali ibn Abi Talib, de schoonzoon van de profeet, als diens logische opvolger zagen. Hoewel Ali later kalief werd (656-661 n. Chr.) meenden zijn getrouwen toch dat hem onrecht was aangedaan. De sji'itische beweging ontstond in het pro-Ali kamp. Sji'a-moslims houden eraan vast dat uitsluitend een afstammeling van Ali en zijn vrouw Fatima, de dochter van de profeet, leider of *imaam* van de *oemma*, de islamitische gemeenschap, kan zijn. In 680 n. Chr. werd deze kwestie rondom Ali opnieuw opgerakeld door zijn zoon Hoesain. Een korte opstand eindigde in de moord op el-Hoesain en zijn aanhangers door de troepen van kalief Jazied I (680-683 n. Chr.).

De twee grote richtingen binnen de Sji'a, de twaalver-sji'ieten en de isma'ielieten zijn ontstaan als gevolg van een ruzie over wie recht had op de titel *imaam* (zie p. 108-9). Met Bagdad als centrum, stonden de twaalver-sji'ieten onder leiding van een tamelijk a-politieke, goed opgeleide elite. Deze groep was ook goed geïntegreerd in de islamitische stedelijke samenleving. De isma'ielieten hadden hun basis op het platteland en stonden een radicalere politiek voor. Van oorsprong was dit een missionaire beweging die gewend was in de hele islamitische wereld aanhangers voor zich te moeten winnen. Aan het begin van de tiende eeuw werd er een Isma'ielitische staat gevestigd in Noord-Afrika onder leiding van het Fatimidisch kalifaat. Van 969-1171 n. Chr. heersten de Fatimiden over dit rijk met Egypte als centrum.

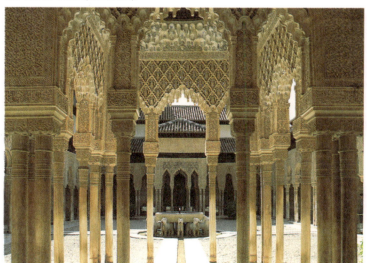

Het Hof van de Leeuwen in het Alhambra, Granada, het paleis vanwaaruit de islamitische heersers van Spanje regeerden. Granada, het laatste overblijfsel van een grootse Arabische beschaving op het Iberisch schiereiland, werd in 1492 ingenomen door een Spaans-christelijke legermacht.

SOENNI-ISLAM

De meeste moslims zijn soennieten. Het ontstaan van de soenni-islam is te herleiden tot de meningsverschillen tussen het sji'isme (zie p. 97) en de meerderheid van de islamitische gemeenschappen onder de eerste kaliefen. Maar het is ook een gevolg van de uitdagingen waarmee elk nieuw geloof geconfronteerd wordt wanneer het voor de taak staat om een nieuw systeem van denken en handelen te ontwikkelen. De soennitische islam hecht veel waarde aan consensus en het gemeenschapsleven, gebaseerd op de koran en het leven van de profeet. Het woord 'soenni' is afgeleid van het Arabisch voor 'mensen van de traditie [*soenna*] en de gemeenschap'. De 'traditie' is het voorbeeld van Mohammed, het gedragsmodel voor elke moslim. Belangrijke momenten in de ontwikkeling van de soenna zijn onder andere de oprichting, omstreeks het jaar 1000 n. Chr., van vier wetsscholen (zie p. 110).

Twee pagina's uit een koran uit de Saldjoeken-periode. Grotendeels geschreven in een stijl die moehakkak *genoemd wordt. De soera-titels zijn in het 'hoekige' koefische schrift.*

Het Abbasiden-rijk ging geleidelijk op in regionale machtscentra. De Fatimiden die vanaf 909 n. Chr. vanuit Tunesië regeerden, veroverden in 969 n. Chr. Egypte en vestigden zich in Caïro dat ze tot hoofdstad van hun rijk maakten. De Abbasidische leiders in Iran en de landen aan de andere kant van de rivier de Oxus (Amoe Darja) gaven zich over aan nomadische islamitische legers van Turkse origine. De belangrijkste hiervan waren de legers onder aanvoering van de Saldjoeken. De leiders oftewel sultans van de Saldjoeken namen Bagdad in en maakten in 1055 een einde aan het toch al niets meer voorstellende kalifaat. Onder de Saldjoeken was er een korte periode van eenheid in een groot gebied van het Nabije-Oosten. Dit eindigde weliswaar in fragmentatie maar hiermee was wel de basis gelegd voor volgende Turkse invasies en uiteindelijk voor de veroveringen door de Mongolen in de dertiende eeuw.

Onder het leiderschap van de Saldjoeken zien we een bloei van Perzische en Turkse intellectuele en artistieke traditis, een nieuwe bron van inspiratie voor het islamitische denken. Met name de Saldjoekse minister Nizaam al-Moelk (gestorven 1092), wordt genoemd in verband met de ondersteuning van de *oelama*, het religieuze establishment. Hij benoemde hen op religieuze en juridische posten en bood financiële ondersteuning aan het *madrasa*-systeem (theologische opleiding). Deze wat ongemakkelijke maar wederzijds voordelige verhouding tussen de heersende Turkse militaire élite en de religieuze gemeenschap is ook karakteristiek voor de Mamloeken- (Mammelukken)-dynastie (1250-1517) die de Fatimiden in Egypte opvolgde. De inspan-

ningen van de *oelama*, leidden, gedeeltelijk als resultaat van dit officiële patronaat, tot het ontstaan van een gemeenschappelijk systeem van symbolen, riten, tradities en opvattingen in de gehele islamitische wereld.

Al met de eerste veroveringen had de islam India bereikt maar pas tegen de dertiende eeuw ontstond daar een islamitische gemeenschap van betekenis met de komst van het 'sultanaat van Delhi' (1206-1526). Dit sultanaat werd geleid door personen die op hun beurt weer onder leiding stonden van Turkse en Centraal-Aziatische krijgsheren. Islamitische kooplui, missionarissen en met name mystici (soefisme, zie p. 101-3), bundelden hun krachten teneinde de bevolking van India tot de islam te bekeren. In de dertiende en veertiende eeuw zien we een vreedzame verspreiding van de islam door soefi-reizigers en kooplui, van India tot Zuidoost-Azië. Geleidelijk aan werd de islam geaccepteerd door de meerderheid van de bevolking van het tegenwoordige Maleisië en Indonesië. Kooplui en soefi's speelden ook een cruciale rol bij de verspreiding van de islam vanuit Noord-Afrika via de westelijke Sahara en langs de kust van het huidige Somalië en Tanzania. Vanaf de late Middeleeuwen verspreidt de islam zich ook over de rest van Afrika, maar hier ontstond de grootste aanhang pas in de negentiende en twintigste eeuw.

Van de vijftiende tot de zeventiende eeuw zien we de opkomst van drie machtige en welvarende rijken in de islamitische wereld. De Ottomaanse sultans die regeerden vanuit Istanboel (het voormalige Constantinopel, hoofdstad van het Byzantijnse Rijk) beheersten op het hoogtepunt van hun macht een gebied dat Noord-Afrika, Egypte, het Nabije-Oosten, Anatolië en een groot gedeelte van Zuid-Europa omvatte. De Safawiden-dynastie met een sjah aan het hoofd veroorzaakte een fundamentele verandering in Iran waar de bevolking van soennieten massaal van richting veranderde en de twaalver-sji'a ging volgen. De Mogol-dynastie in India tenslotte, een evenzeer centralistisch geregeerde grootmacht, was officieel een islamitische staat, maar ontleende legitimatie aan haar ondersteuning van de Hindoecultuur (zie p. 132).

In de periode van de achttiende eeuw tot nu toe hebben er echter een aantal snelle en vaak pijnlijke veranderingen plaatsgevonden in de islamitische wereld. Om te beginnen werden de drie grote rijken van de Ottomanen, de Safawiden en de Mogols geplaagd door zowel interne problemen als door uitdagingen van de in toenemende mate imperialistische staten van Europa, met name van Engeland, Frankrijk en Rusland. De confrontatie van het christelijke Europa met de islamitische wereld dateert al tenminste vanaf de kruistochten die door rooms-katholieke legers werden gehouden vanaf het begin van de elfde eeuw. Dit conflict leidde tot de permanente verdrijving van de moslims uit Spanje in 1492. In meer recente tijden zien we dat tegen het jaar 1920 het Europese imperialisme heeft geleid tot de bezetting van vrijwel alle islamitische gebieden van West- en Noord-Afrika tot aan Oost-Indië.

In de achttiende eeuw hielden islamitische geleerden en schrijvers zich vooral bezig met de verwarring en verdeeldheid die veroorzaakt werd door het uiteenvallen of verzwakken van de drie islamitische grootmachten. Sociale en politieke vernieuwingsbewegingen die in reactie op dit gebrek aan samenhang in de gehele islamitische wereld opkwamen (zie rechts), droegen bij aan het leggen van een fundament voor de uitzonderlijk krachtige en vitale wederopstanding van de islam op het wereldtoneel van de twintigste eeuw.

Een koranschool in Timboektoe, Mali. De islam is via handelsroutes naar dit gedeelte van Afrika gebracht tussen ca. 1250 en 1500 n. Chr.

VROEGE VERNIEUWINGSBEWEGINGEN

De verschillende reacties op het uiteenvallen van de islamitische wereld in de achttiende eeuw (zie hoofdtekst) zochten de oplossing voor de crisis stuk voor stuk in een herstructurering van het islamitische sociale en religieuze leven. Op het Arabische schiereiland formuleerde Ibn Abd al-Wahhab (gestorven 1792) een strenge, autoritaire visie op de islamitische samenleving. Een samenwerking met prins Mohammed ibn Saoed (gestorven 1765) leidde uiteindelijk tot de stichting van het moderne Saoedi-Arabië in 1932. Oethmaan Dan Fodio (1754-1817), een populaire Nigeriaanse leraar en activist leidde zijn aanhangers in de strijd tegen politieke misstanden en, met name, tegen wat hij zag als krachten die de islamitische samenleving ondermijnden. Zijn beweging stelde zich ten doel een echte islamitische theocratische staat te stichten van waaruit het vernieuwingsproces geleid zou kunnen worden. In India was het Sjaah Wali Alla (1702-63) die opriep tot hervorming van de traditionele islamitische rechtspraktijk. Zijn opvattingen werden gedeeld door Mohammed ibn Ali al-Sanoesi (1787-1859), een Noord-Afrikaanse geleerde en stichter van de Sanoesi Soefi orde.

Tegen het midden van de negentiende eeuw ging de kwestie van het Europese imperialisme die van de hervorming van de islam overheersen. In het tegenwoordige Libië bijvoorbeeld zien we dat de Sanoesi's gewapend verzet boden aan het Franse en Italiaanse kolonialisme.

BENADERINGEN VAN GOD

KUNST EN GODDELIJKHEID

De bewering dat de islam representatieve kunst altijd verboden heeft is overdreven of zelfs zonder meer onjuist, zoals gedemonstreerd kan worden door de rijke islamitische traditie van geïllustreerde manuscripten (hoewel daar geen koranteksten of andere zuiver religieuze teksten bij zijn). Terwijl de koran zelf geen expliciet verbod op afbeeldingen van mensen en dieren kent, ontstond er onder geleerden een overwegend afwijzende houding tegenover elke vorm van representatieve kunst; een houding die gebaseerd is op de theorie dat het maken van afbeeldingen van levende wezens een uitdaging vormt van Gods unieke scheppende vermogen. In moskeeën zien we ook geen representatieve kunst maar kalligrafie en symbolische kunst, wat grote en nog steeds bloeiende islamitische tradities zijn.

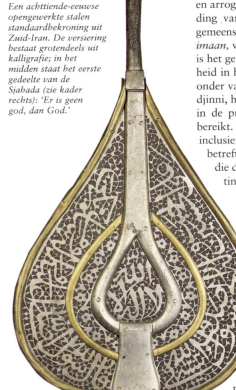

Een achttiende-eeuwse opengewerkte stalen standaardbekroning uit Zuid-Iran. De versiering bestaat grotendeels uit kalligrafie; in het midden staat het eerste gedeelte van de Sjahada (zie kader rechts): 'Er is geen god, dan God.'

De islam beschouwt God als de instantie waar al het andere uit voortkomt. Hij is eerst en vooral – zoals het woord *tauhied* ook uitdrukt (zie kader rechts) – Eén. In de woorden van de koran: 'God getuigt dat er geen god is dan Hij – zo ook de engelen en zij die kennis bezitten. Hij is de handhaver van de gerechtigheid. Er is geen god dan Hij, de machtige, de wijze' (*Soera* 3:18). De bevestiging van de eenheid van God vormt ook het eerste gedeelte van de islamitische geloofsbelijdenis, de *sjahada*: 'Er is geen god dan God.'

Door in te gaan tegen dit principe van *tauhied* bedrijft men *sjirk*, vaak vertaald met 'associatie', dat wil zeggen men legt een verband tussen iets werelds met het heilige of goddelijke. De koran zegt het zo: 'Dient God en voegt aan Hem niets als metgezel toe' (4:36). De term kan op verschillende situaties van toepassing zijn. Het is natuurlijk een ernstige zonde om een andere macht of een ander wezen in het universum te aanbidden. Maar moslims kunnen ook de preoccupatie met materiële welvaart, of impulsief en arrogant gedrag als voorbeelden van *sjirk* opvatten omdat deze de houding van het individu ten opzichte van God en ten opzichte van de gemeenschap aantasten. Islamitische auteurs verdelen het geloof, of *imaan*, vaak in vijf doctrines. De eerste is het geloof in *tauhied*. De tweede is het geloof in wezens die verbonden zijn met God en met zijn aanwezigheid in het universum en in de taken die zij namens God uitvoeren; hieronder vallen engelen, en de wezens die bekend staan als *djinn* (enkelvoud djinni, hiervan is 'genie' afgeleid). De derde is het geloof in de profeten en in de profetische boodschap waardoor de goddelijke wil de mensheid bereikt. Dit geloof omvat alle boeken met een goddelijke openbaring, inclusief de Tora van Mozes en het evangelie van Jezus. De vierde doctrine betreft het geloof in het laatste oordeel en de eeuwige beloning of straf die daarop volgt (zie kader rechts). De vijfde is het geloof in de predestinatie.

Een sleutelbegrip in de koran is dat God zichzelf openbaart door 'tekenen'. Hiervoor wordt in de koran het woord *aja* (meervoud *ajaat*) gebruikt, dezelfde term die ook gebruikt wordt als versaanduiding in de koran. Voor zover de koran waarschuwt en instrueert is hij zelf zo'n teken.

Islamitische geleerden hebben in de begintijd geworsteld met een onderwerp als kennis of bewustzijn van God. De intellectuele geschiedenis van de islamitische traditie is gedeeltelijk gevormd door het naast elkaar beoefenen van verschillende theologische stijlen en door de spanningen die dit opriep. Zo ontstond er in de negende eeuw bijvoorbeeld een debat over de vraag of God gekend kan worden met behulp van de rede. Deze vraag was het resultaat van een langdurige omgang van islamitische geleerden met Griekse filosofische en wetenschappelijke werken die zij vertaalden en becommentarieerden.

Mystiek, de zoektocht naar een hogere spirituele ervaring en bewustzijn van het goddelijke, wordt in de islam gerepresenteerd door het soefisme. De term zou afkomstig kunnen zijn van het Arabische *soef* ('wol'), en zou dan misschien verwijzen naar de ruwe eenvoudige mantel die door asceten gedragen werd in de formatieve periode van de islam.

In een islamitische context moet het zoeken naar innerlijke spiritualiteit opgevat worden als een integraal onderdeel van het islamitische leven en niet als iets dat apart, naast de gebruiken en dogma's van de algemene traditie, nagestreefd kan worden. Het soefisme ontleent veel van zijn inspiratie aan het begrip vriendschap *(wilaja)* met God dat in de koran een rol speelt. Soefi's worden daarom ook wel aangeduid als 'vrienden' *(aulijaa,* enkelvoud *wali)*, zij die oprecht en vol van vertrouwen zijn in hun verhouding tot God.

De oorsprong van het soefisme gaat terug op de gebruiken van de profeet en zijn metgezellen. De literatuur over islamitische spiritualiteit vertelt over de ascetische levensstijl van Mohammed en hoe zijn voorbeeld zelfs een bron van inspiratie was voor de elite van het vroege islamitische rijk, inclusief de kaliefen. In soefi-brieven verschijnt Mohammed als exemplarisch voor het innerlijke, spirituele leven en latere soefi-denkers en -dichters verwezen naar de wonderbaarlijke reis van de profeet van Mekka naar Jeruzalem en vandaar naar de hemel, als het beste bewijs hiervoor (zie p. 107).

De eerste soefi's formuleerden een aanzet, gebaseerd op het voorbeeld van de profeet en op geopenbaarde inzichten, van de ideeën die latere

DE NAMEN VAN GOD

De koran noemt lange rijen namen voor God, die elk op zich een andere dimensie van de oneindig complexe en uiteindelijk onbeschrijfelijke goddelijke aanwezigheid uitdrukken. In een beroemde Hadieth (zie p. 105), verwijst de profeet naar de negenennegentig namen van God, hoewel er in de koran veel meer genoemd worden. Deze namen zijn niet een eenvoudige opsomming van eigenschappen maar geven uitdrukking aan de manier waarop in de koran de goddelijke volmaaktheid wordt benadrukt: een mens kan elk van deze eigenschappen ten dele bezitten maar alleen God kan ze allemaal, geheel en volmaakt bezitten.

Twee namen vallen op: *al-Rahman* ('de Erbarmer') en *al-Rahim* ('de Barmhartige'). Deze twee worden vaak in één adem genoemd, bijvoorbeeld in het Bismillah (zie p. 104).

DE BEVESTIGING VAN DE EENHEID VAN GOD

De relatie tussen de moslim en God is gebaseerd op drie centrale islamitische principes die direct van de koran zijn afgeleid. Het eerste principe is *tauhied,* dit woord kan weergegeven worden als 'de eenheid van God'. Het drukt het principiële inzicht uit dat God uiteindelijk en onvermijdelijk Eén is, een volmaakte unieke eenheid. Een meer accurate vertaling zou echter zijn 'de bevestiging van de goddelijke eenheid', omdat deze omschrijving ook de cruciale verplichting voor moslims omvat om hun geloof *(imaan)* en de beoefening daarvan *(islam)* vorm te geven in overeenstemming met hun geloof in de goddelijke eenheid. *Tauhied* is dus een aansporing tot een oplettend en vroom leven.

Noeboewa of 'profetie' verwijst naar de manier waarop God zijn wil aan de mens duidelijk maakt. Profeten zijn door God aangewezen om de boodschap van *tauhied* in de wereld te verkondigen en de mens op te roepen tot gehoorzaamheid en aanbidding. De islam kent aan Mohammed een speciale rol toe, als 'zegel' der profeten (zie p. 95).

De complexe begrippen *tauhied* en *noeboewa* worden in een korte uitspraak samengevat die bekend staat als de sjahada ('getuigenis afleggen'): 'Er is geen god dan God [Allah], en Mohammed is zijn profeet.' Het uitspreken van de sjahada is het enige dat nodig is om moslim te worden. Het is traditie om deze woorden in het oor van een pasgeboren kind te fluisteren. Het is ook de eerste zuil van de bekende 'vijf zuilen' van de islam, de vijf handelingen waarop het gehele rituele systeem van de islamitische traditie is gebaseerd (zie p. 114-17).

Het derde principe heeft te maken met de voorstelling van de 'laatste dagen' of het einde van de wereld. Hier wordt vaak naar verwezen met de term *maad,* waarin het idee van een 'terugkeer' tot uitdrukking komt, dat wil zeggen, de terugkeer van al het geschapene naar zijn goddelijke oorsprong. Volgens de koran, zullen deze laatste dagen vergezeld gaan van het laatste oordeel. In vaak levendige bewoordingen verklaart de koran de onontkoombaarheid van het goddelijke oordeel en de zekerheid dat iedereen beoordeeld zal worden op grond van de kwaliteit van zijn reactie op de profetische oproep.

In de Sji'a worden hier nog twee principes aan toegevoegd. De eerste is het idee van het 'imamaat'. Hieronder verstaat men dat Mohammeds sociale en spirituele leiderschap voortgezet is door een reeks goddelijk geïnspireerde opvolgers, de imaam's (zie p. 108-9). Het tweede principe betreft het 'goddelijke attribuut' van de volmaakte rechtvaardigheid, of *adl.* Middeleeuwse sji'itische geleerden namen dit speciale attribuut van God als de basis van hun argumentatie met betrekking tot het goddelijke oordeel, de rechtvaardigheid waarop dit gebaseerd is en de verantwoordelijkheid van de mens voor zijn daden.

geleerden zouden ontwikkelen tot het theoretische soefisme, een centrale stroming in laat-middeleeuwse islamitische literatuur. Deze ideeën worden in verband gebracht met vroege figuren zoals Hasan al-Basri (gestorven 728 n. Chr.), Rabia al-Adawija (gestorven 801 n. Chr.), al Toestari (gestorven 896 n. Chr.) en Junaid (gestorven 910 n. Chr.). De twee eerstgenoemden benadrukten de noodzaak van ascetisme, een diep en onwankelbaar vertrouwen in de goddelijke plannen, en zelfbewustzijn. Latere soefi's ontwikkelden noties als de vereniging van het zelf met de goddelijke aanwezigheid, soms de vernietiging van het zelf *(fanaa')* genoemd, door discipline en contemplatie. Dit werd een centraal kenmerk van het formele soefisme. Een andere vroege soefi was Jafar al-Sadik (gestorven 765 n. Chr.). Volgens de sji'ieten was hij de zesde imaam.

Naarmate hun reputatie groeide trokken deze en andere denkers meer aanhangers. In de negende en tiende eeuw ontstonden er zo informele kringen van leraren of 'gidsen' *(sjaichs)* en hun leerlingen *(moerids)*. Hun ervaringen leidden tot de gedachte dat het innerlijke leven vorm gegeven wordt via een geleidelijke ontwikkeling waarbij men door een aantal spi-

VROEGE SOEFI-ORDEN

Historici beschouwen de Kadirijja gewoonlijk als de oudste belangrijke soefi-orde. De naam is afgeleid van de Perzische geleerde Abd al-Kadir al-Jilani (1077-1166), wiens preken in Bagdad veel publiek trokken. Zijn zoons en andere volgelingen legden de basis voor de orde en voor de groei van Abd al-Kadir's reputatie, die af te lezen is aan het aantal pelgrims dat ook vandaag de dag nog zijn graf bezoekt.

Andere vroege orden zijn de Soerawardijja en Sjadilijja. De eerstgenoemde is met name in India, Pakistan en Bangladesh vertegenwoordigd, de tweede is traditioneel te vinden in Noord-Afrika en het Nabije Oosten. De Bektasjijja, een Turkse orde die in verband gebracht wordt met het leger van het voormalige Ottomaanse Rijk, stond bekend om zijn esoterische praktijken, evenals de Rifaijja, een tak van de Kadirijja. Leden van deze orde aten soms glas of liepen op hete kolen. Deze grote genootschappen speelden in veel gebieden in Centraal-Afrika, in het gebied rondom de Indische oceaan en in Centraal-Azië, een belangrijke rol bij het maken van bekeerlingen voor de islam.

Van bepaalde elite-orden konden uitsluitend goed opgeleide stedelingen lid worden, of uitsluitend mensen uit bepaalde maatschappelijke geledingen, zoals het leger of gilden. Andere orden hadden een bredere sociale basis en vielen soms gedeeltelijk samen met de populaire cultussen rondom islamitische heiligen die overal in de middeleeuwse islam opkwamen. Een soefi-meester kan zowel inspiratiebron als object van verering voor een bepaalde orde zijn, wat wordt uitgedrukt met festivals die rondom zijn graftombe worden gehouden.

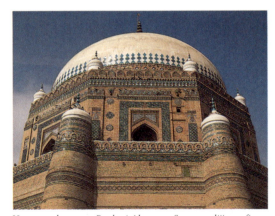

Het mausoleum van Roekn-i-Alem, een Soerawardijja-soefi heilige, in Multan, Pakistan, gebouwd in de dertiende en veertiende eeuw. Oorspronkelijk gevestigd in Bagdad, verwierf de Soerawardijja orde veel aanhangers op het Indiase subcontinent, waar de grootste concentratie aanhangers zich ook vandaag de dag nog bevindt.

rituele fasen heengaat, waarbij de leerling of volgeling stap voor stap begeleid wordt door de leraar of meester. Zoals de meester zijn kennis en leiding verkrijgt door op God te vertrouwen, zo krijgt de leerling die door op zijn of haar sjaich te vertrouwen.

Kenmerkend voor de spirituele zoektocht van het soefisme is *dzikr*, vaak vertaald met 'herinneren aan' of 'aanroepen van' God en zijn namen (zie marge p. 101). Dit gebeurt hetzij in een mediterende stilte of in een rustig reciteren. De oorsprong van de *dzikr* is te vinden in de koran en de Hadieth (zie p. 105); een samenvatting is te vinden in het rituele gebed, de *salaat*, waarin moslims de aanwezigheid en de namen van God aanroepen.

Het vroege soefisme beperkte zich grotendeels tot kleine ascetische groepen, maar tegen de tiende en elfde eeuw begonnen de ideeën door te dringen in de wijdere samenleving. Er ontstonden soefi-orden of 'broederschappen' (zie kader links) en in nog grotere aantallen, soefi-afdelingen *(kankaas)*. Binnen enkele eeuwen waren de soefi-orden een alledaags verschijnsel in de islamitische samenleving en zijn dat in veel gebieden ook tegenwoordig nog.

GOD IN DE ISLAMITISCHE LITERATUUR

Het soefisme heeft een omvangrijk corpus van vaak moeilijke literatuur opgeleverd over spirituele kennis en mystieke eenheid met de goddelijke aanwezigheid. Tot de belangrijkste werken behoren die van Ibn al-Arabi (1165-1240), wiens werk voor een deel in het islamitische Spanje (Al-Andalus) ontstond. Voor veel soefi's was de poëzie het meest geëigende middel om de complexe en diep doorleefde ideeën tot uitdrukking te brengen. Faried al-Dien Al-Attar (gestorven 1230) en Ibn al-Faried (1181-1234) behoren tot de beroemdsten. Jalal Al-Dien al-Roemi (gestorven 1273) is ook tegenwoordig nog populair in Europa en Noord-Amerika waar men zijn werk in vertaling leest. Hij schreef mystieke poëzie die tot de parels van de middeleeuwse islamitische literatuur wordt gerekend.

God en de vele goddelijke eigenschappen zijn het onderwerp van een uitgebreide literatuur, van de Middeleeuwen tot de moderne tijd, op schrift gesteld door theologen, mystici, dichters en romanciers. Tot de grote middeleeuwse denkers behoort Aboe Hamied Mohammed al-Ghazali (1058-1111), wiens werk nog steeds veel gelezen wordt. Hij was van Perzische afkomst en bracht zijn leven door met onderwijzen en schrijven. Een spirituele crisis leidde tot een onderbreking van tien jaar die hij doorbracht met contemplatie en reizen. Zijn bekendste werk is een belangrijke uitwerking van de soennitische islam, het volumineuze *Ihja Oeloem al-dien* ('De opleving van de religieuze wetenschappen'). In dit en in andere werken, waaronder zijn beroemde biografie, *al-Moenkidh min al-Dalal* ('Bevrijding van de Dwaling'), brengt al-Ghazali een soort synthese tot stand tussen rationele en mystieke benaderingen van de aanbidding van God.

Een gelovige in een moskee van de Chalwatijja-soefi's in Bakal Gharbijja, Israël.

HET WOORD VAN GOD

De islamitische traditie vereert de koran als het letterlijke woord van God, die dit rechtstreeks heeft doorgegeven aan de profeet in de loop van diens volwassen leven. Moslims zien de koran als het instrument waardoor de goddelijke werkelijkheid zich uitstrekt in het aardse rijk, het is de aardse belichaming van Gods genade, macht en mysterie.

De verzen van de koran zijn aan Mohammed gegeven, die ze op zijn beurt reciteerde voor zijn volgelingen. Het woord *koran* zelf betekent 'voorlezing', en het kan verwijzen naar een deel of naar het geheel van de heilige tekst. Volgens de traditie kreeg de koran zijn huidige geschreven vorm onder het kalifaat van Oetman (644-656 n. Chr.), die een groep geresperteerde moslims opdracht gaf om een definitieve versie op te stellen. De tekst bestaat uit honderdveertien hoofdstukken die *soera's* genoemd worden. Elke *soera* heeft een nummer en een titel die gewoonlijk bestaat uit een woord dat aan het begin van de *soera* voorkomt. Bijvoorbeeld *Soera* 2, *al-Bakara* ('de koe'). Terwijl westerse geleerden meestal naar de nummers van de *soera's* verwijzen, gebruiken de moslims meestal de titel als aanduiding.

De *soera's* bestaan uit aparte verzen (*ajaat,* enkelvoud *aja*), letterlijk 'tekenen' van Gods aanwezigheid en genade. De traditie leert dat de eerste *soera* die geopenbaard werd, *Soera* 96 is *al-Alak,* ('de bloedklonter'), gesproken tot de profeet door de engel Gabriël. Het bevat de aankondiging aan Mohammed van zijn missie: 'Lees voor in de naam van jouw Heer die heeft geschapen. Geschapen heeft Hij de mens uit een bloedklonter.' (96:1-2, dat wil zeggen *Soera* 96, *ajaat* 1-2).

HET *BISMILLAH*

Op één uitzondering na beginnen alle *soera's* van de koran met de aanhef die bekend staat als het *bismillah:* 'in de naam van God, de erbarmer, de barmhartige' *(bismillah al-rahman al-rahim).* Deze woorden worden aan het begin van elke godsdienstoefening uitgesproken en tevens veelvuldig door moslims in het dagelijks leven. De koran besteedt veel aandacht aan de goddelijke barmhartigheid, waar de koran zelf de belangrijkste uitdrukkingsvorm van is, vanwege het licht dat hij verbreidt en de leiding die hij biedt.

DE KORAN IN HET ISLAMITISCHE LEVEN

De koran is op verschillende manieren aanwezig in het leven van moslims. De tekst stond in het centrum van het traditionele onderwijs. Jonge moslims leerden eruit lezen en schrijven en leerden, in het ideale geval, de tekst geheel uit hun hoofd. Deze gewoonte is de afgelopen eeuw grotendeels verdwenen door de opkomst van het seculier openbaar onderwijs. In het algemeen laten ouders hun kinderen nog wel de koranlessen volgen.

De profeet gaf zelf het voorbeeld om door mondelinge overdracht het woord van God aan zijn volgelingen te verkondigen. Dit verklaart de grote waarde die men hecht aan het memoriseren en reciteren van de koran tot op de dag van vandaag. Het reciteren van de koran blijft een zeer geliefde kunstvorm en in de gehele islamitische wereld zijn opnamen verkrijgbaar van bekende declamatoren.

De koran heeft ook een fysieke heiligheid. Moslims geven er de voorkeur aan het boek uitsluitend in een toestand van rituele reinheid te benaderen; het bezit goddelijke kracht en genade (Arabisch *baraka*) die in meer populair gebruik aangewend kunnen worden als middel ter genezing.

Jongens in het islamitische instituut Foewaad, een koranschool in Assioet, Egypte. Onderwijs in de koran is nog steeds een belangrijk onderdeel van de opleiding van de meeste moslims.

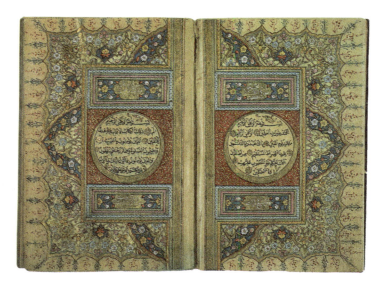

Soera 1, al-Fatiha ('De opening') (rechts) en de eerste pagina van soera 2, al-Bakara ('De koe') uit een gedecoreerde koran, afkomstig uit de Mogolperiode, India ca. 1700.

De soera's zijn naar lengte geordend. De langste staat aan het begin van de koran, de kortste aan het einde. De enige uitzondering is *Soera* 1, *al-Fatiha*, ('de opening'), die zeven verzen heeft.

De *soera's* zijn verder getypeerd als 'Mekkaans' of 'Medinisch', afhankelijk van het tijdstip van hun openbaring voor of na de Hidjra, het vertrek van Mohammed naar Medina in 622 n. Chr. De Mekkaanse hoofdstukken hebben vooral Gods majesteit en eenheid tot onderwerp en de zekerheid dat hij zijn barmhartigheid en zijn oordeel over de mensheid en de wereld zal uitstorten. Mohammeds rol in de Mekkaanse periode was het brengen van de goede tijding van Gods barmhartigheid en het waarschuwen tegen het komende oordeel dat de rechtvaardigen van de onrechtvaardigen zou scheiden. Zoals *soera* 35 zegt: 'Zij die ongelovig zijn, voor hen is er een strenge bestraffing, maar zij die gelovig zijn en de deugdelijke daden doen, voor hen is er vergeving en een groot loon.' (35:7). De Mekkaanse verzen zijn vaak kort en bondig met levendige intense beelden.

De Medinische verzen bevatten vergelijkbare ideeën in ongeveer dezelfde bewoordingen, maar ze geven ook een beeld van de uitdagingen waar Mohammed en de zich ontwikkelende islamitische gemeenschap voor stonden. De verzen zijn in het algemeen langer en complexer en geven vaak uitdrukking aan de zorg voor de religieuze, morele en sociale orde. Het belangrijkste is dat in deze hoofdstukken ook de centrale plichten van de islam worden beschreven: bidden, aalmoezen geven, vasten tijdens de ramadan en de bedevaart naar Mekka (Haddj). Ook onderwerpen als huwelijk, echtscheiding, overspel, gokken en oorlogvoering komen aan bod.

Islamitische geleerden hebben zich van het begin af aan enorme moeite getroost om de complexe onderwijzingen van de koran te verhelderen. De interpretatie van de koran, oftewel *tafsier*, behoort tot de kern van de islamitische geleerdheid. Er zijn talloze voorbeelden van *tafsier*; een van de vroegste en grootste is het meerdelige opus van al-Tabari (839-923 n. Chr.), die ook een invloedrijke historiografie schreef.

HADIETH: DE 'WEG' VAN MOHAMMED

De islamitische geleerden (*oelama*) namen de tradities over Mohammed zelf als leidraad voor hun koranexegese. Na zijn dood legde de islamitische gemeenschap zich erop toe zijn leer, zijn woorden en zijn daden te verzamelen. De 'weg', of de 'traditie' (*soenna* – vandaar de term soenni; zie p. 98) van de profeet werd vervolgens verzameld onder de naam Hadieth, een benaming die zowel voor het geheel als voor de afzonderlijke delen geldt. Elke Hadieth wordt voorafgegaan door een lijst namen waarin men na kan gaan via welke getuigen de Hadieth is overgeleverd. In het ideale geval gaat zo'n lijst terug op Mohammed of op een nauwe metgezel tot wie hij rechtstreeks gesproken had.

De formatieve periode van de Hadieth-verzameling en de becommentariëring ervan, loopt van het einde van de achtste eeuw tot aan het begin van de negende eeuw. De Hadieth riep veel discussie op in de Middeleeuwen toen het geleerden duidelijk werd dat veel van het materiaal waarin meningen en doctrinaire posities voorkomen, dateerde van na het leven van Mohammed. Vanaf ongeveer 850 n. Chr. verscheen er een aantal kritische Hadieth-verzamelingen in de soenni-gemeenschap. De meest gerespecteerde zijn die van al-Boechari (810-870 n. Chr.) en van Moeslim ibn al Haddjaaj (gestorven 875 n. Chr.)

De Sji'a had al eerder eveneens een omvangrijke en complexe Hadieth-traditie die teruggaat op de imaams (zie p. 108-109). Voor sji'itische geleerden speelt de Hadieth van de imaams dezelfde rol als de soennitische Hadieth: uitspraken in de Hadieth verhelderen de koran en zijn ook zelf een bron van religieuze en juridische kennis. Van de vier vroege Hadieth verzamelingen die in de Sji'a voor canoniek gehouden worden is die van al-Koelaini (gestorven in 939 n. Chr.) de belangrijkste.

PROFEET EN BOODSCHAPPER

Een negentiende-eeuws 'handje van Fatima', een populair type amulet om 'het boze oog' af te weren. Fatima had de reputatie de meest geliefde dochter van de profeet te zijn; een vrouw van voorbeeldige goedheid.

De persoon van Mohammed is voor het ontstaan van de islam en sindsdien voor het dagelijkse leven van moslims van onschatbaar belang geweest. Hij wordt vereerd als de volmaakte moslim, hij is het grote voorbeeld voor ieder die een islamitisch leven wil leiden. Zijn levensloop is opgetekend in een aantal geschriften die voornamelijk afkomstig zijn uit de eerste eeuwen van de islam en deze geschriften vormen de basis voor de latere, meer uitgebreide literatuur. De vroegste werken omvatten biografieën van de profeet en diens familie, historische werken zoals van al-Tabari (838-923 n. Chr.) en de Hadieth, een verzameling verhalen over de woorden en daden van de profeet (zie p. 105). De koran is natuurlijk een unieke bron voor de kennis van het leven van de profeet, zowel als verslag van de openbaringen die hij van God ontving, als van mededelingen over Mohammeds carrière, hoewel de gegevens hieromtrent vaak moeilijk te interpreteren zijn.

De hier genoemde werken bevatten alle legendarische verhalen die op de een of andere manier in de werkelijkheid zijn geworteld. Volgens Mohammed ibn Isjak en andere biografen is Mohammed geboren in Mekka rond 570 n. Chr. in de Banoe Hasjiem-clan, die tot de stam van de Koeraisjiten behoorde. Hij werd al vroeg wees. Hij groeide op in het huishouden van zijn oom Aboe Talib en er wordt over hem verteld dat hij als kind al opvallend rechtschapen was, wat hem de bijnaam *al-Amien* ('de betrouwbare') bezorgde. Er wordt ook verteld dat hij door een aantal voorspellingen al vroeg als profeet werd aangewezen. Zijn reputatie trok de aandacht van een oudere vrouw Chadiedja, een koopvrouw die zijn eerste vrouw werd en de moeder van vier van zijn dochters, waaronder Fatima, die speciaal door de sji'ieten vereerd wordt (zie linkermarge).

Mohammeds profetische missie begon tijdens een van zijn talrijke perioden van eenzame meditatie. In het jaar 610 n. Chr., in een grot in de berg Hira waar men uitkijkt over Mekka, verscheen naar verluidt de engel Gabriël aan hem en gaf hem zijn profetische opdracht. Na zijn aanvankelijke angst overwonnen te hebben, begon Mohammed de monotheïstische boodschap te verkondigen die hem geopenbaard was. Eerst trok hij slechts een klein groepje belangstellenden, maar langzamerhand bereikte hij een groter publiek.

In deze periode van groeiende oppositie in Mekka genoot Mohammed de bescherming van zijn oom en van Chadiedja. Maar hun beider dood (in 619 n. Chr.) maakte hem kwetsbaar en daarom verruilde hij Mekka voor Jathrib. Deze reis (de Hidjra), die volgens de traditie op 16 juli 622 plaatsgevonden heeft, markeert voor moslims het begin van hun gemeenschappelijke geschiedenis.

In Jathrib (het latere Medina), nam Mohammed al snel nieuwe en complexe verantwoordelijkheden op zich. In Mekka was hij een profeet en leraar, de stichter van een nieuwe religieuze beweging, maar nu was hij verantwoordelijk voor een gemeenschap die erop rekende dat hij hen fysieke bescherming kon bieden tegen hun vijanden en leiding in alle voorkomende

DE FAMILIE VAN DE PROFEET

De term *ahl al-bait*, (letterlijk, 'familie van het huis [van de profeet]') verwijst naar Mohammeds naaste familie en zijn nakomelingen. Onder zowel soennieten als sji'ieten worden de leden van de huishouding van Mohammed vereerd vanwege hun verwantschap met de profeet en omdat zij tijdens hun leven steeds in zijn nabijheid zijn geweest. Voor sji'ieten zijn Ali ibn Talib, diens vrouw Fatima (de dochter van profeet), en hun zonen Hasan en Hoesain van belang als het begin van de lijn van imaams (zie p, 108-9).

Een aantal vrouwen die een cruciale rol in het leven van de profeet speelden, geniet bijzondere verering. Chadiedja, zijn eerste vrouw, wordt ten dele herdacht vanwege de steun die zij de profeet aan het begin van zijn optreden bood, toen hij zwaar aangedaan was door het visioen van de engel Gabriël. Een latere vrouw, Aisja, is meer omstreden. Soennieten erkennen haar als Mohammeds favoriete vrouw, na Chadiedja, maar sji'ieten zeggen dat zij overspel pleegde en deelnam aan openbare conflicten, enige tijd na de dood van de profeet.

religieuze, sociale en juridische kwesties. Zijn volgelingen, de moslims, bestonden uit twee groepen: de Moehaddjiroen, oftewel degenen die met hem uit Mekka gekomen waren en de Ansaar of 'Helpers', afkomstig uit Medina. Een van Mohammeds taken in deze periode was het overtuigen van deze twee groepen dat ze samen moesten werken.

Een gewapend conflict met de Mekkanen eindigde met de overgave van Mekka in 630 n. Chr. Men vertelt dat Mohammed bij zijn terugkeer in deze stad rechtstreeks naar de Ka'ba ging om deze van alle pre-islamitische heidense goden te ontdoen. Hij streefde er ook naar allianties tot stand te brengen met machtige stammen op het hele Arabische schiereiland; lukte dat niet dan was het alternatief onderwerping. Na de dood van de profeet in 632 n. Chr. vielen vele van deze bondgenootschappen uiteen, waardoor Mohammeds opvolgers zich gedwongen zagen hiertegen ten strijde te trekken om de stammen weer in het islamitische gareel te krijgen.

Na zijn laatste pelgrimage naar Mekka, een paar weken voor zijn dood, zou de profeet voor het laatst tot zijn volgelingen gesproken hebben, op een plaats die Ghadier Choemm genoemd wordt. Hier riep hij op tot eenheid onder zijn volgelingen. Verschil van mening over wat hij bij deze gelegenheid over zijn schoonzoon en neef Ali ibn Abi Talib gezegd zou hebben, is een van de punten die de soennitische meerderheid gescheiden houdt van de sji'ieten.

MOHAMMEDS BIOGRAFIEËN

Biografieën van Mohammed vormen samen een genre dat Sira genoemd wordt. De vroegste en wellicht belangrijkste van deze biografieën is die van Mohammed ibn Isjak, een geleerde uit de achtste eeuw (gestorven omstreeks 770 n. Chr.). Zijn werk is alleen in de latere editie van Abd al-Malik ibn Hisjaam (gestorven omstreeks 834 n. Chr.) bewaard gebleven.

In de loop van de islamitische geschiedenis fungeerden de vroege biografieën en de Hadieth als basis voor steeds verder uitgesponnen verhalen over het leven en de werken van de profeet. Deze 'populaire' interpretaties omvatten een uitgebreid corpus van liederen en poëzie die op Mohammeds geboortedag opgevoerd worden (*maulid al-nabi*).

MOHAMMEDS WONDERBAARLIJKE REIZEN

Voor soefi-schrijvers en dichters is één centraal gegeven uit Mohammeds leven op zichzelf al voldoende om zijn bijzondere positie aan te tonen. Volgens de islamitische traditie ging de profeet kort voor de Hidjra (zie hoofdtekst) op een wonderbaarlijke reis van Mekka naar Jeruzalem in het gezelschap van de engel Gabriël (Djibriel). Deze gebeurtenis staat bekend als de Isra.

In de heilige stad leidde de profeet, naar verluidt, een gebedsbijeenkomst van een groep vroegere profeten, waaronder Abraham (Ibrahim) en Jezus (Isa). Hiermee erkende hij hun profetische en islamitische status. Vervolgens voer hij schrijlings gezeten op een vreemd gevleugeld wezen, genaamd Boerak, ten hemel, waar hij in de nabijheid van God verbleef. In de verhalen over de Isra en de hemelvaart (Miraadj) lezen we dat het aantal dagelijkse gebeden dat van een moslim verlangd werd, toen op vijf lag.

Deze reis wordt in een groot aantal geschriften en verzamelde gedichten gezien als het bewijs van Mohammeds relatie met God en als indicatie van de mogelijkheid om, op mystieke wijze de nabijheid van God te bereiken.

Mohammed (rechts op de schildering) vaart ten hemel op Boerak, half paard, half mens, geleid door Gabriël (links). Een miniatuur uit Herat, Afghanistan, 1436.

IMAAMS EN 'HEILIGEN'

Hoesain (linksboven) en Hasan (te paard) in de slag bij Kerbela, worden door de sji'ieten tot op de huidige dag als martelaren herdacht. Een Iraanse poster uit ca. 1900.

HET TWAALVER-BESTUUR

Aanvankelijk waren de twaalver-*oelama* (theologen) er tevreden mee om, bij afwezigheid van de imaam, een bescheiden rol te spelen als leraren en geestelijk leiders van hun gemeenschap. Het werd echter al snel duidelijk dat de *oelama* ook andere taken, zoals het leiden van de gemeenschap en het uitvaardigen van juridische en doctrinaire voorschriften, op zich moesten nemen, zij het ook tijdelijk. In de loop der eeuwen hebben de *oelama* hun rol uitgewerkt en nader gedefinieerd alsof zij de vertegenwoordigers zijn van de 'verborgen imaam'. Als gevolg hiervan kwam het volledige juridische en religieuze gezag van de imaam op de schouders van de leidinggevende geleerden terecht en de gemeenschap moest aalmoezen betalen, die soms aangeduid werden als religieuze belasting, aan de leiders van de *oelama*. De combinatie van economische macht met een hoge morele en religieuze status schonk de personen in deze positie een aanzienlijke macht in de twaalver-gemeenschap.

Het belangrijkste verschil tussen sji'itische en soennitische tradities is het sji'itische geloof in, en de verering van een serie goddelijk geïnspireerde leiders of imaams. Dit geloof is gegrondvest op een bepaalde interpretatie van een reeks gebeurtenissen in de vroege geschiedenis van de islam. In de laatste toespraak tot zijn volgelingen te Ghadier Choemm (zie p. 107) zou Mohammed gesproken hebben over zijn schoonzoon Ali ibn Abi Talib. Volgens de soennitische interpretatie werd Ali door Mohammed geprezen en aanbevolen bij de gemeenschap. Sji'itische commentatoren beweren echter dat Mohammed verder ging en Ali expliciet als zijn opvolger aanwees en dat Ali daarom als enige het recht had opvolger van de profeet en geestelijk leider *(imaam)* van de jonge islamitische gemeenschap te worden. In de sji'itische visie heeft de leiding van de gemeenschap de wens van de profeet naast zich neergelegd door Ali ibn Abi Talib niet als directe opvolger te benoemen. De term sji'iet is afgeleid van *sji'at Ali* 'partijgenoten of aanhangers van Ali'.

Na Ali's dood in 661 n. Chr. verlegden de sji'ieten hun loyaliteit naar Ali's zoon Hasan, en naar diens broer Hoesain. In 680 n. Chr. probeerde Hoesain zijn partizanen in de stad Koefa in Zuid-Irak te bereiken, een daad die door zijn familielid, de Oemajjaadse kalief, werd opgevat als een poging om de macht te grijpen. Troepen van de kalief doodden Hoesain en zijn mannelijke metgezellen in de slag bij Kerbela, in de buurt van Koefa.

Met deze vroege tragedie als uitgangspunt hebben sji'itische geleerden en activisten een complex geloofssysteem ontwikkeld rondom het ambt van imaam. De persoon van de imaam zoals in de uitgebreide sji'itische literatuur beschreven is, is een schakel in de ketting van de profeten die via Mohammed, Jezus en Abraham teruggaat op Adam (zie p. 95). De imaam moet een directe nakomeling van de profeet Mohammed zijn en expliciet door de vorige imaam aangewezen zijn als opvolger, net zoals Ali als opvolger was aangewezen door Mohammed. De imaam is dus de enige legitieme autoriteit op aarde en ieder moet gehoorzaamheid aan hem betrachten. Hij wordt voor onfeilbaar gehouden, zonder zonde en in het bezit van kennis die God hem via een keten van imaams heeft doorgegeven.

De grootste sji'itische groepering zijn de 'twaalver-sji'ieten', die zo genoemd worden omdat hun leer gecentreerd is rondom de persoon van de twaalfde imaam, een jongen met de naam Mohammed van wie gezegd wordt dat hij verdwenen is kort na de dood van zijn vader in 873 n. Chr., de elfde imaam, Hasan al-Askari. De verdwijning van de twaalfde imaam werd de basis voor een complex doctrinair systeem. Centraal hierin staat de mening dat hij niet gestorven is maar zich in een wonderbaarlijke staat van verborgenheid bevindt (de doctrine van 'de kleine en de grote verborgenheid') waarvan alleen God de aard en de duur kent. Hij blijft daarom een levend individu aan wie aanhangers verering en gehoorzaamheid verplicht zijn. De 'verborgen' twaalfde imaam is ook een messiaanse figuur die kort voor de dag des oordeels zal terugkeren om de goede krachten aan te voeren tegen het kwaad in een laatste apocalyptische strijd. Hij wordt vaak aangeduid als 'Imaam Mahdi'; *mahdi* is de algemene islamitische term voor Messias.

DE ISMA'IELIETEN

De isma'ielitische tak van de Sji'a ontstond na de dood van Jafar al-Sadik, de zesde imaam, in 765 n. Chr. Velen van zijn volgelingen steunden zijn zoon Moesa om hem op te volgen als zevende imaam, maar anderen waren meer voor zijn oudste zoon Isma'iel, vandaar dat deze stroming bekend staat als de isma'ielieten oftewel de 'zevener-sji'ieten'. De isma'ielieten geloven in een ononderbroken keten van imaams tot in de moderne tijd, dit in tegenstelling tot de twaalver-sji'ieten die wachten op de terugkeer van de 'verborgen' imaam (zie hoofdtekst). De isma'ielieten kennen ook weer een heel scala aan afsplitsingen. Een bekende aftakking is de Druzengemeenschap, van oorsprong een kleine isma'ielitische groepering die in de elfde eeuw goddelijke status toekende aan een Fatimidische kalief. Pogingen om deze ketterij uit te bannen mislukten en de Druzen hebben zich weten te handhaven in afgelegen gebieden van Libanon, Syrië en Noord-Israël.

'VRIENDEN VAN GOD'

In de hele islamitische wereld bestaat het idee dat bepaalde individuen en families zijn bedeeld met speciale geestelijke gaven of toegang tot het heilige. Er is een aanzienlijke overlapping tussen de verering van dergelijke 'heiligen' en de meer populaire kant van het soefisme (zie p. 101-3), inclusief het gebruik van de aanduiding uit de koran *wali Allah* 'vriend van God,' voor zowel soefi's als islamitische 'heiligen'.

Islamitische theologen hebben vaak een zeker onbehagen, of zelfs vijandschap aan de dag gelegd ten opzichte van dit soort heiligenverering. Ten dele omdat heiligheid alleen aan God toegeschreven kan worden en niet aan mensen. Veel gewone moslims vinden het idee van 'heiligen' geen probleem en de verering van deze figuren is een belangrijk onderdeel van hun religieuze ervaring als moslim tot op de dag van vandaag. De verering kan gebaseerd zijn op de vroomheid en de hoge moraal van de 'heilige' of op zijn of haar vermogen om in te grijpen in de fysieke werkelijkheid (door genezingen bijvoorbeeld) of om de elementen te beïnvloeden. Andere 'heiligen' zijn meer volkshelden die bekendstaan om hun verzet tegen onderdrukkers.

Heiligencultussen kunnen plaatselijk maar ook internationaal zijn. De Zuid-Marokkaanse stad Marrakesj bijvoorbeeld – vaak 'de tombe van de heiligen' genoemd vanwege het grote aantal heiligen dat er begraven ligt – wordt in verband gebracht met zeven heiligen wier feesten uitsluitend met kleine buurtfeesten gevierd worden. In

Gelovigen bij de schrijn van Abd Sjah Ghazi, een islamitische 'heilige' in Karachi, Pakistan. Veel delen van de islamitische wereld kennen het begrip baraka, *een spirituele of goddelijke zegen of gave die overgedragen kan worden op de volgelingen van een 'heilige' of op de relieken van de 'heilige' (zoals zijn of haar schrijn).*

tegenstelling hiermee is er bijvoorbeeld het feest van de Egyptische 'heilige' Sajjid Ahmad al-Badawi (gestorven 1276) die in heel Egypte en in omringende landen bekend is en met verschillende jaarlijkse festivals herdacht wordt. Het grootste hiervan is de herdenking te Tanta, in Egypte, waar enorme mensenmassa's op af komen.

SJARIE'A EN DE WET VAN DE ISLAM

DE VIER PADEN

In de Middeleeuwen ontstonden er in de soenni-islam vier juridische scholen of tradities. Elke traditie (*madzhab*, letterlijk 'pad' of 'weg') ontwikkelde haar eigen interpretatie van het onderricht in de koran en de Hadieth.

De vier tradities – Hanafieten, Malikieten, Sjafi'ieten en Hanbalieten – zijn genoemd naar hun stichters, belangrijke figuren uit de vroege islam: Aboe Hanifa (gestorven 767 n. Chr.), Malik ibn Anas (ca. 715-795), Mohammed ibn Idries al Sjafi'i (767-820) en Achmed ibn Hanbal (gestorven 855). De belangrijkste van deze geleerden was al-Sjafi'i wiens gedachten over religie en recht in zijn verhandeling *al-Risala* ('de brief') uiteengezet worden. De codificatie van de Hadieth en de formalisering van de wetsbronnen (zie kader hieronder) is in belangrijke mate door zijn invloed tot stand gekomen. De scholen zijn verspreid over de hele soenni-wereld. De Malikieten domineren in Noord-Afrika; de Sjafi'ieten in Egypte, Indonesië en Maleisië; de Hanafieten in Centraal-Azië en het Indiase subcontinent, en de Hanbalieten in Saoedi-Arabië.

De islamitische traditie die gebaseerd is op de leer van de koran en de Hadieth (zie p. 104-5), en die nader geïnterpreteerd is door islamitische theologen *(oelama)* instrueert de moslims zich zowel als individu maar vooral ook als gemeenschap te richten naar de wil van God. Volgens deze opvatting, is de mens door God uitverkoren om als zijn vertegenwoordiger *(chaliefa)* op aarde op te treden en, om een variatie op een uitdrukking uit de koran te gebruiken: 'het behoorlijke te gebieden en het verderfelijke te verwerpen' (*Soera* 3:110). Alle moslims hebben dus de verantwoordelijkheid erop toe te zien dat er een rechtvaardige en morele sociale orde wordt gecreëerd en onderhouden.

De basis van deze morele en sociale orde wordt natuurlijk gevormd door het onderricht zoals dat in de koran (de belangrijkste bron van de islamitische juridische en ethische praktijk), de Hadieth en in de religieus-juridische traditie door de *oelama* (zie linkermarge en kader beneden) is geformuleerd. Dit corpus wordt collectief aangeduid met de naam *sjarie'a*, de 'islamitische weg'. Op basis hiervan worden de wetten geformuleerd waarmee islamitische geleerden geprobeerd hebben de ideale islamitische samenleving tot stand te brengen. De studie van de sjarie'a wordt *fikh* genoemd, nog het beste te vertalen als 'jurisprudentie'. Degenen die de sjarie'a bestuderen worden *foekaha* (enkelvoud *fakieh*) genoemd.

Al vroeg in de ontwikkeling van het rechtssysteem werden de wetten die het islamitische leven bepalen in twee fundamentele categorieën verdeeld: de wetten die betrekking hebben op de relatie tussen de mens en God; en de wetten die te maken hebben met de integriteit van de menselijke samenleving. In elk van beide sferen zijn vervolgens vijf ethische

---

DE BRONNEN VAN HET ISLAMITISCHE RECHT

Soenni-wetsgeleerden onderscheiden vier bronnen voor het islamitische recht. De eerste en belangrijkste is de koran, de directe uitdrukking van de goddelijke wil. Al vanaf het begin af aan hebben moslims zich beziggehouden met de exegese van de koran oftewel *tafsier*. Dit is een intensieve analyse van het heilige boek vanuit zowel een linguïstische als een religieuze invalshoek.

Om de vaak complexe teksten te verduidelijken gebruiken de wetsgeleerden de Hadieth, de tweede gezaghebbende wetsbron. De Hadieth bevat immers de leer van de profeet zelf (zie p. 105) en kan daardoor de verzen van de koran voorzien van uitleg en uitwerking.

De derde bron van de soenni-juristen is de *idjmaa*, gewoonlijk vertaald als 'consensus', dat wil zeggen, een onderling overeengekomen interpretatie van een bepaalde kwestie.

Zo'n consensus kan óf bereikt worden door de meerderheid van de wetsgeleerden in een bepaalde regio óf door deze af te leiden uit het werk van vroegere generaties geleerden. *Idjmaa* was een effectief middel om eensgezindheid met betrekking tot een bepaald onderwerp of probleem te bereiken en te bewaren.

De vierde bron van het recht, ongeveer in dezelfde tijd als de *idjmaa* ontwikkeld, is *kijaas*, 'redeneren op basis van analogie'. Dit bleek een bruikbaar instrument te zijn om beslissingen te nemen in kwesties waarin de koran en de Hadieth geen duidelijke instructie boden.

Het verschil tussen soenni- en sji'i-wetsgeleerden is dat de laatsten meer waarde hechten aan de individuele intellectuele vermogens. Vandaar dat de Sji'a in plaats van *kijaas* gebruikmaakt van *akl*, of *idjtihaad* 'vrije interpretatie van de bronnen'.

Het hoofdplein van de madrasa *van de al-Azhar-moskee in Caïro, Egypte, een belangrijk centrum van de soennitische wetsleer.*

gedragscategorieën te onderscheiden: 'verplicht', 'aanbevolen' (of 'niet verplicht'), 'neutraal' (of 'toegestaan'), 'afkeurenswaardig' en 'verboden'. In het bereik van de menselijke verhouding tot God zien we dan vijf 'geloofsplichten' (*ibadaat*, enkelvoud *ibada*). Deze vijf handelingen worden vaak de 'vijf zuilen' van de islam genoemd en vormen de basis van het islamitische religieuze systeem (zie p. 114-17).

Het deel van het islamitische recht dat betrekking heeft op sociale en politieke verhoudingen is veel groter. Een centraal aandachtsveld dat korangeleerden bezighoudt is bijvoorbeeld het familierecht. De koran stelt op dit gebied allerlei onderwerpen aan de orde, zoals huwelijk, echtscheiding, overspel, erfrechtelijke kwesties, de behandeling van vrouwen en kinderen en financiële zaken. Wat betreft het islamitische huwelijksrecht blijft de vraag naar polygynie (meer dan één vrouw hebben) omstreden. De koran is eenduidig: een islamitische man mag tegelijkertijd met vier vrouwen gehuwd zijn (*Soera* 4:3). Dit vers en ook een ander vers (4:129) roepen mannen echter tegelijkertijd op, zoals moderne apologeten vaak aanvoeren, dat alle vrouwen in elk opzicht hetzelfde behandeld moeten worden – een eis die opgevat wordt als een praktische beperking zoal niet een rechtstreeks verbod op deze praktijk.

DE *MADRASA*

Toen de vele verschillende vormen van de islamitische wetenschap – in de eerste plaats jurisprudentie – vorm begonnen aan te nemen en toen leraren leerlingen begonnen te werven, ontstond er een behoefte aan gebouwen om de studenten in te huisvesten en om lessen in te geven. De *madrasa* (religieus college) is waarschijnlijk in de tiende eeuw ontstaan in Oost-Iran. Hiervandaan vond er een snelle verspreiding plaats naar het oosten en het westen en al gauw werd de *madrasa* een algemeen verschijnsel in de islamitische stedelijke samenleving, met name onder de Saldjoeken (zie p. 98). De *madrasa* kan beschouwd worden als een uitbreiding van de moskee; naast gebedsdiensten vindt er ook studie en onderricht plaats.

MEKKA EN DE KA'BA

De heiligste plaats in de islamitische traditie is de heilige stad Mekka en haar directe omgeving. In het centrum van Mekka bevindt zich het belangrijkste islamitische heiligdom, de Ka'ba.

De omgeving van Mekka en de stad zelf zijn verboden terrein voor niet-islamieten. Binnen de grenzen van het gebied wordt van moslims een bepaald gedrag verwacht. Vechten, jagen en elke andere vorm van bloedvergieten zijn er verboden en de hele stad wordt in feite als heiligdom beschouwd.

De Ka'ba wordt in de koran 'het huis van God' genoemd. De traditie leert dat het vereerde kubusvormige bouwwerk opgericht is door Adam, vervolgens herbouwd en religieus gezuiverd door Abraham en dit is door Mohammed nog eens herhaald toen hij de afgoden van de djahilijja (het pre-islamitische 'tijdperk van de onwetendheid') vernietigde.

De Ka'ba speelt een belangrijke rol in de islamitische geloofspraktijk. Bij hun vijf dagelijkse gebeden (zie p. 114) wenden moslims zich in de richting van de Ka'ba. Tijdens het hoogtepunt van de grote bedevaart, de Hadj (zie p. 117) lopen de gelovigen drie maal rond de heilige schrijn. Op één hoek van de Ka'ba bevindt zich een zwarte steen, misschien een meteoriet, die beschouwd wordt als symbool van de band tussen God en mens.

MOSKEEËN EN SCHRIJNEN

De opvallende eenheid van geloof en praktijk waardoor de verschillende culturen die samen de islamitische samenleving vormen sinds de Middeleeuwen gekenmerkt worden, komt fysiek tot uitdrukking in de belangrijkste islamitische gebedsruimte, de moskee (Arabisch *masdjid*, 'plaats van de prosternatie'). Alle moskeeën hebben hetzelfde grondplan (zie kader rechts), maar vele vertonen daarnaast de karakteristieken van hun culturele en historische omgeving.

Volgens de traditie ligt de oorsprong van de moskee in het huis van Mohammed in Medina. Hoewel herhaalde pogingen tot reconstructie de oorspronkelijk plattegrond niet compleet hebben kunnen invullen, gaat men er vanuit dat het huis van de profeet een grote open ruimte had voor het gebed, een bedekte ruimte om de gelovigen beschutting te bieden tegen de elementen, en de een of andere aanduiding voor de *kibla*, de gebedsrichting (in de richting van Mekka).

In de loop van de islamitische geschiedenis hebben architecten en bouwers met deze elementen gewerkt in uiteenlopende stijlen en materialen. De eerste moslims namen ook vaak, in het voetspoor van de veroveraars, kerken over of bouwden zelf tamelijk elementaire moskeeën.

De Selimije-moskee in Edirne, Turkije, gebouwd in 1569-75 door Sinan. Met de bouw van deze moskee vervulde hij zijn ambitie om als eerste islamitische architect een koepel te bouwen die groter was dan die van de Haga Sofia in Istanboel (of Constantinopel; zie afbeelding p. 96).

Er ontstond al vroeg een onderscheid tussen kleine plaatselijke moskeeën en grote gebedsruimten die niet alleen voor particulier gebruik waren maar ook voor de wekelijkse diensten op vrijdag waar men samen bidt en naar een preek *(choetba)* luistert. Onder invloed van de Byzantijnse en Perzische stijl begonnen er nieuwe architectonische kenmerken te verschijnen zoals de *mihraab* en de *minbar*.

Tot de meest indrukwekkende voorbeelden van vroege moskeeën behoren de Oemajjaden-moskee in Damascus, de al-Aksa-moskee in Jeruzalem en de twee moskeeën die in de negende eeuw in Samarra gebouwd werden, de hoofdstad van het kalifaat van de Abbasieden; geen van de twee is echter bewaard gebleven. Uit een latere periode behoren vooral de Ottomaanse moskeeën tot de mooiste voorbeelden van de islamitische architectuur, en dan vooral de bouwwerken van de architect Sinan (1499-1588). De mooiste moskee van Sinan is misschien wel de Selimije-moskee in de Turkse stad Edirne (Adrianopolis; zie afbeelding links).

De moskee is niet de enige plaats waar moslims bidden. Voor het dagelijkse gebed is het voldoende als men een rustige schone plek zoekt waar men niet afgeleid wordt en die geschikt is om te bidden. Moslims gebruiken meestal een klein matje of een rechthoekig kleed om op te bidden; hiermee benadrukt men het idee van een speciale plaats.

SOEFI-CONVENTEN

Het soefi-convent, bekend als *chanakaah*, is nauwelijks te onderscheiden van een *madrasa* (zie p. 111) wat betreft functie en architectuur. Het soefi-convent is eveneens in de tiende en elfde eeuw in Iran ontstaan als plaats waar de soefi-meester zijn onderwijs kon geven en zijn volgelingen kon huisvesten. Het convent deed ook dienst als herberg voor reizigers.

Later raakten de grotere soefi-orden met een netwerk van conventen vertegenwoordigd in de hele islamitische wereld. De beroemde Marokkaanse geleerde en pelgrim Ibn Battoeta (zie p. 96) maakt melding van grote aantallen *chanakaahs*.

DE ARCHITECTUUR VAN DE MOSKEE

De karakteristieke elementen van de moskee ontstonden op verschillende momenten in de vroege islamitische geschiedenis. Het belangrijkste kenmerk is de *mihraab* of gebedsnis, vaak het rijkst versierde onderdeel van de hele moskee. De *mihraab* geeft de *kibla* aan, de richting waarin de moslim moet bidden. Dit is de richting van Mekka en de Ka'ba (zie marge links).

Andere belangrijke elementen zijn de *minaret*, of 'toren', aanvankelijk een apart gebouw zonder verbinding met de moskee en met een onduidelijke functie. Tegenwoordig is het de plaats vanwaar de oproep tot het gebed gedaan wordt (zie p. 114). Dat dit niet de oorspronkelijke functie is weten we omdat de oproep tot het gebed ook vanaf het dak gedaan mag worden en inderdaad vaak gedaan wordt. Een fontein voorziet de gelovigen van water voor de rituele reiniging *(woedoe)* die aan elk van de vijf dagelijkse gebedsbijeenkomsten voorafgaat. De *dikka* ofwel het podium, is ook een latere toevoeging aan de architectuur van de moskee. Dit podium werd oorspronkelijk gebruikt door de assistenten van de *imaam* (in deze context is de *imaam* degene die de vrijdagse preek houdt vanaf de 'preekstoel' of *minbar*). De *dikka* is vaak groot en rijkelijk bewerkt en gewoonlijk voorzien van een trap.

Een Turkse betegelde mihraab *uit ca. 1570. De inscriptie uit de koran (Soera 3:37) in de bovenrand vindt men meestal in de gebedsnis; het is de bron van de term* mihraab: *'Elke keer dat Zacharia haar kamer [al-mihraab] binnenkwam, vond hij proviand bij haar. Hij zei: "Marjam, waar heb je dit vandaan?"' (Marjams antwoord is: 'van God.')*

DJIHAAD

Op verschillende momenten in de islamitische geschiedenis komt de opvatting bovendrijven dat de *djihaad*, een begrip uit de koran dat uitgebreid besproken wordt in de islamitische literatuur, eigenlijk de 'zesde zuil' van de islam is. *Djihaad* is een complex begrip dat in de westerse media en in de publieke opinie vaak gereduceerd wordt tot één van zijn betekenissen, 'heilige oorlog', de slogan van moderne radicale islamitische groeperingen. In de koran en in de traditie wordt het woord opgevat als 'ijveren op de weg van God', dat wil zeggen, zich inzetten voor een volmaakte morele orde zowel in de maatschappij als in ieders persoonlijk leven. Dit omvat dus een opdracht voor iedere moslim en voor de gemeenschap in haar geheel om te strijden tegen alles wat Gods woord kan corrumperen en daardoor onrust veroorzaakt.

Djihaad is waarschijnlijk ontstaan in de context van de vroege islamitische veroveringen; toen betekende het ongetwijfeld het verspreiden van het ware geloof. Het huidige gebruik van de term door militante moslims is hierop gebaseerd.

Mannen in gebed buiten een moskee in Jamma, India. De matten en kleden waarop ze knielen duiden de heiligheid van de gebedsruimte aan (zie p. 113).

RELIGIEUZE PLICHTEN

Van moslims wordt verwacht dat ze vijf rituele plichten leren en onderhouden. Deze plichten worden vaak de 'vijf zuilen van de islam' genoemd, hoewel de traditie ze eerder als devotionele handelingen beschouwt, in het Arabisch *ibadaat* (enkelvoud *ibada*) genaamd. De koran noemt deze vijf plichten maar treedt niet in detail zodat islamitische geleerden en leraren zich tot de Hadieth hebben moeten wenden voor verdere richtlijnen. De islamitische literatuur in zowel zijn serieuze als meer populaire vorm behandelt de vijf plichten uitgebreid; dit is een indicatie van de nadruk die gelegd wordt op de fysieke dimensie van het islamitische religieuze leven.

De eerste van de vijf plichten is het uitspreken van de *sjahada*, de islamitische geloofsbelijdenis: 'Er is geen god dan God, en Mohammed is zijn profeet.' Dit is de essentie van het islamitische geloof, en deze woorden worden regelmatig uitgesproken in het dagelijks leven.

De tweede – en in de ogen van vele, centrale – plicht is het gebed, *salaat*. Dit voorschrift vinden we zowel in de koran als in de profetische traditie. In een van de vele Hadieths waarin hij over het gebed spreekt, wordt Mohammed als volgt geciteerd: 'Wanneer iemand van jullie bidt staat hij in nauw contact met zijn Heer.'

In de koran vinden we verschillende verwijzingen naar het gebed; het is duidelijk dat het om verschillende soorten gebed gaat. Het 'verplichte gebed' is het belangrijkste. Dit gebed wordt vijf keer per dag verricht op vaste tijden, nadat men zich op de juiste wijze ritueel gereinigd heeft. Andere vormen van gebed zijn niet verplicht. De vijf gebeden vinden plaats bij zonsondergang, 's avonds, bij zonsopgang, tussen de middag en aan het einde van de middag. Het dagelijks leven in islamitische streken en buurten wordt beheerst door het ritme van de oproep tot gebed *(adzaan)* die voor elk van de vijf gebeden, gewoonlijk vanaf de minaret gedaan wordt door de *moe'addzin*.

Hoewel het voor alle moslims wenselijk is dat ze naar de moskee gaan om te bidden is het alleen voor mannen verplicht om zich voor het middaggebed op vrijdag in de moskee te verzamelen. De dienst op vrijdag behelst ook een preek *(choetba)* die door de vaste voorganger of door een prominent lid van de gemeenschap gehouden wordt. Zo'n preek bestaat gewoonlijk uit een commentaar op een bepaald godsdienstig of sociaal onderwerp, gevolgd door de bespreking van één of meer verzen uit de koran. De gelovigen staan opgesteld in rechte rijen waarbij de *imaam*, degene die gekozen is om de bijeenkomst te leiden, alleen vooraan staat met zijn gezicht naar de *mihraab* (zie p. 113). Hierbij dient opgemerkt te worden dat in een gebedscontext de term *imaam* een andere betekenis heeft dan de specifieke die sji'ieten eraan hechten als het gaat om de keten van opvolgers van de profeet (zie p. 108-9).

Alvorens te bidden, of dat nu in de moskee, thuis of op het werk is, moeten moslims zich zowel mentaal als fysiek voorbereiden door zich te concentreren op de komende handeling en de betekenis daarvan. Lichamelijke zuiverheid wordt bereikt door de rituele reiniging die voorafgaand aan elke gebedsbijeenkomst uitgevoerd moet worden.

De gebedencyclus begint met het *takbier* ('A!lahoe akbar', 'God is de grootste') en de openings*soera* van de koran, *al-Fatiha*. De gelovige voert dan een serie van vier lichaamshoudingen uit – staan, buigen, knielen en zitten – die begeleid worden door een reeks uitspraken, sommige verplicht, andere naar eigen inzicht. Elke cyclus wordt *rak'a* genoemd; het aantal cycli is afhankelijk van het gebedsmoment.

Of hij nu alleen bidt of in een groep, aan het einde van elke sessie sluit de gelovige af met het uitspreken van 'de vredegroet', die *tasliem* heet: 'Vrede zij met u en de genade en zegen van God.' Dit wordt tot alle medegelovigen gezegd en, volgens sommige interpretaties, ook tot de engelen die op de schouders van de gelovige zitten.

De derde van de vijf centrale islamitische plichten is de *zakaat*, oftewel de 'verplichte gemeenschapsbijdrage'. Deze plicht wordt in de koran genoemd en wordt zowel daar als in de Hadieth gezien als de manier waarop moslims voor elkaar zorgen. *Zakaat* is iets anders dan het vrijwillig schenken van aalmoezen; van oudsher gaat het om een bepaald percentage van het inkomen waarbij rekening gehouden wordt met iemands feitelijke financiële situatie.

De vierde plicht is het deelnemen aan de vasten (*saum* of *sijaam*) die elk jaar in de maand *ramadaan* gehouden worden. Dit is de negende maand van de islamitische kalender. Het vasten geldt alleen voor de uren dat het licht is; men mag dan niet eten, drinken, seksuele gemeenschap hebben of roken.

De *ramadaan* is een opmerkelijk vertoon van gemeenschappelijk religieus leven in de hele islamitische wereld. Deze periode wordt niet alleen gekenmerkt door een verhoogd religieus bewustzijn, maar ook door een

Een gelovige in Istanboel. Moslims worden aangespoord om samen te bidden maar zijn hiertoe niet verplicht. Een individueel gebed naast de vijf voorgeschreven dagelijkse gebeden wordt zeer aangeraden.

HET ISLAMITISCHE JAAR

De islamitische kalender heeft twaalf maanden. De eerste maand is *moeharram* en de laatste is *dzoe-al-hiddja*, de maand waarin de *haddj* plaatsvindt (zie p. 117). Het is een maankalender en daardoor elk jaar ongeveer elf dagen korter dan het zonnejaar. Dus elke maand valt elk jaar op een ander tijdstip en in ongeveer tweeëndertig en een half jaar heeft elke maand alle seizoenen doorlopen. Feest- en herdenkingsdagen zijn onder andere de geboortedag van de profeet *(Maulid al-Nabi)* op de twaalfde dag van de derde maand *rabie' al-awwal*. De twee grote feestdagen *ied al-fitr* en *ied al-adha* markeren respectievelijk het einde van de negende maand, *ramadaan* (de vastenperiode) en het einde van de *haddj*.

HEILIGE TIJD

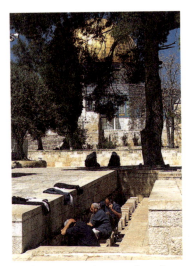

Moslims wassen zich op een plaats die speciaal bestemd is voor de rituele reiniging bij de Rotskoepel-moskee op al-Haraam al-Sjarief (de Tempelberg van de joodse traditie), Jeruzalem.

OVERGANGSRITUELEN

In vrome gezinnen zal een pasgeboren kind een naam krijgen met een historische en religieuze betekenis, zoals Mohammed of Hoesain voor jongens en Chadiedja of Fatima voor meisjes (zie p. 106). Er zijn ook namen die afgeleid zijn van de namen van God zoals Abd Allah en Abd al-Rahmaan. Verzen uit de koran, meestal *Soera* 1 *al-Fatiha*, kunnen als zegen voor het kind worden voorgedragen.

Besnijdenis vindt plaats op lagere schoolleeftijd, meestal alleen bij jongens (zie hoofdtekst). Veel huwelijken zijn gearrangeerd door de families maar deze gewoonte begint te veranderen, vooral in de steden. Polygynie is toegestaan maar tegenwoordig zeldzaam (zie p. 111).

Na het overlijden worden er gebeden uitgesproken voor de dode terwijl het lichaam gewassen en voorbereid wordt. De begrafenis vindt meestal plaats op de ochtend na het overlijden. In veel gebieden is het gebruikelijk om begrafenisprocessies te houden, hoewel de Hadieth melding maakt van de afkeer van de profeet van uitgebreide of emotionele begrafenisplechtigheden.

grote nadruk op familierelaties en sociale verhoudingen.

De vijfde en laatste verplichting van de moslim is de bedevaart naar Mekka, de *haddj* (zie kader rechts).

De staat van rituele reinheid die van moslims voorafgaand aan de vijf dagelijkse gebeden verwacht wordt, staat bekend als *tahara*. Reinigingsrituelen begeleiden het gebed, de belangrijkste bedevaartsrituelen en het lezen uit de koran, wat een moslim niet mag doen als hij niet in een toestand van rituele reinheid is.

Een ander reinigingsritueel is de besnijdenis die, hoewel niet in de koran genoemd, algemeen bij jongens wordt uitgevoerd en in sommige streken ook bij meisjes. De besnijdenis van een jongen vindt meestal plaats als hij tien jaar is of, in sommige samenlevingen, als hij in staat is om uit de koran voor te dragen. Tegen de besnijdenis van meisjes komt zowel binnen als buiten de islamitische wereld steeds meer weerstand. Islamitische geleerden verschillen van mening over de kwestie van de besnijdenis van meisjes, maar velen zijn tegen het ritueel, dat ze beschouwen als een plaatselijke gewoonte die niet in de koran noch in de Hadieth genoemd wordt. In sommige islamitische landen is de besnijdenis van meisjes verboden.

Voor de reiniging kan de gelovige in een staat van 'grotere' of 'kleinere' onreinheid zijn. De grotere onreinheid vereist de wassing van het hele lichaam (*ghoesl*). Deze grote wassing moet plaatsvinden na bijvoorbeeld de menstruatie, de geboorte van een kind en na een zaadlozing. De kleine onreinheid vereist alleen een kleine rituele wassing (*woedoe*), uitgevoerd na het slapen, een bezoek aan het toilet, flauwvallen en nog een aantal andere gelegenheden.

Tot zeer recent ontstond tussen islamitische en niet-islamitische geleerden die het islamitische rituele systeem bestudeerden er af en toe een conflict over de plaats van deze rituelen in het religieuze leven van de moslims. Men vindt bijvoorbeeld in allerlei achterhaalde westerse studies een afwijzende typering van het islamitische ritueel als mechanisch of zelfs levenloos.

Een dergelijke interpretatie van de vijf zuilen heeft geen oog voor de centrale preoccupatie van de islam met de innerlijke concentratie en gerichtheid van de moslim die bezig is met geloofshandelingen. Islamitische schrijvers gebruiken vaak de term *nijja*, of 'bedoeling' in deze context. Een sleutelfiguur in de ontwikkeling van het islamitische religieuze denken, al-Ghazali (zie marge p. 103), beschouwde het ritueel als betekenisloos zolang de moslim niet alert is en vol aandacht voor wat hij of zij aan het doen is: 'In plaats van Hem te zien en getuige van Hem te zijn schenkt de onoplettende gelovige geen aandacht aan degene tot wie hij spreekt; zijn tong beweegt eenvoudigweg uit gewoonte.' En, om met de koran zelf te spreken, 'En wee hen die de salaat bidden die hun salaat veronachtzamen, die [alleen maar bidden] om vertoon te maken' (*Soera* 107:4-7).

DE BEDEVAART NAAR MEKKA

De haddj of bedevaart naar de heilige stad Mekka is de vijfde plicht die de moslim moet uitvoeren. Alle gelovigen worden aangemoedigd de haddj tenminste eenmaal te volbrengen, maar alleen als ze hiertoe financieel in staat zijn en als ze er zeker van kunnen zijn dat hun gezinnen in deze periode goed verzorgd achterblijven. In de praktijk maken de meeste moslims de haddj dan ook niet, maar dit wordt hen niet aangerekend. In sommige landen zijn er spaarsystemen voor de haddj; bijvoorbeeld in Maleisië dat ook een nationale loterij heeft waarvan een volledig verzorgde haddj de hoofdprijs is.

De bedevaart vindt altijd plaats in de laatste maand van het jaar, dzoe-l-hiddja ('de maand van de haddj'). Zelfs in dit tijdperk van moderne communicatiemiddelen is de haddj een fysiek en geestelijk veeleisende onderneming. Het begint met het aannemen van de *ihraam*, een wit gewaad; dit is een reinigingsritueel dat symbool staat voor het achterlaten van wereldlijke aangelegenheden. De rituelen die hierna komen benadrukken de rol van Abraham in de islamitische opvatting van de relatie tussen de mens en God, evenals de band tussen Abraham en Mohammed. Bij aankomst in Mekka, loopt de pelgrim zevenmaal rondom de *Ka'ba* (zie p. 112) vervolgens loopt hij zeven maal de afstand tussen de twee heuvels, Safa en Marwa, waarmee hij Hagars (Hadjir) zoektocht naar water voor haar zoon Ismaël herdenkt.

Verdere rituelen vinden buiten Mekka plaats. Hiertoe behoort het staan op de vlakte van Arafa om Abraham en Ismaël te herdenken; het werpen van steentjes op een steenhoop om de (mislukte) verleiding van Abraham door satan te herdenken; en het offeren van een schaap of ander dier.

Een laatste *tawaaf* (omgang) van de *Ka'ba* brengt de heilige rituelen tot een einde. Vele pelgrims trekken hierna naar Medina om een bezoek te brengen aan het graf van de profeet. Dit ritueel maakt formeel geen deel uit van de *haddj,* maar het is een zeer geliefde afsluiting ervan.

De Ka'ba staat tegenwoordig in het midden van een enorme moskee. De afmetingen van de moskee zijn aangepast aan het enorme aantal pelgrims dat jaarlijks de haddj maakt (ongeveer drie miljoen tegenwoordig, in 1970 was dat nog één miljoen per jaar). De kiswa, een zwarte sluier in gouddraad geborduurd met koranteksten, hangt over de Ka'ba.

DE TERUGKEER NAAR GOD

De koran ziet de dood niet zozeer als een einde maar als een terugkeer naar God, de bron van alle dingen, de Schepper *(al-Chaliek)*, en de enige die in het bezit is van de waarachtige, volmaakte werkelijkheid. Zoals God alles tot leven roept, zo bepaalt hij ook het moment waarop dat leven ophoudt. 'Ieder levend wezen zal de dood proeven. En wij stellen jullie op de proef met het slechte en het goede, als een verzoeking. En tot ons zullen jullie teruggebracht worden.' (*Soera* 21:35).

De dood is dus de toestand waarin God het tijdelijke leven dat de mens op aarde leidt weggenomen heeft, een verschuiving van de ene levenssfeer naar de ander. Het aardse leven is vergankelijk, incompleet en – aangezien alleen God volmaakt kan zijn – onvermijdelijk gebrekkig. De dood is eveneens een tijdelijke toestand. Het fysieke lichaam valt uiteen en verdwijnt, maar de ziel, bevrijd van fysieke beperkingen, beweegt zich naar een andere sfeer. De islamitische traditie kent dus een leven na de dood. Kennis hiervan kan alleen worden verkregen door de goddelijke openbaring, de koran. Het geloof in een leven na de dood

ENGELEN, *DJINN* EN IBLIES

In het wereldbeeld van de koran, met name in de ideeën over hemel en hel, spelen engelen en *djinn* (een collectief zelfstandig naamwoord, de oorsprong van het Nederlandse 'genie') een belangrijke rol. Eén van de engelen is Gabriël (Djibriel), met wie Mohammed op beslissende momenten in zijn profetische missie in contact stond. Een andere is Azraël, de engel des doods. Beide worden vaak genoemd in de koran en de aard van hun wezen en hun aanwezigheid worden door islamitische schrijvers uitgebreid beschreven. Ze zijn de boodschappers tussen God en mens; het duidelijkste zien we dit in de rol van Gabriël die de openbaring van God aan Mohammed doorgeeft. De engelen worden beschreven als wezens van licht; ze verschijnen in de islamitische literatuur meestal als gevleugelde gedaanten die boven de aarde zweven.

Het engelachtige licht dat symbolisch verbonden is met verlichting en wijsheid, vormt een contrast met het vuur waar de *djinn* van gemaakt zouden zijn. De *djinn* worden vaak voorgesteld als lager in rangorde dan de engelen, hun rol is ook minder eenduidig met zowel een positieve kant als een destructieve neiging. De Arabische musicus al-Mausili (767-850 n. Chr.) beweerde dat zijn muziek geïnspireerd werd door de *djinn*; maar ook Iblies, de islamitische satan, zou afkomstig zijn uit de *djinn*.

Het verhaal van Iblies' houding tegenover God is een van de weinige gedetailleerde verhalen die in de koran te vinden zijn. Aanvankelijk wordt Iblies door de engelen en God geaccepteerd als een vrome figuur. Er wordt van hem verteld dat hij op het moment van de schepping van Adam tegen God in opstand komt. Als de engelen op bevel van God buigen voor de nieuw geschapen mens, weigert Iblies dat en wordt uit de hemel verbannen. In reactie hierop zweert hij dat hij zich zal toeleggen op het corrumperen van de mensheid (*Soera* 2:28-34).

Een zestiende-eeuws Turks manuscript waarop de engel Gabriël staat afgebeeld, die het woord van God aan Mohammed (rechts) doorgeeft.

wordt als een essentieel onderdeel van het islamitische geloof beschouwd omdat de moslim hiermee Gods indrukwekkende aanwezigheid erkent. Het functioneert ook als verklaring voor de betekenis en de doel van dit leven met zijn vele eisen en beproevingen.

In de islam zien we zowel het geloof in een individueel oordeel na de dood, als de voorstelling van een laatste apocalyptisch oordeel van alle zielen. Zowel in de Hadieth als in commentaren en meer populaire beschrijvingen wordt het lot van de enkeling meestal beschreven in verschillende fasen. Eerst houdt het functioneren van het lichaam op, waardoor de ziel vrijgelaten wordt die door twee engelen (Moenkar en Nakier) wordt onderzocht (zie kader links). De ziel verblijft dan tot het einde van de wereld in het graf tot alle mensen opgewekt worden uit de dood om het laatste oordeel te ondergaan. God zal de mens beoordelen (in een populaire voorstelling doet hij dit met behulp van een weegschaal) op grond van hun reactie op de profetische boodschap die door Mohammed en de profeten vóór hem verkondigd is. Deze reactie moet er een geweest zijn van gehoorzaamheid aan de goddelijke wil: de ongelovige verwerpt het gedrag dat in de koran en in de Hadieth is gecodificeerd en gaat naar de hel, terwijl de ware gelovige, wiens daden in overeenstemming zijn met de profetische traditie (soenna), naar het paradijs gevoerd wordt. De koran herinnert zijn lezers keer op keer aan deze beloningen en bestraffingen en schildert levendige gedetailleerde beelden van hemel en hel.

Een van de opvallendste voorstellingen die we in de beschrijvingen van de eindtijd in de koran en in verschillende commentaren tegenkomen, is die van het 'juiste pad' *(al-sirat-al-moestakim)* van de ware devotie waar de ongelovigen van afdwalen en de gelovigen aan vast houden. Bijvoorbeeld: 'God is mijn Heer en jullie Heer; dient Hem dus. Dit is een juiste weg.' (*Soera* 19:36). Bij het laatste oordeel, versmalt het pad zich tot een vlijmscherpe rand waar de gehele mensheid langs moet wandelen. Gelovigen zullen dit met gemak volvoeren, maar zondaars zullen struikelen en in de eeuwige vuren van de hel vallen.

VRIJE WIL EN OORDEEL

Een centraal probleem voor islamitische theologen is, net zoals voor hun joodse en christelijke collega's, de vraag naar de vrije wil en de verantwoordelijkheid van de mens. Op grond waarvan kunnen mensen beoordeeld worden als God alles van tevoren heeft vastgesteld? Discussies hierover in het begin van de islam weerspiegelen bepaalde politieke verhoudingen van die tijd. Opponenten van het kalifaat van de Oemajjaden (zie p. 96-7) pleiten sterk voor het bestaan van de menselijke vrije wil en voor de individuele verantwoordelijkheid van een ieder voor zijn of haar handelen. Voorstanders van het regime van de Oemajjaden neigen eerder naar de opvatting dat alles voorbestemd is door God, inclusief natuurlijk het regime van de Oemajjaden.

De nadruk op de vrije wil werd in de negende eeuw opnieuw opgenomen door een groep wetenschappers, de moe'tazilieten, die de opvatting probeerden te verbreiden dat het kwaad in de wereld geen goddelijke oorsprong kan hebben maar uitsluitend het werk van mensen is. Latere soenni-theologen, vooral al-Asjari (gestorven 935 n. Chr.), namen een tussenpositie in. Al-Asjari beweerde dat God, onder handhaving van zijn almacht, de mens toch een 'greintje' (of, anders geformuleerd, een moment van) vrijheid en dus verantwoordelijkheid heeft gegeven.

Een islamitische begrafenis in Kasjgar, China. De profeet was tegen grafornamentiek en hoewel er uitzonderingen op de regels zijn – bijvoorbeeld de monumentale schrijnen van de Mamloeken in Egypte (1250-1517) – zijn de meeste graven, zoals hier, eenvoudig en zonder versieringen.

DE ISLAM IN DE MODERNE TIJD

Kemal Atatürk ('Vader van de Turken'), wiens radicale seculiere hervormingen van het post-Ottomaanse Turkije de meest succesvolle in de islamitische wereld zijn.

In de afgelopen eeuw is de reactie in de islamitische wereld op zowel het westerse imperialisme als op de ontwikkeling van moderne technologieën en ideologieën, van uiteenlopende aard geweest. In sommige landen werd bijvoorbeeld in militaire en politieke kringen het idee van een seculier nationalisme met zijn nadruk op een gecentraliseerde dynamische staat, populair. In Iran en vooral in Turkije kwamen na de val van het Ottomaanse Rijk na de eerste wereldoorlog ambitieuze militairen aan de macht die radicale seculiere hervormingsprogramma's opzetten. Mustafa Kemal Atatürk (1881-1938) is de stichter van de moderne Turkse staat. Hij probeerde de islamitische gebruiken en het islamitische recht uit de openbare sfeer te halen. Zijn maatregelen omvatten onder meer het afschaffen van het kalifaat en van de sjarie'a en het opheffen van het onderwijssysteem dat op de *madrasa's* (religieuze scholen) gebaseerd was. In Iran hebben de sjaah's van de Pahlavi-dynastie (1925-1979) hetzelfde geprobeerd, maar met veel minder succes vanwege de sterke oppositie vanuit het religieuze establishment van de twaalver-sji'ieten (zie p. 108-9) en hun aanhangers.

Ook andere invloedrijke personen en organisaties hebben geprobeerd een moderne vooruitstrevende maatschappij in te richten, gebaseerd op islamitische principes. Onder degenen die aan het debat over deze 'islamitische hervorming' hebben bijgedragen zijn vooraanstaande islamitische intellectuelen zoals Djamaal ad-Dien al-Afghani (1839-97), Sajjid Achmad Chan (1817-8), Rasjied Rida (1865-1935), Mohammed Abdoe (1849-1905) en Abd al-Hamied ben Badis (gestorven 1940). Hun hervormingspogingen werden doorgaans gedwarsboomd door de opkomst van nationalistische, grotendeels seculiere elites. Ook de conservatieve *oelama* voerden vaak heftig oppositie tegen hun ideeën. Zij waren gealarmeerd door de bereidheid van de hervormers om zelfs de meest fundamentele structuren van de islamitische traditie en het islamitische recht – op grond van westerse juridische en politieke ideeën – te herzien. Ook waren ze gekant tegen de oproep om het traditionele islamitische onderwijssysteem van de *madrasa's* te herzien. Abdoe ervoer de kracht van de conservatieve oppositie van zeer nabij. Hij was opgeleid aan de beroemde al-Azhar-moskee in Caïro en heeft vergeefse pogingen ondernomen om het curriculum van deze en van andere islamitische onderwijsinstellingen te vernieuwen. Het is zijn verdienste dat hij heeft bijgedragen aan de oprichting van een nieuwe instelling voor hoger onderwijs, de universiteit van Caïro in 1914.

De kwesties waarmee de huidige islamitische samenleving geconfronteerd wordt, hebben zowel korte als lange voorgeschiedenissen. De reacties op deze kwesties maken de diversiteit aan opvattingen, onder zowel geleerden als leken binnen de islam, zichtbaar met betrekking tot complexe en diepgewortelde religieuze en sociale patronen. De islamitische samenleving groeit nog steeds, zowel in gebieden waar de islam van oudsher aanwezig is, als in streken waar dat nog maar kort zo is, met name in Europa en Noord-Amerika. Vragen waarmee de islam zowel op lokaal als supranationaal niveau worstelt, hebben voornamelijk betrekking op de moderniteit in het algemeen; of dat nu gaat om de uitbreiding van nieuwe technologieën en communicatiemogelijkheden, om veranderende politieke verhoudingen in de periode na de koude oorlog, om de algemene invloed die uitgaat van de westerse populaire cultuur of om de verstrekkende gevolgen van veranderingen in de wereldeconomie. Elke doordenking van de problemen waar de islamitische wereld het hoofd aan moet bieden, kan alleen maar vruchtbaar zijn als er voldoende aandacht geschonken wordt aan de betekenis van de islamitische traditie voor het leven van de moslim zowel op individueel als op gemeenschappelijk niveau.

Een aantal moslims zou op deze problemen een eenvoudig antwoord geven 'De islam is (of voorziet in) de oplossing'. Dit antwoord wordt doorgaans gegeven door 'islamisten' of, wat minder fijnzinnig geformuleerd 'islamitische fundamentalistische bewegingen'. Deze benaming laat zien dat men in dergelijke bewegingen probeert terug te keren naar een geïdealiseerde toestand uit het islamitische verleden; oftewel een terugkeer naar middeleeuwse verhoudingen. Meestal presenteren deze bewegingen echter een nieuwe visie op zowel de islam als op de islamitische samenleving, ook wanneer ze teruggrijpen op het verleden. Bijvoorbeeld, de extreme politieke wijze waarop islamitisch taalgebruik en islamitische symbolen worden gebruikt door zowel leiders als volgelingen van de islamitische bewegingen – of dat nu gaat om het dragen van de sluier of om de koran zelf – is niet eerder in deze mate voorgekomen in de islamitische geschiedenis.

Het fenomeen dat 'politieke islam' genoemd wordt, is een uiterst complex verschijnsel dat door de media en door academische waarnemers maar al te vaak gereduceerd wordt tot ingrijpende politieke gebeurtenissen als de islamitische revolutie in Iran in 1979, die een einde maakte aan het bewind van de sjaah en Ajatollah Roehollah Chomaini (1902-1989) met zijn volgelingen aan de macht bracht; de moord op president Anwar Sadat van Egypte door radicale moslims; en de activiteiten van een organisatie als de Hizbollaah in Libanon, de Hamasbeweging in Israël-Palestina en de diverse

DE 'NATION OF ISLAM'-BEWEGING

De islam is de voedingsbodem geweest van allerlei sociaal-religieuze bewegingen die er doctrines op na houden die de meerderheid van de moslims alle perken te buiten vindt gaan, ondanks hun islamitische wortels. Twee opvallende voorbeelden zijn de Druzen (zie p. 109) en, tegenwoordig, de 'Nation of Islam'-beweging in de Verenigde Staten.

De 'Nation of Islam' is ontstaan in de crisis van de jaren dertig in de Afro-Amerikaanse wijken van Detroit en Chicago. De stichters Fard (Farrad) Mohammed (gestorven in 1934) en zijn leerling Elijah Mohammed (1896-1975), verkondigden een militant, separatistisch Afro-Amerikaans nationalisme aan de arme en politiek machteloze inwoners van de stedelijke getto's van de noordelijke staten. De extreem racistische boodschap en de vergoddelijking van Fard Mohammed is onaanvaardbaar voor de meerderheid van de moslims.

Een centrale rol in de beweging speelde de radicale Malcolm X (1925-1965), een van de eerste aanhangers van Elijah Mohammed. Malcolm X brak echter met de beweging en werd soenniet. Verdeeldheid in de jaren zeventig en tachtig bracht vele leden ertoe het voorbeeld van Malcolm X te volgen, maar anderen bliezen de 'Nation of Islam' nieuw leven in onder leiding van Louis Farrachan (geboren 1933).

Vrouwen op weg naar een moskee in Centraal-Bosnië. 'Politieke islam' onder de grotendeels seculiere moslims van Bosnië was een onverwacht verschijnsel dat voornamelijk is ontstaan onder druk van niet-islamitisch extreem nationalisme in het voormalige Joegoslavië.

islamitische groeperingen die zijn opgekomen in de Algerijnse burgeroorlog in de eerste helft van de jaren negentig. Maar al te vaak ziet men over het hoofd dat politiek activisme slechts één uitingsvorm is van een hernieuwd religieus bewustzijn dat veel algemener onder moslims leeft. Bovendien moet men zich realiseren dat de meeste islamitische groeperingen politieke oppositiebewegingen zijn die men slechts kan begrijpen door kennis te nemen van hun specifieke idealen en teleurstellingen.

De ideeën van de 'politieke islam' en de organisaties die daartoe gerekend kunnen worden zijn voornamelijk geworteld in het vroeg-twintigste-eeuwse antwoord op het westerse imperialisme en in de debatten die men hield over de manier waarop men de islam nieuw leven in kon blazen. In deze context zijn met name drie bewegingen van belang. In Iran zien we dat het verval van de Kadjaren-dynastie (1794-1925) in de negentiende eeuw, de invloed van de *oelama* van de twaalver-sji'ieten heeft versterkt. Hiermee was de basis gelegd voor spanningen in later tijden tussen de sjahs en de lei-

VROUWEN IN DE ISLAM

De rol van vrouwen in de islamitische samenleving is een onderwerp waarover heftig gediscussieerd wordt zowel binnen als buiten de islamitische wereld. Pogingen van islamitische schrijvers om zich te verhouden tot zowel het openbare als het private leven van vrouwen, zijn van uiteenlopende kwaliteit. De discussie gaat gedeeltelijk over de speciale behandeling van vrouwen en de rolverdeling tussen de seksen zoals die in de koran, de Hadieth en elders wordt geformuleerd.

Bekende moderne islamitische denkers zoals Maudoedi (zie hoofdtekst rechts) en de Egyptische schrijver Kasiem Amien (gestorven in 1908) riepen, ieder op eigen wijze, op tot een heroverweging van deze onderwerpen. Tegenwoordig gaat de discussie vooral over de rol van vrouwen in het openbare leven, met name in werksituaties en aan onderwijsinstellingen. De toename van het aantal meisjes en vrouwen dat de sluier *(hidjaab)* en onopvallende eenvoudige kleding draagt, laat zien hoe weinig westerse feministische argumenten aanslaan bij islamitische vrouwen.

De problemen met betrekking tot de positie van de vrouw worden echter wel van belang geacht voor de gehele islamitische samenleving. Met andere woorden, de discussie over 'gender'-rollen is vaak maar een onderdeel van de discussies over het huwelijk, echtscheiding, erfrechtelijke kwesties en andere gebieden van het islamitische familierecht.

Familierecht is vaak het onderwerp geweest van intensieve studie en discussie onder degenen die zich bezighouden met de plaats van de vrouw in de islamitische samenleving. Pogingen om traditionele familieverhoudingen te veranderen hebben zeer uiteenlopende resultaten opgeleverd. In het Turkije van Atatürk en in Tunesië onder president Habieb Bourguiba (1903-), zijn concrete hervormingen doorgevoerd. Hervormingspogingen in het moderne Egypte, Koeweit en Pakistan hebben veel minder resultaten opgeleverd.

Algerijnse vrouwen met de traditionele volledige sluier. In Algerije heeft het conflict tussen de seculiere regerende elite en islamitische radicale groeperingen geleid tot een bloedige burgeroorlog in het laatste decennium van de twintigste eeuw.

ders van de *oelama*. Dit culmineerde in de opkomst van de militante beweging onder leiding van Chomaini. In India leidden de ideeën van Aboe-l-A'la al-Maudoedi (1903-1979) in de jaren veertig tot de oprichting van de *Dja-ma'at-i-Islami* ('islamitisch genootschap'), tot op de dag van vandaag actief in Pakistan. In Egypte maakten het activisme en de ideeën van Hasan al-Banna (1906-1949) de weg vrij voor de opkomst van de moslimbroederschap in dat land. Hierna zien we dat in andere landen van het Nabije-Oosten, een aantal aftakkingen van de moslimbroederschap verschijnen, zoals de Hamasbeweging en verwante groeperingen in Syrië en Jordanië.

Op dezelfde wijze als de vroegere hervormers formuleren de moderne fundamentalisten een gedeelte van hun ideeën in sociale en morele bewoordingen. De islamitische samenleving, zo beweert men, is gecorrumpeerd door de invloed van de westerse cultuur die men in het algemeen als moreel zwak beschouwt. Men maakt zich vooral zorgen over de toename van het aantal vrouwen in het openbare leven, een ontwikkeling die men gevaarlijk acht voor de sociale orde en in strijd met de koran (zie kader links). De huidige moslimfundamentalisten zijn ook geïnteresseerd in politieke hervormingen. In de geschriften van Chomaini en van bijvoorbeeld Sajjid Koetb (gestorven 1966), lid van de moslimbroederschap en terechtgesteld door de Egyptische regering vanwege zijn opvattingen, vindt men scherpe kritiek op de politieke elite van de islamitische wereld en een roep om sociale gerechtigheid en radicale veranderingen. Koetb's werk blijft een belangrijke inspiratiebron voor militante moslims. Het centrale thema dat de moslimfundamentalisten verkondigen, is de noodzaak om een islamitische staat te stichten, dat wil zeggen een samenleving die volledig gebaseerd is op de sjarie'a oftewel de goddelijke wet (zie p. 110-11).

DE ISLAM EN ISRAËL

Het Israëlisch-Palestijnse conflict is een bron van discussie en grote zorg in de islamitische wereld, met name in het Arabische Nabije-Oosten. De stichting van de staat Israël in 1948 leidde tot het vertrek van honderdduizenden Palestijnse Arabieren uit Israël.

Voor de Arabieren kreeg het conflict voedsel door de oorlog van 1967 waarbij Israël Oost-Jeruzalem, de westelijke Jordaanoever, de hoogvlakte van Golan en de Gazastrook bezette. Jeruzalem is na Mekka en Medina de heiligste stad van de islam, voornamelijk vanwege een traditie over Mohammed (zie kader, p. 107) en de rol van de stad in de formatieve periode van de islam.

Naast dit religieuze argument speelde voor veel Arabieren ook mee dat de verovering van de genoemde gebieden de corruptie van verscheidene Arabische regimes en van het Arabische seculiere nationalisme aantoonde. Veel Arabieren zien de nederlaag tegen Israël als de rechtvaardiging voor de opkomst van meer militante vormen van islam.

Het conflict ging een moeilijke nieuwe fase in met de Oslo-akkoorden van de jaren negentig waarin een zekere mate van Palestijns zelfbestuur wordt gegarandeerd op de westelijke Jordaanoever en in Gaza. Hoewel deze akkoorden in het algemeen als een belangrijke stap voorwaarts worden beschouwd in de ingewikkelde Arabisch-Israëlische verhoudingen, is er niettemin van beide zijden heftige oppositie tegen gevoerd.

Een nieuwe moskee in Brunei, Zuidoost-Azië, een kleine islamitische staat die floreert dankzij grote olievondsten. Islamitische landen beheersen ongeveer twee derde van de olieproductie en hebben mede daardoor de welvaart en de economische kracht opgebouwd die sleutelfactoren geweest zijn voor het zelfverzekerde optreden van de islam op het internationale toneel.

Hoofdstuk vier

HINDOEÏSME

Vasudha Narayanan

Een zandstenen beeld van ca. 800 n. Chr. uit Madhya Pradesh waarop de god Shiva staat afgebeeld als Nataraja (de 'Heer van de Dans'), een van zijn belangrijkste verschijningsvormen.

INLEIDING 126

Ontstaan en historische ontwikkeling VIJFDUIZEND JAAR TRADITIE 130

Aspecten van het goddelijke GODEN EN GODINNEN 134

Heilige teksten GEBEDEN 138

Heilige personen LERAREN EN LEIDERS 142

Ethische uitgangspunten WEGEN NAAR VERLOSSING 144

Heilige ruimte EEN HEILIG LAND 146

Heilige tijd HEILIGE VIERINGEN 152

Dood en hiernamaals KARMA, DOOD EN WEDERGEBOORTE 156

Samenleving en religie ONDERSCHEID EN IDENTITEIT 158

LINKS Kleurrijk geschilderde beelden van goden, godinnen en andere goddelijke wezens versieren de buitenkant van de Kadirampuram tempel, Hampi, provincie Karnataka.

INLEIDING

Tachtig procent van de Indiase bevolking van bijna één miljard mensen is hindoe, en vandaag de dag leven er hindoes in alle delen van de wereld. Toch is de term 'hindoeïsme' moeilijk te definiëren. De religie heeft geen stichter, geloofsbelijdenis, leraar of profeet, die door álle hindoes centraal wordt gesteld binnen het hindoeïsme, en geen enkel heilig boek wordt wereldwijd als het belangrijkste erkend.

Het gebruik van de term 'hindoe' is op zichzelf al complex. Zowel 'India' als 'hindoe' zijn afgeleid van *'Sindhu'*, de traditionele benaming van de Indus-rivier. In klassieke inscripties en documenten verwijst 'hindoe' naar het volk van 'Hind', het Indiase subcontinent. In de islamitische rijken van het Middeleeuwse India werd de benaming gebruikt voor alle niet-islamitische Indiërs van welk geloof dan ook. Pas aan het eind van de achttiende eeuw ging de term verwijzen naar de dominante religie van het Indiase volk.

'Hindoeïsme' is geen term die de meeste hindoes in het verleden op zichzelf zouden hebben toegepast of die ze zelfs nu specifiek zouden gebruiken, hoewel de term 'Hindutva' ('Hindoeheid') de afgelopen jaren politiek gangbaar is geworden. Hindoes identificeren zichzelf met hun kaste, gemeenschap, regio en taal. De uitdrukking *sanatana dharma* ('eeuwig geloof') is in de laatste tweehonderd jaar algemeen geworden, maar is meer van toepassing op filosofische interpretaties van de religie dan op de kleurrijke lokale manifestaties ervan. In vroege teksten stond *sanatana dharma* voor de ideële religieuze verplichtingen van mensen, maar bracht het niet het idee van een geloofsgemeenschap tot uitdrukking.

In de Indiase wetgeving kunnen zelfs mensen die tot traditities behoren die gewoonlijk als theologisch verschillend van het hindoeïsme worden gezien, met de term 'hindoe' worden aangeduid. Hij wordt in het algemeen gebruikt voor iedereen die in India woont en de hindoeïstische traditie – die

De Swaminarayan-tempel te Neasden in Londen, Engeland, bedient een van de vele grote hindoegemeenschappen zoals die over de hele wereld bestaan. Geopend in 1997, is het de grootste hindoetempel buiten India.

HINDOEÏSTISCHE HEILIGE PLAATSEN

Op deze kaart staan veel van de belangrijkste heilige plaatsen van het hindoeïsme, waaronder steden, bergen en rivieren. De meeste getoonde steden zijn aan een of meer goden gewijd (zoals Ayodhya, de geboorteplaats van Rama). Andere, zoals de Harappa-steden, Ellora (waar hindoeïstische rotstempels zijn), en de tempels van Khajuraho, zijn eerder van historische dan actuele betekenis. De overige steden staan vermeld ter oriëntatie; maar hoewel zij wellicht niet van specifiek religieus belang zijn, zullen de meeste tal van heilige plaatsen kennen, variërend van tempels tot altaren langs de kant van de weg.

Legenda

- ● Hindoeïstische heilige plaats
- ● Andere steden
- ▲ Heilige berg
- ○ Plaats uit de Harappa- of Indus-beschaving

niet nader omschreven wordt – in enige vorm of ontwikkeling aanvaardt. Hij omvat daarom ook boeddhisten, jaina's en sikhs. De term is ook van toepassing op iedereen die geen moslim, christen, parsi (aanhanger van Zoroaster), of jood is.

Aan de andere kant is 'hindoeïsme' zelfs een problematisch etiket voor sommige van de tradities die veel mensen doorgaans als hindoeïstisch beschouwen. Meerdere Indiase sekten en bewegingen zijn op zeker moment naar de rechter gegaan om hun officiële hindoestatus aan te vechten.

Het hindoeïsme is gedurende de laatste twee eeuwen voorgesteld als een min of meer samenhangende religie. Het is echter belangrijk om op te merken dat er honderden interne scheidslijnen bestaan waaraan kaste, gemeenschap, taal en geografie ten grondslag liggen. Regionale manifestaties van een godheid of een plaatselijke heilige tekst zijn soms belangrijker voor een bepaalde groep gelovigen dan enig pan-hindoeïstisch concept. Veel van zulke groepen delen op grote schaal teksten, goden, tradities en rituele patronen, hoewel zij deze op uiteenlopende wijzen interpreteren. Daarnaast kunnen er andere groepen zijn waarmee zij maar zeer weinig gemeen hebben. Toch zijn er ook lijnen die geografisch gezien door het hele subcontinent lopen en historisch gezien over duizenden jaren. Het is daarom nuttiger om soms te spreken van vele hindoeïstische tradities en op andere momenten van één traditie.

Is het hindoeïsme een religie, een cultuur, of, zoals veel hindoes zouden zeggen, een levenswijze? Het is alledrie, maar wat in het Westen als de grens tussen heilige en niet-heilige domeinen zou kunnen worden opgevat, is niet van toepassing op de hindoeïstische tradities. Terwijl vele hindoeïstische heilige teksten en praktijken erop gericht zijn om de gelovige te voorzien

CHRONOLOGIE *Alle data zijn n. Chr., behalve waar aangegeven*

- ± 3000-1750 v. Chr. • Indus- of Harappa-beschaving
- ± 1500 v. Chr. • Arische invasies van Noord-India
- ± 800 v. Chr. • Compilatie van de orale Veda's
- ± 600 v. Chr. • Vervaardiging van de Upanishads
- 326 v. Chr. • Griekse legers onder Alexander de Grote komen tot aan India
- ± 272 v. Chr. • Troonsbestijging van keizer Asjoka van de Maurya-dynastie
- ± 100 v. Chr. • Compositie van de Bhagavad Gita
- ± 200 v. Chr. • Compilatie van de Wetten van Manu
- ± 500 • Opkomst van hindoeïstische tantristische traditie
- ± 700 • Alvars, Tamil bhakti- (devotie-) dichters, onder wie Nammalvar, actief
- ± 800 • De wijsgeer Shankara vervaardigt de Advaita Vedanta, sleutelgeschrift van de non-dualistische filosofie
- 1137 • Dood van Ramanuja, vishnuïtisch-theïstische wijsgeer
- ± 1175 • Leven van de bhakti-dichter Jayadeva
- 1206 • Vestiging van het islamitische sultanaat te Delhi
- 1450?-1547 • Leven van prinses Mira, bhakti-dichteres
- 1483-1530 • Regering van Baboer, stichter van het Mogolrijk
- 1483-1563 • Leven van Surdas, groot vereerder van Krishna
- 1486-1583 • Dood van Chaitanya, Bengaalse, vishnuïtische bhakti-leider
- 1518 • Dood van Kabir, Noord-Indiase bhakti-dichter
- 1543?-1623 • Leven van Tulsidas, Noord-Indiase bhakti-dichter
- 1556-1605 • Regering van de Mogolkeizer Akbar
- 1757 • Vestiging van het Britse gezag in Calcutta
- 1772-1833 • Leven van de hindoehervormer Ram Mohan Roj, stichter van Brahma Samaj ('Gemeenschap van Brahma'), 1828
- 1824-1883 • Leven van de hindoehervormer Dayananda Sarasvati, stichter van de Arya Samaj ('Gemeenschap der Edelen'), 1875
- 1857-1858 • Afschaffing van het Mogolrijk en vestiging van het Britse gezag
- 1875 • H. Blavatsky en H.S. Olcott richten de Theosofische Vereniging op, waarbij zij gebruikmaken van het hindoeïsme en boeddhisme
- 1893 • Vivekananda, stichter van de Ramakrishna-zending, een hindoeïstische mystieke orde, woont het eerste Congres van Wereldreligies bij
- 1914 • Sri Aurobindo (1872-1950) sticht de eerste ashram (religieuze leefgemeenschap) te Pondicherry
- 1920 • M.K. ('Mahatma') Gandhi (geb. 1869) start de op ahimsa (geweldloosheid) gebaseerde anti-Britse campagne
- 1947 • India verkrijgt de onafhankelijkheid
- 1948 • Gandhi vermoord
- 1966 • A.C. Bhaktivedanta sticht in New York de International Society for Krishna Consciousness (Hare Krishna-gemeenschap)
- 1992 • Militante hindoes verwoesten de 16de-eeuwse moskee in Ayodhya

van spirituele wegen naar bevrijding uit de herhaalde cyclus van leven en dood, leiden vele andere aspecten van de hindoeïstische levenswijze en rituelen niet direct naar die transformatie, maar ziet men ze als middelen om de kwaliteit van iemands leven op aarde te verhogen. Als zodanig kunnen activiteiten als het planten van bomen, zingen, dansen, geneeskunde, boogschieten, astrologie, beeldhouwen, architectuur, en het bouwen van een huis, alle gezien worden als onderdeel van het religieuze domein.

Bij de bestudering van de vele hindoeïstische tradities moeten de woorden 'werelds' en 'heilig' daarom voorzichtig worden gebruikt. In de hindoeïstische context hebben de termen *dharma* en *moksha* meer betekenis. *Dharma*, een woord uit het Sanskriet waarvan de stam 'voortduren' betekent, is waarheid, rechtschapenheid, plicht, wet, rechtschapenheid. *Moksha* betekent letterlijk 'bevrijding', dat wil zeggen bevrijding uit de kringloop van leven en dood die iedere ziel, naar men gelooft, ondergaat (zie p. 156-7) en die eindeloos wordt herhaald, net zolang tot de ziel bevrijding, een toestand van gelukzaligheid, bereikt. Hoewel dit idee niet alleen in het hindoeïsme voorkomt, is het geloof in dit proces wellicht het enige waarvan men kan zeggen dat alle 'hindoes' het delen.

Een vrouw betreedt met een kind de Hoysala-tempel te Halebid, Karnataka. De tempel is gewijd aan Hoysaleshvara ('de Heer van de Hoysala-dynastie of het Hoysala-volk'), een regionale manifestatie van Vishnu, een van de grote pan-hindoeïstische goden.

VIJFDUIZEND JAAR TRADITIE

De hindoeïstische traditie kent geen stichter en kan haar ontstaan niet herleiden tot een bepaald jaar of een bepaalde eeuw. Het wordt algemeen aangenomen dat haar begin gelegen is in de klassieke inheemse cultuur van India en van het Indo-Europese volk dat zo'n vierduizend jaar geleden in India verscheen. De eerste fasen van de vroegste hindoeïstische geschiedenis worden niet gekenmerkt door opmerkelijke personen (hoewel die er wel geweest moeten zijn) en belangrijke bekeringsbewegingen, maar eerder door de compositie van mondeling overgeleverde heilige teksten die de centrale begrippen die we nu hindoeïsme noemen, tot uitdrukking brachten.

De oudst bekende Indiase beschaving bestond van circa 3000 tot 1750 v. Chr. in een uitgestrekt gebied rond de Indus-rivier en waarschijnlijk ook elders. Bij Harappa en Mohenjo Daro zijn hele steden opgegraven. Het volk van deze beschaving (vaak de 'Harappa'-beschaving genoemd) kende het schrift, maar dit is tot op heden nog niet ontcijferd. Sommige Harappa-zegels dragen beeltenissen van figuren die kenmerken hebben van de latere hindoeïstische god Shiva. Het 'Grote Bad', een enorm badencomplex bij Mohenjo Daro met zuilengangen en zijkamers, had mogelijk een religieuze functie. Op basis van dit gefragmenteerde bewijsmateriaal kunnen we voorzichtig concluderen dat sommige kenmerken van het hedendaagse hindoeïsme wellicht bijna vijfduizend jaar oud zijn.

De Harappa-cultuur werd gevolgd door het 'tijdperk van de *Veda's*', zo genoemd naar de heilige composities van het Indo-Europese volk. Er wordt algemeen aangenomen dat de Indo-Europeanen rond 2000 v. Chr. vanuit Centraal-Azië India binnentrokken, hoewel sommige geleerden denken dat India het oorspronkelijke thuisland was. Het werk van archeologen, antro-

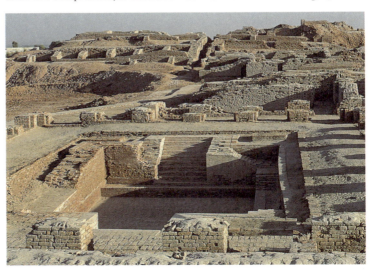

De ruïnes van het 'Grote Bad' in de historische plaats in de Indus-Vallei bij Mohenjo Daro, Pakistan. Gebouwd van baksteen, was het bad mogelijk een heilig bassin voor rituele wassingen, vergelijkbaar met constructies bij latere hindoeïstische tempels.

pologen en linguïsten suggereert dat het een vreedzaam proces was, ondernomen op zoek naar nieuwe landbouwgronden. De Indo-Europeanen noemden zichzelf 'Ariërs' of 'Edelen'. Hun taal was de voorloper van de klassieke Indiase taal van het Sanskriet, dat nauw verwant is aan alle andere talen die door linguïsten 'Indo-Europees' genoemd worden, waaronder het Latijn, Grieks en Engels.

In India componeerden de Indo-Europeanen vele heilige verzen en stelden zij in een later stadium hele handleidingen over rituelen en filosofie op. De oudste van zulke composities zijn gezamenlijk bekend als de *Veda's* (Sanskriet: 'kennis') en vormen de kern van India's klassieke, 'proto-hindoeïstische' vedische religie (zie kader, beneden).

Het op offers gebaseerde wereldbeeld van het vroegste vedische tijdperk maakte plaats voor filosofische onderzoekingen en bespiegelingen in de latere teksten die als de *Aranyaka's* en *Upanishads* bekendstaan (zie p. 138). Deze werden rond de vroege zesde eeuw v. Chr. samengesteld, in een tijd van grote intellectuele speculatie, toen Siddhartha Gautama (de Boeddha;

VEDISCHE RELIGIE

Een allesoverheersend kenmerk van het religieuze leven in de vedische periode was het rituele offer. De meeste rituelen hadden met vuur te maken (zie p. 155) en werden door religieuze specialisten uitgevoerd die ook toezicht hielden op de vervaardiging van altaren en het reciteren van hymnen. Bij veel offers werd gebruikgemaakt van *soma*, een bedwelmende drank.

De vedische religie zag een subtiel verband tussen de uitvoering van rituelen en het overwicht van *rita* ('waarheid', 'rechtvaardigheid' en 'juistheid'). *Rita* maakt harmonie en vrede op aarde en in de hemelen mogelijk en werd gedragen door vroege vedische goden als Varuna. Volgens de vedische hymnen die vóór circa 1000 v. Chr. werden opgesteld, was de wereld mogelijk ontstaan door een kosmische offerdaad. Eén scheppingsvers noemt expliciet het ontstaan van de sociale geledingen die we tegenwoordig 'kasten' noemen (zie p. 158-60).

Een achttiende-eeuws manuscript van een gedeelte van de Rig Veda *('Wijsheid van de Verzen'). Dit is een verzameling van meer dan duizend hymnen aan oude vedische goden, die verwijzen naar tal van offerrituelen.*

HINDOEÏSME, DE BOEDDHA EN MAHAVIRA

De verfijnde filosofie van de *Upanishads* stamt uit een periode van kritische onderzoekingen in grote delen van Noord-India. Siddhartha Gautama (de Boeddha) en Mahavira of Jaina ('Overwinnaar', van wie de hedendaagse jaina's volgelingen zijn) trokken beiden het idee in twijfel dat de *Veda's* goddelijke openbaringen waren. Op basis van hun eigen spirituele ervaringen verkondigden zij en anderen dat er een pad naar bevrijding was dat openstond voor iedereen en niet alleen voor de hogere kasten van de samenleving.

Zowel Siddhartha als Mahavira benadrukten geweldloosheid (*ahimsa*), en deze deugd is van grote betekenis geweest in het hindoeïsme en in vele andere Zuid-Aziatische tradities. In onze tijd vormde deze de inspiratie voor de strategie van Mohandas Karamchand Gandhi (bekend als 'Mahatma' of 'Grote Ziel'), die India's strijd voor onafhankelijkheid in de twintigste eeuw leidde.

zie p. 168-71), Mahavira (de stichter van het jainisme) en anderen vraagtekens plaatsten bij de gezagsstructuren van de traditionele Indiase religie en deze zelfs verwierpen, zoals het religieuze leiderschap van de priesterkaste (de *brahmanen*), het kastenstelsel zelf, en de status van de *Veda's* (zie linkermarge). De *Upanishads* streven bevrijding van de cyclus van leven en dood na en introduceerden het idee van onsterfelijkheid als realiteit. De uiteindelijke zoektocht van de hindoeïstische traditie zoals die zich vervolgens ontwikkelde, is het bereiken van de onsterfelijkheid van de ziel en, in dít leven, geluk en vrede.

De meeste latere teksten in het Sanskriet houden zich direct of indirect bezig met *dharma* (een woord met tal van betekenislagen, waaronder 'juist handelen', 'waarheid' en 'wet'). De *Bhagavad Gita* benadrukt dat *dharma* moet worden uitgevoerd zonder de verwachting van een beloning maar in aanbidding van één god. Naar het 'opperste wezen', dat in de *Upanishads* wordt opgevat als *brahman,* een abstract begrip (zie p. 134-5), wordt in de *Bhagavad Gita* verwezen als de god Krishna of Vishnu. Aanbidding of devotie (*bhakti*) – de intens persoonlijke verering van en overgave aan dit opperste wezen, of die zich nu manifesteert in de vorm van Vishnu, Shiva, de Godin, of enig ander goddelijk wezen (zie p. 134-7) – is gedurende de laatste tweeduizend jaar een van de meest alledaagse kenmerken van vele hindoeïstische gemeenschappen geweest.

Twee factoren hebben aan de verspreiding van deze devotie bijgedragen. De eerste was het gebruik van spreektalen, in plaats van het Sanskriet. De andere was de aantrekkingskracht ervan, dwars door alle sociale klassen heen. Sommigen van de meest befaamde devotie-dichters of -heiligen, zoals Nammalvar in de achtste eeuw en Tukaram in de vijftiende, werden gezien als afkomstig uit zeer lage kasten. Maar hun invloed strekte zich uit over alle niveaus van een zeer gelaagde samenleving, omdat hun eenvoud van aanbidding de elite en de massa's gelijkelijk aansprak. Andere populaire *bhakti*-dichters kwamen uit een welvarender sociaal milieu. Een van de

Een achttiende-eeuwse miniatuur illustreert een oud hindoeïstisch scheppingsverhaal waarin de god Vishnu (midden) toeziet op het karnen van de melk van een oer-oceaan om de heilige vloeistof soma te bereiden. Om de grote karnstok rond te draaien, trekken de goden (links) en demonen (rechts) aan de staart van een kosmische slang.

HINDOE-HERVORMERS

Ram Mohan Roy (1772-1833) werd geboren in een orthodoxe *brahmaanse* familie, maar raakte vertrouwd met het westerse sociale leven en de christelijke geschriften en met leden van de unitaristische beweging. Na zijn studie van de *Upanishads* (zie p. 138) en andere teksten kwam Roy tot de slotsom dat bepaalde hindoeïstische gebruiken geen onderdeel van het 'klassieke' hindoeïsme waren. In 1828 richtte hij een vereniging op om de aard van *brahman*, het opperste wezen (zie p. 135), kritisch te onderzoeken. Deze organisatie werd later de Brahma Samaj ('Gemeenschap van Brahman') genoemd.

Roy vertaalde enkele van de *Upanishads* en andere Sanskritische teksten en verspreidde ze gratis. Een pionier op het gebied van onderwijs, richtte hij ook nieuwe tijdschriften en onderwijsinstellingen op en werkte hij aan het verbeteren van de status van hindoe-vrouwen.

Dayananda Sarasvati (1824-83) beschouwde alleen de oudste hymnen van de *Rig Veda* (zie p. 131) als de ware geschriften. Hij was onder de indruk van de levensvreugde die zij tot uitdrukking brachten en hun zorg voor het individu, de familie en de gemeenschap. In 1875 richtte Dayananda de Arya Samaj ('Gemeenschap der Edelen') op. Deze was gebaseerd op de leerstellingen van de *Rig Veda* en bepleitte een leven van scholing en hard werken. Voor hem was de ideale persoon iemand die anderen diende en zo een vol leven leidde, in plaats van een leven van verzaking. Een goede samenleving, zo stelde hij, is er een waarin de mensen werken om de mensheid te verheffen; dit op zichzelf leidt tot het welvaren van lichaam en ziel.

---

meest beroemde, Mira (1450?-1547), was een prinses uit Gujarat die gepassioneerde gedichten schreef over haar liefde voor de god Krishna. Volgens sommige legenden versmolt zij aan het eind van haar leven in een tempel met een icoon van Krishna.

De zestiende eeuw zag de opkomst van het sikhisme onder leiding van de goeroes hiervan, te beginnen met Goeroe Nanak (1469-1539), en het hoogtepunt van het islamitisch-bestuurde Mogolrijk onder keizer Akbar en diens opvolgers (zie rechtermarge). In deze periode begonnen de Portugezen, Nederlanders, Engelsen en Fransen met het vestigen van handelsposten in India. In de loop der tijd, toen de macht van de Mogols begon te tanen, kwam de inbezitname van gebiedsdelen op hun agenda te staan; in de achttiende eeuw werden grote delen van het subcontinent losjes samengevoegd onder Brits bestuur. Veel van de sociale en religieuze praktijken van de hindoes – met name de 'idolatrie' en het kastenstelsel – werden door de Europese missionarissen en anderen sterk afgekeurd, terwijl andere praktijken, zoals *sati* (de verbranding van weduwen samen met hun overleden echtgenoot), werden verboden. Een van de antwoorden op deze kritiek van buitenaf kwam in de vorm hervormingsbewegingen die in de vroegmoderne tijd binnen het hindoeïsme opkwamen (zie het kader, boven).

De vele tradities die samen het tapijt van het hindoeïsme vormen, bleven ook nadat zij over de wereld verspreid raakten, floreren. Hindoes die gedurende het eerste millennium naar Zuidoost-Azië migreerden, probeerden hun cultuur over te dragen door het bouwen van de grote tempels van Cambodja en Java. Op vergelijkbare wijze hebben emigranten naar Groot-Brittannië en de Verenigde Staten in de afgelopen paar decennia geprobeerd om hun cultuur tot in het volgende millennium te laten voortbestaan door middel van religieuze en culturele kernen van hun eigen gemeenschapstempels.

HINDOEÏSME ONDER DE MOGOLS

Vijf eeuwen geleden kwam het grootste deel van India's hindoeïstische bevolking onder de heerschappij van de Mogols ('Mongolen'), een islamitische dynastie van Centraal-Aziatische origine. De sociale en leerstellige kloof die er tussen het hindoeïsme en de islam bestond, kon echter worden overbrugd door vrome spiritualiteit. De hindoeïstische devotie (zie hoofdtekst) had haar tegenhanger in de eigen mystieke traditie van de islam, het soefisme (zie p. 101-3). Overal waar hindoes en moslims samenleefden, was het duidelijk dat hun vroomheid veel met elkaar gemeen had.

De tolerante heerschappij van keizer Akbar (1556-1605) leidde zelfs tot pogingen om de twee geloven tot één geheel te maken of op z'n minst hun gezamenlijke basis te vinden – pogingen van met name Akbar zelf en prins Dara Shikoh, een zoon van keizer Sjah Djahan (die regeerde van 1627-58). Dara Shikoh werd ter dood gebracht door zijn broer Aurangzeb, wiens regering (1658-1707) de terugkeer betekende naar een strikte islamitische orthodoxie aan het Mogolhof.

GODEN EN GODINNEN

HEILIGE AFBEELDINGEN

Hindoes vereren in hun tempels het hoogste wezen in de vorm van een 'afbeelding', een woord dat (samen met 'afgodsbeeld') vaak als vertaling van het Sanskritische *murti* wordt gebruikt, maar wat beter vertaald kan worden als 'vorm', 'belichaming' of 'incarnatie'. De meeste hindoes zien een heilige afbeelding als een feitelijke incarnatie van het opperste wezen, een vorm die de godheid heeft aangenomen om vereerd te kunnen worden.

Tijdens een wijdingsritueel genaamd *pratishta* ('vestiging van het leven'), houdt een afbeelding op om ruwe materie te zijn en wordt het een feitelijke aanwezigheid of incarnatie van de godheid op aarde. Men gelooft dat de goddelijke geest in de icoon aanwezig blijft zolang de aanbidders dat wensen.

De steden en dorpen in India kunnen tientallen tempels en heiligdommen herbergen die gewijd zijn aan vele goden. Ook worden de beeltenissen van goden en godinnen op opvallende wijze uitgestald in winkels, ziekenhuizen en overheidskantoren, en op de huisaltaren in hindoe-woningen.

Het kan zijn dat een hindoe vele goden erkent, maar slechts één daarvan als de hoogste beschouwt; of hij beschouwt alle goden en godinnen als onderling gelijk, maar vereert degene die zijn voorkeur geniet. Hoe het ook is, de meeste hindoes zien alle godheden als manifestaties van één enkele godheid. Om te zeggen dat deze God mannelijk of vrouwelijk is, één of velen, betekent voor veel hindoes een beperking ervan; het betekent dat het goddelijke menselijke ideeën over sekse en aantal krijgt opgelegd.

De *Upanishads*, hindoeïstische heilige teksten die rond 600 v. Chr. werden opgesteld (zie p. 138), verwijzen naar het hoogste wezen als *brahman*, wat beschouwd wordt als onzegbaar en al het menselijke begrip te boven gaand (zie marge p. 135). De teksten die de *Purana's* ('Oude [overlevering]') worden genoemd, stellen dat deze goddelijke entiteit een vorm en een naam aanneemt om zichzelf toegankelijk te maken voor de mensheid. Daarom spreken hindoes over het hoogste wezen als zowel *nirguna* ('zon-

HET GODDELIJKE VROUWELIJKE

Al tweeduizend jaar vereren de hindoes het goddelijke in haar vrouwelijke verschijningsvorm – vaak eenvoudigweg de Godin genaamd. Wellicht gaat deze traditie zelfs terug tot de pre-hindoeïstische Harappa-beschaving (zie p. 130). De Godin, in de Sanskritische geschriften soms Devi genaamd, wordt gewoonlijk gezien als een incarnatie van Parvati, de vrouw van Shiva. Als welwillende godheid wordt zij vaak Amba of Ambika ('Kleine Moeder') genoemd en wordt zij wijd en zijd vereerd als Shri of Lakshmi (zie p. 136). Als Kali is de Godin donker, gehavend en ontzagwekkend, met een halssnoer van schedels. Zelfs in deze vorm wordt ze door haar aanbidders 'moeder' genoemd.

Als krijgsgodin is ze Durga, afgebeeld met een lachend gelaat maar een hele serie wapens hanterend. Durga, die een tij-

Een 18de-eeuwse schildering van de ontzagwekkende – maar zeer aanbeden – godin Kali bovenop de god Shiva; een geliefde afbeelding die de vereniging van het vrouwelijke en mannelijke goddelijke principe voorstelt.

ger of leeuw berijdt, is een van de meest populaire godinnen in India. De wapens in haar hand laten zien hoezeer ze klaar is, sterk en mooi, om haar vereerders bij te staan. In één gevierd verhaal manifesteert ze zich met de energie van alle andere goden om een buffel-demon, Mahisa Asura, te verslaan. Na negen nachten van strijd, die herdacht worden met het Navaratri-feest ('Negen Nachten') in de herfst (zie p. 153), komt ze zegevierend uit de slag tevoorschijn.

Er zijn in India nog vele andere godinnen. In sommige gebieden is een godin alleen onder een plaatselijke naam bekend en wordt zij vereerd in verhalen met een lokale context; elders wordt ze wellicht vereenzelvigd met een pan-hindoeïstische godin. Sommige gemeenschappen brengen dierlijke offers aan hun plaatselijke godinnen of aan Kali.

der eigenschappen') als *saguna* ('met eigenschappen', zoals genade en mededogen). Teksten identificeren het opperste wezen uiteenlopend als Vishnu ('Alles-Doordringende'), Shiva ('de Goedgunstige'), of als de Godin in een van haar vele manifestaties, zoals Shakti ('Energie'), Durga en Kali (zie kader p. 134).

Hoewel Vishnu, Shiva en de Godin de belangrijkste goden in de hindoeïstische teksten zijn, zijn er ook andere zeer populaire goden, zoals Ganesha met de olifantskop (een zoon van Parvati), Kartikkeya/Murugan (een zoon van Shiva), en Hanuman (een goddelijke aap-vereerder van Rama, een incarnatie van Vishnu). Vele heiligdommen langs de kant van de weg zijn aan Ganesha en Hanuman gewijd. Ganesha wordt rijdend op een muis afgebeeld en wordt ook Vigneshwara genoemd ('hij die alle hindernissen overwint'). De hindoes vereren hem alvorens welke reis, taak, of project dan ook te ondernemen.

De goden en godinnen hebben ieder hun eigen iconografische karakteristieken en iedere houding van de handen of voeten, ieder betrokken dier, plant of vogel, heeft een speciale betekenis. Veel goden hebben meerdere handen, die alle een wapen of een bloem dragen om zijn of haar aanbidders te beschermen tegen het kwaad. Sommige hindoes zien de talrijke armen van een godheid als teken van almacht. De meeste goden worden met een of meer dieren of vogels geassocieerd. Hoewel de heilige teksten specifieke mythologische redenen geven voor hun aanwezigheid, interpre-

BRAHMAN EN HOGERE WIJSHEID

Eeuwenlang is de definitie van *brahman* – volgens de *Upanishads* het opperste wezen – het onderwerp van intense speculatie geweest. Volgens de *Taittiriya Upanishad* is *brahman* waarheid (*satya*), kennis (*jñana*) en oneindigheid (*ananta*). Er kan voorts alleen over *brahman* gezegd worden dat het bestaan (*sat*), bewustzijn (*chit*) en welbehagen (*ananda*) is. Uiteindelijk is het onmogelijk om *brahman* te beschrijven, want beschrijven betekent beperken, wat bij het oneindige onmogelijk is. De wijsgeer Yajñavalkya zei dat men alleen dicht bij een beschrijving van *brahman* kan komen door te stellen wat het niet is.

Een vergelijkbaar probleem doet zich voor bij iedere definitie van de relatie tussen *brahman* en *atman* (de menselijke ziel). In een beroemde dialoog in de *Chandogya Upanishad* vraagt een vader aan zijn zoon om zout in water op te lossen. Hij zegt dat *brahman* en *atman* op vergelijkbare wijze verenigd zijn en eindigt zijn onderricht met het beroemde gezegde: '*Tat tvam asi*' (Sanskriet: 'Jij bent dat'). 'Dat' (*tat*) verwijst naar *brahman* en 'jij' (*tvam*) naar *atman*. De filosoof Shankara (achtste eeuw) meende dat deze stelling inhield dat *brahman* en *atman* identiek zijn. Maar volgens Ramanuja (elfde eeuw) duidde het aan dat *brahman* en *atman* onscheidbaar zijn, maar niet identiek.

Tijdens een feest wordt een beeld van de aap-god Hanuman door Mysore gevoerd. De godheid wordt getoond terwijl hij zijn borst openrijt om in zijn hart zijn geliefde Rama en Sita (zie p. 138) te onthullen.

HET GODDELIJKE IN DE NATUUR

Veel hindoes kennen goddelijke status toe aan natuurlijke kenmerken en verschijnselen. Zo worden de rivieren de Ganga (Ganges), Kaveri, Yamuna en andere bijvoorbeeld verpersoonlijkt en vereerd als moedergodinnen. Hindoes vereren ook hemellichamen en proberen in rituelen de *navagraha* gunstig te stemmen ('negen planeten' – de zon, de maan, Venus, Mercurius, Mars, Jupiter, Saturnus, en twee mythische entiteiten genaamd Rahu en Ketu). Vele tempels in India en de rest van de wereld bevatten afbeeldingen van de planeten.

teren de gelovigen hen meer figuurlijk. Zo zijn Ganesha's olifantskop en zijn muis-begeleider een teken van zijn vermogen om hindernissen te overwinnen: een olifant verplettert grote obstakels en een muis knaagt zich door kleine heen. Net als Ganesha hebben veel goden specifieke functies, zodat een persoon de ene god of godin kan vereren om succesvol te zijn in zijn carrière en een andere om ziekte te genezen, enzovoort.

Naast de pan-hindoeïstische godheden zijn er vele plaatselijke goden en godinnen, die aparte geschiedenissen en functies kunnen hebben. Velen worden beschouwd als de plaatselijke incarnaties van de grote godheden. Zo is Vishnu in grote delen van Zuid-India bekend onder specifieke regionale benamingen.

De aanbidders van een godheid kunnen hem of haar als het opperste wezen beschouwen. Sommige vroege geschriften verwoorden het idee van een goddelijke drie-eenheid *(trimurti)* van Brahma (de schepper), Vishnu (de bewaarder) en Shiva (de vernietiger), maar dit concept was nooit gemeengoed. Mettertijd werd Brahma marginaal en werden de functies van scheppen, bewaren en vernietigen in één god verenigd – in Vishnu, Shiva of Devi (de Godin), afhankelijk van de individuele gelovige.

De veelvoudige aspecten van Shiva's macht komen tot uitdrukking in zijn vaak paradoxale rollen: hij is zowel bedreigend als welwillend, schepper als vernietiger, uitbundige danser als strenge *yogi*, eenzame asceet als echtgenoot van de godin Parvati. In verhalen over zijn verlossingsmacht wordt hij naar voren gebracht als schenker van wijsheid en gratie aan zijn

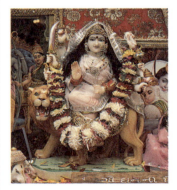

Een beeltenis van Shri-Lakshmi tussen andere godheden op een huisaltaar dat versierd is voor het Dipavali-feest (zie p. 152-3).

SHRI, DE SCHONE GODIN

De wellicht meest bekende manifestatie van de Godin in de hindoeïstische en jainistische tradities is Shri, beter bekend als Lakshmi. Ze is de godin van rijkdom en geluk, en haar beeltenis siert miljoenen huizen, winkels en ondernemingen. Shri-Lakshmi wordt de moeder van al het geschapene genoemd, verleenster van wijsheid en verlossing, en de incarnatie van de schoonheid. Vele leraren hebben hymnen gecomponeerd die haar mededogen en wijsheid bezingen. Ze brengt geluk op deze aarde, maar bovenal is ze behulpzaam door het schenken van bevrijding uit de kringloop van leven en dood.

Men zegt dat Lakshmi door enkel maar een blik op iemand te werpen rijkdom kan schenken en schoonheid kan bewaren. Een van haar handen wijst naar de grond in wat het hindoeïsme als de *varada* ('gevende') positie beschouwt. In de hindoeïstische kunst wordt ze onder meer afgebeeld terwijl ze haar aanbidders rijkdom schenkt, met een stroom van gouden munten die uit haar hand vloeit. De andere hand kan rechtop zijn, als teken van haar bescherming van de gelovige. Terwijl ze als een onafhankelijke godin wordt afgebeeld en in veel tempels haar eigen altaar heeft, wordt ze ook vaak afgebeeld als de onafscheidelijke metgezellin van Vishnu.

Shri-Lakshmi wordt steeds geassocieerd met de lotus. Ze is alles-doordringend, in alles latent aanwezig, maar manifesteert zich alleen in gunstige plaatsen, waarvan de lotus het grote voorbeeld is. Ze kan worden afgebeeld met deze bloemen in haar hand, en men zegt dat zij zich op een schitterende lotus ophoudt of zelfs in 'een lotusbos'. Ze delen hun kleur en geur: de geur van de lotus is net zo min te scheiden van haar bron als Shri's schoonheid te scheiden is van de godin. De bloem herinnert de mensen eraan hoe zij hun relatie tot de wereld moeten zien: zij verrijst uit modder en vuil water, maar wordt er nooit door bevlekt.

aanbidders. Shiva en Parvati worden iconografisch in de abstracte vorm van een gestileerde phallus *(linga)* in een schoot *(yoni)* afgebeeld, wat hun scheppingskracht uitdrukt.

Vishnu wordt voorgesteld met meerdere incarnaties of *avatars* (Sanskriet: *avatara*, 'afstammingen', 'nederdalingen'). Men gelooft dat hij door de eeuwen heen meerdere malen in dierlijke en menselijke vorm naar de aarde is afgedaald om het kwaad omver te werpen en *dharma* of 'rechtschapenheid' te vestigen. Tegen de tiende eeuw n. Chr. werden tien incarnaties als de belangrijkste beschouwd. Vishnu's eerste *avatar* was een vis die Manu (de stamvader van het menselijke geslacht), zijn familie en vele dieren van een zondvloed redde. Vishnu's volgende incarnaties waren een schildpad, een everzwijn, een leeuw-mens en een dwergachtig wezen.

Hierna volgden de volledig menselijke incarnaties: de krijger Parasurama; Rama (de held van een groot epos, de *Ramayana*, zie p. 138); Balarama; en Krishna. Men gelooft dat de tiende incarnatie aan het einde van het huidige wereldtijdperk zal komen, dat volgens sommige berekeningen rond 3102 v. Chr. begon en 432.000 jaar zal duren. Sommige teksten laten Balarama weg en voegen na Krishna de Boeddha als de negende incarnatie toe. De ontwikkeling van de incarnaties van vis naar volledig menselijk wordt vandaag de dag door sommige hindoes opgevat als vooruitlopend op de evolutietheorie. Maar de meest voorkomende verklaring is dat Vishnu de vorm aanneemt die in de betreffende crisis het meest geschikt is.

Vishnu's negende incarnatie, Krishna ('de Donkere'), is een van de meest populaire hindoeïstische goden, gevierd in volksliederen, vertellingen (zoals de *Bhagavad Gita*, zie p. 139), beelden, schilderingen en opvoeringen. Terwijl Krishna over het algemeen als een incarnatie van Vishnu wordt beschouwd, zijn er verschillende tradities, zoals die van Chaitanya en de Hare Krishna-beweging (International Society of Krishna Consciousness; zie rechtermarge), die hem als de oppergod beschouwen. Tot op zekere hoogte aanvaarden de meeste hindoes Krishna's primaat over de incarnaties van Vishnu en beschouwen ze hem als de 'volle' neerdaling van de godheid, de heer van genade, mededogen en vrede. Krishna is ook de betoverende minnaar, die maan-beschenen nachten achtereen met liefhebbende *gopi's* (koeienhoedsters) danst. Hun dansen worden in veel plaatsen nagedanst: vooral de *raas lila*-dansen uit Gujarat zijn vermaard. Sanskritische teksten als Jayadeva's *Gita Govinda* (uit de twaalfde eeuw) beschouwen de *gopi* Radha als Krishna's geliefde, en de twee worden gewoonlijk gezamenlijk afgebeeld (zie afbeelding p. 141).

Krishna tussen de koeienhoedsters. Een schildering uit ca. 1710.

'KRISHNA-BEWUSTZIJN'

In 1966 richtte A.C. Bhaktivedanta (geboren als Abhaycharan De, 1896-1977) in New York de International Society for Krishna Consciousness (ISKCON, Hare Krishna-beweging) op. Zowel de geloofsleer, die aan Krishna goddelijke genade toeschrijft, als het gevoelsvolle, devotionele gezang kunnen direct worden teruggevoerd op de grote *goeroe* Chaitanya (1486-1583). Leden van de ISKCON bestuderen de *Bhagavad Gita* (zie p. 139) en de verhalen van Vishnu in de *Bhagavata Purana*. De naam 'Hare Krishna's', zoals zij in het Westen vaak genoemd worden, is afgeleid van hun rituele, monotone zingen van de devotionele *mantra* 'hare Krishna, hare Krishna, Krishna, Krishna, hare hare' ('heil aan Krishna').

Hare Krishna-volgelingen zijn vegetariër en vermijden ook knoflook, uien en ander voedsel dat in de vaishnava- (vishnuïtische) tradities als onrein wordt beschouwd.

DE RAMAYANA

Dit grote epos verhaalt over de jonge prins Rama, die geboren werd in Ayodhya, de hoofdstad van het koninkrijk Kosala. Op de avond voor hij gekroond zal worden, wordt hij door zijn vader Dasaratha verbannen. In het bos wordt Sita, de beeldschone echtgenote van Rama, door Ravana, de demonenkoning van Lanka, gevangen genomen, en het epos richt zich op Rama's strijd om haar terug te winnen. Na een langdurige veldslag doodt Rama Ravana en wordt hij herenigd met Sita. Uiteindelijk keren ze terug naar Ayodhya en worden gekroond.

Vereerd als de zevende incarnatie van Vishnu (zie p. 137), wordt Rama beschouwd als de ideale rechtvaardige koning. Terwijl veel hindoes Sita traditioneel gezien hebben als de perfecte echtgenote die haar man in ballingschap volgt, zien anderen haar als een voorbeeld van kracht en deugdzaamheid. Ze gehoorzaamt haar echtgenoot zo hij wil, en hun liefde is navolging waardig. Maar ze laat ook zien wat ze waard is als Rama haar vraagt om haar deugdzaamheid te bewijzen. De eerste keer, in Lanka, schikt ze zich, maar de tweede keer sluit ze bij het bewijzen van haar eerbaarheid iedere mogelijke hereniging bij voorbaat uit: Ze vraagt Moeder Aarde om haar, als ze rein is, te verzwelgen.

Er zijn vele lokale versies van de *Ramayana* geweest en het verhaal is op velerlei wijze uitgelegd. In een dertiende-eeuwse interpretatie ondergaat Sita haar gevangenschap en lijden vrijwillig om andere mensen uit de wereld van het kwaad te redden. In een figuurlijke lezing wordt de menselijke ziel (Sita) gevangengenomen door het materiële lichaam (Ravana), dat verslagen wordt door Rama, die de ziel uit de klauwen van de zintuigen redt. Sommige varianten van het verhaal, de *Sitayana* genaamd, vertellen het verhaal vanuit Sita's standpunt.

Een illustratie van de Ramayana *uit Rajasthan toont verschillende gebeurtenissen uit het leven van Rama en Sita tijdens hun verbanning in het woud.*

WOORDEN VAN DEVOTIE

De oudste Indiase heilige teksten zijn de *Veda's*, voor het eerst verzameld rond 800 v. Chr., hoewel sommige van oorsprong eeuwen ouder zijn (zie p. 131). Elk van de vier vedische collecties (*Rig Veda*, *Sama Veda*, *Yajur Veda* en *Atharva Veda*) bevat hymnen en rituele traktaten, samen met de *Aranyaka's* ('Woudteksten') en *Upanishads* ('Zittend dichtbij [de leraar]'), filosofische werken die rond 600 v. Chr. of niet lang daarna ontstonden.

Veel hindoeïstische tradities zien de *Veda's* als bovenmenselijk, dat wil zeggen: niet door mensen geschreven. Men zegt dat ze eeuwig zijn van aard en in iedere tijdscyclus geopenbaard worden. De vedische recitatoren of 'zieners' *(rishi's)* bedachten de *Veda's* niet en stelden ze ook niet samen; zij 'zagen' of 'voorzagen' ze. Eeuwenlang werd het opschrijven van de vroege vedische teksten als onrein en dus taboe beschouwd. De zieners droegen ze over op hun discipelen, waarmee een orale traditie in gang werd gezet die tot op heden voortbestaat. De volgorde van de heilige woorden moet onveranderlijk blijven en het uit het hoofd leren is een ingewikkeld en gedisciplineerd proces, waarbij van vele geheugensteunen wordt gebruikgemaakt om een juiste uitspraak, ritme en voordracht te bereiken.

Het vedische corpus werd gevolgd door een aantal werken die *smriti* of 'herinnerde' geschriften worden genoemd. Hoewel geschreven door mensen, werden de *smriti* niettemin als geïnspireerd beschouwd. Terwijl ze minder autoriteit genieten dan de *Veda's*, hebben ze gedurende de afgelopen 2500 jaar een veel belangrijkere rol gespeeld in het leven van de hindoes. De *smriti* worden soms in de categorieën 'epossen', 'oude verhalen' (*Purana's*) en 'ethische traktaten' (*dharmashastra's*; zie p. 159) onderverdeeld.

De twee *smriti*-epossen, de *Ramayana* ('Verhaal van Rama'; zie linkermarge) en de *Mahabharata* ('Groot Epos van India' of, anders gezegd, 'Grote Zonen van Bharata'; zie marge rechterpagina), zijn de meest bekende werken van de hindoeïstische traditie. Zij zijn gedurende meer dan tweeduizend jaar geïnterpreteerd, becommentarieerd en een bron van genot geweest, en vormen het hart van de hindoeïstische heilige geschrif-

DE *BHAGAVAD GITA*

Een van de heiligste boeken in de hindoeïstische traditie is de *Bhagavad Gita* ('Lied van de Gezegende') of, kort gezegd, de *Gita*. Net wanneer de oorlog van de *Mahabharata* (zie rechtermarge, beneden) op uitbreken staat, raakt Arjuna, een van de Pandava-broers en tot dusver beschreven als een held die bij diverse veldslagen als overwinnaar uit de strijd gekomen is, gekweld door de gedachte dat hij tegen neven, ooms en andere verwanten zal moeten strijden.

Zijn boog neerleggend vraagt Arjuna zijn neef Krishna (die nu als een incarnatie van Vishnu ten tonele wordt gevoerd) of het juist is om een oorlog te voeren waarin vele levens, met name die van de eigen verwanten, verloren zullen gaan. Krishna antwoordt bevestigend: het is juist mits we vechten voor het goede. Men moet vechten voor rechtvaar-

Krishna (links) spreekt met Arjuna in diens strijdwagen. Illustratie in een negentiende-eeuws manuscript van de Bhagavad Gita.

digheid *(dharma)* na eerst vreedzame middelen te hebben geprobeerd. Het gesprek op het slagveld tussen Krishna en Arjuna neemt ongeveer achttien hoofdstukken in beslag. Deze vormen samen de *Bhagavad Gita*.

De *Gita* spreekt over liefdevolle toewijding aan de Heer en het belang van onbaatzuchtig handelen. In de *Gita* onderricht Krishna Arjuna – die over het algemeen gezien wordt als de vertegenwoordiger van iedere menselijke ziel die spirituele leiding zoekt – over de aard van de ziel, God, en hoe men bevrijding kan bereiken.

Men kan Vishnu/Krishna/God bereiken door middel van devotie, kennis of onbaatzuchtig handelen. Latere exegeten zien dit als de drie paden, terwijl andere commentatoren ze beschouwen als drie aspecten van het ene pad van liefdevolle overgave aan het opperste wezen.

---

ten. Door de eeuwen heen doorsneed hun populariteit alle sektarische en sociale scheidslijnen en voor kinderen vormt de vertelling van deze epossen zonder uitzondering hun eerste en meest blijvende ontmoeting met de hindoeïstische geschriften. Voor veel hindoes slaat de term 'heilige boeken' met name op deze epossen. Vooral de *Ramayana* is voor generaties gelovigen in India en in de rest van de wereld een bron van inspiratie geweest. Toen het verfilmde epos in zestig wekelijkse episodes op de televisie werd uitgezonden, trok het de hoogste kijkdichtheid in de geschiedenis van de Indiase televisie. De *Ramayana* wordt overal in Zuidoost-Azië waar er sprake is van hindoeïstische (en boeddhistische) culturele beïnvloeding gedanst en opgevoerd, en de hoofdpersonen zijn bekend tot in Thailand en Indonesië.

De epossen en de *Purana*'s zijn geschreven in het Sanskriet, de oude 'vervolmaakte' taal die, net als eeuwenlang het Latijn in Europa, hoofdzakelijk was voorbehouden aan de mannelijke leden van de sociale elites. In India brachten mannen en vrouwen uit andere kasten hun devotionele hartstocht en hun streven naar goddelijke genade echter ook in hun eigen talen tot uitdrukking. Vandaag de dag kent India meer dan achttien officiële talen en honderden dialecten, en vele hiervan hebben een lange en rijke geschiedenis van religieuze geschriften.

Al in de zesde eeuw v. Chr. verwierpen Siddhartha Gautama (de Boeddha) en Mahavira, de stichter van de jainistische traditie (zie p. 132), het

DE *MAHABHARATA*

Met zijn ongeveer honderdduizend verzen wordt de *Mahabharata* beschouwd als het langste gedicht ter wereld. Het is het verhaal van de grote strijd tussen de afstammelingen van een koning die Bharata heette (wiens naam door vele Indiërs gebruikt wordt in de betekenis van 'India').

Het belangrijkste gedeelte van het verhaal gaat over de oorlog tussen twee families, de Pandava's en de Kaurava's. De Kaurava's proberen de Pandava's hun gedeelte van het koninkrijk van Bharata afhandig te maken en er volgt een grote veldslag die ieder koninkrijk dwingt partij te kiezen. De Pandava's komen als overwinnaars uit de strijd, maar wel tegen een enorme prijs – al hun zonen en naaste verwanten zijn in de strijd omgekomen.

Er zullen maar weinig hindoeïstische huishoudens zijn die de complete *Mahabharata* bezitten, maar vele zullen wel een exemplaar van één beroemde episode hebben: de *Bhagavad Gita* (zie kader, bovenaan).

Op deze moderne poster van het tempelcomplex op het eiland Omkareshvera, in een meer in Noord-India, hebben de wegen (rood gekleurd) de vorm aangenomen van de geschreven lettergreep Om.

OM: DE HEILIGE LETTERGREEP

De lettergreep *om* wordt zowel aan het begin als het einde van alle hindoeïstische en jainistische gebeden en schriftlezingen gereciteerd en wordt ook gebruikt door boeddhisten, met name in Tibet. *Om* bestaat naar men zegt uit drie klanken, *a-u-m*. De klank van het woord begint diep in het lichaam en eindigt op de lippen; naar men zegt brengt dit voorspoed.

De geschiedenis van *om* in het hindoeïsme gaat heel ver terug; de betekenis en kracht ervan worden al besproken in de *Upanishads*. Alle hindoes geloven dat *om* de allerheiligste klank is, maar zij verschillen van mening over de betekenis ervan. Sommigen herleiden het woord tot de Sanskritische werkwoordstam *av-*, wat 'dat wat beschermt' betekent. Het zou staan voor de opperste werkelijkheid of *brahman*. Volgens vele hindoeïstische filosofen was *om* de allereerste klank en omvat het de essentie van de ware kennis. Sommigen stellen dat de drie klanken ervan de drie werelden weergeven: aarde, lucht en hemel; anderen geloven dat zij de essentie van drie van de *Veda's* weergeven (*Rig Veda, Yajur Veda* en *Sama Veda*; zie p. 138). Vereerders van Vishnu claimen regelmatig dat *a-u-m* Vishnu, de mens en hun onderlinge relatie tot uitdrukking brengt; of Vishnu, Shri en de gelovige.

Sanskriet en begonnen ze hun volgelingen in de omgangstaal toe te spreken. De vereerders van de Veda's en de epossen – de mensen die we vandaag de dag hindoes noemen – behielden het Sanskriet echter tot ver in onze jaartelling als medium voor de religieuze communicatie.

De vroegste hindoeïstische religieuze teksten in een gewone taal zijn in het Tamil, een Zuid-Indiase taal die tegenwoordig door ongeveer vijfenzeventig miljoen mensen gesproken wordt. Tweeduizend jaar geleden bestond er een verfijnd corpus van geschriften in het Tamil. De oudste werken, meestal de Sangam- ('Academie'-)gedichten genoemd, zijn wereldse teksten over koningen en ridderlijkheid of liefde en romantiek. Deze kwamen model te staan voor latere devotiegeschriften waarin de godheid in de rol van heerser en minnaar werd gegoten.

De hindoeïstische *bhakti-* (devotie-)beweging ontstond rond de zesde eeuw in Zuid-India. Heiligen reisden van tempel naar tempel terwijl zij ter ere van Vishnu of Shiva hymnen zongen in het Tamil (een taal die niet aan het Sanskriet verwant is). Deze hymnen, de oudste heilige werken van het hindoeïsme in de omgangstaal, leunen op oudere gedichten in het Tamil en spreken de godheid aan met een zeer persoonlijk, intiem en teder taalgebruik. In deze geschriften in de omgangstaal worden Vishnu en zijn incarnaties (zie p. 137) en Shiva door hun vereerders in verschillende rollen gegoten: van een vader of moeder, minnaar, bruidegom, beschermer of diepste ziel. Vaak wordt de godheid zelfs beschreven als een jong kind dat door zijn aanbidder vol moederliefde wordt toegezongen.

Na de tiende eeuw gingen de Tamil devotie-gedichten deel uitmaken van de tempelliturgie in Tamil-sprekende gebieden en hadden zij een vergelijkbare status als de Sanskritische *Veda's*. Na de elfde eeuw verspreidde het devotionalisme zich naar het westen en noorden van India, onder meer door heilige teksten als de *Bhagavata Purana* en door de figuur van Ramananda (1299?-1400), een vermaarde en invloedrijke hindoeïstische heilige en charismaticus. In de dertiende eeuw besprak de dichter Jñaneshvar de idealen van de *Bhagavad Gita* in een beroemde verhandeling die zijn naam draagt, de *Jñaneshvari*, geschreven in het Marathi, de taal van Maharashtra.

Twee aspecten droegen aan de verspreiding van de verering in de spreektaal bij. Het eerste was het gebruik van eigentijdse levende talen. Het tweede was de aantrekkingskracht ervan op alle sociale klassen, waarvan de devotie-dichter Tukaram (1598-1649), afkomstig uit een 'lage' kaste, en prinses Mira (1450?-1547), afkomstig uit een 'hoge' kaste, voorbeelden zijn. Mira componeerde honderden liederen, die tot op heden erg populair zijn en nog steeds gezongen worden in hindoeïstische huizen en heiligdommen in India en in de rest van de wereld.

Een van de meest gevierde dichters van Noord-India was Surdas (ca. 1483-1563), een blinde zanger en dichter die zich even ten zuiden van Delhi bij Agra vestigde. Hij componeerde in een dialect van het Hindi. In zijn *Sursagar* wordt de jeugdige Krishna bezongen in strofen die onder vele hindoes populair zijn.

Puri, in het oosten in Orissa, is beroemd als setting van de jaarlijkse Jagannatha-processie, waarbij een enorme praalwagen door de straten rijdt. Waarschijnlijk was de dichter Jayadeva (ca. 1175 n. Chr.?) met deze cultus verbonden, de schrijver van de Sanskritische *Gita Govinda*, een beroemd werk dat de liefde van Rama en Krishna verheerlijkt. Latere Krishna-vereerders in Oost-India schreven echter in de plaatselijke taal, het Bengali.

Een andere belangrijke devotie-schrijver in de omgangstaal was Tulsidas (1543?-1623), die zich in Varanasi vestigde. Zijn *Meer van de daden van Rama* was meer dan een hervertelling of vertaling van de *Ramayana*. De alom bekende verzen hebben een eigen schoonheid, die honderden traditionele verhalenvertellers en miljoenen vereerders van Rama in Hindi-sprekende gebieden heeft geïnspireerd.

DE VEDISCHE TRADITIE EN GESCHRIFTEN IN DE OMGANGSTAAL

Met de verspreiding van de *bhakti*-beweging over heel India (zie hoofdtekst) verminderde de status van Sanskritische werken als heilige geschriften, want de aanwezigheid in de tempel-liturgie van lyrische teksten in de spreektaal ondermijnde de orthodoxe claim dat het Sanskriet het exclusieve medium voor openbaring en theologische communicatie was. Terwijl sommige *brahmanen* altijd grote delen van de Sanskritische vedische traditie leerden en zodoende levend hielden, kenden anderen maar een paar Sanskritische hymnen. Bijna alle hindoes hebben de verhalen van de grote epossen gehoord, maar de meesten kunnen die niet in het originele Sanskriet lezen.

Een overweldigend aantal hindoes kan echter de devotie-verzen die door hindoeïstische heiligen in hun eigen taal zijn geschreven, reciteren. De Hindi poëzie van Surdas over Krishna (zie hoofdtekst), de liederen van prinses Mira en de Tamil gedichten van Nammalvar en Andal (8ste-9de eeuw), kunnen in een bepaalde gemeenschap als heilige schrift fungeren. In die zin gidsen, inspireren en troosten zij de massa der gelovigen meer direct dan de *Veda's* of de andere Sanskritische teksten, en bieden zij meer hoop en wijsheid.

Dit wil niet zeggen dat men denkt dat de spreektaal-geschriften in strijd zijn met de boodschap van de *Veda's*. In de meeste gemeenschappen gelooft men juist dat de heilige mensen die in de eigen taal schreven, de waarheid ontlenden aan de onbegrijpelijke *Veda's* en haar zo voor iedereen toegankelijk maakten, waardoor zij devotie opwekten en de verkrijging van goddelijke, verlossende genade versnelden.

De spreektaal-schrijvende *bhakti*-dichters kwamen uit verschillende kasten – één was blijkbaar kastenloos – en werden gezien als de ideale volgelingen van de goden en godinnen die zij vereerden. Vereerd ongeacht hun sekse of kaste, plaatsen zij vraagtekens bij het hiërarchische kastenstelsel, dat de 'lagere' kasten, vrouwen en kastenlozen de verlossende kennis soms onthield (zie p. 159-61).

In deze illustratie bij een vroege 18de-eeuwse tekst in de omgangstaal uit Himachal Pradesh, bespeelt Krishna de fluit voor Radha, zijn geliefde. Hun hartstochtelijke fysieke vereniging werd in latere devotie-poëzie en klassieke dansen een belangrijke manier om de vereniging van een menselijke ziel met het goddelijke te verbeelden. In de gedichten van Surdas in het Hindi (zie hoofdtekst) is Krishna een schalkse boterdief maar ook een verleidelijke fluitspeler die in de manenschijn met Radha danst. Surdas roemde Radha's liefde voor Krishna als een voorbeeld van toewijding. Zijn bijzondere poëzie maakte dat de verering van Krishna in heel Noord-India versterkt werd.

LERAREN EN LEIDERS

Sinds oudsher hebben Indiërs uit de hindoeïstische, boeddhistische en jainistische tradities hun blik gericht op heilige mannen en vrouwen om van hen te leren hoe ze in dit leven vrede moeten verwerven en, uiteindelijk, de verlossing uit de kringloop van leven en dood (zie p. 156-157). Voor veel hindoes wordt de directe religieuze ervaring overgebracht door middel van een leraar die men *acharya*, *goeroe* of *swami* noemt. De term *acharya* wordt gewoonlijk gebruikt voor het hoofd van een klooster, sekte of subsekte, of voor een leraar die een volgeling in een beweging inwijdt. Soms wordt het woord simpelweg als synoniem voor *goeroe* gebruikt, wat, net als *swami* ('meester'), een lossere en algemenere aanduiding voor iedere willekeurige religieuze leraar is. Voor veel hindoes is de god Krishna, die in de *Bhagavad Gita* zijn neef Arjuna onderricht (zie p. 139), de *goeroe* bij uitstek. Voor andere is Shiva (zie p. 135-7) de ultieme *goeroe*. Naast leraren zijn er ook duizenden asceten, personen die bezeten worden door een god of geest, mediums, verhalenvertellers en *sadhu's* ('heilige mannen'), die allen de verering en soms gehoorzaamheid van hun volgelingen genieten.

Iedere hindoeïstische filosofische traditie vormt een aparte sekte en heeft een eigen leider. Op ieder willekeurig moment zijn er vele invloedrijke theologen en in iedere generatie ontstaan er, geïnspireerd door charismatische *goeroes* (zie kader, beneden), nieuwe sekten met grote aantallen volgelingen. Vaak is het leiderschap van zulke scholen van leraar op leraar overgegaan, in een opvolgingslijn die door de eeuwen

VROUWELIJKE *GOEROES*: ANANDAMAYI MA

In onze tijd hebben vele vrouwelijke *goeroes* grote aantallen volgelingen verworven. Een van de meest beroemde is Anandamayi Ma (1896-1982), een Bengaalse, wier naam 'Zegenrijke Moeder' betekent. Ze was gehuwd maar leefde celibatair en haar man werd haar volgeling. Na een aantal spirituele ervaringen hoorde ze een innerlijke stem die haar vertelde dat ze goddelijk was en voor niemand moest buigen. Vele charismatische leraren die niet uit een lijn van gevestigde *goeroes* stammen, ondergaan een vergelijkbare transformerende ervaring.

Anandamayi Ma trok duizenden volgelingen, die haar niet alleen als *goeroe* zagen, maar als een manifestatie van de Godin: één volgeling herinnerde zich haar als een schitterende godheid te hebben gezien, die de ruimte verlichtte als de zon bij het ochtendgloren. Hoewel ze geen duidelijk zichtbare magische gebeurtenissen bewerkstelligde, geloofden haar volgelingen dat ze in stilte wonderen verrichtte.

Sai Baba (rechts) en enkelen van zijn volgelingen, die wereldwijd meer dan 50 miljoen in aantal zouden zijn.

CHARISMATISCHE LEIDERS

Hoewel de volgelingen zich het verschil wellicht niet bewust zijn, is het mogelijk om onderscheid te maken tussen de spirituele leiders die tot zeer oude of meer recente opvolgingstradities behoren en de charismatische leraren die volgelingen aantrekken door 'bovennatuurlijke' verrichtingen, variërend van de 'magische' manifestatie van objecten tot gebedsgenezing. Zulke leiders zijn niet makkelijk te classificeren en hebben vele volgelingen. Volgelingen beschouwen deze *goeroes* soms als de incarnatie van een godheid die in de vorm van hun leider op de aarde is neergedaald voor het welzijn van de mensheid. Dit is het geval bij Sri Satya Sai Baba (geboren als Satya Narayan Raju, 1926), een charismatische leider uit Andhra Pradesh, die volgens zijn volgelingen een incarnatie van de goden Shiva en Shakti (de Godin) is.

In andere gevallen vereren de volgelingen hun leraren gewoon als spiritueel verheven en hoog ontwikkelde zielen, mensen die boven de dagelijkse menselijke beslommeringen zijn uitgestegen in een staat van zelf-verwerkelijking of perfectie. Soms heeft een charismatische religieuze leider een titel als *rishi* ('ziener') verworven, net als de samenstellers van de *Veda's*. Een zeer bekend voorbeeld hiervan is Mahesh Yogi (geboren 1911), de stichter van de Transcendente Meditatie-beweging – in het Westen 'TM' genoemd – die bekendstaat als de Maharishi of 'Grote Ziener'.

heen tot op heden voortduurt. Dit is bijvoorbeeld het geval bij de scholen die gesticht zijn door Shankara (ca. 800 n. Chr.; zie marge), Ramanuja (elfde eeuw), Madhva (dertiende eeuw) en Chaitanya (zestiende eeuw). Er traden in zulke gemeenschappen vaak schisma's op tussen elkaar beconcurrerende leiders die wedijverden om de trouw van hun volgelingen. In de Ramanuja-school wordt een nieuw lid, als onderdeel van een complex initiatierituaal, lichtjes door de leider op de schouder gebrandmerkt en geeft hij hem of haar een nieuwe naam en een persoonlijke *mantra* voor de meditatie. Het lidmaatschap in devotionele gemeenschappen kan echter ook veel informeler zijn.

In de *Taittiriya Upanishad* wordt een vertrekkende leerling aangespoord om zijn moeder en vader en ook zijn leraar als God te zien. Tot op de dag van vandaag worden spirituele leiders zo op één lijn gesteld met de godheid. Aanhangers van de filosofische tradities van Ramanuja, Chaitanya en anderen, vereren hun religieuze leraren bijna net zozeer als de godheden die de centrale focus van hun aanbidding vormen. In hun vrome geschriften hecht men aan de levende, menselijke leraar meer belang dan aan God en men gelooft dat absolute overgave aan hem of haar een weg naar bevrijding vormt.

Veel leraren zijn celibataire asceten. Sankritische geschriften suggereren dat de mannelijke *brahmanen* uit de 'hoge' kaste traditioneel door vier levensfasen gaan: leerling, huisbewaarder, woudbewoner en asceet. Shankara ging klaarblijkelijk van het eerste stadium gelijk naar het laatste. In navolging hiervan worden ingewijden in de Ramakrishna Zending, een populaire orde die in de negentiende eeuw gesticht werd door Swami Vivekananda, asceten die ongehuwd blijven.

Tegenwoordig hebben veel *goeroes* Internet-sites die door hun volgelingen worden onderhouden (zie p. 149). Hun reisschema's, preken en liederen worden via deze webpagina's verspreid, waardoor een wereldwijde hindoeïstische 'cyber-gemeenschap' ontstaat.

DE ERFOPVOLGING VAN SHANKARA

Een van de belangrijkste Indiase theologen, Shankara (ca. 800 n. Chr.), zou in verschillende delen van India vier of vijf kloosters hebben gesticht: in Dvaraka (westen), Puri (oosten), Sringeri en Kanchipuram (zuiden), en Badrinath (noorden). In elk van deze kloosters is sprake van een ononderbroken erfopvolging van leraren, die allen de titel 'Shankara de Leraar' (Shankaracharya) dragen. Ze hebben zich vaak gemengd in sociale en politieke kwesties en genieten een aanzienlijk leiderschap onder de opgeleide stedelijke bevolking; daarnaast hebben ze invloed op degenen die de filosofie van hun stichter aanhangen. Een vergelijkbare rol wordt vervuld door intellectuele filosofische commentatoren als Swami Chinmayananda, wiens volgelingen zich hebben ingezet voor de instandhouding van traditionele geschriften door middel van gedrukte en elektronische media.

De wijze Sukadeva (midden), een beroemde rishi ('ziener'), aan het hof van koning Parikshit, een heerser die beweerde dat hij van Arjuna afstamde, de krijgsman die in de Bhagavad Gita *door Krishna onderwezen wordt. Een schilderij uit ca. 1760.*

WEGEN NAAR VERLOSSING

HINDOEÏSTISCHE TANTRA

Tantra begon rond de vijfde eeuw binnen de hindoeïstische traditie aan belang te winnen en beïnvloedde vele sektarische hindoeïstische bewegingen. Shivaïstische en vishnuïtische tempel-liturgieën zijn in hoge mate aan tantristische gebruiken ontleend. Wanneer er bijvoorbeeld afbeeldingen van goden in tempels worden geïnstalleerd, worden er geometrische tekeningen *(mandala's)* die de godheid en de kosmos voorstellen, op de grond getekend, die bij meditatie en rituelen gebruikt worden.

De tantristische traditie had een eigen vorm van *yoga*, bekend als *kundalini yoga*. *Kundalini*, letterlijk 'degene met de oorbellen', verwijst naar Shakti of de macht van de Godin, die naar men zegt opgerold als een slang aan de voet van de ruggengraat ligt. Wanneer zij wordt wakker geroepen, verrijst deze macht door het lichaam naar boven, waarbij zij door zes kosmische centra heen gaat die bekendstaan als *chakra's* ('wielen'), tot zij bij het uiteindelijke centrum aankomt, dat zich net onder de schedel bevindt. Dit centrum wordt voorgesteld als een duizendbladige lotusbloem.

Het uiteindelijke doel van deze vorm van *yoga* is om de macht van de *kundalini* te laten ontwaken en te laten verenigen met Purusa, het mannelijke opperste wezen, die zich in de lotus ophoudt. Deze vereniging verschaft de beoefenaar visioenen en psychische vermogens en leidt uiteindelijk tot de bevrijding uit de cyclus van leven en dood.

De religieuze tradities die in India ontstonden, hebben de mens uitgebeeld als opgenomen in een voortdurende kringloop van leven en dood (zie p. 156-7). Hindoes, jaina's en boeddhisten hebben zich in termen van eeuwig lijden en een gevangen-zijn op aarde over deze hachelijke toestand uitgelaten. De tradities verschillen echter als het gaat om de vraag hoe men de bevrijding uit deze cyclus kan bereiken.

Binnen het hindoeïsme zelf kunnen onder de vele mogelijke routes naar bevrijding twee algemene perspectieven worden onderscheiden. Het eerste is kenmerkend voor de hindoeïstische tradities die geloven dat de menselijke ziel *(atman)* identiek is aan het opperste wezen *(brahman)* (zie p. 134-5). Omdat er maar één opperste wezen is en wij daaraan gelijk zijn, ligt in bevrijding de uiteindelijk te ervaren kennis dat we goddelijk zijn. Dit wereldbeeld, het best beschreven door de leraar Shankara (zie p. 143), benadrukt het belang van de menselijke inspanning en het streven om de noodzakelijke transformerende wijsheid te verwerven. Het tweede perspectief kenmerkt de scholen die een ultiem onderscheid zien, hoe subtiel dan ook, tussen de mens en God. Voorstanders van deze visie bepleiten het vereren van het opperste wezen en het vertrouwen op Gods genade.

In de loop van de *Bhagavad Gita* (zie p. 139) beschrijft Krishna drie wegen naar verlossing: de weg van handelen, de weg van kennis en de weg van devotie. Sommige hindoes zien dit als verschillende wegen naar het goddelijke, anderen zien het als aspecten van één weg. De weg van handelen *(karma yoga)* is het pad van onzelfzuchtig handelen; men moet zijn plicht doen *(dharma)*, bijvoorbeeld studeren of goede daden, maar niet uit angst voor schuld of straf of in de hoop op lof of beloning. Door zo de vruchten van het handelen los te laten, bereikt men eeuwige vrede. Een

Mediterende heilige mannen, in Varanasi. In de hindoeïstische traditie is meditatie (dhyana) *een van de paden naar de verwerving van 'ware kennis'.*

verwant begrip is het idee van 'afstandelijk handelen' als de beste manier om bevrijding te verwerven. Dit houdt in dat men altruïstisch handelt ten behoeve van de mensheid en al zijn daden op een meelevende manier uitvoert.

Volgens de weg van kennis *(jñana yoga)* kan men door het verwerven van kennis van de schrift een transformerende wijsheid bereiken die iemands vorige *karma* vernietigt (zie p. 156). Ware kennis is het inzicht in de aard van het universum, goddelijke macht en de menselijke ziel. Deze wijsheid kan worden verworven door van een geschikte en geleerde leraar *(goeroe)* teksten te leren, door meditatie en door fysieke en mentale zelfbeheersing in de vorm van een methode die *yoga* heet (zie kader, beneden).

De derde weg is degene die in de *Bhagavad Gita* het meest benadrukt wordt: de weg van devotie *(bhakti yoga)*. Dit pad is waarschijnlijk onder alle rangen en standen het populairst. Als men zich aan hem overgeeft zal de Heer, zoals Krishna aan Arjuna belooft, uiteindelijk alle zonden vergeven en het *karma* uitwissen. Zo'n complete overgave aan een god of godin, waarbij men zichzelf openstelt voor goddelijke genade, wordt door veel hindoes als de enige weg naar verlossing beschouwd. De wegen om tot wijsheid te komen en die van de vele andere vormen van *yoga* worden geprezen maar niet algemeen in praktijk gebracht.

PATAÑJALI EN *YOGA*

De Sanskritische term *yoga* (letterlijk 'juk') verwijst naar de verschillende methoden waarmee een gelovige zijn of haar geest 'onder het juk' van het goddelijke brengt. Yoga staat in hindoeïstische teksten in hoog aanzien en heeft vele betekenissen. De oorsprong ervan is duister, maar naar men algemeen aanneemt pre-Indo-Europees. Veel hindoes associëren *yoga* met Patañjali (ca. 3de eeuw v. Chr.), auteur van de *Yoga Sutra's*, een reeks van korte aforismen.

Patañjali's *yoga*, zoals opgevat door commentatoren, heeft betrekking op morele, mentale en fysieke discipline en op meditatie. Deze vorm van *yoga* wordt beschreven als bestaande uit acht 'ledematen' of disciplines, waarvan de eerste twee *yama* (onthouding van geweld, bedrog en andere negatieve praktijken) en *niyama* (positieve praktijken zoals gelijkmoedigheid en ascetisme) zijn. Patañjali beveelt voor meditatie ook bepaalde lichaamshoudingen *(asana's)* aan alsmede het praktiseren van ademhalingscontrole *(pranayama)* en mentale onthechting van externe stimuli *(pratyahara)*. Perfectie in concentratie *(dharana)* en meditatie *(dhyana)* leiden tot *samadhi*, de uiteindelijke staat van eenwording met het goddelijke en bevrijding uit de cyclus van leven en dood – een staat die niet in menselijke bewoordingen beschreven kan worden.

Hoewel Patañjali's *yoga* door veel geleerden als de klassieke vorm wordt beschouwd, was *yoga* waarschijnlijk al vele eeuwen voordat zijn tekst geschreven werd een belangrijk onderdeel van het Indiase religieuze leven, en er zijn dan ook vele andere vormen. In de vorige eeuw is men onderscheid gaan maken tussen *raja yoga* en *hatha yoga*. Raja yoga richt zich op mentale discipline; de term wordt soms als uitwisselbaar gebruikt met Pantañjali's *yoga*. Hatha yoga, dat grotendeels focust op lichaamshoudingen en -controle, stelt dat het menselijk lichaam 'zonnen' en 'manen' bevat; de uiteindelijke bevrijding kan alleen worden bereikt als men de verschillende centra in het lichaam in harmonie brengt met de kosmos. Het is deze laatste vorm van *yoga* die in het Westen populair is geworden.

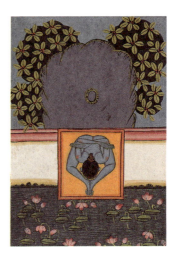

Een meditatiehouding, uit een 18de-eeuws hatha yoga *handboek.*

EEN HEILIG LAND

HEILIGE STEDEN

Hindoeïstische heilige teksten, met name de epossen en de *Purana's*, verheerlijken de heiligheid van vele individuele plaatsen. Voor vrome hindoes is het wonen in zulke plaatsen, of het maken van een bedevaart daarheen, voldoende om iemands zonden en *karma* uit te wissen en om bij te dragen aan het bereiken van bevrijding uit de cirkel van leven, dood en wedergeboorte (zie p. 156-7). Er zijn talrijke opsommingen van heilige steden en dorpen; vele zijn regionaal, maar sommige bestrijken het hele subcontinent. Een kort vers, dat miljoenen hindoes kennen, vestigt de aandacht op de zeven meest beroemde heilige steden:

> Ayodhya, Mathura, Maya,
> Kashi, Kanchi, Avantika,
> En de stad Dvaraka;
> Deze zeven [steden] geven ons
> Bevrijding.

Miljoenen hindoes bezoeken regelmatig heilige steden, vereren in tempels, baden in heilige rivieren en beklimmen heilige bergen om te bidden voor geluk in dit leven en het volgende. Volgens sommige hindoeïstische teksten is heel India heilig, omdat het de plaats is waar de handelingen die de basis leggen van *karma* tot vervulling komen. Het idee van India als een heilig land ontstond rond het begin van onze jaartelling. Manu, de auteur van een boek over *dharma* (zie p. 129) en ethiek, lokaliseerde een gebied ten zuiden van de Himalaya's, tussen de oostelijke en westelijke oceanen, als het heilige Aryavarta ('Land der Edelen'). Mettertijd ging het concept van het heilige land het hele subcontinent beslaan. Vanaf het einde van de negentiende eeuw ging men India personifiëren als een goddelijke moeder. In vele liederen wordt 'Moeder India' (Bharata Mata) bejubeld als een meevoelende moedergodin. Dit beeld heeft politieke ondertonen gehad: tijdens de strijd voor onafhankelijkheid van het Britse gezag werd Moeder India voorgesteld als de gevangene van buitenlandse machten.

De kaart van India is bezaaid met heilige plaatsen. Hoewel er vele standaard bedevaartsroutes zijn – bijvoorbeeld naar alle beroemde tempels van Vishnu of Devi – worden duizenden andere steden, dorpen en plaatsen over heel India als heilig beschouwd. Bedevaartsroutes zijn vaak thematisch opgezet: de gelovigen kunnen bijvoorbeeld de 108 plaatsen bezoeken waar men gelooft dat Shakti, of de macht van de Godin, aanwezig is; de 68 plaatsen waar emblemen van Shiva naar verluidt 'uit zichzelf geboren' werden; de twaalf plaatsen waar hij als de

De Lakshmi Narayan-tempel in New Delhi, ook bekend als de Birla-tempel, naar de familie die hem in 1938 bouwde. Hij is hoofdzakelijk gewijd aan de goden Vishnu en Lakshmi. Hindoeïstische tempelfaçades zijn vaak kleurrijk versierd en de torens (shikhara's) zijn kenmerkend voor de Noord-Indiase heilige architectuur. Zij verbeelden de kosmische bergen waar, zoals men gelooft, de goden en godinnen zich ophouden.

HEILIGE RIVIEREN

Men gelooft dat de rivieren de Ganga (Ganges), Yamuna, Kaveri en Narmada zo heilig zijn dat iemands zonden worden uitgewist enkel door hierin te baden. De plaatsen waar twee rivieren of een rivier en de zee samenvloeien, zijn met name heilig. Pelgrims gaan regelmatig baden bij Triveni Sangama ('Samenloop van Drie Rivieren') bij Prayag (Allahabad), waar de Ganga, de Yamuna en een mythische ondergrondse rivier, de Sarasvati, elkaar ontmoeten. In huizen worden kleine verzegelde potten met heilig water van de Ganga bewaard en bij huiselijke rituelen gebruikt om de doden en stervenden te reinigen.

Het water van de Ganga of een andere heilige rivier wordt wel meegenomen naar heilige plekken in het verre zuiden, zoals de kustplaats Rameswaram; en zand van Rameswaram wordt mee terug genomen naar de Ganga om er te worden ondergedompeld. Deze praktijk symboliseert de voltooiing van een cirkelvormige bedevaart en laat zien hoe de verschillende heilige plaatsen en tradities van het hindoeïsme onderling verbonden kunnen zijn. Wanneer tempels in hindoeïstische gemeenschappen buiten India worden ingewijd, wordt er water van Indiase heilige rivieren vermengd met water van de rivieren in het gastland en wordt dit over de nieuwe tempel uitgestort, waardoor deze fysiek en symbolisch met het heilige moederland verbonden wordt.

Een gelovige voert in de Ganga bij Varanasi het ochtengebed uit. Onderdompeling in de heilige wateren van de rivier geldt als een belangrijke daad van spirituele reiniging.

'vlam van creatieve energieën' *(jyotir lingas)* verschijnt; de acht plaatsen waar Vishnu zich spontaan manifesteerde; etcetera.

Bijna iedere heilige plaats wordt geassocieerd met een *sthala purana*, een tekst die de oudheid en heiligheid ervan uitwerkt. De tempel zelf is als een 'doorgangspoort', een plaats van waar een mens de oceaan van leven en dood kan oversteken *(tirtha)*. Bovendien is het zo dat vele tempels en heilige plaatsen dicht bij de zee, een meer, een rivier of een bron liggen. Wanneer dat niet het geval is, is er meestal een kunstmatige rituele bron of ritueel bad, een kenmerk dat wellicht teruggaat op de periode van de Harappa-beschaving (zie p. 130) – het 'Grote Bad' van Mohenjo Daro lijkt sterk op de baden die vandaag de dag bij honderden hindoeïstische tempels te vinden zijn. Alvorens in de tempel te bidden, nemen pelgrims hierin een fysiek en spiritueel bad.

Vele heilige plaatsen zijn dichtbij bergen en grotten, plaatsen waar volgens de *Purana*-verhalen de hindoeïstische goden zich ophouden. Zo woont Shiva bijvoorbeeld op Mount Kailasa in de Himalaya, wat voor de gelovige in iedere tempel van Shiva tot uitdrukking komt. In sommige gebieden, met name in het noorden, verbeelden grote tempeltorens *(shikhara's)* deze kosmische bergen (zie illustratie, p. 146). Het allerheiligste heiligdom van een hindoeïstische tempel is traditioneel een ruimte zonder ramen, net als de heilige grotten die tot de vroegste hindoeïstische plaatsen van verering behoorden.

Hoewel er bewijzen zijn van rituelen in tempels die dateren van het begin van de jaartelling, werden er pas sinds de zesde eeuw grote heilige complexen gebouwd. Ook migranten naar Zuidoost-Azië bouwden tempels, om zo hun religie te bewaren en door te geven. Tempels waren belangrijke religieuze, culturele en economische centra en werden volgens ingewikkelde regels gebouwd om de hele kosmos uit te beelden. Sommige grotere hebben zeven afgescheiden gedeeltes die de zeven geledingen van de hemel in de hindoeïstische kosmos verbeelden.

Veel tempelcomplexen in India zijn verbonden met de belangrijkste sekten – dat wil zeggen dat zij als schrijn dienen voor Vishnu, Shiva, de Godin en hun entourages. In vele zijn de godheden bekend onder hun plaatselijke of regionale namen. Een doorsnee tempel kan aparte altaren hebben voor de godheid, voor zijn of haar gade, voor andere goddelijke dienaren en voor heiligen. Een achtste-eeuwse tempel in Tiruvanmiyur bijvoorbeeld, een voorstad van Chennai (Madras), heeft altaren voor Shiva, de belangrijkste god, zijn vrouw Parvati – plaatselijk bekend als Tripura Sundari ('De Mooie Dame van de Drie Werelden') – en hun kinderen Ganesha en Murugan. De tempel bevat ook beelden van andere

TIRUMALA-TIRUPATI

India's rijkste tempel – en een van de rijkste religieuze instituten in de wereld – is de tempel van Tirumala-Tirupati in Andhra Pradesh. In de klassieke geschriften Tiru Venkatam genoemd, is deze gewijd aan Vishnu, die algemeen bekendstaat als Venkateshvara ('Heer van de Venkatamheuvels'). Devotie-geschriften die tot Venkateshvara gericht zijn, gaan terug tot de zevende eeuw, maar het is bekend dat de tempelplaats al bijna tweeduizend jaar lang door pelgrims wordt bezocht. De tempel ligt in de prachtige Tirumala-heuvels en bezat tot 1965, toen de overheid ze overnam, meer dan zeshonderd van de omringende dorpen.

Tirumala-Tirupati genoot langer dan duizend jaar de bescherming van Indiase koningen, maar is pas gedurende de deze eeuw een grootschalig pelgrimsoord geworden. De populariteit van de tempel zou na een belangrijke herinwijding in 1958 fenomenaal zijn toegenomen. De enorme rijkdom van de tempel

De centrale schrijn van het Tirumala-Tirupati-tempelcomplex. De tempel heeft vertakkingen in Pittsburgh, Atlanta, New York, Chicago en andere grote steden in de VS, die alle gewijd zijn aan Venkateshvara.

wordt heel vaak besproken in de Indiase media. In de offerschalen van de tempel laten gelovigen regelmatig diamanten achter tussen de schenkingen van juwelen en goud waarvan het gewicht per maand zo'n twintig kilo bedraagt. Ook schenkingen van auto's en vrachtwagens zijn niet onbekend. De jaarlijkse gelddonaties kunnen oplopen tot tientallen miljoenen dollars.

De Tirumala-Tirupati-tempel wendt zijn enorme fondsen aan om een reeks van projecten en ondernemingen te financieren, waaronder liefdadigheidsinstellingen, ziekenhuizen, universiteiten en andere onderwijsinstellingen, woningbouwprojecten, en publicaties. Sinds de afgelopen paar jaar is het een van de belangrijkste doelen van de tempel om bij te dragen aan de oplossing van India's enorme ecologische problemen, in het kader waarvan grootschalige herbebossingsprojecten financieel gesteund werden.

manifestaties van Shiva, zoals Nataraja (de kosmische danser; zie illustratie p. 125), en ikonen van zijn volgelingen. Tempels in de diaspora bedienen over het algemeen een bredere gemeenschap van gelovigen en hebben onder één dak schrijnen voor Shiva, Vishnu, de Godin en andere godheden.

De meeste hindoes bezoeken de plaatselijke tempel of andere heilige plaatsen die gedurende de generaties voor hun families belangrijk zijn geweest; of ze sparen om een uitgebreide bedevaart naar een beroemde verafgelegen heilige plaats te maken. Emigranten en andere gelovigen die zo'n pelgrimage niet kunnen maken, bekijken videobanden of speciale televisieprogramma's om de rituelen die daar plaatshebben te zien. Een hindoe kan zijn geloof ook altijd thuis uiten; een aparte ruimte in huis dient als plaats van verering.

Men spreekt soms over het menselijk lichaam als de 'tempel van het opperste wezen'. Sommige hindoeïstische tradities, zoals de Virashaiva's (een beweging die ca. 1150 ontstond), verwerpen de tempelverering en verheerlijken ieder mens als de tempel van het opperste wezen, Heer Shiva. Andere tradities, bijvoorbeeld de gemeenschappen in Zuid-India die Vishnu en Lakshmi vereren, handhaven de tempeldiensten, maar zien het menselijk lichaam ook als goddelijk. De dichter Periyalvar (achtste eeuw) verklaarde in een lied: 'Bouw een tempel in je hart. Plaats de heer genaamd Krishna erin; biedt hem de bloem der liefde aan.'

VERERING IN 'CYBERSPACE'

In de hindoeïstische traditie is een ruimte waar gelovigen het altaar van een godheid bezoeken en heilige woorden uit de heilige teksten horen een heilige ruimte. In het verleden onthulden religieuze leraren hun leringen niet zomaar aan iedereen en kozen zij hun volgelingen zorgvuldig uit. Maar tegenwoordig kan iedereen via Internet de afbeeldingen van goden, leraren en *goeroes* zien en kan men zelfs de recitatie van heilige teksten en de muziek van heilige liederen horen.

Belangrijke *goeroes* hebben soms meer dan vijftig websites, opgezet door hun volgelingen. Sommige organisaties presenteren hun homepages als 'elektronische *ashrams*'. Een *ashram* was traditioneel de plek van kluizenaars of geleerden. Andere websites, zoals 'Om Sweet Om', zijn gewijd aan de heilige lettergreep *Om* (zie p. 140).

Afbeeldingen van goden op het Internet worden door de gelovigen heel serieus genomen; sommige websites herinneren de Internetsurfers eraan dat het oneerbiedig zou zijn om de beeltenissen te downloaden. De preken van *goeroes* en de recitaties van gebeden zijn allemaal via audiofiles beschikbaar voor de 'cyber-gelovige'.

Een man verzorgt het altaar in zijn huis in Puri, Orissa. Hindoes vereren zowel in tempels als thuis, waar voor verering een altaar, plank, kast of zelfs een hele kamer met de beeltenissen van goden en godinnen wordt ingericht.

VORIGE PAGINA *Het Kumbh Mela-feest ('Feest van de Kruik' of 'Aquarius') in Hardwar, waar de Ganges-rivier de laagvlaktes van Noord-India bereikt, is een van de meest omvangrijke religieuze vieringen op aarde. Het vindt eens in de twaalf jaar plaats wanneer circa vijftien miljoen hindoeïstische pelgrims naar de stad komen om op een astrologisch gunstig moment in de rivier te baden – een daad die iemands voorafgaande zonden zou uitwissen. De laatste grootschalige viering van het feest in Hardwar was van februari tot april 1998 (deze foto werd genomen bij het voorgaande feest in 1986). Iedere vier jaar kunnen er kleinere vieringen van het Kumbh Mela-feest plaatsvinden, beurtelings in de steden Hardwar, Nasik (aan de Godavari-rivier), Allahabad (waar de Ganges en de Yamuna samenstromen) en Ujjain (aan de Sipra-rivier). Deze vieringen worden door honderdduizenden hindoeïstische asceten bijgewoond.*

HEILIGE VIERINGEN

Hindoeïstische feesten zijn vervuld van kleur en vreugde en worden bijna altijd geassocieerd met feestmalen en plezier, hoewel ze gewoonlijk ook rituele vastenperiodes kennen. De geboortedagen van de goden Rama, Krishna en Ganesha zijn door heel India heel populair, terwijl belangrijke regionale feesten, waaronder Holi (een uitbundig lentefeest in delen van Noord-India, dat gehouden wordt om de nieuwe kleuren van de lentebloemen te vieren), Onam (een oogstfeest in de zuidelijke staat Kerala, dat ter ere van de vijfde incarnatie van Vishnu (zie p. 137) gevierd wordt in augustus en september) en Pongal (een oogstfeest rond half januari in Tamil Nadu).

Andere feesten, zoals Navaratri (zie kader p. 153) en Dipavali (in sommige gebieden in de omgangstaal bekend als Diwali), zijn pan-hindoeïstische feesten die gewoonlijk de overwinning van de machten van rechtschapenheid over het kwaad markeren. Dipavali ('Ketting van Lichtjes') is waarschijnlijk het meest algemeen gevierde hindoeïstische feest. Het valt op nieuwe maan tussen half oktober en half november en wordt gevierd door het huis met lichtjes te versieren, het afsteken van vuurwerk en het dragen van nieuwe kleren. Ook worden er wel cadeaus gegeven en wordt er feestelijk gegeten. In Zuid-India gelooft men dat Dipavali de dag markeert waarop Krishna een demon, Narakasura, doodde en zo de triomf van het licht over de duisternis zeker stelde. In het noorden wordt de terugkeer van de god Rama naar Ayodhya en diens kroning (zie p. 138) ermee gevierd. In Gujarat luidt het feest het begin van het nieuwe jaar in. In vele delen van India staan de mensen met Dipavali voor zonsopgang op om een ritueel bad te nemen, want men gelooft dat het heilige water van de Ganges die dag in al het andere water aanwezig is.

Tempelverering vormt een sleutelelement in het hindoeïstische religi-

Een schilderij van ca. 1780 uit Himachal Pradesh met Krishna (midden), die het uitbundige lentefeest genaamd Holi viert. Zoals afgebeeld, gooien mensen als onderdeel van het feest vrolijk gekleurd poeder naar elkaar.

euze leven. In de meeste tempels vindt deze verering niet groepsgewijs – in de zin dat mensen zich op gezette tijden voor gemeenschappelijke diensten verzamelen – plaats. Er zijn in de tempel geen zitplaatsen: de gelovigen staan gewoonlijk enkele minuten voor het altaar van de godheid. Binnen het hindoeïsme lijkt de gelegenheid waarbij mensen zich luisterend rond een leraar scharen nog het meest op die van een religieuze congregatie – hoewel dit meestal in een openbaar gebouw plaatsvindt en niet in een tempel – of wanneer ze thuis of in het openbaar samen religieuze liederen zingen. Deze vorm van gezamenlijke verering is gebruikelijk in de diaspora, met name in de weekeinden.

Men laat zijn schoeisel altijd buiten de tempel achter, een gewoonte die symboliseert dat de gelovige tijdelijk het stof en het vuil van wereldse gedachten en gevoelens achter zich laat. De meest simpele daad van tempelverering is het aan de godheid aanbieden van kamfer, fruit, bloemen of kokosnoot, wat vaak gekocht wordt in de stalletjes buiten de tempel. In een kleine tempel kan de gelovige de gave rechtstreeks aan de beeltenis van de godheid aanbieden, maar op de meeste plaatsen geeft de gelovige zijn gaven aan een priester, die deze vervolgens aan de god of godin aanbiedt. In veel tempels in Noord-India mogen de gewone gelovigen de heiligste ruimtes in de tempel betreden, maar in het zuiden is dit vaak voorbehouden aan priesters en andere ingewijden.

HINDOEÏSTISCHE KALENDERS

De vele hindoeïstische kalenders en tijdrekeningen zijn alle verbonden met de maancyclus. Deze kalenders worden regelmatig aangepast aan de zonnecyclus, zodat de feesten ieder jaar in hetzelfde seizoen vallen. De verschillende delen van India vieren Nieuwjaar op verschillende momenten in het jaar. In de staat Gujarat, bijvoorbeeld, valt het de dag na Dipavali (zie hoofdtekst). Elders valt het op de nieuwe maan die het dichtst bij de lente-equinox valt, of half april.

NAVARATRI

Het Navaratri-feest ('Negen Nachten') wordt in heel India gevierd en begint met de nieuwe maan in de maanmaand van half september tot half oktober. In grote delen van het land is het feest aan de verering van de godinnen Sarasvati, Lakshmi en Durga gewijd. In het algemeen is het echter een tijd waarin de mensen de gereedschappen van hun beroep, welk beroep dan ook, eerbied bewijzen. In sommige gebieden worden de auto's en bussen met slingers versierd en recentelijk worden typemachines en computers met heilige poeders gezegend en krijgen ze een dag 'vrij'.

De negende dag van Navaratri is speciaal aan Sarasvati gewijd, de patrones van wetenschap en muziek. In Zuid-India worden alle muziekinstrumenten in het huis, alle schrijfwaren en bepaalde studieboeken voor de beeltenis van de godin geplaatst om voor het komende jaar haar zegen te ontvangen.

De laatste dag van Navaratri is aan Lakshmi gewijd, de godin van het geluk (zie p. 136). Na op rituele wijze het gelukbrengende woord 'Shri' (een van de namen van Lakshmi) geschreven te hebben, beginnen mensen traditioneel nieuwe ondernemingen, openen zij nieuwe kasboeken en beginnen zij nieuwe opleidingen. Voor deze dag leert men nieuwe gebeden, muziekstukken of andere kennis en brengt men eer aan grote hindoeïstische leraren.

Gelovigen voeren een ingelijst reliëf van de godin Sarasvati door de straten van Calcutta ter gelegenheid van het feest van Navaratri.

HEILIGE UITVOERINGEN

Voor hindoes vormen dans en muziek twee van de belangrijkste manieren om religieuze ervaringen te krijgen. Zij worden als meer dan louter amusement beschouwd: zangers en dansers bootsen belangrijke gelovigen uit het verleden na en kunnen op die manier de bevrijding uit de cirkel van leven en dood bereiken (zie p. 156-7) – zelfs als zij geen enkele andere weg naar verlossing bewandelen.

Terwijl volksdansen altijd overal werden uitgevoerd, was de klassieke Indiase dans eeuwenlang voorbehouden aan de dansers van de Indiase koninklijke hoven en de tempels. Pas in de twintigste eeuw hebben mensen van alle rangen en standen toegang gekregen tot dit rituele pad naar bevrijding.

De elementen van de dans staan beschreven in een boek genaamd *Natya Shastra* ('Traktaat over de Dans'), uit ca. 200 n. Chr.. Dit werk staat in zó'n hoog aanzien dat het door veel hindoes als de vijfde *Veda* (zie p. 138) beschouwd wordt, geschapen om de wegen naar het goddelijke voor alle mensen toegankelijk te maken. In hindoeïstische tempels worden regelmatig heilige dansen uitgevoerd voor het genoegen van de godheid.

In de hindoeïstische traditie maakt muziek sinds de tijd van de *Veda's* onderdeel uit van de geloofsverering. Men gelooft dat muziek de aardse manifestatie van het goddelijke in klanken is, en sommige hindoeïstische teksten zeggen dat Vishnu en Shri als Nada Brahman – *brahman*, het opperste wezen (zie p. 134-5) – in de vorm van geluid aanwezig kunnen zijn.

De grote hindoeïstische religieuze vertellingen (zie p. 138-41) worden niet zozeer door middel van boeken doorgegeven, maar door middel van zang en dans. En verhalen uit heilige teksten – met name die over de goden Krishna en Rama – worden door heel India als toneelspelen opgevoerd. Het meest gevierde van deze heilige drama's, de *Ramayana* (zie p. 138), wordt jaarlijks opgevoerd in een enorm park bij de stad Varanasi, als onderdeel van de vieringen die bekendstaan als Ramalila. Men gelooft dat de acteurs die de rollen vertolken gedurende de opvoering goddelijk zijn.

Kleurrijk uitgedoste dansers vieren het lentefeest Holi (zie p. 152) bij een tempel in de buurt van Sadri, Rajasthan

Voor de gelovige vormt het zien van de godheid (in de vorm van een beeltenis, zie p. 134) en dat men zich in zijn of haar nabijheid bevindt, het meest betekenisvolle onderdeel van de tempelverering. Nadat de gaven aan de goddelijke beeltenis zijn aangeboden, worden zij beschouwd als 'gezegend' door de godheid en als vervuld van diens 'gunst' *(prasada)*. Zij worden vervolgens aan de gelovige teruggegeven. Deze simpele daad van het aanschouwen van de godheid, het aanbieden van gaven en het terugkrijgen van de gezegende giften, is van alle schenkingsrituelen het meest populair.

Ook een godheid die thuis vereerd wordt, wordt als een goddelijke heerser beschouwd en als zodanig behandeld. Familieleden steken regelmatig een olielampje aan of branden wierook voor de goddelijke beeltenis en schenken deze fruit of ander voedsel (zie afbeelding p. 149).

Wanneer een groep gelovigen thuis of in de tempel aan het bidden is, kan het ritueel worden afgesloten met een *arati* of 'wuiven van lampen'. De aanwezige priester of een van de gelovigen steekt hierbij een stukje kamfer aan op een schaal en heiligt dit door de schaal kloksgewijs voor de godheid heen en weer te bewegen. De brandende kamfer wordt vervolgens aan de gelovigen getoond, die kort, maar zeer eerbiedig, hun handen boven de vlam houden en vervolgens hun oogleden aanraken, alsof zij het licht van de spirituele kennis die uit de hoogste godheid voortvloeit willen absorberen.

Ongehuwde en getrouwde vrouwen – maar geen weduwen – doen regelmatig speciale rituele schenkingen die *vrata* worden genoemd. Veel van deze rituelen zijn huiselijk van aard en worden uitgevoerd ten behoeve van het welzijn van de echtgenoot, de familie of de gemeenschap. Volgens Sanskritische handboeken stellen deze riten een vrouw in staat om de bevrijding uit de cyclus van leven en dood te bereiken, maar de meeste vrouwen doen ze simpelweg voor huiselijk geluk. Na gebeden tot de huisgod eten de vrouwen soms gezamenlijk en delen ze gelukbrengende substanties uit, zoals bananen, kokosnoten, kurkuma en *kum kum* (een rood poeder dat op het voorhoofd wordt gesmeerd). Een *vrata* kan enkele minuten in beslag nemen, maar ook vijf dagen, met afwisselende periodes van vasten en gemeenschappelijke maaltijden.

In Noord-India richten de riten van veel vrouwen zich op het welvaren van de mannelijke familieleden. In de maanmaand van half oktober tot half november vasten vrouwen bijvoorbeeld twee keer, op de vierde en de achtste dag van de krimpende maan, voor het profijt van hun echtgenoten en zonen. In grote delen van Zuid-India vinden er spiritueel versterkende rituelen van vrouwen plaats in de maanmaand van half juli tot half augustus. *Brahmaanse* vrouwen bidden tot de godin Lakshmi (zie p. 136) voor het huiselijk welzijn. Niet-*brahmaanse* vrouwen brengen namens hun familie als geschenk speciale potten met water of melk naar de tempels van lokale godinnen of ze bereiden rijst en melkschotels en delen die uit. In de tempels van de machtige regionale godin Draupadi Amman (een van de belangrijkste karakters uit de *Mahabharata*) kunnen zowel vrouwen als mannen in trance raken en over hete kolen lopen, in een ceremonie die eufemistisch het 'wandelen over bloemen' wordt genoemd.

OVERGANGSRITUELEN

Net als andere religies kent het hindoeisme talrijke rituelen die de overgang van het individu van de ene naar de andere levensfase markeren. In sommige heilige teksten vangen de sacramenten van de levenscyclus aan bij de geboorte van een kind, terwijl ze in andere pas bij het huwelijk beginnen, want men gelooft dat het leven van een persoon dan pas echt begint. Terwijl sommige overgangsrituelen pan-hindoeïstisch zijn, zijn vele ervan louter lokaal, met name de rituelen van vrouwen (zie hoofdtekst).

Net als alle belangrijke hindoeïstische sacramenten moeten overgangsrituelen plaatsvinden in de aanwezigheid van heilig vuur. Het belang van vuur (Sanskriet: *agni*) kan tot in de vedische periode worden teruggevonden. Vroege vedische rituelen (zie p. 131) werden rond een vuuraltaar uitgevoerd en het vuur werd beschouwd als de meester van het huis.

Er worden aan het heilige vuur gaven gebracht tijdens de prenatale riten, wanneer een kind één jaar oud is, tijdens huwelijken – de ceremonie is pas geldig als de plechtigheid voltrokken wordt voor een vuur, dat gezien wordt als de kosmische getuige van het sacrament – en wanneer een man de leeftijden van zestig en tachtig bereikt. Uiteindelijk, als een persoon sterft, wordt zijn of haar lichaam aan de vlammen prijsgegeven. Ook de jaarlijkse riten om de voorouders te herdenken worden voor een vuur uitgevoerd.

Er worden voor de uitvoering van de overgangsrituelen gunstige tijden uitgekozen. Deze tijden stroken met iemands horoscoop, die bij de geboorte wordt opgesteld.

KARMA, DOOD EN WEDERGEBOORTE

De zoon van de auteur, Venki Narayanan, neemt deel in zijn 'heilige koord'-ceremonie in Chennai (Madras), een ritueel dat hem in staat zal stellen om de oude vedische geschriften te bestuderen en te onderwijzen (zie p. 159). De studie van de heilige teksten is een van de manieren waarop men moksha *(de bevrijding van de ziel) kan nastreven, omdat het de gelovige in staat stelt om ultieme kennis te verwerven. Hindoeïstische filosofen hebben gezegd dat het vuur van de kennis alle* karma *uitwist, net zoals het vuur brandhout tot as doet worden.*

Een kenmerk waardoor de religies die op het Indiase subcontinent begonnen zich onderscheiden, is het geloof in *karma*, een idee dat voor het eerst rond de zevende eeuw v. Chr. opkwam. *Karma* betekent letterlijk 'handelen', met name ritueel handelen, maar na de *Upanishads* (ca. 600 v. Chr.) kwam het te staan voor het concept van de beloningen en straffen die aan talrijke daden verbonden waren.

Het idee van de onsterfelijkheid van de ziel ligt aan de theorie van *karma* ten grondslag. Hoewel de vroege *Veda's* een vaag idee over een leven na de dood bevatten, werd tegen de tijd van de *Upanishads* gesteld dat de menselijke ziel eeuwig voortbestaat en dat men na de dood een wedergeboorte of reïncarnatie *(samsara)* doormaakt. De 'wet van het *karma*' verwijst zo naar een systeem van oorzaak en gevolg dat meerdere levens kan bestrijken. Hij maakt dat mensen verdiensten *(punya)* of straffen *(papa)* vergaren bij iedere handeling die zij uitvoeren. Goede en slechte daden heffen elkaar niet op; men moet in de loop van vele levens de vruchten van al zijn handelen proeven. De balans van *punya* en *papa* die men in een leven verwerft, bepaalt de aard en de kwaliteit van iemands volgende bestaan.

Bevrijding *(moksha)* uit dit patroon komt volgens de *Upanishads* op basis van het ervaren van ultieme wijsheid. Bij het verkrijgen van deze transformerende kennis, verwerft men een diep inzicht in de eigen onsterfelijkheid *(amrta)*, waarna de ziel niet langer het vermogen tot wedergeboorte bezit. Het verband tussen wedergeboorte en *karma* – centrale noties in de latere hindoeïstische traditie – worden zo in de *Upanishads* duidelijk verwoord, net als het ultieme streven van ieder mens om bevrijd te worden uit de eindeloze kringloop van geboorte en dood en het menselijk lijden dat hier door het ervaren van meerdere levens mee verbonden is (zie p. 144-5).

Sinds de tijd van de *Upanishads* hebben hindoes de ideeën van *karma* en *amrta* als vanzelfsprekend beschouwd. De verschillende hindoeïstische tradities verschillen echter over de vraag wat er met de ziel gebeurt wanneer die uiteindelijk bevrijd is uit de cyclus van leven en dood. Volgens sommige ervaart de ziel dan een vreugdevolle relatie van verering tot het opperste wezen. Andere scholen, zoals die van het Bengaalse vishnuïsme, beschouwen de ultieme bevrijding als een gepassioneerde toestand van afscheiding van de menselijke ziel van God. Deze traditie ziet God als Krishna en giet de ziel in de rol van het vrouwelijke koeienmeisje met wie de godheid optrekt.

Een aantal geschriften beschrijft de reis van de ziel na de dood. Een ziel die bevrijding heeft bereikt en niet herboren wil worden, kan de woonplaats van Shiva of Vishnu binnengaan (zie kader p. 157). Wat betreft de niet-bevrijde zielen bespreekt geen van de heilige teksten in detail wat er onmiddellijk na de dood gebeurt of zelfs tussen levens in. Terwijl het duidelijk is dat iemands *karma*, de som van voorgaande levens, van invloed is op het soort leven dat zal volgen, bieden de heilige boeken geen theorieën over de tijd die het duurt voor een ziel is gereïncarneerd. Ook wordt nergens besproken of verklaard waarom mensen zich hun vorige levens niet herinneren, hoewel men algemeen gelooft dat veel mensen zich toch kleine dingen uit hun vorige levens kunnen herinneren. Alleen de werkelijk ontwikkelde zielen, de grote spirituele leiders en leraren, kunnen zich naar verluidt al hun vorige levens herinneren.

Veel teksten spreken over de weerzinwekkende aard van dit leven en sporen de mens aan om het eeuwigdurende 'echte' leven te zoeken door de bevrijding van de ziel. Anderen stellen echter dat men door God op aarde te verheerlijken in zijn huidige leven de hemel kan ervaren. Heilige bedevaartsoorden bieden hiertoe een onderbreking van het aardse bestaan en de mogelijkheid voor goddelijke openbaring. Sommige hindoes menen dat een leven dat in aanbidding van het goddelijke wordt geleefd, een waarlijk vreugdevolle ervaring is die niet slechts de afspiegeling van een toestand van bevrijding vormt, maar die toestand zelf is.

HEL EN HEMEL IN HET HINDOEÏSME

Hoewel reïncarnatie en bevrijding (zie hoofdtekst) in het hindoeïsme de meest besproken aspecten van het leven na de dood vormen, spreken de *Purana's* van vele soorten hemelen en hellen. In sommige geschriften worden zeven onderwerelden en zeven hemelen in detail beschreven, terwijl verhalen over de verschillende paradijselijke gebieden meestal reppen over dansende meisjes en bomen die wensen vervullen – tamelijk algemene beelden van (manlijk gerichte) plaatsen van genot.

In de hindoeïstische traditie wordt het verblijf van de ziel in de hel of het paradijs over het algemeen als tijdelijk gezien. Een ziel wordt op zo'n plaats herboren als het een bepaalde hoeveelheid goed of slecht *karma* verzameld heeft; maar zodra dit *karma* is uitgeput, verplaatst de ziel zich naar een volgend bestaan.

Volgens sommige teksten steekt een ziel die verlost is uit de kringloop van leven, dood en wedergeboorte een rivier genaamd de Viraja ('Zonder Passie') over en gaat zij een hemels paradijs binnen, ofwel Vaikuntha (de woning van Vishnu) ofwel Kailasa (de bergwoning van Shiva op de grens van India en Tibet). De vereerders van deze goden stellen zich hun hemelse onderkomens voor als plaatsen die vol zijn van gelovigen die hun lof zingen. Vaikuntha wordt soms beschreven als een enorm paleis met duizend pilaren en vergeven van licht.

De familie van de god Shiva en zijn metgezellin Parvati, met hun kinderen Ganesha en Skanda, in hun onderkomen op Mount Kailasa (een bergtop in de Himalaya in het zuidwesten van Tibet). Andere godheden en gelovigen kijken in aanbidding toe.

ONDERSCHEID EN IDENTITEIT

Tot voor kort werd het woord 'hindoe' in India zelden gebruikt als aanduiding van identiteit. Iemands positie in de samenleving is altijd veel meer afhankelijk geweest van zijn of haar sociale 'klasse' (*varna*, letterlijk: 'kleur'), 'subklasse' (*jati*, letterlijk: 'geboortegroep'), religieuze sektarische gemeenschap en filosofische banden.

Er zijn vier hoofd*varna's* en, vandaag de dag, meer dan duizend *jati's*. De vroegste vermelding van aparte sociale klassen in de Indiase samenleving komt voor in de *Veda's*. Bij de bespreking van een kosmisch offer, waarbij de verschillende elementen van het universum voortkomen uit het lichaam van de kosmische oermens, verklaart de *Rig Veda:* 'Uit zijn mond kwam de priesterklasse, uit zijn armen de heersers. De producenten kwamen uit zijn benen; uit zijn voeten kwam de klasse der dienaren' (*Rig Veda* 10.90). Terwijl sommigen deze verzen beschouwen als de bron van wat uiteindelijk het 'kastenstelsel' genoemd zou worden (het Portugeze *casta:* 'sociale stam', 'soort'), is het waarschijnlijk dat de stratificatie van de Indiase samenleving al lang voor de compositie van deze tekst begonnen was.

De oorspronkelijke vier ruime *varna's* waren de priesters *(brahmanen)*, de heersers en krijgers *(kshatriya's)*, de kooplieden en producenten *(vaishya's)* en de dienaren *(shudra's)*. In ieder geval de laatste twee waren altijd ruime categorieën en hoewel er mettertijd verwacht werd dat de leden van alle klassen in theorie de roeping die aan hun eigen groep verbonden was zouden volgen, was dit voorschrift waarschijnlijk niet erg verreikend. Terwijl sommige van de huidige *jati's* globaal in het oude viervoudige systeem passen, kunnen honderden andere niet zo makkelijk als 'kooplieden' of 'dienaren' worden geclassificeerd.

Mandenmakers in Jodhpur, Rajasthan. Er zijn vele jati's die van beroep mandenmaker zijn. In grote delen van India beschouwt men hen als van 'lage' sociale status.

De leden van de priesterlijke, krijgers- en kooplieden-groeperingen stonden soms als de 'hogere' kasten bekend en de mannelijke leden ervan vanwege hun traditionele initiatieritueel van spirituele wedergeboorte *(upanayana)* als 'tweemaal geboren'. Hierdoor werden zij bekleed met een 'heilig koord' dat hen de macht verleent om de *Veda's* te bestuderen (zie de afbeeldingen op p. 156 en hieronder). Vrouwen en leden van de *shudra*-klasse was het traditioneel verboden om de *Veda's* te lezen, hoewel sommige van de vedische hymnen zelfs vrouwelijke auteurs hadden.

Aan het hiërarchische sociale systeem ligt het fundamentele hindoeïstische idee ten grondslag dat mensen in een bestaan geboren worden dat de vrucht is van hun vorige *karma* (zie p. 156-7). Iemands sociale status in dit leven wordt daarom traditioneel als van tevoren bepaald en onveranderlijk beschouwd; het individu moet zich houden aan de speciale rituele praktij-

DE PLICHTEN VAN DE VIER KASTEN

Rond de eerste eeuwen van onze jaartelling waren er reeds vele verhandelingen over rechtschapenheid, morele plicht en de wet geschreven. Gezamenlijk bekend als de *dharmashastra's* ('teksten over rechtschapen gedrag'), waarvan de *Manava Dharmashastra (De Wetten van Manu)* de meest beroemde is, vormden deze de basis van de latere hindoeïstische wetten.

De *dharmashastra's* schetsen de plichten en voorrechten van de vier belangrijkste *varna's* (klassen) van de samenleving. De *brahmaanse* (priesterlijke) klasse heeft als enige de autoriteit om de *Veda's* te leren en te onderwijzen. Eeuwenlang bewaakten de *brahmanen* – onder wie zowel leraren, als raadgevers en priesters – dit monopolie nauwgezet en verboden zij het op schrift stellen van de *Veda's*.

De vroegere koningen en prinsen van India behoorden tot de *kshatriya*- ('koninklijke' of 'krijgers'-)klasse, die traditioneel de wereldse macht uitoefende. *Kshatriya*-mannen was het toegestaan om de *Veda's* te leren, maar niet om ze te onderwijzen; hun plicht bestond erin het volk en het land te beschermen. De meeste *kshatriya's* traceerden hun voorgeslacht tot aan de goddelijke oerverwekkers van de mensheid – tot op de dag van vandaag wordt in het hindoeïsme aan zulke afstammingslijnen veel belang gehecht – en latere hindoeïstische rituelen benadrukten expliciet hun band met goddelijke wezens.

De koopmansklasse *(vaishya's)* had de verantwoordelijkheid voor handel, commercie en landbouw en *vaishya's* waren dus potentieel de bezitters van grote rijkdom en economische macht. Volgens de wetsbepalingen was het ook de *vaishya's* toegestaan om de *Veda's* te lezen, maar niet om ze te onderwijzen.

De wetteksten bepalen dat het de plicht van een *shudra* is om de andere klassen te dienen, met name de *brahmanen*. *Shudra's* is het verboden om rijkdom te vergaren, zelfs als ze daar makkelijk toe in staat zijn, en een *shudra* mag op grond van zijn of haar ouderdom worden gerespecteerd, maar om geen enkele andere reden.

Brahmaanse *priesters reciteren uit de* Veda's; *foto genomen door de auteur in een tempel in Kanchipuram, Tamil Nadu. Ieder draagt het 'heilige koord' dat de status aangeeft van iemand die bevoegd is om de oude Sanskritische teksten te leren en te onderwijzen.*

Het kastenstelsel was – en is – veel complexer en flexibeler dan het door de *dharmashastra's* bepleite gedrag. Historisch materiaal suggereert dat de bepalingen voor klassen, net als Manu's uitspraken over vrouwen (zie p. 160), door vele klassen van de samenleving waarschijnlijk niet al te strikt werden opgevat en klaarblijkelijk in veel gebieden helemaal niet werden nagevolgd. De *jati* genaamd Vellalas was technisch gesproken bijvoorbeeld een *shudra* kaste, maar in de praktijk waren het rijke landeigenaren die in het zuiden een aanzienlijke politieke en economische macht uitoefenden. De verbodsbepalingen in de *dharmashastra's* lijken op hun fortuinen geen enkel effect te hebben gehad.

Uiteindelijk ontstonden er talrijke groepen 'kastenlozen' die niet onder de wetsbepalingen vielen. Deze kwamen uit gemengde huwelijken voort, maar veel vaker uit de verbintenis met beroepen die minderwaardig werden geacht (zie p. 160).

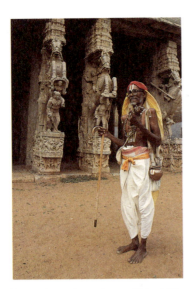

Een vaishnava (vereerder van Vishnu) bij de Sri Rangam-tempel, Tamil Nadu. Vaishnava's zijn herkenbaar aan de aparte tekens die op hun voorhoofd zijn geschilderd.

ken en voedselvoorschriften van zijn of haar *jati*. In vorige eeuwen kon elke afwijking van de kastenpraktijken tot gevolg hebben dat iemand uit zijn *jati* werd gezet en gedwongen werd als 'kastenloze' te leven.

Er is veel over gedebatteerd of iemands kaste oorspronkelijk afhankelijk was van geboorte of gewoon van iemands kwalificaties. Het Sanskritische woord *jati* suggereert het eerste, maar sommige discussies in de *Mahabharata* (zie p. 139) suggereren dat de situatie vroeger veel minder duidelijk was. Deze discussie is in de hindoeïstische praktijk vervolgens weinig prominent geweest en vandaag de dag is iemands status geheel afhankelijk van de groep waarin men wordt geboren. Historisch gezien is er echter altijd sprake geweest van kastenmobiliteit. Leden van 'lage' *jati*'s hebben bijvoorbeeld tronen opgeëist en verklaard dat zij van goddelijke afkomst waren, waardoor zij hun kaste verhieven tot *kshatriya*-status.

Tot op de huidige dag identificeren mensen zich met hun *jati*. Het hele Indiase kastenstelsel is zo'n sterke sociale macht dat niet-hindoeïstische gemeenschappen zoals de christenen, jaina's en sikhs er delen van hebben overgenomen. Zo trouwen Nadar christenen in het zuiden van India alleen met mensen van dezelfde achtergrond.

Hoewel verschillende teksten en praktijken duidelijk de kastenhiërarchie impliceren (zie kader p. 159), hebben sommige hindoes het traditionele systeem als een gelijke werkverdeling geïnterpreteerd, waarbij iedere groep verantwoordelijk is voor een bepaald terrein aan essentiële maatschappelijke activiteiten. Maar zelfs in de moderne tijd heeft de taaiheid van het kastensysteem een obstakel gevormd voor sociale hervormingen. Zo probeerde Mahatma Gandhi bijvoorbeeld met name het vooroordeel jegens sommige van de meest benadeelde groeperingen, de zogenoemde 'onaanraakbaren', te overwinnen – degenen die beroepen uitoefenden die als onrein en verontreinigend voor de 'hogere' kasten werden beschouwd.

Zulke beroepen hadden onder meer te maken met dierlijke huiden en lij-

DE VROUW IN DE HINDOEÏSTISCHE GESCHRIFTEN

Over het algemeen hebben de hindoeïstische geschriften paradoxale visies op de rol en positie van vrouwen naar voren gebracht. *De Wetten van Manu*, geschreven aan het begin van onze jaartelling, impliceert dat vrouwen in die tijd een lage status hadden, bijvoorbeeld: 'Hoewel zonder enige deugd ... moet een echtgenoot voortdurend door zijn vrouw als een god worden vereerd' (*Manu* 5.154). Hoewel Manu vervolgens stelt dat vrouwen, wil men de goden gunstig stemmen, geëerd moeten worden, wegen de negatieve uitspraken zwaarder dan de positieve.

Het begrip 'gunstigheid' ligt ten grondslag aan veel van de attitudes van mannelijke religieuze schrijvers. In essentie is een persoon of ding gunstig als het de drie doelen van *dharma* (plicht), *artha* (voorspoed) en *kama* (zinnelijk genot) bevordert.

Zo is het zowel volgens de *dharmashastra's* (zie kader p. 159) als in de hindoeïstische praktijk tot op de dag van vandaag gunstig voor een vrouw om getrouwd te zijn en daardoor een volledige partner in *dharma*, *artha* en *kama*. Alleen een getrouwde vrouw mag de titel *Shrimati* ('Bezitter van Gunstigheid') voeren. Ze is *Grhalakshmi*, 'de godin Lakshmi van het huis', en de meest geëerde vrouw in de hindoeïstische samenleving, met name als ze kinderen baart. De wetten van Manu en anderen werden niet noodzakelijkerwijs nagevolgd. Zelfs in de vedische tijd componeerden vrouwen hymnen en namen zij deel aan filosofische debatten. Na de achtste eeuw n. Chr. waren er vrouwelijke dichters, tempelpatronen, filosofen, religieuze commentatoren en schrijvers van wetenschappelijke werken. Zij werden gerespecteerd, geëerd en soms zelfs vereerd.

Een modern schilderij van Chaitanya (1486-1583), een belangrijke Bengaalse heilige, tussen zijn volgelingen. De aanhangers van Chaitanya, een vereerder van Krishna, vormen een van de meest prominente hindoeïstische 'filosofische gemeenschappen'; zijn ideeën vormen ook het fundament van de International Society of Krishna Consciousness (Hare Krishna-beweging; zie p. 137).

ken, omdat dode huid en dood vlees als verontreinigend werden beschouwd (het gebruik van het Tamil woord *paria* – 'trommelslager' – in de betekenis van 'kastenloze' is ontleend aan het feit dat trommelhuiden gemaakt werden van 'onreine' dierlijke huiden). Gandhi noemde de kastenlozen Harijans ('Kinderen van God') en volgens de Indiase grondwet van na de onafhankelijkheid is de discriminatie van onaanraakbaren onwettig. Tot nu toe hebben zulke officiële bepalingen in de praktijk echter weinig effect gehad.

Sektarische, filosofische en regionale verbintenissen snijden dwars door kastenlijnen heen en voorzien in een andere basis voor sociale identificatie. Hindoeïstische sekten worden bepaald door de god die zij vereren – vaishnava's zijn vereerders van Vishnu, shaiva's van Shiva, enzovoort. Filosofische gemeenschappen – volgelingen van grote denkers als Shankara (achtste eeuw), Ramanuja (elfde eeuw) en Chaitanya (zestiende eeuw) – vormen in vele delen van India ook aparte groepen. Regionale identiteit is ook belangrijk: hindoes trouwen gewoonlijk niet alleen met partners die uit dezelfde *jati*, sektarische gemeenschap en filosofische groep afkomstig zijn, maar die ook uit dezelfde streek komen.

Traditioneel verwacht men van de hindoe-echtgnote dat zij monogaam is, trouw aan haar man zolang hij leeft en aan zijn nagedachtenis als hij gestorven is. Sommige van deze ideeën gelden nog steeds in de hindoeïstische samenleving en hoewel een man zijn vrouw mag verlaten, maakt de sociale druk het in sommige gemeenschappen nog steeds moeilijk voor vrouwen om hun man te verlaten. Hoewel Manu (zie kader op p. 160) door mannelijke auteurs – wiens werken veel van de westerse ideeën over de Indiase vrouw gevormd hebben – in relatie tot de hindoeïstische wet enthousiast wordt geciteerd, hebben vele hindoe-vrouwen altijd een bepaalde mate van religieuze en financiële onafhankelijkheid gekend en hebben zij een belangrijke bijdrage geleverd aan de cultuur van hun land, zoals nog steeds.

Hoofdstuk vijf

BOEDDHISME

Malcolm David Eckel

Een veertiende-eeuws Nepalees verguld bronzen beeld van Maitreya, een van de talrijke hemelse wezens die een belangrijke plaats innemen in de boeddhistische Mahayana-tradities van Azië (zie p. 176-7).

INLEIDING 164

Ontstaan HET LEVEN VAN DE BOEDDHA 168

Historische ontwikkeling SCHOLEN EN VOERTUIGEN 172

Aspecten van het goddelijke HEMELSE WEZENS 176

Heilige teksten DE LEER VAN DE DHARMA 178

Heilige personen IN HET SPOOR VAN DE MEESTER 182

Ethische uitgangspunten DE WEG NAAR HET NIRVANA 184

Heilige ruimte GEWIJDE PLAATSEN 186

Heilige tijd EERBIEDIGING VAN DE WEG 190

Dood en hiernamaals DE KRINGLOOP DER WEDERGEBOORTE 192

Samenleving en religie ROLLEN EN RELATIES 194

LINKS Boeddhistische gebedsvlaggen – stroken van stof met heilige teksten – in de Khambala Pas tussen China en Tibet. Men gelooft dat de beweging van de wind de gebeden in werking zet.

INLEIDING

Het boeddhisme ontleent zijn naam aan Siddhartha Gautama (ca. 566-486 v. Chr.), die door zijn volgelingen geëerd werd als de Boeddha of de 'Verlichte'. In slechts enkele eeuwen verspreidde zijn leer zich over het Indiase subcontinent en naar vele andere delen van Azië. Hoewel het boeddhisme in India later als levende religie bijna uitstierf, heeft het een diepgaande invloed gehad op het religieuze leven en de culturele ontwikkelingen buiten India, van Afghanistan in het westen tot aan China, Korea en Japan in het oosten, en in heel Zuid-Azië van Myanmar (Birma) tot ver weg gelegen Indonesische eilanden als Java en Bali. Tegenwoordig is het boeddhisme ook een bruisend onderdeel van het religieuze landschap van Europa en Noord-Amerika.

In de loop van hun verspreiding hebben boeddhistische praktijken en leerstellingen bij het beantwoorden aan de behoeften van nieuwe gastculturen en tradities een opmerkelijke flexibiliteit en aanpassingsvermogen getoond. Het boeddhisme heeft in feite zoveel varianten voortgebracht, dat het soms moeilijk is om bepaalde voorstellingen en praktijken te herkennen als 'boeddhistisch'.

De figuur van de Boeddha vormt het hart van de traditie. Geboren als Indiase prins, deed hij afstand van zijn koninklijk bestaan om de verlossing van *samsara* na te streven, de eeuwige cirkel van geboorte, dood en wedergeboorte (zie p. 192). Na een lange tijd van studie, meditatie en zelfonderzoek, ervoer hij de verlichting of het 'ontwaken' *(bodhi)* die hem tot een *boeddha* maakten. (Hierbij zij opgemerkt dat Siddhartha, hoewel hij *de* Boeddha wordt genoemd, niet de eerste en ook niet de laatste was die 'boeddha-heid' bereikte.) Uiteindelijk begon hij zijn prediking en kreeg hij zijn eerste volgelingen. Hij vatte zijn inzichten vervolgens samen in de leer van de 'Vier Edele Waarheden' (zie p. 171) en het 'Edele Achtvoudige Pad' (zie p. 184-5).

De boeddhistische traditie maakte in velerlei opzicht een complexe ontwikkeling door, maar het heeft zijn praktische inslag behouden. De Boeddha

Dit vroege negentiende-eeuwse Birmese manuscript van het leven van de Boeddha toont Siddhartha Gautama terwijl hij, voorafgaande aan zijn verlichting (links), aan het mediteren is in Bodh Gaya. Hij wordt aangevallen door de strijdmachten van de demonenkoning Mara (zie p. 170), maar weerstaat hun aanval, waarna zij op de vlucht slaan. Rechts wordt de pas verlichte boeddha door verschillende hemelse wezens eer betoond.

INLEIDING

HET BOEDDHISME IN AZIË

Legenda

- Oorspr. gebied van het klassieke boeddhisme
- Vroege verspreiding van het boeddhisme
- Mahayana-boeddhisme
- Theravada-boeddhisme
- Tantristische boeddhisme
- Vroegere Chinees-Tibetaanse grens
- Belangrijkste verspreidingsroutes van het boeddhisme
- Plaats van speciale boeddhistische betekenis
- Belangrijke plaats uit het leven van de Boeddha
- Andere plaats
- Heilige berg
- *(PAECHE)* Historisch gebied

werd niet gezien als God of als een bovennatuurlijk wezen, maar als een man die het antwoord had gevonden op de diepste dilemma's van het menselijk bestaan en die dat antwoord voor anderen toegankelijk had gemaakt. Voor miljoenen Aziaten en vele Europeanen en Amerikanen brengt het boeddhisme een bewustzijn van het heilige en van een sociaal-culturele samenhang zonder daarbij te leunen op het concept van een goddelijke Schepper.

Ongeveer een eeuw na de dood van de Boeddha leidden twisten over de leer tot de eerste splitsingen in de boeddhistische gemeenschap. Er ontstonden achttien rivaliserende 'scholen' *(nikaya's)*, waarvan alleen Theravada, de overheersende traditie van het hedendaagse Zuidoost-Azië, nog bestaat. In de derde eeuw v. Chr. verspreidde het boeddhisme zich onder het bewind van de Indiase keizer Asjoka naar Sri Lanka, vanwaar het zich verder verspreidde naar Zuidoost-Azië, waaronder Indonesië. In de tweede eeuw na Chr. volgde het boeddhisme de Zijderoute naar China, vanwaar het zich verspreidde naar Korea en vandaar naar Japan. Het Tibetaanse boeddhisme ontstond in de zevende eeuw en is vandaag de dag een van de meest herkenbare boeddhistische culturen, met name door de figuur van de Veertiende Dalai Lama (zie p. 194).

Het succes van het boeddhisme in Noord- en Oost-Azië werd versterkt door de opkomst rond het begin van onze jaartelling van de Mahayana- of 'Grote Voertuig'-beweging in India. De Mahayana-beweging bracht een nieuw corpus geschriften (de Mahayana-*sutra's*), een nieuwe nadruk op het belang naast de monniken en nonnen van de leken – door een herinterpretatie van het ideaal van de *bodhisattva* of 'toekomstige *boeddha*' (zie p. 176-7) – en een nieuwe manier van denken over de Boeddha zelf. Het

CHRONOLOGIE
Alle data zijn n. Chr., behalve waar aangegeven. Zie ook de chronologieën op p. 202 (China) en p. 240 (Japan).

ca. 560-486 v. Chr.	Leven van Siddhartha Gautama, de Boeddha
ca. 486 v. Chr.	Eerste boeddhistische concilie; vorming van de kern van de boeddhistische canon
ca. 383 v. Chr.	Tweede boeddhistische concilie; eerste splitsingen in de boeddhistische gemeenschap
327-325 v. Chr.	Grieken onder Alexander in India
268-239 v. Chr.	Regering van Asjoka, die boeddhistische zendelingen naar Sri Lanka stuurt
ca. 100 v. Chr.	Verschijnen van de eerste Mahayana-*sutra's*
1ste eeuw	Het boeddhisme arriveert in China
220-236	Bloei van het boeddhisme onder de Zuid-Indiase Satavahana-dynastie
320-540	Periode van de Gupta-dynastie, het 'klassieke tijdperk' van het boeddhisme
4de eeuw	Het boeddhisme arriveert in Korea; Buddhaghosa codificeert de grondbeginselen van het Theravada-boeddhisme
6de eeuw	Het boeddhisme arriveert in Japan
606-646	Regering van Harsha in Noord-India
7de eeuw	Opkomst van het tantristische boeddhisme
7de-8ste eeuw	'Eerste verspreiding van de Dharma' in Tibet; stichting eerste Tibetaanse klooster te bSamyas (Samye)
800-1200	Periode van de Pala-dynastie; grote klooster-universiteiten in Oost-India
838-842	Regering van Langdharma van Tibet
10de eeuw	'Tweede verspreiding van de Dharma' in Tibet
11de eeuw	Opkomst van de vier hoofdscholen van het Tibetaanse boeddhisme
1040-1123	Leven van de Tibetaanse heilige Milarepa
1100-1200	Verwoesting van kloosters in Oost-India; boeddhisme neemt af in India
1173-1210	Regering van Narapatisithu in Sri Lanka
12de-14de eeuw	Indochinese bevolking van Sri Lanka gaat over tot het Theravada-boeddhisme
1357-1419	Leven van Tsongkhapa, stichter van de Tibetaanse Gelugpa-orde
1391-1475	Leven van de Tibetaanse monnik Gedundub (later gezien als de '1ste' Dalai Lama)
1543-88	Regering van Sonam Gyatso van Tibet, die de titel Dalai Lama verwerft
1617-82	Regering van Ngawang Lobzang Gyatso, 'Grote Vijfde' Dalai Lama; bouw van het Potala-kloosterpaleis in Lhasa
1801-52	Leven van Eugène Burnouf, pionier-vertaler van boeddhistische teksten in het Frans
1844	Eerste boeddhistische teksten gepubliceerd in de VS (uit het Frans vertaald door H.D. Thoreau)
1881	Oprichting van de Pali Text Society in Engeland
1864-1933	Leven van A. Dharmapala, Srilankaanse hervormer
1891-1956	Leven B.R. Ambedkar, die het boeddhisme in India doet herleven
1893	Leidende Aziatische boeddhisten bij het World Parliament of Religions, Chicago
1935	Geboorte van bsTan-'dzin rGyamtsho (Tenzin Gyatso), 14de Dalai Lama
1950	Chinese invasie van Tibet
1966-1976	'Culturele Revolutie' in China: vervolging van de boeddhisten in Tibet

tantristische boeddhisme, een afsplitsing van de Mahayana-traditie, ontstond in de zevende eeuw. Met zijn nadruk op symboliek en ritueel en zijn visie op *boeddha's* als 'wrekende' goden, vormt het tantrisme een van de meest opmerkelijke en intellectueel uitdagende varianten van het boeddhisme. Er bestaan scholen van het tantristische boeddhisme in China, Korea en Japan, en het is de dominante traditie in Tibet en Nepal.

De institutionele en intellectuele verspreiding van het boeddhisme werd gestimuleerd door een reeks van opmerkelijke personen, te beginnen met de eerste aanhangers van de Boeddha, de zogenoemde *arhants* ('achtenswaardigen'). Zowel de Mahayana- als de Theravada-traditie bracht een reeks van geleerde monniken voort, zoals de Theravada-geleerde Buddhaghosa, die de monastieke traditie van Zuidoost-Azië intellectuele vorm gaf. Het boeddhisme heeft religieuze en sociale hervormers voortgebracht, zoals Shinran en Nichiren in Japan (zie p. 254-5) en het heeft een traditie van politiek engagement – van de oude keizer Asjoka tot aan de recente ontvangers van de Nobelprijs voor de Vrede: de Veertiende Dalai Lama (zie p. 183, 194) en Aung San Suu Kyi in Myanmar (zie p. 197).

Er zijn natuurlijk ook vele generaties van gewone boeddhisten geweest wier verhalen niet zijn overgeleverd, maar die hun leven betekenis hebben gegeven door de simpele gebaren van de boeddhistische rituelen, het naleven van de 'Vijf Voorschriften' (zie p. 185), het aanbieden van voedsel aan monniken, het vieren van overgangsrituelen, het vieren van de verjaardagen van de Boeddha of die van de boeddhistische 'heiligen', of door een bedevaart te maken. Al deze aspecten van de boeddhistische praktijk lijken op de een of andere manier hetzelfde fundamentele streven tot uitdrukking te brengen: het vinden van kalmte in een wereld van lijden en verandering.

In zijde gewikkelde heilige boeddhistische geschriften, onderdeel van de bibliotheek van het klooster van Gompa, Ladakh, in de westelijke Himalaya.

Zuid-Koreaanse monniken reciteren gebeden ter gelegenheid van de 'Dag van de Boeddha' die in april of mei valt en in de hele boeddhistische wereld gevierd wordt (zie p. 191).

HET LEVEN VAN DE BOEDDHA

SIDDHARTHA'S WONDERBAAR-LIJKE GEBOORTE

De geboorte van de Boeddha is omgeven door een reeks bovennatuurlijke tekenen en gebeurtenissen die het belang van zijn loopbaan voorzeiden. Volgens de *Buddhacharita* ('Handelingen van de Boeddha'), een verslag van het leven van de Boeddha van de dichter Ashvagosha (tweede eeuw v. Chr.), droomde Koningin Maya toen de toekomstige Boeddha werd geconcipieerd dat een witte olifant pijnloos haar zijde binnendrong. Toen de tijd van zijn geboorte voor de jonge Siddhartha was aangebroken, kwam hij uit zijn moeders zijde, nam zeven stappen en zei: 'Ik ben geboren om ten behoeve van de wereld het ontwaken (*bodhi*) te bereiken: dit is mijn laatste geboorte.'

Siddhartha's vader, Shuddhodana, vroeg de wijzen aan zijn hof om deze wonderen te interpreteren. De wijzen zagen wielen op de handpalmen en voetzolen van het kind. Siddhartha, zo zeiden zei, zou daarom opgroeien tot een *Chakravartin* ('Wiel-draaier'), letterlijk een revolutionair: óf een grote onoverwinnelijke koning óf een grote religieuze leermeester.

De boeddhistische traditie heeft haar wortels in het leven van de Boeddha, Siddhartha Gautama, ook bekend als Sakyamuni of 'de Wijze uit het geslacht Sakya', die aan het einde van de zesde eeuw v. Chr. geboren werd in de heuvels aan de voet van de Himalaya. Vanuit een boeddhistisch perspectief gezien begint het verhaal van de Boeddha met het verhaal van zijn vorige levens als een *bodhisattva* of 'toekomstige *boeddha*'. Volgens de oude doctrine van de wedergeboorte (*samsara*) is het leven van een persoon het resultaat van een lange serie handelingen (*karma*) dat men gedurende het proces van vele levens heeft opgebouwd. Siddhartha Gautama vormde hierop geen uitzondering. Het corpus van traditionele teksten dat bekendstaat als de *Jakata*-verhalen (zie kader p. 169), vertelt ons dat hij zich op zijn laatste leven van *boeddha* voorbereidde door het doormaken van vele levens waarin hij onderricht kreeg van vorige *boeddha*'s en waarin hij vele van de grote morele deugden van de boeddhistische traditie tentoonspreidde.

Volgens de wetenschappelijk aanvaarde chronologie werd Siddhartha Gautama in 566 v. Chr. geboren en stierf hij op tachtigjarige leeftijd in 486 v. Chr., hoewel sommige Aziatische boeddhisten 623 v. Chr. als geboortejaar nemen en 543 v. Chr. als het jaar van zijn dood of *parinirvana* ('het laatste uitblazen'). Over de basisfeiten van zijn geboorte en de legende die rond zijn leven ontstond, bestaan nauwelijks meningsverschillen. Hij werd geboren in Lumbini in wat nu het zuiden van Nepal is als zoon van konink-

De wonderbaarlijke geboorte en de eerste zeven stappen van de Boeddha (zie marge, hierboven); een Tibetaanse schildering uit de achttiende eeuw.

lijke ouders uit het Indiase geslacht der Sakya's. De meeste jaren bracht hij door in de buurt van Varanasi, Patna en Vaishali, in de centrale Gangesvlakte (zie kaart, p. 165).

De boeddhistische traditie verhaalt dat Siddhartha werd opgevoed in Kapilavastu in het paleis van zijn vader, koning Shuddhodana, en met een prinses trouwde, Yashodara, die hem een zoon, Rahula, gaf. Toen hij begin dertig was, raakte Siddhartha nieuwsgierig naar het leven buiten het paleis – dat hij nog nooit verlaten had – en vroeg hij of hij naar buiten mocht. In het park buiten het paleis zag hij drie tekenen die hem de realiteit van het menselijk lijden duidelijk maakten: een oude man, een zieke en een dode.

Op een ander uitstapje buiten het koninklijk paleis zag Siddhartha een vierde teken – een rondtrekkende asceet *(shramana)* – en zwoer hij dat hij diens voorbeeld zou volgen en de verlossing uit de wereld van het lijden zou zoeken. Zijn vader probeerde hem hier eerst van te weerhouden, maar Siddhartha verliet het paleis – volgens de legende met behulp van de goden, die het hof in de mantel der slaap hulden – en gaf zijn prinselijk bestaan op om het leven van een rondtrekkende asceet te leiden. Deze gebeurtenis, die bekendstaat als Pravrajya ('Het Grote Vertrek') wordt in boeddhistische gemeenschappen opnieuw ten uitvoer gebracht wanneer iemand besluit om monnik of non te worden.

De eerste periode van Siddhartha Gautama's verzaking van de wereld werd gekenmerkt door zwaar vasten en zelfverzaking – zelfs zodanig dat hij bijna stierf. Ervan overtuigd dat deze weg naar verlossing niets opleverde,

HET VERHAAL VAN VESSANTARA

De *Jakata*- ('Geboorte'-)verhalen vertellen over de levens van de Boeddha die aan zijn laatste wedergeboorte als Siddhartha Gautama voorafgingen. Van deze verhalen behoort de geschiedenis van prins Vessantara, het toonbeeld van vrijgevigheid, tot de meest populaire. Vessantara, zo gaat het verhaal, regeerde een koninkrijk dat gezegend was door de aanwezigheid van een witte olifant met magische krachten die het land overvloedige regen gaven. Op een dag zond de heerser van een ander koninkrijk boodschappers om te vragen of hij deze olifant mocht hebben. Met buitengewone vrijgevigheid gaf Vessantara de olifant weg. Uit protest verdreven zijn onderdanen hem met zijn vrouw en kinderen de wouden in. Daar vroeg een kwade *brahmaan* (een lid van de priesterkaste), genaamd Jujaka, of hij Vessantara's kinderen als slaaf mocht hebben. De prins gaf blij zijn toestemming.

Vrezend dat Vessantara zelfs zijn vrouw zou weggeven, nam de god Sakka een menselijke gedaante aan en vroeg om haar. Vessantara gaf haar weg, maar Sakka gaf haar meteen aan de prins terug, waarbij hij uitlegde dat Vessantara haar nu voor altijd moest houden, omdat zij het geschenk van een god was. Hierop begon Vessantara's geluk te keren. Zijn kinderen werden van de kwade brahmaan teruggekocht en al spoedig herwon hij ook zijn koninkrijk en kon hij in triomf met zijn familie terugkeren.

Net als andere *Jakata*-verhalen (zoals het verhaal van de Boeddha's incarnatie als een hert dat zichzelf opofferde om een hinde te redden), wordt het verhaal van Vessantara in heel Zuidoost-Azië gevierd als voorbeeld van de deugd van vrijgevigheid. Deze deugd is met name van belang voor de gewone boeddhistische gelovigen, die donoren en beschermers van de kloosters zijn. Vessantara's gulheid en verbanning naar het woud liepen ook vooruit op de daad van verzaking die Siddhartha op het pad naar het *nirvana* zette.

Een Tibetaanse tangka *(draagbare icoon) uit ca. 1700 die de verhalen van de vorige incarnaties van de Boeddha, die op een voetstuk zit (midden), illustreert.*

nam hij brood aan van een jonge vrouw en begon hij wat in het boeddhisme als het 'Middelste Pad' bekendstaat, te volgen, een methode die de extremen van genotzucht en zelfverzaking probeert te vermijden. Siddhartha's omzwervingen brachten hem uiteindelijk naar een boom op de oever van de Nairanjana-rivier bij Bodh Gaya, die bekend werd als de Bodhi-boom of 'Boom van Ontwaken'. Hij zette zichzelf onder de boom voor een laatste, vastbesloten poging om de vrijheid van dood en wedergeboorte te verwerven (zie p. 192-3). Hij werd belaagd door de boze god Mara, de boeddhistische verleider (zie illustratie, p. 164), die zijn wellustige dochters zond om hem af te leiden en zijn woeste zonen om hem weg te jagen. Maar Siddhartha weerstond Mara's aanvallen en raakte tijdens een laatste nacht van meditatie verlicht over de *dharma* ('waarheid', 'wet') van het menselijk bestaan (zie marge p. 171). Hierna kon hij met recht een *boeddha* ('verlichte') genoemd worden.

In het begin, zo wordt gezegd, wilde de Boeddha zijn inzichten voor zichzelf houden en zat hij voordat hij besloot om zijn nieuw verworven wijsheid door te geven gedurende vele weken te mediteren. Hij liep naar het hertenpark in Sarnath, dichtbij Varanasi, waar hij vijf vroegere metgezellen van zijn spirituele zoektocht ontmoette. Hij leerde hen een preek of verhandeling *(sutra)* die bekend is geworden als 'Het in beweging zetten van het Wiel van de Dharma [Leer/Wet]' (Dharmachakrapravartana). Het verhaal van het boeddhisme als een georganiseerde religieuze traditie begint

AFBEELDINGEN VAN DE BOEDDHA

De vroegste afbeeldingen van de Boeddha zijn symbolen of scènes die met het leven van de Boeddha verbonden zijn waarbij zijn daadwerkelijke fysieke vorm niet wordt afgebeeld. Twee van de meest algemene symbolen van de Boeddha in deze zogenoemde 'aniconische' afbeeldingen zijn het Wiel van de Dharma (dat de eerste prediking uitbeeldt; zie illustratie p. 171) en de troon onder de Bodhi-boom waar hij zijn ontwaken bereikte. Aniconische afbeeldingen van het Grote Vertrek, toen Siddhartha het paleis verliet om een rondtrekkende asceet te worden, laten een paard zonder ruiter zien die wordt afgeschermd door een parasol, met een groep lagere Indiase goden die volgens een van de legendes het geluid van de paardenhoeven dempen. Een algemeen voorbeeld van dit vroege type afbeeldingen is de simpele afdruk van de voetstappen die de Boeddha achterliet.

Aan het begin van onze jaartelling begonnen boeddhisten de fysieke vorm van de Boeddha weer te geven. In de regio Gandhara, aan de tegenwoordige grens tussen Pakistan en Afghanistan, werden figuren van de Boeddha sterk door de Helleense kunst van de Griekse koninkrijken van Afghanistan en het westen van Centraal-Azië beïnvloed. In de regio Mathura, halverwege het stroomgebied van de Ganges-rivier, werd de Boeddha in een robuuste, realistische stijl uitgebeeld die werd ontleend aan de traditionele Indiase decoratieve kunst. Deze twee stijlen vermengden zich tijdens de Indiase Gupta-dynastie (320-540 v. Chr.), waaruit de klassieke afbeeldingen van de Boeddha resulteerden die in de hele boeddhistische wereld zoveel invloed hebben gehad. De Gupta-stijl is ook herkenbaar bij de muurschilderingen in de boeddhistische rotstempels bij Ajanta in West-India en in de serene, elegante, sensuele maar toch bovenaardse afbeelding van de prekende Boeddha te Sarnath.

De Helleense invloed is treffend in de uitdrukking, houding, musculatuur en draperie van dit 2de-eeuwse schisten beeld van de Boeddha uit Gandhara. De 'wijsheidsknobbel' op het hoofd is een specifiek boeddhistisch element en de handen, die nu missen, werden waarschijnlijk getoond met de handpalmen open in geheven en vlakke zegenende gebaren.

met de serene en wijze leraar die de resultaten van zijn ontwaken aan een handvol metgezellen doorgeeft, die de kern van de boeddhistische *sangha* ('gemeenschap') vormde. De overige vijfenveertig jaren van zijn leven trok de Boeddha over de wegen van Noord-India, preekte hij de Dharma en verbreedde hij de grenzen van de gemeenschap. Er wordt zelfs gezegd dat hij naar de hemel opsteeg om de Dharma aan zijn overleden moeder te leren. Uiteindelijk verkondigde hij in de stad Kushinagari zijn laatste prediking (de *Mahaparinirvana-sutra*) aan zijn volgelingen, waarna hij tussen twee bomen neerlag en stierf – of, in boeddhistische termen, zijn 'laatste nirvana' *(parinirvana)* bereikte, om nooit weer herboren te worden.

De Boeddha's eigen instructies volgend, cremeerde een groep leken-volgelingen zijn lichaam, verspreidde de as als relikwieën en borg ze in grafheuvels of *stupa's* (zie p. 186-7). De verering van deze overblijfselen stond model voor de boeddhistische verering. Deze ging zich niet alleen richten op de relikwieën, maar ook op andere objecten, beelden en plaatsen die door hun verbondenheid met gebeurtenissen in het leven van de Boeddha geheiligd werden. In de boeddhistische traditie vormen zij het 'Vorm-Lichaam' van de Boeddha, terwijl zijn leer bekendstaat als zijn 'Dharma-Lichaam' (zie p. 179). In deze twee 'lichamen' (die in verschillende delen van de boeddhistische wereld vaak op uiteenlopende wijzen worden uitgelegd) is de Boeddha voortdurend in de wijdere boeddhistische gemeenschap aanwezig.

DE 'VIER EDELE WAARHEDEN'

De eerste van de Boeddha's diepe inzichten in Bodh Gaya was de kennis van zijn vorige geboorten. Dit werd gevolgd door de kennis van de geboorten van anderen en uiteindelijk door de kennis van de 'Vier Edele Waarheden': de 'waarheid van het lijden', de 'waarheid van de oorsprong van het lijden', de 'waarheid van het ophouden van het lijden' en de 'waarheid van het Pad'. Dit kan als volgt worden uitgelegd. Het ontwaken van de Boeddha begon toen hij zich realiseerde dat al het leven van lijden vervuld is, met name het lijden dat ontstaat wanneer men de vergankelijkheid van een geliefde persoon, object of ervaring ziet, zoals onvermijdelijk is. Hij begreep dat de oorsprong van het lijden in het verlangen schuilt en dat het verlangen ontstaat door onwetendheid, door een verkeerd begrip van de aard der dingen, met name de aard van het zelf.

Met zijn ontdekking van de Vier Edele Waarheden kwam ook de overtuiging dat hij, Siddhartha, het lijden tot een einde had gebracht. Volgens de Boeddha houdt het lijden op wanneer het proces dat het voortbrengt wordt omgedraaid, wat *nirvana* brengt, een einde van alle verlangen en onwetendheid (zie p. 192-3). De Boeddha geloofde dat het *nirvana* bereikt kon worden door middel van het 'Edele Achtvoudige Pad' (zie p. 184).

Geflankeerd door twee herten siert dit bewerkte 'Wiel van de Dharma' het dak van een tempel in Lhasa, Tibet. Het vertegenwoordigt de eerste prediking van de Boeddha in het hertenpark bij Varanasi.

SCHOLEN EN VOERTUIGEN

Een Gandhara-beeld uit de 3de eeuw n. Chr. van de door het vasten – tijdens de laatste fase van zijn zoektocht naar verlichting – sterk vermagerde Boeddha.

TERUGGANG VAN HET BOEDDHISME IN INDIA

Rond de 13de eeuw v. Chr. lijkt de opkomst van het hindoeïstische devotionalisme (zie p. 132-3) de aantrekkingskracht van het boeddhisme in India te hebben ondermijnd, terwijl door de eeuwenlange boeddhistische en hindoeïstische interactie tussen gewone mensen de verschillen tussen de twee tradities afnamen. Ook de positie van de Indiase kloosters was precair omdat ze kwetsbaar waren voor vervolging door de vijanden van de koningen en prinsen van wie ze steun ontvingen. Toen islamitische invallers in 1197 de kloosters van Nalanda en in 1203 die van Vikramashila verwoestten, kwam er een eind aan de directe invloed van het boeddhisme op de Indiase cultuur. Slechts enkele monniken bleven de verwoeste kloosters trouw en tot aan de twintigste eeuw (zie p. 197) was het boeddhisme in het land van oorsprong van nog maar weinig betekenis.

Het meeste bewijsmateriaal voor de vroege geschiedenis van de boeddhistische gemeenschap, de *sangha*, komt van teksten die vijf eeuwen of nog langer na de dood van de Boeddha geschreven zijn. Het is daarom moeilijk om met zekerheid vast te stellen hoe de *sangha* van een kleine groep volgelingen rond een charismatische leider uitgroeide tot een van de belangrijkste bewegingen in India en daarbuiten. De boeddhistische traditie vermeldt echter meerdere stadia van haar institutionele ontwikkeling die het mogelijk maakten dat de religie zo'n belangrijke rol in de ontwikkeling van de Aziatische cultuur kon spelen.

Korte tijd nadat de Boeddha in 486 v. Chr. (of 543) was overleden, zou naar verluidt een 'eerste boeddhistisch concilie' zijn gehouden in de stad Rajagrha. Volgens een van de verhalen was Kashyapa, een volgeling van de Boeddha, met een groep monniken op reis toen hij hoorde dat zijn meester was gestorven. Een van de monniken was zichtbaar opgelucht en zei dat de dood van de Boeddha hen bevrijdde van de beperkingen van de monastieke regels. Uit vrees dat de discipline zou instorten, stelde Kashyapa voor om een concilie bijeen te roepen om de leer van de Boeddha en de monastieke regels opnieuw te formuleren en een algemeen corpus aan doctrines en praktijken op te stellen om de boeddhistische gemeenschap te leiden. Het concilie bracht de latere kern van de boeddhistische canon voort.

Een andere traditie vertelt van een tweede concilie, ongeveer een eeuw later samengeroepen in de stad Vaishali, om de verschillende variaties op de monastieke code die ontstaan waren onder druk van de regionale expansie van de gemeenschap, te bespreken. De verschillende kwesties werden echter niet volledig opgelost en vormden de aanleiding tot het eerste grote schisma binnen het boeddhisme, namelijk tussen de Sthavira's ('Ouderen') en Mahasanghika's ('Grote Gemeenschap'). Dit was het begin van de fragmentatie van de *sangha* in Achttien Scholen *(nikaya's)*, wat voorafging aan de uiteindelijke splitsing tussen het Hinayana- ('Kleine Voertuig')-boeddhisme en Mahayana ('Grote Voertuig')-boeddhisme (zie marge p. 173).

Zowel binnen als buiten India speelde koninklijke patronage een belangrijke rol bij de expansie van de gemeenschap. De grote Maurya-keizer Asjoka (268-239 v. Chr.), die vanuit zijn hoofdstad bij Pataliputra (het moderne Patna) Noord-India bestuurde, bekeerde zich expliciet en in het openbaar tot het boeddhisme. Als onderdeel van zijn politiek van 'gerechtvaardigde verovering' *(dharmavijaya)* verkondigde hij de boeddhistische waarden in zijn hele rijk en steunde hij de verspreiding van de religie buiten de grenzen ervan. Zo zou zijn zoon Mahendra (Pali: Mahinda) het hoofd van een missie naar Sri Lanka zijn geweest.

Naar het schijnt waren er rond deze tijd ook boeddhistische monniken in de regio's van Afghanistan en Centraal-Azië, waar zij met de Helleense koninkrijken in contact kwamen die na de invasie van Alexander de Grote in India (in 327-325 v. Chr.) waren ontstaan. Ten minste één Griekse koning, Menander (Pali: Milinda), zou zich tot het boeddhisme hebben bekeerd. De religie werd ook gesteund door een Skythische stam die ca. 130

v. Chr. Afghanistan binnenviel en door koning Kanishka, die rond 100 n. Chr. over delen van Noord-Afghanistan heerste. In Zuid-India ontstond door de steun van de Satavahana-dynastie (220 v. Chr.-236 n. Chr.) een bloeiende boeddhistische cultuur in wat nu Andhra Pradesh is.

Gedurende de eerste zes of zeven eeuwen van onze jaartelling was het boeddhisme van centraal belang voor een grote bloei van de Indiase cultuur, met name in de tijd van de Gupta-dynastie (320-540) en tijdens het bewind van koning Harsha (606-646). De boeddhistische kloosters waren centra van geleerdheid en schoolden de monniken in filosofie, religie, geneeskunde, astronomie en grammatica. Later, toen Noord-India onder de toenemende druk van buitenlandse invallen kwam te staan, verschoof het brandpunt van het monastieke leven langs de Ganges naar beneden naar Bihar en Bengalen. Onder de Pala-dynastie (ca. 800-1200 v. Chr.) zetten monastieke centra als Nalanda en Vikramashila de vroegere tradities voort.

De geschiedenis van het boeddhisme in Zuidoost-Azië gaat terug op Asjoka's zendelingen in Sri Lanka. Gedurende meer dan duizend jaar was het boeddhisme in deze regio een eclectische mix van tradities die de diversiteit van het Indiase boeddhisme weerspiegelde. Vanaf de elfde eeuw, toen de invloed van de Indiase kloosters begon te tanen (zie marge p. 172), ging Sri Lanka een leidende rol spelen voor de boeddhistische monniken en koningen in Myanmar en Thailand. Tijdens de regering van de Srilankaanse koning Narapatisithu (1173-1210) ging Theravada (een van de Achttien Scholen) overheersen. In navolging van het Srilankaanse voorbeeld, namen Thailand en Myanmar de Theravada-orthodoxie over; deze loot van het

Een boeddhistische stoepa te Mihintale, waar Mahendra (Mahinda), de zoon van koning Asjoka, de eerste boeddhistische prediking in Sri Lanka zou hebben gehouden. Het Theravada-boeddhisme verspreidde zich in de 13de eeuw van het eiland verder naar Zuidoost-Azië.

MAHAYANA-BOEDDHISME

Rond het begin van onze jaartelling, in omstandigheden die nog altijd onduidelijk zijn, ontstond er een boeddhistische hervormingsbeweging die zichzelf Mahayana of 'Grote Voertuig' noemde in contrast met de Achttien Scholen die het als Hinayana of het 'Kleinere Voertuig' beschouwde (zie hoofdtekst).

De Mahayana-traditie traceert haar geschiedenis tot aan de Boeddha zelf. Volgens Mahayana-teksten hield de Boeddha een speciale bijeenkomst op de Gierentop in Rajagrha en hield hij voor een kleine groep volgelingen een preek die bekendstaat als 'het Tweede Keren van het Wiel van de Dharma'. Deze prediking bleef, zo wordt gezegd, enige tijd verborgen en werd pas daarna aan de rest van de Indiase boeddhistische gemeenschap geopenbaard.

Het is onzeker of de Mahayana-traditie in één Indiase regio ontstond of in meerdere centra. Maar het is duidelijk dat de nadruk op het *bodhisattva*-ideaal (zie p. 176-7) de belangen van de leken, zowel mannen als vrouwen, op een nieuwe manier vorm gaf. Een *bodhisattva* streefde niet naar verzaking van de wereld om *nirvana* te bereiken, zoals in het traditionele monastieke ideaal, maar keerde uit mededogen met de gewone mensen terug naar de wereld.

Het Mahayana-boeddhisme ontwikkelde een mythologie van hemelse *boeddha's* en *bodhisattva's* die niet alleen verwant lijkt met vormen van religieuze verering in Iraanse religies en godsdiensten uit het Midden-Oosten, maar ook met de opkomende mythologie van het hindoeïsme.

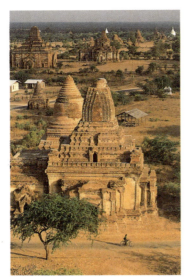

Pagan, de oude Birmaanse hoofdstad, waar de resten van meer dan 5000 heilige boeddhistische gebouwen zijn opgegraven. De stad bloeide gedurende 2 eeuwen, totdat zij in 1287 door de Mongolen werd ingenomen.

TANTRISTISCH BOEDDHISME

Het Mahayana-boeddhisme bracht een beweging voort die de meest fundamentele uitgangspunten van de traditie leek te ondergraven. Deze stroming staat bekend als het tantrisme – naar Tantra, de teksten die de leer bevatten – maar ook als Mantrayana ('Voertuig van Heilige Spreuken') en Vajrayana ('Voertuig van de Bliksem', ook wel 'Diamanten Voertuig').

Het tantristisch boeddhisme benadrukt ritueel en symboliek, met name de *mandala* of 'heilige cirkel' (zie p. 177), en bevordert praktijken die gericht zijn op het onmiddellijk ervaren van het 'ontwaken'. Het radicale karakter van dit ontwaken wordt in de tantristische kunst beeldend uitgedrukt door de voorstelling van de Boeddha als een 'wrekende god'. Een tantristische *siddha* of 'heilige' ziet in dat er uiteindelijk geen verschil is tussen woede en vreedzaamheid, en dat de ervaring van ontwaken zelfs in de meest basale emoties aanwezig is.

boeddhisme beheerst deze regio tot op de dag van vandaag. In de negentiende en de twintigste eeuw werden de Zuidoost-Aziatische boeddhisten geconfronteerd met het Europese kolonialisme, maar generaties hervormers gingen de uitdaging aan en ontwikkelden een apart 'modern' boeddhisme (zie p. 196-7).

Het boeddhisme kwam in twee golven, die bekendstaan als de 'Eerste' en 'Tweede Verspreiding van de Dharma', naar Tibet. De eerste golf begon in de zevende eeuw, toen de vrouwen van de Tibetaanse koning Srong-btsan-sgam-po (Songtsen Gampo) beelden van de Boeddha naar de hoofdstad Lhasa meebrachten. Het eerste klooster werd op het eind van de achtste eeuw gesticht in bSam-yas (Samye) met behulp van de Indiase tantristische heilige Padmasambhava, de Indiase geleerde Shantarakshita en de Tibetaanse koning Khri-srong-lde-btsan (Trisong Detsen). De geschiedenis van het Tibetaanse boeddhisme wordt gekarakteriseerd door de elementen die door deze drie stichters worden gesymboliseerd: tantristische rituelen en meditatie (zie linkermarge), een monastieke intellectuele discipline en koninklijke wereldse macht.

Deze 'Eerste Verspreiding' kwam tot een einde in een periode van vervolgingen die begon tijdens het bewind van koning Glang-dar-ma (Langdharma, 838-842). Aan het einde van de tiende eeuw werd het boeddhisme opnieuw in Tibet geïntroduceerd in wat bekendstaat als de 'Tweede Verspreiding' en tegen het einde van de elfde eeuw konden er in het Tibetaanse boeddhisme vier duidelijke hoofdstromen worden onderscheiden. Één hiervan, de rNying-ma-pa's (Nyingmapa-orde), traceerde haar ontstaan naar Padmasambhava. De andere, de Sa-skya-pa's (Sakya-orde), bKa'-gdams-pa's (Kadampa-orde) en bKa'-rgyud-pa's (Kagyupa-orde) stelden dat zij geworteld waren in de heiligen en geleerden die na de grote vervolgingen gekomen waren. Uit de Kadampa-orde ontstond de dGe-lugs-pa (Gelugpa-orde), de linie waaruit later de Dalai Lama's voortkwamen (zie kader, p. 175).

Het boeddhisme kwam China in de eerste (of mogelijk tweede) eeuw n. Chr. binnen via de Zijderoute (zie kaart, p. 201). Net als in Zuidoost-Azië en Tibet bestond de grootste uitdaging voor het boeddhisme erin om de rijkheid en complexiteit van het Indiase boeddhisme in een inheemse vorm tot uitdrukking te brengen. Tegen de tijd van de Tang-dynastie (618-907) had het boeddhisme zich echter volledig aangepast en speelde het een belangrijke rol in de Chinese beschaving. In deze tijd kwamen de klassieke Chinese Mahayana-scholen op, waaronder de meditatie-traditie van Chan (van het Sanskritische *dhyana*: 'meditatie') en de filosofische scholen van Tiantai en Huayan. Het Chinese boeddhisme werd ook diep beïnvloed door de Mahayana-traditie van hemelse *boeddha's* en *bodhisattva's*, met name Amitabha (Amituo Fuo), Avalokiteshvara (Guanyin; zie p. 211) en Maitreya (Mile Fo; zie p. 176-7).

Als 'buitenlands' geloof werd het boeddhisme soms vervolgd, zelfs tijdens de hoogtijperiode van de Tang (zie p. 206), en de neo-confucianistische herleving van de Song-dynastie (960-1279; zie p. 205) maakte dat het boeddhisme nooit meer de invloed herkreeg die het tijdens de Tang-dynastie had gehad. Als een van China's vereerde 'Drie Leren' (zie p. 200) bleef het niettemin belangrijk.

De Chinese variant van het boeddhisme werd in de vierde eeuw in Korea geïntroduceerd en in de zesde eeuw in Japan (zie p. 243). Ook Vietnam nam de Chinese boeddhistische tradities over, hoewel de religie het gebied oorspronkelijk al in de tweede eeuw kan zijn binnengekomen. Een vorm van het chan-boeddhisme (Japans: Zen), met zijn nadruk op meditatie en de ervaring van 'ontwaken', komt in alle drie de landen voor, evenals een zekere mate van devotie tot de hemelse *boeddha's* en *bodhisattva's*.

Halverwege de twintigste eeuw zijn bijna alle belangrijke boeddhistische scholen en tradities ook in het Westen vertegenwoordigd, zowel onder immigrantengemeenschappen als onder westerse bekeerlingen (zie rechtermarge). In kloosters, tempels en meditatieruimten van Schotland tot aan San Francisco heeft het boeddhisme krachtig wortel geschoten in contexten die totaal verschillen van die van het stroomgebied van de Ganges, waar het allemaal begon.

DE KOMST NAAR HET WESTEN

In het Westen tot ca. 1850 nog onbekend, behalve bij geleerden, begon het boeddhisme zich rond 1900 te verspreiden, deels door toedoen van een voormalige Amerikaanse legerofficier, H.S. Olcott (1832-1907) en een Russische mystica, Helena Blavatsky (1831-91). Zij namen de herleving van het Theravada-boeddhisme in het koloniale Sri Lanka ter hand en hun eigen Theosofische Vereniging werd sterk door boeddhistische voorschriften beïnvloed. Het geloof kreeg ook meer gezicht door het World Parliament of Religions (Chicago, 1893), waar vele belangrijke Aziatische boeddhisten aanwezig waren.

DE PRIESTER-KONINGEN VAN TIBET

De titel Dalai Lama (letterlijk 'Oceaan Leraar', waarbij het eerste woord waarschijnlijk 'Oceaan van Wijsheid' betekent) werd voor het eerst aan de Tibetaanse koning Sonam Gyatso (1543-88) gegeven door de Mongoolse leider Altan Khan. De Tibetaanse boeddhisten zien Sonam Gyatso echter als de derde in een reeks van reïncarnaties die teruggaat tot de monnik Gedundub (1391-1475), die daarom beschouwd wordt als de werkelijke 'eerste' Dalai Lama.

Tijdens de regering van de 'Grote Vijfde' Dalai Lama, Ngawang Lobzang Gyatso (1617-82), werden de Dalai Lama's de volledige seculiere en religieuze leiders van Tibet. Onder hun leiderschap konden Tibetaanse boeddhisten hun traditionele levenswijze handhaven totdat de Chinese invasie van Tibet (1950) de veertiende Dalai Lama, Tenzin Gyatso, in ballingschap dreef. Sindsdien is hij het centrum van alle pogingen om de Tibetaanse cultuur te behouden, zowel in Tibet als in gemeenschappen van bekeerlingen en vluchtelingen over de hele wereld (zie ook p. 194).

Het Potala-paleis in Lhasa, gebouwd in de 17de eeuw door de 'Grote Vijfde' Dalai Lama, Ngawang Lobzang Gyatso, en tot 1950 zetel van de priester-koningen van Tibet.

HEMELSE WEZENS

Het Theravada-boeddhisme benadrukt dat Siddhartha Gautama zeer beslist ménselijk was – een mens die het uiteindelijke *nirvana* bereikte en stierf om nooit meer herboren te worden. Wanneer een Theravada-gelovige een gave aanbiedt aan een beeltenis van de Boeddha, is dit geen daad van goddelijke verering maar een middel om karmische verdienste te verwerven en om herinnerd te worden aan de deugden van de Boeddha, die men moet proberen na te volgen.

Dit betekent echter niet dat het boeddhisme geen goden kent of geen gelijkenis vertoont met bijvoorbeeld de klassieke Indiase traditie. In de Mahayana-traditie zegt men dat degenen die de hoogste stadia van het pad naar *boeddha*-heid bereiken – de *bodhisattva's* ('toekomstige *boeddha's*') – zoveel macht verzamelen door hun vele werken van wijsheid en mededogen, dat zij het vermogen verwerven om op een quasi-goddelijke manier te handelen. Deze buitengewone figuren staan bekend als 'hemelse *bodhisattva's*'. Zij kunnen op wonderbaarlijke wijze in deze wereld interveniëren en zelfs hemelse sferen scheppen waar mensen herboren kunnen worden in zaligheid om redenen die zowel afhankelijk zijn van het mededogen van de *bodhisattva's* als van de verdienste van de individuele gelovige. Aan het eind van hun loopbaan als *bodhisattva* worden zij 'hemelse *boeddha's*' en verwerven zij zelfs nog opmerkelijkere vermogens. Vele *bodhisattva's* stellen hun *boeddha*-heid echter bewust uit om de gewone gelovigen bij te staan op hun pad naar het *nirvana*.

De concepten van de hemelse *bodhisattva* en *boeddha* maakten het mogelijk dat het Mahayana-boeddhisme een uitgebreid 'pantheon' van quasi-goden ontwikkelde. Een van de meest belangrijke is de *bodhisattva* Avalokiteshvara ('De Heer die Neerziet'), die wel de personificatie van de mededogende Boeddha is genoemd. Avalokiteshvara's mededogen wordt opgeroepen door het uitspreken van de *mantra* 'Om Mani Padme Hum' ('O Juweel in de Lotus'; *Om* en *Hum* zijn onvertaalbare lettergrepen, zie p. 140).

In het Indiase boeddhisme ging men Avalokiteshvara associëren met een vrouwelijke *bodhisattva* genaamd Tara, die de vrouwelijke kant van zijn mededogen belichaamt. In China, waar Avalokiteshvara onder de naam Guanyin wordt vereerd, raakten de mannelijke en vrouwelijke identiteiten van de *bodhisattva* vermengd en ging men Guanyin vooral in vrouwelijke vorm vereren (zie p. 211). Tibetanen voelen een speciale verwantschap met Avalokiteshvara (in het Tibetaans: Spyan-ras-gzigs of Chenrezig). Zij stellen dat hij een eed heeft gezworen om Tibet te beschermen en dat hij zich manifesteert in de persoon van iedere Dalai Lama.

Tot de belangrijkste *bodhisattva's* behoort ook Maitreya, de '*boeddha* van de toekomst', die de volgende *bodhisattva* zal zijn die de wereld betreedt om een *boeddha* te worden (zie afbeelding p. 163). Net als Avalokiteshvara redt Maitreya mensen in nood: in China, waar hij Mile Fo wordt genoemd, hebben messiaanse bewegingen bij tijd en wijle zijn aanstaande komst en de boeddhistische transformatie van de samenleving verkondigd. Andere hemelse *bodhisattva's* zijn Manjushri, de *bodhisattva* der wijsheid, en Kshi-

De buste van een bodhisattva *uit Gandhara. In Mahayana-teksten wordt een* bodhisattva *voorgesteld als iemand die neerziet op de wereld, het wereldse lijden voelt en wezens voor gevaar behoedt.*

SIDDHARTHA DE *BODHISATTVA*

De grens tussen een *bodhisattva* en een *boeddha* is vaak onduidelijk. Volgens de *Lotus Sutra* (zie p. 181) was de Boeddha zelf slechts de manifestatie van een grote *bodhisattva* wiens lange loopbaan nog niet beëindigd is. Hij manifesteerde zich als Siddhartha Gautama en voerde de show van het bereiken van *parinirvana* (laatste *nirvana*) op omdat hij wist dat de mensen in deze wereld behoefte hadden aan het voorbeeld van een medemens die het proces van het bereiken van *nirvana* had ervaren. Maar dit was niet het einde van zijn loopbaan: hij manifesteert zichzelf nog steeds vol mededogen zolang als er anderen zijn die zijn hulp nodig hebben.

tigarbha, de trooster van de doden en beschermer van reizigers, pelgrims en kinderen. (Zie ook p. 184.)

De meest bekende hemelse *boeddha* is Amitabha ('Oneindig Licht'), die toen hij een *boeddha* werd (zie p. 193) naar zeggen een paradijs, het 'Pure Land', gevestigd heeft. Eenieder die zijn naam vol vertrouwen reciteerde, met name op het moment van het sterven, zou in het Pure Land herboren worden en Amitabha zelf ontmoeten. Amitabha Boeddha heeft veel invloed gehad in China en Japan, waar hij respectievelijk Amituo Fo en Amida Butsu wordt genoemd (*fo* en *butsu* = *boeddha*). Tijdens de Kamakura-periode (1185-1333) werd Amida zelfs een van de belangrijkste elementen van het Japanse boeddhistische leven. De grote hervormer Shinran (1173-1263) stelde radicaal dat men beter op de genade van Amida kon vertrouwen dan op de eigen inspanningen (zie p. 254).

Andere belangrijke figuren zijn de arts-*boeddha* Bhaishajyaguru ('Leraar van Heling') en de 'Zonne-Boeddha' Vairochana ('Stralend'), de centrale *boeddha* in vele tantristische *mandala's* (zie kader, beneden). Hij wordt geïdentificeerd met de zon en was belangrijk voor de acculturatie van het boeddhisme in Japan, waar de zonnegodin (zie p. 246-7) het shintoïstische pantheon aanvoert.

VOLKSGODEN

Het boeddhisme heeft altijd ruimte gelaten voor de verering van plaatselijke goden en geesten. De Boeddha zelf zou beschermd zijn door een *naga* (in de Indiase traditie is een *naga* een slangengod die de regen bestiert; in het boeddhisme bewaken *naga's* ook de schatten van de traditie). *Stoepa's* (zie p. 186) worden vaak geassocieerd met *yaksha's* (goden van rijkdom en geluk) en *yakshi's* (vruchtbaarheidsgodinnen). In Zuidoost-Azië vormen hindoeïstische goden als Indra en Vishnu belangrijke beschermers. Het geloof omvat ook vele regionale godheden in China, Korea, Japan en Tibet.

TANTRISTISCHE *MANDALA'S*

In het tantristische boeddhisme wordt het universum vaak voorgesteld als een *mandala* of 'heilige cirkel' die de macrokosmos en de microkosmos uitdrukt: hij vertegenwoordigt zowel het universum als de geest en het lichaam van de individuele gelovige. *Mandala's* worden gebruikt in rituelen en bij meditatie om de gelovige te helpen zijn of haar visie op de kosmos te bundelen, om de integratie van zelf en wereld te overdenken, en om het onderscheid tussen *nirvana* en het gebied van leven en dood te overwinnen.

Een van de meest bekende van deze heilige afbeeldingen staat bekend als de 'Mandala van de Vijf Boeddha's'. Deze vervult een centrale rol in het tantristische boeddhisme in Tibet en de Shingon-traditie in Japan. Het uitgangspunt is een configuratie van vijf hemelse *boeddha's*: Vairochana (midden), Amitabha (westen), Amoghasiddhi (noorden), Akshobhya (oosten) en Ratnasambhava (zuiden). De *mandala* wordt verder uitgewerkt door een proces van symbolische associatie met vijf kleuren, vijf persoonlijke eigenschappen, vijf wijsheden, etcetera, waarbij ieder element van ieder vijftal met een van de vijf *boeddha's* wordt geassocieerd. De *boeddha's* worden ook geassocieerd met de vijf godinnen in het midden van de *mandala* en op de vier tussenliggende punten van het kompas.

Een Nepalese mandala *uit 1860 waarop Vairochana in het midden staat afgebeeld en de vier* boeddha's *in de hoeken van het vierkant. De mandala geeft ook talrijke andere heilige wezens weer.*

DE LEER VAN DE DHARMA

Na de dood van de Boeddha zouden zijn volgelingen het Eerste Boeddhistische Concilie hebben samengeroepen om zijn leer, de Dharma (zie p. 172), te bewaren. Het concilie stelde een methode voor memorisatie en recitatie op die het mogelijk maakte dat de leer bijna vijf eeuwen lang mondeling werd overgeleverd alvorens op schrift te worden gesteld. Er bestaan in alle boeddhistische culturen geschreven versies van de canonieke verzamelingen, die vaak met veel eerbied behandeld worden. Toch is de orale traditie in de boeddhistische wereld nog steeds het allerbelangrijkst.

Mede dankzij deze oude praktijk van orale overlevering kent het boeddhisme geen eenduidige canon van geschriften. Verschillende scholen en tradities beschouwen verschillende tekstverzamelingen als gezaghebbend, waarmee ze de talrijke manieren waarop de Dharma in de loop der eeuwen is geïnterpreteerd weerspiegelen. De Pali-canon van de Theravada-traditie (zie kader, beneden) bevat naast teksten die mogelijk pas in de tweede eeuw

DE PALI-CANON

De meest conservatieve canon van boeddhistische geschriften is de *Tipitaka* ('Drie Korven') van de Theravada-traditie. Geschreven in het Pali, een oude Indiase taal die nauw verwant is aan het Sanskriet, worden zij simpelweg de Pali-canon genoemd. De *Tipitaka* (Sanskriet: *Tripitaka*) zou in 29 v. Chr. door koning Vattagamani van Sri Lanka zijn neergeschreven.

De drie 'korven' zijn de drie secties van de canon: de *Sutta* (Sanskriet: *Sutra*) *Pitaka*, *Vinaya Pitaka* en *Abhidhamma* (Sanskriet: *Abhidharma*) *Pitaka*. De *sutra*'s van de *Sutta Pitaka* bestaan over het algemeen uit de leerstellige gesprekken van de Boeddha en variëren van korte gedichten tot lange proza-verhalen over de vorige levens van de Boeddha. Ook bevatten zij verzen die worden toegeschreven aan de eerste volgelingen van de Boeddha: de *Theragatha* ('Verzen van de Mannelijke Ouderen') en *Therigatha* ('Verzen van de Vrouwelijke Ouderen'). De *Vinaya Pitaka* is gericht op disciplinevoorschriften, waaronder een commentaar op de *Patimokkha* ('Monastieke voorschriften') en verhalen die de boeddhistische morele principes illustreren. De *Abhidhamma Pitaka* biedt een systematische analyse van het boeddhistische denken.

Ook delen van de canonieke verzamelingen van sommige van de andere Achttien Scholen (zie p. 172) bestaan nog. De school van Sarvastivadin ('Degenen die geloven dat alle dingen bestaan') heeft bijvoorbeeld delen van zijn eigen 'Drie Korven' nagelaten, zowel in Chinese en Tibetaanse vertalingen als in het originele Sanskriet. Deze wijken vaak substantieel af van de *Pitaka*'s van de Pali-canon.

De traditionele interpretatie van de Pali-canon heeft veel te danken aan de monnik Buddhaghosa, die in de vijfde eeuw uit India naar Sri Lanka kwam. Hij verzamelde en vertaalde een groot corpus van Singalese commentaren op de Pali-teksten en zijn belangrijkste werk, de *Visuddhimagga* ('Pad naar Reiniging') is een gezaghebbende gids voor de praktijk van het Theravada-boeddhisme.

De eerste gedrukte versie van de Pali-canon werd in 1893 gemaakt op aansporing van koning Chulalongkorn van Thailand. De versie die het meest gebruikt wordt door westerse geleerden werd in Londen samengesteld door de Pali Text Society, gesticht in 1881 om de teksten van de Theravada-traditie te verspreiden.

Een gedeelte van de Pali-canon, geschreven in het Birmaans op een strook goud. Daterend uit de 5de eeuw, is het de oudst bestaande boeddhistische tekst uit Myanmar (Birma).

Een boeddhistische gelovige draait aan een 'gebedsmolen' in een tempel in Kyicho, Bhutan. Iedere 'molen' is een cilinder die heilige gebedsteksten bevat waarvan men gelooft dat ze geactiveerd worden als de gelovige de cilinder laat ronddraaien. Gebedsvlaggen functioneren op een vergelijkbare manier (zie p. 163).

v. Chr. werden opgesteld, veel oud materiaal uit de vroegste periodes van de orale traditie. De Chinese en Tibetaanse canons beslaan een brede reeks van Mahayana-geschriften die uit de twaalfde eeuw n. Chr. dateren. Zelfs wanneer een canon formeel gesloten is (zoals bij de Pali-canon), kunnen er verschillende versies van de inhoud ervan bestaan. Zo zijn bijvoorbeeld sommige teksten in de Birmaanse versie van de Pali-canon niet-canoniek voor Srilankaanse boeddhisten.

Terwijl de boeddhistische canonische geschriften variabel zijn en er vaak nieuwe teksten aan zijn toegevoegd, worden ze niettemin als een gezaghebbende bron beschouwd, niet alleen omdat ze een overzicht van de leer van de Boeddha geven, maar ook omdat ze in zekere zin toegang geven tot de Boeddha zelf. Boeddhistische heilige teksten vertegenwoordigen de belangrijkste, blijvende aspecten van de Boeddha, wat boeddhisten zijn 'Dharma-Lichaam' (zie p. 171) noemen. Een regel in de Pali *Samyutta Nikaya* zegt: 'Wat valt er, Vakkali, in dit miserabele lichaam te zien? Hij die de Dhamma [Pali voor 'Dharma'] ziet, ziet mij; hij die mij ziet, ziet de Dhamma.' De Dhamma/Dharma functioneert als de voortdurende aanwezigheid van de Boeddha in de boeddhistische gemeenschap en is net zoveel respect waard als de Boeddha zelf. Boeddhistische teksten worden als daad van devotie vaak gereciteerd of gekopieerd en het is niet ongewoon, met name in de Mahayana-traditie, dat teksten als objecten van verering op altaren worden

'Vervolmaking van Wijsheid'-sutra's, geschreven op aan elkaar genaaide palmbladeren ('draad' is de letterlijke betekenis van sutra*).*

DE 'VERVOLMAKING VAN WIJSHEID'

De *sutra*-gedeelten van de Chinese en Tibetaanse canons hebben beide een sectie die de 'Vervolmaking van Wijsheid' (Sanskriet: *Prajnaparamita*) heet, waarin enkele van de meest elementaire weergaven van het *bodhisattva*-ideaal (zie p. 184) en van het begrip 'Leegte' staan. De 'Vervolmaking van Wijsheid'-*sutra's* nemen een vrij korte tekst als uitgangspunt en variëren van honderdduizend regels tot korte teksten als de *Diamant-* en *Hart-sutra's.*

Pogingen om de doctrine van 'Leegte' in deze 'Vervolmaking van Wijsheid'-geschriften systematisch uit te leggen, leidden tot de opkomst van twee hoofdscholen binnen de Mahayana-filosofie: de Madhyamaka ('Middenweg') en de Yogachara ('Beoefening van Yoga'). Volgens de Madhymaka, die in Tibet overheerst, betekent 'Leegte' dat alle dingen zonder enige echte identiteit zijn en dat hun 'realiteit' slechts op gewoonte berust of illusoir is. Volgens de Yogachara, die vooral in China en in gebieden die door China worden beïnvloed, zoals Vietnam, overweegt, betekent 'Leegte' dat de geest leeg is van ieder onderscheid tussen subject en object.

geplaatst naast of zelfs in plaats van beelden van de Boeddha. De ontwikkeling van de Mahayana-traditie is nauw verbonden met de ontwikkeling en verspreiding van haar geschriften. De vroegste Mahayana-teksten kunnen op linguïstische gronden gedateerd worden op de eerste eeuw n. Chr. Belangrijke Mahayana-geschriften werden al in de tweede eeuw in het Chinees vertaald. De teksten die canonieke status zouden verwerven werden na 1100 n. Chr. in India vervaardigd. India bracht nooit een Mahayana-canon voort die zo duidelijk was vastgelegd als de Pali-canon, hoewel er al in de tweede eeuw onofficiële Mahayana-collecties bestonden.

De oudst bestaande catalogus van de Chinese boeddhistische canonieke geschriften dateert uit 518 n. Chr. De eerste gedrukte versie van de Chinese *tripitaka* werd vervaardigd tussen 972-983, aan het begin van de Songdynastie. De Tibetaanse canon werd samengesteld door de geleerde Bu-ston (1290-1364) en werd voor het eerst in zijn geheel gedrukt in Beijing aan het begin van de vijftiende eeuw.

De Chinese en Tibetaanse canons maken beide de indruk dat zij codificaties van een monastieke bibliotheek zijn. Voor beide canons geldt duidelijk dat het begrip 'canoniciteit' rekbaar was. Er was een kern van geschriften (in het Sanskriet *sutra* genoemd en in het Tibetaans *bka'*) die het directe gezag van de *boeddha's* en *bodhisattva's* (zie linkermarge) droeg. Rond deze kern verzamelde zich een corpus van doctrinaire, filosofische en interpretatieve teksten die in het Sanskriet bekendstaan als *shastra* en in het Tibetaans als *bsTan* of 'lering'.

De meest uitgebreide collectie van tantristische teksten is te vinden in de Tibetaanse canon. Net als andere boeddhistische canonieke geschriften varieert deze sterk in vorm, van de eenvoudige liederen van Indiase tantristische heiligen tot gedetailleerde commentaren op de tantristische rituelen, meditatie en symboliek. De Tibetaanse traditie classificeert de tantristische teksten over het algemeen in vier categorieën: ritueel *(kriya),* oefening *(charya),* discipline *(yoga)* en de hoogste discipline *(anuttarayoga).* De *Mahavairochana Tantra* ('Tantra van de Grote Vairochana'), een tekst die van centrale betekenis was in het Chinese en Japanse tantrisme, behoort tot de *charya*-categorie. Tot de *anuttarayoga*-categorie behoren teksten als de *Hevajra Tantra* en *Guhyasamaja Tantra*, die zich richten op de onmiddellijke verwerkelijking van Leegte. Van de zevende tot de twaalfde eeuw ontwikkelden de boeddhistische tantristische geschriften in India zich geleidelijk.

Andere belangrijke Mahayana-collecties zijn de *Buddhavatamsaka* en de *Ratnakuta* ('Berg Juwelen'). De *Buddhavatamsaka* bevat de *Gandavyuha Sutra*, die het verhaal vertelt van Sudhana, een jonge pelgrim wiens reis staat afgebeeld op de muur van de grote *stoepa* van de Borobudur op Java. De *Ratnakuta* bevat de *sutra's* die de Mahayana-traditie van devotie tot de *buddha* Amitabha ('Oneindig Licht') inspireerden.

Jonge monniken leren boeddhistische teksten in de Kurje-tempel, Bhutan.

De enorme uitgebreidheid en variëteit van de boeddhistische literatuur heeft tot vele controversen over het gezag en de interpretatie van de teksten geleid. Leden van de Achttien Scholen (zie p. 172) bekritiseerden de geldigheid van de Mahayana-traditie door te stellen dat haar *sutra's* niet de feitelijke leer van de Boeddha waren. Het antwoord van de Mahayana was dat de leer van de Scholen slechts een voorbereidende leer vormde, die vervangen werd door de Mahayana-leer. Binnen de Mahayana stelde de Madhyamaka-school dat alleen bepaalde Mahayana-teksten een duidelijke betekenis hadden *(nitartha)*, terwijl andere een betekenis hadden die interpretatie vereiste *(neyartha)*. Om contradicties te verzoenen en te bepalen welke teksten wat betreft de definitieve leer het meest betrouwbaar waren, brachten de Chinese en Tibetaanse tradities vele complexe classificatieschema's voort. Volgens de tantristische traditie was de betekenis van de *tantra's* bewust verhuld en kon deze alleen door een gekwalificeerde leraar (Sanskriet: *goeroe*; Tibetaans: *lama*) correct worden geïnterpreteerd.

DE *LOTUS SUTRA*

De *Lotus Sutra* heeft in Oost-Azië bijna als een samenvatting van de Mahayana-leer gefungeerd en is een van de vele teksten die veel invloed op de religieuze en filosofische ontwikkeling van de Mahayana-traditie hebben gehad, maar die geen onderdeel zijn van enige standaardsectie van de canon. De *sutra* vormt de bron van een beroemde parabel waarin de Boeddha optreedt als een vader die zijn kinderen uit een brandend huis lokt door hen verschillende 'voertuigen' te beloven. Wanneer de kinderen naar buiten komen, geeft hij ze 'één voertuig', het 'grote voertuig' van de Mahayana. Deze parabel geeft een beeld van de relatie tussen de Mahayana-leer en die van de 'kleinere' voertuigen die verbonden zijn met de oudere scholen.

De *Lotus Sutra* bepleit ook devotie tot de tekst zelf, als een manier om de verering van het Dharma-Lichaam van de Boeddha tot uitdrukking te brengen. Deze praktijk is met name in Japan van speciale betekenis geweest, vooral onder de volgelingen van Nichiren (zie ook p. 251, 254-5).

IN HET SPOOR VAN DE MEESTER

Een noviet in discussie met zijn leraar (links) in het Labrang-klooster in Noordoost-Tibet.

Om een 'heilige persoon' te worden in de boeddhistische traditie moet men bovenal de Boeddha navolgen. De meest elementaire manier om dit te doen is door, net als de Boeddha, een monastiek bestaan te leiden op zoek naar het *nirvana* (zie p. 184-5). De grootste voorbeelden van het monastieke ideaal waren de eerste volgelingen van de Boeddha, zoals zijn belangrijkste leerling Shariputra (in het Pali: Sariputta), die in een Indiase *brahmaanse* familie in Nalanda werd geboren. Kort na zijn bekering door de Boeddha werd hij een *arhant* of 'waardige' – iemand die, net als zijn leermeester, het *nirvana* had bereikt. Shariputra had een reputatie van grote wijsheid en wordt in de Mahayana-*sutra's* vaak voorgesteld als een van degenen die de Boeddha als eerste een vraag stelde. Ook Maudgalyayana (in het Pali: Moggallana), een vriend van Shariputra die zich tegelijkertijd bekeerde, was uit een *brahmaanse* familie afkomstig. Hij zou het magische vermogen hebben bezeten om de vijandige krachten van de natuur te onderdrukken en naar verkiezing naar de hoogste regionen van de kosmos te reizen. In Chinese boeddhistische legenden werd hij alom geliefd als Mulian, die naar de hel reisde om zijn moeder te helpen.

Een van de meest opmerkelijke leerlingen van de Boeddha was Angulimala ('Slinger van Vingers'), die vereerd wordt als het toonbeeld van hoe men door het aannemen van een monastieke levenswijze een radicale breuk met het verleden kan bewerkstelligen. Voor hij de Boeddha ontmoette, zo gaat het verhaal, was Angulimala een massamoordenaar die de vingers van zijn slachtoffers aan een ketting om zijn hals droeg. Toch werd hij monnik en bereikte hij het *nirvana*.

Ook de Indiase kloosters uit latere eeuwen brachten personen voort die beroemd waren om hun moed, geleerdheid of meditatieve vermogens. Zo stamden onder meer de Mahayana-filosofen Shantarakshita, die toezag op

HEILIG KONINGSCHAP

Een van de belangrijkste institutionele ontwikkelingen van het *bodhisattva*-ideaal was dat het mede een vorm van sacraal koningschap ging omvatten, een traditie die bestaan heeft sinds de derde eeuw v. Chr. en de tijd van keizer Asjoka (zie p. 172), die als beschermer van de Dharma voor de boeddhisten een speciale status verwierf.

In de loop van de ontwikkeling van de Mahayana-traditie ging men aanbeden boeddhistische prinsen en koningen als *bodhisattva's* beschouwen. Hieronder waren ook prins Shotoku, die een cruciale rol speelde bij de introductie van het boeddhisme in Japan (zie p. 243), en de Dalai Lama's van Tibet (zie p. 176), die door Tibetaanse boeddhisten vereerd werden als incarnaties van de hemelse *bodhisattva* Avalokiteshvara (zie p. 176). Het respect dat aan hun status als *bodhisattva's* verbonden was, stelde de Dalai Lama's in staat om de verantwoordelijkheid voor zowel het wereldse als het religieuze bestuur in Tibet op zich te nemen.

de stichting van het eerste Tibetaanse klooster, en Atisha, die hielp om het boeddhisme tijdens de 'Tweede Verspreiding' in Tibet te herintroduceren (zie p. 174), uit de erudiete monastieke cultuur van Bihar en Bengalen.

De ontwikkeling van het boeddhisme in Oost- en Zuidoost-Azië en Tibet is onlosmakelijk verbonden met de activiteiten van boeddhistische monniken. Buddhaghosa, een Indiase monnik, vormde het Theravada-boeddhisme in Sri Lanka (zie p. 178); de monniken Shenxiu en Huineng stichtten respectievelijk de Noordelijke en Zuidelijke scholen van de Chan-traditie in China; de Japanse monnik Dogen gaf Zen zijn klassieke vorm (zie p. 252); en de Tibetaanse monnik Tsongkhapa (1357-1419) formuleerde de Gelugpa-traditie die de Dalai Lama's voortbracht. Vandaag de dag wordt het monastieke engagement voortgezet met alom vereerde figuren als Thich nhat Hanh (1926-), een Vietnamese monnik die tijdens de Vietnamoorlog de boeddhistische vredesdelegatie aanvoerde en in het Westen de boeddhistische deugd van 'bedachtzaamheid' predikte. Voor velen, zowel boeddhisten als niet-boeddhisten, is de veertiende Dalai Lama (zie p. 194) misschien wel het meest sprekende, levende voorbeeld van het 'boeddha-ideaal'.

Het Mahayana-idee van de *bodhisattva* (zie p. 176-7, 184) staat in alle tijden in principe open voor iedere gewone gelovige, zowel leken als monniken en nonnen. Sommige van de meest invloedrijke Mahayana-*sutra's* geven levendig beschrijvingen van de levens van leken-*bodhisattva's*, zoals Vimalakirti, die liet zien dat er geen verschil bestaat tussen de verworvenheden van een monnik of een leek. Zijn voorbeeld sprak met name in China aan, waar het boeddhistische idee van het doorsnijden van de familiebanden om in het klooster te gaan, zich slecht verhield met confucianistische ideeën over het respecteren van de ouders (zie bijschrift p. 219).

BOEDDHISTISCHE HEILIGE VROUWEN

Niet alle voorbeelden van het monastieke ideaal waren mannen. De Boeddha stond toe dat vrouwen tot geestelijke werden gewijd en dat er een orde van nonnen werd gesticht. De vroege traditie kent vele ontroerende liederen die aan deze vrouwen worden toegeschreven. Tegenwoordig is de vrouwelijke linie in de meeste boeddhistische landen uitgestorven, maar er zijn nog steeds actieve vrouwelijke ordes in China. Ook zijn er bewegingen in andere landen die proberen om ze daar te laten herleven.

Tot de boeddhistische vrouwelijke leken die als *bodhisattva's* vereerd worden, behoort onder meer koningin Shrimala, hoofdpersoon van de *Shrimaladevisimhanada* ('Het Leeuwengebrul van koningin Shrimala') *Sutra*. Zij vertegenwoordigt vergelijkbare ideeën als de mannelijke *bodhisattva* Vimalakirti (zie hoofdtekst).

TANTRISTISCHE MONNIKEN EN HEILIGEN

In de tantristische traditie, met name in Tibet, is er een complexe interactie geweest tussen het ideaal van de monnik-geleerde in een monastieke gemeenschap en dat van de solitaire *siddha* of 'heilige'. De Indiase tantristische traditie verhaalt over *siddha's*, zoals Maitrigupta (of Maitripa), die hun meditatieve doorbraken op de grenzen van de beschaving bereikten, waar zij werkten met onconventionele en charismatische *goeroes*. Padmasambhava, de Indiase tantristische heilige die deelnam aan de stichting van het eerste Tibetaanse klooster, wordt voorgesteld als een solitaire figuur met buitengewone gaven. Zijn metgezellin, Ye-shes-tsho-gyal, was zelf ook een krachtige figuur.

De Tibetaanse heilige Mi-la-ras-pa (of Milarepa, 1040-1123) werkte voordat hij zijn grote inzichten verwierf en zich in de bergen terugtrok om als een solitaire *siddha* te leven, vele jaren samen met de opvliegende *goeroe* Mar-pa.

Tantristische praktijken zijn ook in het kloosterleven opgenomen en wel op zo'n manier dat zij de traditionele monastieke waarden verrijken zonder ze tegen te spreken. Vaak verenigen Tibetaanse monniken de praktijken van een tantristische *siddha*, een Mahayana-*bodhisattva* en een traditionele monnik in het complexe bestaan van één enkele leven.

Een groot koperverguld beeld van de tantristische 'heilige' Padmasambhava, de medestichter van Tibets eerste klooster te Samye. Hij is afgebeeld in de dyanasana ('meditatiehouding'), met zijn benen gekruist in de lotuspositie.

HET *BODHISATTVA*-IDEAAL

In de Mahayana-landen van Noord- en Oost-Azië werd het ethische ideaal van de *bodhisattva* het centrale richtsnoer voor het morele handelen van zowel boeddhistische monniken als leken. De *bodhisattva* cultiveert de deugden van mededogen *(karuna)* en wijsheid *(prajna)*. Deze twee principes worden uitgedrukt in de '*bodhisattva*-gelofte': 'Moge ik ten behoeve van alle andere wezens *boeddha*-heid verwerven!'

Het eerste principe is een actief ideaal, gericht op het verlichten van het lijden van anderen. Dit omvat ook het helpen van anderen bij het bereiken van het *nirvana*, zelfs in die mate dat men zijn eigen intreden in het *nirvana* daarvoor uitstelt. Het tweede ideaal is meer contemplatief. Het richt zich op het doorzien van de 'mantel der illusie' die de gewone ervaring omhult, waardoor men zelf van het lijden bevrijd wordt.

DE WEG NAAR HET *NIRVANA*

De geest van de boeddhistische ethiek komt tot uitdrukking in het verhaal van een man die Malunkyaputta heet en die de Boeddha opzoekt en hem vertelt dat hij niet naar zijn lessen zal luisteren totdat de Boeddha een serie speculatieve vragen heeft beantwoord zoals 'Hoe werd de wereld geschapen?' en 'Zal de Boeddha na de dood voortbestaan?'. De Boeddha antwoordt door Malunkyaputta te vergelijken met een man die geveld is door een giftige pijl maar weigert om deze eruit te laten trekken totdat de dokter hem kan vertellen waarvan de pijl gemaakt is, wie hem heeft afgeschoten, enzovoort. Voor boeddhisten is alle speculatie ondergeschikt aan één praktisch principe: zij is enkel waardevol als zij een persoon direct kan helpen met het verwijderen van de 'pijl van het lijden' en het vinden van de weg naar het *nirvana*. Iedere andere vorm van speculatie, zoals Malunkyaputta's vragen, is onbelangrijk.

De basisgids voor het bereiken van het *nirvana* is het 'Edele Achtvoudige Pad', een proces van disciplinering volgens acht regels: het juiste inzicht, de juiste bedoeling, de juiste spraak, het juiste optreden, het juiste levenson-

Een monnik zit in contemplatie van boeddhistische geschriften in het grote tempelcomplex van Angkor Thom, Cambodja.

derhoud, de juiste inspanning, de juiste bedachtzaamheid, de juiste concentratie. De fundamentele voorwaarden voor het *nirvana* kunnen ook in drie principes worden uitgedrukt: onthouding van verkeerd handelen (*shila*, 'moreel gedrag'; zie rechtermarge), een gedisciplineerde geest (*samadhi*, 'mentale concentratie'), en een juist inzicht in het zelf en de wereld (*prajna*, 'wijsheid'). Deze principes houden verband met de traditionele boeddhistische uitleg van de wet van het *karma* of morele vergelding die het proces van dood en wedergeboorte beheerst. Een persoon moet zich van verkeerde daden onthouden omdat zij tot bestraffing zullen leiden in een volgend leven en het daardoor dubbel moeilijk maken om aan de cyclus van dood en wedergeboorte te ontsnappen. 'Mentale concentratie' helpt bij het uitbannen van verlangens en haatgevoelens die tot verkeerd handelen kunnen leiden. En 'wijsheid' neemt het bedrieglijke idee van het zelf weg dat het hele proces van verlangen, haat en verkeerd handelen voedt.

Boeddhistische interpretaties van de wet van het *karma* benadrukken dat alle beloningen qua aard verwant zijn met de handelingen die hen voortbrachten. Zo maakt zonde dat een persoon in het volgend leven zal lijden; goede daden brengen geluk; en een daad die een mengeling van goed en kwaad is zal resulteren in een mix van lijden en geluk. Wanneer monniken 's morgens op hun bedelronde bij een leek aan de deur komen om broodgaven in ontvangst te nemen, zal een persoon naarmate hij meer geeft, in het volgende leven welvarender zijn. Mensen die boos of wreed zijn, geen respect hebben voor ouders of ouderen, of die tweedracht zaaien, zullen in hun toekomstige levens lijden onder de gevolgen hiervan. De Boeddha staat model voor dit lekenideaal, en niet zozeer als ideale monnik, maar als de leek die hij in zijn voorafgaande levens was toen hij zich op *boeddha*-heid voorbereidde door daden van een buitengewone loyaliteit, zelfopoffering of vrijgevigheid (zie p. 169). De beoefening van 'mentale concentratie' *(samadhi)* kent vele vormen in de boeddhistische traditie. Een van de meest elementaire technieken is om in een stabiele positie te zitten, met een rechte rug en gekruiste benen, en 'bewustzijn' (Sanskriet: *smrti*, Pali: *sati*) van de eigen ademhaling te kweken. Het doel is de geest te kalmeren, schadelijke gevoelens te verminderen en een groter bewustzijn te creëren van de stroom van de werkelijkheid die het zelf en de wereld vorm geeft. Andere concentratie- of meditatievormen zijn gericht op de bewuste cultivatie van mentale beelden, vaak *boeddha's* of *bodhisattva's,* om als focus van verering te fungeren.

Ook het cultiveren van 'wijsheid' *(prajna)* neemt vele vormen aan. In de Theravada-traditie is het verbonden aan de studie van de *Abhidhamma*, de derde sectie van de Pali-canon, en de doctrine van het 'Geen-Zelf' vormt het sleutelconcept ervan. Wijsheid (of, in de woorden van het Edele Achtvoudige Pad, het hebben van de 'juiste ideeën') is inzien dat er geen permanente identiteit in het zelf is die van het ene naar het volgende moment voortbestaat. Het begrijpen van deze waarheid in een diepe en praktische zin betekent de bevrijding van de egoïstische illusies die de cirkel van dood en wedergeboorte voeden.

Een 12de-eeuws Chinees schilderij dat de leerlingen van de Boeddha weergeeft terwijl zij aalmoezen geven aan de armen – een voorbeeld van 'goed handelen' dat de voortgang van de ziel naar het bereiken van het nirvana *zal bevorderen.*

DE 'VIJF GEBODEN'

Voor de leken in het Theravada-boeddhisme, en voor de meeste andere boeddhisten, wordt 'moreel gedrag' samengevat in de Vijf Geboden: niet doden, niet stelen, geen seksueel misbruik, niet liegen en geen bedwelmende dranken. Theravada-novieten leven nog vijf andere geboden na: niet eten na het middaguur, geen juwelen, geen shows bijwonen of andere pleziertjes, geen gebruik van geld, geen gebruik van zachte bedden. Wanneer zij volledig zijn ingewijd houden monniken zich echter aan meer dan tweehonderd regels, die te vinden zijn in de *Vinaya Tipitaka,* de sectie van de Pali-canon (zie p. 178) die over de monastieke discipline handelt.

GEWIJDE PLAATSEN

De eerste boeddhistische tempels waren in natuurlijke grotten gevestigd, waar ook vandaag nog vele heiligdommen kunnen worden aangetroffen. Deze beelden van de Boeddha staan in de heilige Pak Ou-grotten in de provincie Luang Prabang, Laos.

In zijn laatste instructies aan zijn leerlingen, zoals deze in de Pali *Mahaparinibbana Sutra* staan opgetekend, verzocht de Boeddha dat zijn lichaam zou worden gecremeerd en dat de overblijfselen in een aantal *stoepa's* of grafheuvels zouden worden bijgezet om als richtpunten voor verering en meditatie te dienen. De basisvorm van een boeddhistische schrijn is een kopie van deze eerste *stoepa's*, met een grote grafheuvel in het midden, omgeven door een hek en bekroond door een vierkante constructie met een centrale paal met meerdere parasols. In de eerste *stoepa's* waren de relieken van de Boeddha in de vierkante constructie geborgen, maar later werden zij in de centrale heuvel bijgezet. Toen de vorm van de *stoepa* zich in India gaandeweg verder ontwikkelde, ging men de heuvel versieren met afbeeldingen van de Boeddha, gebeurtenissen uit zijn leven of met belangrijke verhalen uit boeddhistische teksten. Om de Boeddha bij zo'n traditioneel heiligdom eer te bewijzen, kon de gelovige op dezelfde manier een gave aanbieden als een hindoeïstische gelovige dat aan de beeltenis van een god zou doen, met bloemen, kaarsen, wierook, enzovoort. Men kon ook rond de *stoepa* lopen in een rituele rondgang.

De basisvorm van de *stoepa* werd in verschillende landen op verschillende wijzen bewerkt. In Zuidoost-Azië hebben de *stoepa's* gewoonlijk de traditionele, lage, ronde vorm behouden. In Tibet is de *stoepa* verticaal verlengd tot de vorm van een *mchod-rten (chorten)* of 'plaats voor gaven'. In China, Korea en Japan is de hoge vorm van de pagode ontleend aan de elegante parasols die de top van de *stoepa's* in India pleegden te versieren.

Bij de Borobudur, de grote boeddhistische tempel op Java, is de simpele

SHAMBHALA: HET HEILIGE LAND

De apocalyptische *Kalachakra* ('Wiel van de Tijd') *Tantra*, een van de laatste tantristische teksten die in India verschenen, vertelt het verhaal van een mythisch koninkrijk, genaamd Shambhala, dat verborgen ligt in de bergen ten noorden van India en geregeerd wordt door een rechtvaardige boeddhistische koning. De tekst voorzegt een tijd waarin de machten van het kwaad de wereld zullen veroveren. Shambhala zal dan zichtbaar worden en de rechtvaardige koning zal uit zijn burcht verrijzen, omringd door zijn legers, om de machten van het kwaad te verslaan en de heerschappij van de Dharma te vestigen.

De profetie van de *Kalachakra* vertegenwoordigt een type van messianistische speculatie die in bepaalde fasen van de boeddhistische geschiedenis van grote invloed is geweest. Voor Tibetanen fungeert het niet alleen als een beeld van het ideale boeddhistische koninkrijk, maar ook als een geïdealiseerd symbolisch doel voor yogi's om door het proces van meditatie naar te streven.

Als het utopia van 'Shangri-la' is Shambhala in de Westerse verbeelding verbonden geraakt met het beeld van Tibet zelf als een geïdealiseerd boeddhistisch paradijs – waar de oude en heilige manier van leven door de ondoordringbare barrière van de Himalaya eeuwenlang was afgesloten van invloeden van buitenaf.

rondgang uitgebreid tot een serie omhooggaande galerijen die versierd zijn met het verhaal van Sudhana, een jonge Mahayana-pelgrim op zoek naar verlichting. Bovenaan komt de gelovige op een open platform met een serie individuele *stoepa's*, die ieder een beeld van de zittende Boeddha tonen. In het midden van het platform staat een grote, lege *stoepa*, die, zo lijkt het, de lege helderheid van het bewustzijn van de Boeddha's symboliseert. Er bestaan in de boeddhistische wereld ook nog andere elegante en krachtige representaties van het ontwaken van de Boeddha.

Indiase boeddhisten vestigden een traditie van tempelbouw volgens de hindoeïstische stijl. De vroegste boeddhistische tempels ontstonden in grotten in West-India. Gewoonlijk leidde de opening van de grot naar een grote open ruimte waar de gelovigen voor een kleine *stoepa* of beeltenis van de Boeddha konden staan of zitten. Soms bevond de beeltenis van de Boeddha zich in een aparte ruimte die vergelijkbaar was met de *garbhagrha* of 'baarmoeder-huis' van een hindoeïstische tempel. De laatste jaren zijn er pogingen ondernomen om enkele van de belangrijke Indiase boeddhistische tempels die in de twaalfde en dertiende eeuw werden verwoest, te herbouwen. Zo heeft een boeddhistische organisatie met de naam Mahabodhi ('Groot Ontwaken') Society de restauratie van een tempel te Bodh Gaya, de plaats waar de Boeddha zijn ontwaken bereikte, geleid.

De Indiase boeddhistische tempelarchitectuur was van grote invloed op de hele boeddhistische wereld. De Tempel van de Tand in Kandy, Sri Lanka, en de Tempel van de Smaragden Boeddha in Bangkok, Thailand, zijn heilig voor de koningshuizen van beide landen en hebben gefungeerd als symbolen van koninklijke macht. De Jokhang-tempel in Lhasa herbergt naar men zegt het oudste beeld van de Boeddha in Tibet en heeft eeuwenlang als een actief boeddhistisch bedevaartsoord gefungeerd. De grote tempel te Nara, Japan, speelde een doorslaggevende rol in het vestigen van de relatie tussen het boeddhisme en de Japanse keizerlijke dynastie.

In de twintigste eeuw zijn boeddhistische tempels ook een gewoon ver-

HET HEILIGE LANDSCHAP

In India en ook elders stond niet vast wat nu precies een boeddhistische tempel of schrijn was. Een plaats die heilig was op grond van zijn relatie met de Boeddha hoefde niet gemarkeerd te worden door een belangrijk architectonisch monument. Vele reisverhalen uit het oude India vertellen over kleine maar ongewone kenmerken van het landschap die verbonden waren met het leven van de Boeddha. Zo zouden indrukken op de rotsen in een rivier bij Sarnath gemaakt zijn door de mantel van de Boeddha toen hij de stroom overstak. Een ravijn in een stad bij Shravasti had zich geopend, zo werd gezegd, om de vijanden van de Boeddha te verzwelgen.

Op vele plaatsen is er sprake van een levendige cultus van de veronderstelde voetsporen van de Boeddha, met name op de Adam's Peak in Sri Lanka. Volgens de Theravada-traditie gebruikte de Boeddha zijn magische krachten om naar Sri Lanka te vliegen en liet hij als teken van zijn bezoek zijn voetsporen achter.

De Borobudur, de grote boeddhistische tempel op het eiland Java, Indonesië. Hij is tegelijkertijd een driedimensionale representatie van de kosmos en een van de meest opmerkelijke transformaties van de traditionele stoepa.

Een gelovige voert een rituele reiniging van een beeld van de Boeddha uit in de Shwe Dagon-tempel in Yangon, Myanmar (Rangoon, Birma).

schijnsel geworden in Europa en Noord-Amerika. Los Angeles wordt wel de meest complexe en gevarieerde boeddhistische stad ter wereld genoemd. Onder haar vele heilige plaatsen is ook het rommelige Hsi Lai-tempelcomplex, dat gebouwd werd door een welvarende Taiwanese boeddhistische gemeenschap.

De heilige ruimte die door de boeddhistische heilige architectuur wordt gecreëerd kan op een kosmisch niveau worden uitgelegd. Zo staat de centrale koepel van de *stoepa* bijvoorbeeld voor de berg Meru, de boeddhistische kosmische berg die het centrum van de wereld markeert; en de parasols die boven de *stoepa's* centrale as verrijzen, vertegenwoordigen de verschillende niveaus van de hemel waar volgens de oude Indiase traditie de verschillende categorieën goden huisden. Boven de parasols, in de lege ruimte van de open lucht, ligt het vormloze gebied dat de boeddhistische 'heiligen' in de hoogste niveaus van meditatie bereiken. Daar liggen ook de '*boeddha*-velden' – de verblijfplaatsen van de hemelse *boeddha's* en *bodhisattva's* van de Mahayana-traditie. Wanneer men dus de rituele rondgang om de *stoepa* maakt, is dat niet alleen om het leven van de Boeddha te vereren maar ook om zichzelf op het centrum van de kosmos te oriënteren.

In de Indiase traditie werd het concept van het heilige centrum met name geassocieerd met de troon van het ontwaken van de Boeddha ofwel *bodhimanda*, te Bodh Gaya. Volgens Indiase volkslegendes komen alle *boeddha's* voor hun ontwaken naar dezelfde troon. De stenen structuur die men nu kan zien onder de Bodhi-boom in Bodh Gaya was naar zeggen de top van een diamanten troon die zich uitstrekte tot het midden van de aarde. Het concept van de heilige 'zetel van verlichting' is ook van toepassing op heilige bergen, zoals Mount Kailasa in Tibet en de berg Wutai in China, die vereerd worden als de tronen van machtige *boeddha's* of *bodhisattva's*.

Omgekeerd dient het idee van de heilige zitplaats ook om de eenvoudige ruimte waarin de gewone boeddhist zit te mediteren, te heiligen. Zengelovigen herinneren zichzelf er steeds aan dat de plaats waarop zij zitten om te mediteren de troon is van alle *boeddha's* uit het verleden en de toekomst.

In de boeddhistische traditie vormen de relieken en fysieke beeltenissen van de Boeddha die in schrijnen vereerd worden, zijn 'Vorm-Lichaam'. Zijn leer, die zijn 'Dharma-Lichaam' wordt genoemd, is ook het onderwerp van verering en vaak zeer letterlijk. Sommige vroege Mahayana-*sutra's* zeggen dat de plaats waar de Dharma wordt uitgelegd als een 'schrijn' *(chaitya)* van de Boeddha moet worden behandeld. Klassieke Indiase geschriften beschrijven schrijnen waar een kopie van een Mahayanageschrift met veel pracht en praal stond uitgestald om als focus van verering te dienen. Archeologische vondsten hebben aangetoond dat veel Indiase *stoepa's* heilige teksten bevatten in plaats van relieken van de Boeddha. Ook in Tibetaanse tempels treft men de verering van fysieke geschriften aan; kopieën van de Mahayana-*sutra's* liggen op of rond de altaren. Ook blijkt deze verering uit de achting voor de *Lotus Sutra* en de kracht die eraan wordt toegekend door Japanse ordes die hun ontstaan traceren tot Nichiren (zie p. 254).

BEDEVAARTSPLAATSEN

Eeuwenlang zijn de heilige plaatsen van de boeddhistische traditie het doel van pelgrimage geweest. Zoals het Chinese verhaal *De reis naar het Westen* (zie p. 217) aangeeft, trokken plaatsen in Noord-India die geassocieerd werden met het leven van de Boeddha ook pelgrims uit ver weg gelegen gebieden als China, totdat de vernietiging van het Indiase boeddhisme zulke reizen onmogelijk maakten. In heel Zuidoost-Azië maken boeddhisten bedevaarten naar heilige boeddhistische plaatsen, zoals de Adam's peak in Sri Lanka.

Tibetanen reizen in Centraal-Tibet naar de heilige plaatsen van Lhasa en maken de zware reis naar het westen van het land om de rondgang rond Mount Kailasa te maken. Ook andere bergen zijn geliefde bedevaartplaatsen. Chinese boeddhisten gaan naar de berg Putuo, op een klein eiland voor de kust van de provincie Zhejiang, om de *bodhisattva* Guanyin – die daar zou verblijven – te vereren en haar gunst te vragen. In Japan wordt de berg Fuji door vele boeddhistische sekten vereerd (zie p. 261).

De geschiedenis van het Japanse boeddhisme is rijk aan herinneringen van beroemde pelgrims. Sommigen, zoals de zen-stichters Eisai en Dogen (zie p. 252), reisden op hun zoektocht naar de Dharma naar China. Anderen, zoals de dichter Matsuo Basho (1644-94), beleefden hun zoektocht naar het ontwaken op de wegen van Japan.

De Adam's Peak in Sri Lanka. Op de top is een afdruk in een rots waarvan traditioneel gezegd wordt dat het een 'voetafdruk' van de Boeddha is. De berg is een populair bedevaartsdoel.

EERBIEDIGING VAN DE WEG

Het hoofd van een Birmese jongen wordt geschoren voordat hij een klooster intreedt voor zijn training als noviet.

KLOOSTERWIJDING

In de Theravada-landen van Zuidoost-Azië fungeert de kloosterwijding van jongens in hun tienerjaren vaak als een overgangsritueel om de overgang van kindertijd naar volwassenheid te symboliseren. Als hij eenmaal gewijd is, brengt een jongen wellicht niet meer dan enkele maanden of jaren in het klooster door, net lang genoeg om de regels van het kloosterleven leren, te leren lezen en schrijven, of – in de taal van het Thaise boeddhisme – om te 'rijpen' voor het huwelijk. Hij kan echter ook besluiten om de noodzakelijke geloftes af te leggen en een vast lid van het klooster te worden. In het wijdingsritueel worden de gebeurtenissen van de verzaking van de Boeddha zelf opnieuw opgevoerd. Terwijl de gemeenschap feest viert, wordt het hoofd van de jonge man geschoren, trekt hij monnikskleren aan en spreekt hij de zinsneden uit die zijn intrede in de orde aangeven.

In de Mahayana-landen ligt er minder nadruk op de kloosterwijding als overgangsritueel naar volwassenheid. Maar voor de weinige jonge mannen of (in China) vrouwen die het monastieke pad kiezen, betekent het een even grote overgang naar een andere manier van leven.

Vele boeddhistische feesten zijn nauw verbonden met gebeurtenissen uit het leven van de Boeddha of met de geschiedenis en leerstellingen van het boeddhisme. De belangrijkste boeddhistische feestdag in de Theravada-traditie is de 'Dag van de Boeddha', die het leven van de Boeddha herdenkt (zie marge p. 191). Ook de Tibetanen vieren de belangrijkste gebeurtenissen uit het leven van de Boeddha, maar bij verschillende gelegenheden en op verschillende dagen in het jaar. Het belangrijkst is het feest van de conceptie of incarnatie van de Boeddha op de vijftiende dag van de eerste maan-maand, een van de onderdelen van een reeks van gebeurtenissen die het Tibetaanse Nieuwjaar markeren.

Vieringen kunnen ook gericht zijn op de persoonlijke relieken van de Boeddha. In Kandy, Sri Lanka, bezoeken boeddhisten in juli en augustus de feestelijke processie van een tand die naar men gelooft van de Boeddha was, een feest dat al meer dan duizend jaar oud is (zie afbeelding p. 191). Faxian, een negende-eeuwse Chinese pelgrim, schreef een van de vroegste ooggetuige-verslagen van deze oude viering.

Er zijn in vele boeddhistische landen feesten die de belangrijkste leringen of geschriften eren. Theravada-gelovigen vieren de eerste preek van de Boeddha op de volle maan van de achtste maan-maand, een datum die samenvalt met het begin van de moesson wanneer de monniken op hun jaarlijkse retraite gaan. In Laos wordt jaarlijks het verhaal van de vrijgevige prins Vessantara, een van de vroegere incarnaties van de Boeddha (zie p. 169), gevierd. Tibet vereert ieder jaar de *Kalachakra Tantra* (zie p. 186) en Chinese en Japanse boeddhisten kennen jaarlijkse feesten ter ere van boeddhistische *sutra's*, met name de *Lotus Sutra*.

Theravada-landen markeren ook de belangrijke gebeurtenissen uit de geschiedenis van het boeddhisme. Het begin van de *sangha*, de boeddhistische gemeenschap, wordt algemeen gevierd op de volle maan van de derde maan-maand. Individuele landen herdenken de aankomst van het boeddhisme in hun land, terwijl kloosters de datum waarop zij gesticht zijn vieren.

Het einde van de jaarlijkse moesson-retraite van de monniken wordt gemarkeerd door een groot, levendig feest waarbij de leken zich bij de monniken voegen en hen kleding en andere behoeften schenken om de monastieke gemeenschap voor het komende jaar te voorzien.

Overgangsrituelen zijn voor boeddhisten net zo belangrijk als voor andere religieuze tradities. Gelovigen in Theravada-landen doorlopen een reeks van rituelen als zij van geboorte naar volwassenheid gaan. In Myanmar bestaat er een hele reeks van speciale kindertijd-rituelen, waaronder een zwangerschapsritueel, een geboorteritueel, een hoofdwassingsritueel nadat het kind geboren is, een naamgevingsritueel, een ritueel waarbij meisjes gaatjes in de oren krijgen, en een ritueel waarbij de haren van jongens worden samengebonden. Vaak is er maar weinig in deze rituelen te vinden wat authentiek boeddhistisch is, hoewel het niet ongebruikelijk is dat er boeddhistische monniken aanwezig zijn om spreuken of gebeden te reciteren.

Dezelfde ambiguïteit kleeft ook aan 'boeddhistische' huwelijken. Het is moeilijk om de Boeddha zelf als bevestigend model voor het huwelijk te nemen, aangezien hij zijn vrouw en familie verliet om te gaan leven als rondtrekkende monnik. In Zuidoost-Azië worden boeddhistische monniken vaak bij huwelijken uitgenodigd om gaven te ontvangen en gunstige teksten te reciteren, maar het specifiek boeddhistische element in de ceremonies is marginaal of zelfs geheel afwezig. In China wordt het huwelijksritueel zelfs bij boeddhisten traditioneel beheerst door de inheemse waarden van het respecteren van de ouders en het vereren van de voorouders (zie p. 226). In Japan vinden traditionele huwelijken en de meeste andere overgangsrituelen gewoonlijk eerder plaats in een shintoïstische dan een boeddhistische context (zie p. 264).

Begrafenissen vormen echter een ander verhaal. De Boeddha's verzaking van zijn huis en wereldse gemakken werd opgeroepen door de tekenen van ouderdom, ziekte en dood, en de rituelen die de dood omgeven zijn dan ook nauw verbonden met boeddhistische waarden. In China, Korea en Japan komen mensen naar boeddhistische monniken en priesters voor het uitvoeren van hun begrafenissen. Familiebanden met bepaalde tempels worden vaak versterkt door jaarlijks terugkerende gaven en herdenkingsriten ter ere van de overledenen. In Zuidoost-Azië duren begrafenissen vaak meerdere dagen en omvatten zij het schenken van gaven en het reciteren van *sutra's*. Deze zijn bedoeld om de overledenen extra verdiensten te bezorgen voor hun volgende leven.

DE DAG VAN DE BOEDDHA

In Sri Lanka en andere Theravada-landen in Zuidoost-Azië is de 'Dag van de Boeddha', of Vishakha Puja, de belangrijkste boeddhistische feestdag. Hij valt op de dag van de volle maan in de maan-maand Vishakha (april-mei). Het feest herdenkt de geboorte, verlichting en dood van de Boeddha.

De gelovigen bezoeken op die dag kloosters, vereren schrijnen of beelden van de Boeddha, en luisteren naar traditionele preken over zijn leven.

Gelovigen in Kandy, Sri Lanka, tijdens het jaarlijkse feest waarbij de heilige reliek van een tand die van de Boeddha zou zijn geweest, in een processie door de straten wordt gevoerd.

DE KRINGLOOP DER WEDERGEBOORTE

Boeddhisten hebben een traditie van nadenken over de dood die begon toen Siddhartha Gautama de 'Vier Tekenen' zag – een oude man, een zieke, een overledene en een asceet – die hem ertoe brachten zijn koninklijke bestaan op te geven (zie p. 169). Zijn visie op verzaking hield de belofte in dat het probleem van de dood door morele en spirituele discipline overwonnen kon worden.

Traditionele boeddhistische ideeën over de dood zijn gebaseerd op de oude Indiase doctrine van *samsara*, wat verschillend vertaald wordt als 'reïncarnatie', 'transmigratie' of simpelweg 'wedergeboorte', maar wat letterlijk 'dwalend' van het ene leven naar het andere betekent. Rond de tijd van de Boeddha was de Indiase religie het bestaan als cyclisch gaan zien: een persoon wordt geboren, wordt oud, sterft, en wordt dan herboren in ander lichaam, waarmee het proces opnieuw begint. Men kan worden wedergeboren als mens, godheid, geest of dier; of iemand wordt voor straf herboren in de hel.

De aard van iemands reïncarnatie is afhankelijk van *karma*, ofwel de wet van morele verrekening. Hoe groter het totaal aan verdiensten is dat men in de loop van een leven heeft verzameld, hoe hoger de vorm zal zijn waarin men herboren wordt. Het omgekeerde geldt voor degenen die meer zonden dan verdiensten hebben verworven. Voor zij in een andere vorm kunnen worden gereïncarneerd, moeten de ergste zondaren hun zonden uitwissen door een verblijf in een van de regionen van de hel, die gerangschikt zijn naar de ernst van hun straffen. Het laagste en ergste niveau is voor mensen die hun ouders of leraar hebben vermoord. Net zoals de inwoners van de hel hun zonden kunnen uitwissen en als mens herboren kunnen worden, kunnen degenen die tot goddelijk niveau gestegen waren, hun verdiensten uitputten en terugvallen in het menselijke bestaan. Geen enkele toestand is permanent.

Traditioneel proberen mensen om slechte daden te vermijden en om verdiensten te vergaren door religieuze handelingen en donaties aan monniken, in de hoop op een betere geboorte in het volgende leven. Maar Siddhartha Gautama zag *samsara* als een eeuwige sleur van dood en potentieel lijden en zette zich ertoe om de cirkel te doorbreken. Zijn daad van bevrijding, het ophouden van de wedergeboorte, staat bekend als het *nirvana*, letterlijk het 'uitblazen' van het vuur van onwetendheid en verlangen, dat volgens de Boeddha de 'brandstof' van *samsara* was en de bron van het lijden (zie p. 171). Volgens de boeddhistische traditie bereikte de Boeddha het *nirvana* in twee stadia. Onder de Bodhi-boom, op het moment van zijn 'ontwaken' (zie p. 170), realiseerde hij zich dat hij *samsara* niet langer door karmische daden van brandstof voorzag – met andere woorden: alle verlangen in hem had opgehouden. Tientallen jaren later, op het moment van zijn dood, dat bekend staat als zijn *parinirvana* of 'laatste (of "complete") nirvana', was al het resterende *karma* van de Boeddha op en was hij volledig verlost van *samsara*, om nooit meer herboren te worden. Met zijn dood hield hij op te bestaan.

Monniken en nonnen hebben geprobeerd het voorbeeld van de Boeddha te volgen om door het verzaken van de genoegens en verantwoordelijkheden

Een muurschildering in het klooster van Taisicho Dzong, Bhutan, waarop het 'Levensrad' staat afgebeeld – een visuele representatie van de cyclus van samsara.

ZEN-GEDICHTEN OP DE DREMPEL VAN DE DOOD

Het Japanse zen-boeddhisme kent een traditie van het maken van een gedicht op het moment van sterven. Deze gedichten geven vaak krachtig uitdrukking aan de wijsheid en onthechting die het verhaal van het sterven van de Boeddha bezielen. Een zen-krijger, die uit loyaliteit jegens zijn leenheer gedwongen werd zelfmoord te plegen, schreef over de dood als het scherpgerande zwaard dat door de leegte klieft, en vergeleek het met een koele bries die over een verwoestende brand waait. Het was alsof zijn eigen zwaard het zwaard van de wijsheid van de Boeddha was, dat door de illusies van het leven heen sneed en het vuur van het bestaan uitblies, net zoals het *niravana* van de Boeddha het vuur van leven en dood had 'uitgeblazen'.

van hun lekenbestaan en door meditatie en het juiste morele gedrag, dezelfde bevrijding van de wedergeboorte te bereiken. Voor alle boeddhisten vereist de weg naar het *nirvana* het volgen van voorschriften zoals die van het 'Edele Achtvoudige Pad' (zie p. 184-5).

Het doel van boeddhistische begrafenissen is om de overledenen te ondersteunen voor een betere hergeboorte. Tibetaanse begrafenissen gaan een stap verder; zij zijn bedoeld om, als dat mogelijk is, iemands bevrijding van *samsara* te bewerkstelligen (zie kader, beneden). Deze praktijk lijkt evenzeer op de levenden als de doden te zijn gericht. Het helpt de rouwenden om geleidelijk aan (in de loop van zeven weken) aan het verlies te wennen en om hen voor te bereiden op hun eigen overgang uit dit leven (zie ook p. 156-7).

HET 'PURE LAND'

De traditie van het Pure Land-boeddhisme, die hoofdzakelijk in China, Japan en Tibet wordt aangetroffen, stelt dat wanneer een gelovige de naam van de hemelse *boeddha* Amitabha (Chinees: Amituo; Japans: Amida) vol vertrouwen reciteert, deze hem op het moment van zijn dood zal bezoeken, samen met een gevolg van hemelse *bodhisattva's*. Amitabha zal de overledene dan voor zijn wedergeboorte naar Sukhavati zenden, het hemelse 'Pure Land' of 'Westelijke Paradijs' waar hij regeert. Hier, vrij van alle aardse verleidingen, kan de gelovige zich voorbereiden op het *nirvana*, dat iedereen die het Pure Land bereikt gegarandeerd verwerft.

Het geloof en de praktijk van het Pure Land-boeddhisme, of amidisme, heeft haar wortels in het oude Indiase idee dat het mediteren over een bepaalde godheid wanneer men stervende is, de wedergeboorte in het hemelse domein van die godheid zal helpen verzekeren. Het amidisme domineert nog altijd de visie op de dood van sommige van de meest populaire vormen van het Japanse boeddhisme (zie p. 253-4).

HET *DODENBOEK*

Een van de meest bekende boeddhistische begrafenisteksten is het Tibetaanse *Dodenboek*. Gedurende een periode van negenenveertig dagen – naar men zegt de periode die het vergt om na de dood in een ander leven te worden herboren – reciteert een *lama* de woorden van de tekst, eerst in aanwezigheid van het lichaam en later voor een beeltenis van de overledene.

De tekst beschrijft een hele reeks van welwillende en wrekende *boeddha's* die in het 'overgangsgebied' *(bar-do)* tussen dood en wedergeboorte aan de overledene verschijnen, en legt uit dat een persoon deze vormen als niets anders moet zien dan als manifestaties van zijn eigen geest. Volgens het boek is het voor de overledene mogelijk om zich met deze vormen te verenigen om zo bevrijd te worden uit de cirkel van dood en wedergeboorte. Voor degenen die niet succesvol zijn bij het zich verenigen met de *boeddha*-vormen, vervolgt het *Dodenboek* met een uitleg hoe men een positieve incarnatie in het volgende leven kan bereiken.

Een 18de-eeuwse Tibetaanse afbeelding van de Boeddha in parinirvana, *stervend om nooit meer herboren te worden. Het* Dodenboek *probeert de overledenen te helpen om deze toestand te bereiken.*

ROLLEN EN RELATIES

Zijne Heiligheid bsTan-'dzin rGya-mtsho (Tenzin Gyatso), de 14de Dalai Lama, in ballingschap. Zijn spirituele gezag onder Tibetaanse boeddhisten, zowel in Tibet als daarbuiten, blijft grotendeels onveranderd.

VERVOLGING IN TIBET

Tot 1950, toen de Volksrepubliek China het land inviel en bezette, ging het traditionele boeddhistische leven in Tibet grotendeels voort zoals het eeuwen gegaan was. De Veertiende Dalai Lama, bsTan-'dzin rGya-mtsho (Tenzin Gyatso), een jongen van zestien, bleef in functie maar werd gedwongen de Chinese heerschappij te erkennen.

In 1959 leidde een opstand tegen het Chinese gezag tot een bloedige interventie en de Dalai Lama vluchtte naar India. Vanaf die tijd zijn de Tibetaanse kloosters zwaar vervolgd en werden er vele vernietigd, met name tijdens de Culturele Revolutie (1966-76). In de jaren tachtig werd de controle op religieuze activiteiten verzacht en nam het monastieke leven in sommige van de traditionele monastieke centra weer een aanvang.

Vanuit zijn ballingschap in India is de Dalai Lama voortgegaan met het bepleiten van vreedzame inspanningen om de cultuur en autonomie van Tibet te bewaren. In 1989 werd hem de Nobelprijs voor de Vrede toegekend. Maar China is niet ontvankelijk geweest voor zijn oproepen en probeert het Tibetaanse religieuze leven te beheersen, met name door de selectie van door China goedgekeurde 'reïncarnaties' van zulke figuren als de Panchen Lama en andere hooggeplaatste monastieke ambtsdragers.

De boeddhistische gemeenschap, of *sangha*, kent traditioneel vier groepen: monniken, nonnen, leken-mannen en leken-vrouwen. De monniken en nonnen proberen het voorbeeld van de Boeddha te volgen door de verplichtingen van de gewone leek te verzaken en een eenvoudig leven te leiden. De leken dragen de verantwoordelijkheid voor de voortgang van de boeddhistische samenleving. Zij trouwen en hebben gezinnen, verbouwen gewassen, vergaren rijkdom en verdelen de vruchten ervan, vechten oorlogen en handhaven de orde, en doen alle andere dingen die het mogelijk maken dat de kloosterlingen het *nirvana* kunnen nastreven. De simpele onderscheidingen in de boeddhistische samenleving worden echter complexer door de verschillende rollen binnen de monastieke gemeenschap, de complexiteit van de beroepen en functies binnen de lekengemeenschap, en door de schuivende relaties die de twee geledingen van de samenleving, de monastieke gemeenschap en de leken, samenbinden.

De monastieke gemeenschap begon als een groep rondzwervende individuen die de Boeddha volgden op zijn tochten langs de steden en dorpen van Noord-India. Met het verstrijken van de tijd namen de monniken en nonnen een meer gesetteld levenswijze aan. De moessonregens maakten de wegen in Noord-India gedurende de maanden juli en augustus onbegaanbaar en de monastieke gemeenschap kreeg de gewoonte om gedurende de regentijd op een vaste lokatie te verblijven. Uit deze praktijk groeide het instituut van het klooster *(vihara)*, dat mettertijd het centrale instituut van het boeddhistische leven werd. Gesteund door het patronaat van koningen en rijke donoren werden de grote Indiase kloosters centra van wetenschap, niet alleen wat betreft de boeddhistische filosofie en rituelen, maar ook wat betreft wereldse kunsten als literatuur, geneeskunde en astrologie. Met name de boeddhistische landen in Zuidoost-Azië ontwikkelden geleerde monastieke tradities, die vaak nauw verbonden waren met de koninklijke macht. Soms was deze link heel direct, zoals in het geval van koning Mongkut van Thailand (zie p. 196).

De traditie van het boeddhistische koningschap gaat terug op Asjoka, een heerser uit het Maurya-rijk uit de derde eeuw v. Chr. (zie p. 172), als de ideale *dharmaraja* of 'rechtvaardige koning'. Volgens de traditie bekeerde Asjoka zich na een buitengewoon bloedige militaire campagne tot het boeddhisme en probeerde hij een politiek van *dharmavijaya*, 'rechtvaardige verovering', te bevorderen door middel van de Dharma in plaats van door de wapenen. Boeddhistische monarchen hebben zichzelf naar het voorbeeld van Asjoka traditioneel gezien als 'rechtvaardige heersers' en hebben de kloosters beschermd in ruil voor de monastieke erkenning van de legitimiteit van hun gezag.

De meest ongewone variant van het instituut van het boeddhistische koningschap (zie p. 182) deed zich voor in Tibet, waar de 'Grote Vijfde' Dalai Lama gebruikmaakte van de zwakte van zijn rivalen om *zowel* de wereldse *als* de religieuze leider van het land te worden, een positie die misschien vergelijkbaar is met die van het pausdom voordat het in de negentiende eeuw zijn gezag over het seculiere domein verloor. Tibet werd tot de Chinese invasie in de jaren vijftig (zie marge p. 194, en p. 175) door deze specifieke combinatie van monastiek en koninklijk leiderschap geregeerd.

Hoewel zij de grote en sociaal invloedrijke kloosters respecteren, hebben boeddhisten ook veel achting voor de individuele 'heilige' die zich in eenzaamheid terugtrekt of met een kleine groep metgezellen ver weg van de samenleving het *nirvana* zoekt. De woud-heiligen van Sri Lanka of Thailand worden vaak behandeld als de grote helden van de traditie en vormen een belangrijk tegenwicht voor, en kritiek op, het leven in de belangrijkste kloosters en in de samenleving als geheel. Toen Dogen, de stichter van de soto zen-orde in Japan (zie p. 252), het verzoek van een keizerlijke afgezant om zich aan het Japanse hof te vestigen verwierp en de afgezant uit het klooster zette, bracht hij het oude boeddhistische ideaal van het zich terugtrekken uit wereldse zaken in de praktijk.

De relatie tussen monniken en gewone leken kan het best beschouwd worden aan de hand van het oude gebruik van de ochtend-bedelronde, die in Zuidoost-Azië nog altijd voorkomt. Iedere dag verlaten de monniken het klooster en gaan van huis tot huis om voor hun voedsel voor die dag te bedelen. Dit simpele ritueel verbindt de monniken en de leken tot een netwerk van wederzijdse steun. De monniken ontvangen de aalmoezen die hun streven naar het *nirvana* ondersteunen, terwijl de leken

Jonge monniken in de rij voor de ochtendlijke aalmoezen van een huisvrouw in Bangkok.

Een gelovige in de Thien Hao-pagode in Ho Chi Minhstad (Saigon), Vietnam.

HERVORMINGEN IN THAILAND

Van alle boeddhistische koninklijke huizen heeft dat van Thailand (vroeger Siam) het sterkst overleefd tot in de twintigste eeuw. Gevrijwaard gebleven van de moeilijkheden van het Europese koloniale gezag, stippelde Thailand onder leiding van haar monarchen een eigen route in de moderne wereld uit. Koning Mongkut (1804-1860) bracht vijfentwintig jaar door als monnik voordat hij de troon besteeg en in die periode werd hij een aanhanger van een hervormingsgezinde tak van het boeddhisme die in het Thais als Thammayut bekendstaat (van Dhamma-yuttika in het Pali: 'Zij die de Dharma aanhangen'). Als koning (vanaf 1851) bleef hij het Thammayut-hervormingsprogramma steunen, dat gekarakteriseerd werd door pogingen om de discipline van de Thaise monastieke gemeenschap te moderniseren en strakker te maken.

Mongkuts zoon Chulalongkorn (die regeerde 1868-1910) zette zijn vaders beleid om een vorm van boeddhisme te bevorderen die aansloot bij de westerse wetenschap, voort (Chulalongkorn is de fietsende koning uit de musical *The King and I.*) Tot op heden vervult de Thaise koning een centrale rol in het politieke en religieuze leven van zijn land.

dagelijks de mogelijkheid geboden krijgen om vrijgevigheid te praktiseren om op die manier verdiensten te verwerven die hen naar een betere hergeboorte in het volgende leven zullen begeleiden. Dit weerspiegelt het omvattender idee van 'wederzijdse veroorzaking' zoals de Boeddha dat onderwees. Volgens dit principe heeft iedere persoon in het raamwerk van de boeddhistische samenleving een aparte rol, maar is iedereen verbonden in een netwerk van wederzijdse afhankelijkheid.

In de negentiende en twintigste eeuw zijn de traditionele structuren van de boeddhistische samenleving in Zuidoost-Azië door het Europese kolonialisme, secularisme, communisme en de moderne wetenschap aan het wankelen gebracht. Beïnvloed door de modernistische en wetenschappelijke visie op het boeddhisme van de Theosofische Vereniging (zie p. 175), leidde de Srilankaanse monnik Anagarika Dharmapala (1864-1933) aan het begin van de twintigste eeuw een belangrijke beweging om de boeddhistische praktijk te rationaliseren, de 'bijgelovige' aspecten ervan uit te wissen en de boeddhistische gemeenschap te mobiliseren in haar strijd tegen het Britse koloniale gezag. Sinds Sri Lanka (als Ceylon) in 1948 de onafhankelijkheid verwierf, hebben boeddhistische instellingen er een bloei doorgemaakt, maar niet zonder strijd. Etnisch geweld tussen boeddhistische Singalezen en hindoeïstische Tamils hebben een element van religieus conflict in de moderne Srilankaanse samenleving ingebracht dat moeilijk te verenigen lijkt met het imago van boeddhistische tolerantie en vrede.

Myanmar vormt een geval apart vanwege haar specifieke visie op de actieve relatie tussen boeddhisme en politiek. Na de onafhankelijkheid (als Birma) van Groot-Brittannië in 1948, kondigde de eerste premier, U Nu (1907-95), een hervormingsprogramma af dat 'boeddhistisch socialisme' wordt genoemd. U Nu stelde dat een ware socialistische staat gelijkheid zou moeten bevorderen, hebzuchtige neigingen zou moeten ontmoedigen, en genoeg vrije tijd zou moeten bieden zodat de mensen meer tijd zouden kunnen besteden aan meditatie en het nastreven van het *nirvana*. Afgezet door het leger in 1962, leefde U Nu een aantal jaren in ballingschap voordat hij in 1980 naar Myanmar terugkeerde en een boeddhistische monnik werd.

Meer recent heeft Aung San Suu Kyi boeddhistische principes aangewend in een campagne om de Birmaanse democratie te herstellen (zie kader, beneden). Zoals haar loopbaan laat zien is het mogelijk voor vrouwen om in het politieke leven van de moderne boeddhistische landen van Zuidoost-Azië een belangrijke rol te spelen. Niettemin zijn traditionele ideeën over de mannelijke dominantie nog diep geworteld in de cultuur van deze en andere regio's.

Ook buiten Tibet, in Indochina, waar de maten van religieuze onderdrukking aanzienlijk verschild hebben, heeft het boeddhisme te maken gekregen met de uitdaging om onder geseculariseerde communistische regimes te moeten voortbestaan. In Vietnam zijn boeddhistische instituties bijvoorbeeld redelijk actief gebleven, maar in Cambodja hebben zij massaal geleden onder de terreur van het Rode Khmer-regime van 1975-79, waarvan zij nog steeds niet zijn hersteld.

De twintigste eeuw heeft ook gezien hoe men in India, het land van oorsprong, het boeddhisme probeert te laten herleven als onderdeel van de kritiek op het traditionele kastenstelsel. Dr. Bhimrao Ramji Ambedkar (1891-1956), een 'onaanraakbare' uit de Indiase deelstaat Maharashtra, zag in het boeddhisme een ideaal van gelijkheid en sociale gerechtigheid dat de onderdrukking van de laagste kasten in de Indiase samenleving (zie p. 159) kon verlichten. Hij schiep een belangrijke sociale beweging die gebaseerd is op boeddhistische principes en die tot op heden een rol speelt in het Indiase religieuze leven en de politiek.

AUNG SAN SUU KYI

Het moderne Myanmar (het vroegere Birma) biedt een van de meest gevierde voorbeelden van een vrouw die boeddhistische religieuze principes inbrengt in wereldse zaken. In juli 1988 hield de Birmaanse leider generaal Ne Win, hoofd van de Socialistische Programma Partij, een nationaal referendum over Myanmars politieke toekomst. Het volksverzet tegen de militaire dictatuur kristalliseerde zich rond de figuur van Aung San Suu Kyi. Haar vader, Aung San, was een collega van U Nu (zie hoofdtekst) en had tot hij werd vermoord, in 1947, de beweging voor nationale onafhankelijkheid geleid.

Aung San Suu Kyi's politieke geschriften, verzameld in een bundel genaamd *Freedom from Fear (Vrijheid van Angst)*, spreken over een moderne zoektocht naar democratie en mensenrechten en over de traditionele boeddhistische waarden van waarheid, onverschrokkenheid, rechtschapenheid en liefhebbende vriendelijkheid. Als erkenning voor haar strijd voor vreedzame democratische hervormingen werd haar in 1991 de Nobelprijs voor de vrede toegekend.

Aung San Suu Kyi en volgelingen op een persconferentie bij de poort van haar huis in Yangon (Rangoon), vanwaar ze – onder huisarrest – de beweging voor democratische hervormingen in Myanmar leidt.

Hoofdstuk zes
CHINESE TRADITIES
Jennifer Oldstone-Moore

Een achttiende-eeuwse afbeelding van leerlingen die het examen afleggen om zich te kwalificeren als overheidsdienaar. Het examen vereiste een grondige scholing in de Confuciaanse voorschriften die tweeduizend jaar lang de basis vormden van het Chinese gezag.

INTRODUCTION 200
Ontstaan en historische ontwikkeling EEN RIJKDOM AAN TRADITIES 204
Aspecten van het goddelijke HET HEMELSE KEIZERRIJK 208
Heilige teksten DE WOORDEN DER WIJZER 212
Heilige personen HEILIGEN EN HELDEN 214
Ethische uitgangspunten HET STREVEN NAAR HARMONIE 216
Heilige ruimte EEN HEILIGE KOSMOS 220
Heilige tijd RELIGIEUZE FEESTEN 224
Dood en hiernamaals DE ONSTERFLIJKHEID VAN LICHAAM EN ZIEL 230
Samenleving en religie DE STAAT, DE FAMILIE EN HET INDIVIDU 234

LINKS *Pelgrims klimmen naar de tempel op de Taishan (de berg Tai, ook wel 'Grote Berg'), een top die sinds oudsher van centrale betekenis is voor de Chinese religie. Het is een van de vele heilige bergen in China (zie de kaart op p. 201).*

INLEIDING

De drie tradities van het confucianisme, taoïsme en boeddhisme hebben samen met het diepgewortelde volksgeloof gedurende duizenden jaren de Chinese cultuur en geschiedenis bepaald en vormen nog steeds een belangrijk aspect van de Chinese beschaving. De traditionele religies bloeien ook nu nog in Taiwan, Hong Kong, Singapore en de andere overzeese Chinese gemeenschappen. Op Hong Kong na leiden ze een meer verborgen bestaan in de Volksrepubliek, waar de geloofspraktijken zich ondanks een officieel ontmoedigingsbeleid en incidentele vervolgingen hebben gehandhaafd.

China's religieuze tradities berusten op twee fundamentele principes: de kosmos is een heilige plaats en alle aspecten ervan zijn onderling verbonden. Het centrale doel van de Chinese religie is om deze heiligheid te bewaren door de harmonie tussen mensen onderling en tussen de mens en de natuur te handhaven. Dit wordt weerspiegeld in de inheemse tradities van het taoïsme en confucianisme en ook in het volksgeloof. Het boeddhisme, overgekomen uit India, paste zich ook aan het Chinese perspectief aan.

Het achthoekige hoofdmotief op deze kindermuts stelt het ronde yin-yang-symbool voor, omringd door de acht trigrammen die bij traditionele divinatierituelen worden gebruikt (zie marge p. 213).

Van alle internationale religies die China zijn binnengekomen, is het boeddhisme veruit het meest succesvol geweest, hoewel ook de islam van invloed is geweest, met name in het westen (zie afbeelding p. 119). Maar elders in China hebben noch de islam noch het christendom enige invloed van betekenis gehad, deels omdat de exclusieve aard van deze beide geloven zich slecht verhield met de sterk syncretistische aard van de Chinese religieuze praktijk. Het confucianisme, taoïsme en boeddhisme, die gezamenlijk bekendstaan als de 'Drie Leren', worden eerder als complementair gezien dan als exclusief en een individu zal ze gewoonlijk alle drie tegelijkertijd praktiseren. Hoewel de tradities ieder hun eigen geschiedenis en specialisten hebben, geldt voor de meeste Chinesen het gezegde dat 'de Drie Leren tot Eén versmelten'.

De traditionele Chinese religie is gebaseerd op een zeer oude visie op het functioneren van de kosmos. Volgens deze visie is alles wat bestaat, waaronder de Hemel, de Aarde, de mensen en de goden, uit dezelfde essentiële stof opgebouwd, namelijk *qi (ch'i;* zie de opmerking over de transliteratie op p. 201). *Qi* manifesteert zich in essentie als twee aanvullende krachten, *yin* en *yang*. Deze termen stonden aanvankelijk voor de schaduwzijde van een heuvel *(yin)* en de zonzijde *(yang)*, maar al heel vroeg ging men ze meer symbolisch gebruiken. Zodoende staat *yin* voor datgene wat donker, vochtig, passief, troebel, koud, zacht en vrouwelijk is, en staat het complementaire *yang* voor alles wat licht, droog, actief, helder, warm, hard en mannelijk is. Alle dingen bestaan uit zowel *yin* als *yang* in wisselende proporties.

De *yin-yang*-visie op de kosmos functioneert in samenhang met de cyclus van de Vijf Fasen, die een meer nauwkeurige structuur biedt om te begrijpen hoe de essentiële krachten op elkaar inwerken. Deze fasen worden gesymboliseerd door 'vuur', 'hout', 'metaal', 'water' en 'aarde'. Deze elementen moeten niet concreet maar eerder als metafysische krachten wor-

HET HEILIGE CHINA

Het Chinese religieuze landschap wordt gekarakteriseerd door heilige bergen en tempels. Sommige lokaties worden al sinds de oudheid als heilig beschouwd, zoals de Vijf Heilige Bergen (Taishan, Hengshan [noorden], Songshan, Huashan en Hengshan [zuiden]). Andere werden heilig met de opkomst van religieuze leiders en scholen die met een bepaalde top werden geassocieerd (zoals de berg Tiantai [Tiantaishan], waar de gelijknamige boeddhistische sekte haar oorsprong heeft, en Putuoshan, een berg die aan de boeddhistische godheid Guanyin gewijd is).

Overal waar de traditionele religie gepraktiseerd wordt, van het kleinste dorp tot de hoofdstad, is er een veelheid aan tempels. In de Volksrepubliek zijn de belangrijkste tempels voornamelijk vanwege het toerisme toegestaan, hoewel er ook religieuze activiteiten plaatsvinden.

Andere plaatsen op de kaart die van religieus belang zijn, zijn onder andere Anyang (waar vele orakelbeenderen zijn teruggevonden), Qufu (de geboorteplaats van Confucius) en Chang'an (de hoofdstad van de Tang-dynastie, waar vele boeddhistische teksten voor het eerst in het Chinees werden vertaald en waar in de zevende eeuw China's eerste christelijke gemeenschap werd gesticht).

[NB: In dit hoofdstuk en elders wordt de officiële moderne Pinyin-romanisatie van Chinese woorden gebruikt. Bij bekende plaatsen wordt ook de oude schrijfwijze gegeven. Voor het woord Tao is de oude schrijfwijze aangehouden, behalve in afgeleide uitdrukkingen.]

Legenda

- ■ Plaats van speciale religieuze betekenis
- ● Andere plaats
- ▲ Heilige berg
- ← Historische routes van de zijdehandel
- ← Andere overdrachtsroutes van het boeddhisme van en naar China
- ⌇ De Chinese Muur

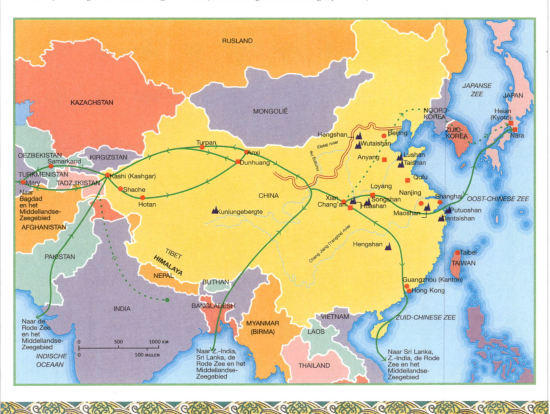

den opgevat, die ieder op hun eigen tijd overheersen. De fasen weerspiegelen het *yin-yang*-systeem (vuur en hout zijn *yang*, metaal en water zijn *yin*, de aarde is neutraal) en zijn in twee cycli gerangschikt. In de eerste volgorde (hout, vuur, aarde, metaal, water) brengt iedere fase naar zeggen de volgende voort. In de tweede cyclus (vuur, water, aarde, hout, metaal) vernietigt ieder element het voorgaande. Alles in het universum – de veranderingen en patronen in de natuur, de hemellichamen, de tijd, de natuurlijke fenomenen en de menselijke samenleving – is onderling verbonden door zowel de deelname ervan in deze veranderingscycli als de variërende verhoudingen van *yin* en *yang*. De relaties tussen deze Vijf Fasen hebben parallellen in ontelbare andere vijftallen die de aard en onderlinge wisselwerking van Hemel, Aarde en mensen tot uitdrukking brengen. Hieronder vallen de windrichtingen (noord, oost, zuid, west, midden), goden, dieren, getallen, planeten, seizoenen en kleuren.

De belangrijkste spirituele tradities drukken op talrijke manieren het ideaal van het bevorderen van de kosmische harmonie uit. Het confucianisme, gebaseerd op de leer van een wijsgeer uit de zesde eeuw v. Chr., Meester Kong (Kong Fuzi, in het Westen gelatiniseerd als Confucius), richt zich op de menselijke relaties en het scheppen van een harmonieuze samenleving die gebaseerd is op deugdzaamheid. De kardinale deugd is *ren* ('welwillendheid', 'menselijkheid' of 'mensheid'). Volgens Confucius is de relatie tussen ouder en kind de primaire relatie, met name die tussen vader en zoon. Deze wordt idealiter gekarakteriseerd door de deugd van *xiao*, respect voor de ouders. Door deze band te onderhouden zouden de familie, de gemeenschap, de staat en uiteindelijk de kosmos worden getransformeerd (zie p. 216-7). Het taoïsme, dat volgens de traditie uit de zesde eeuw v. Chr. dateert

CHRONOLOGIE

LEGENDARISCHE PERIODE
(alle data zijn traditioneel)
De 'Culturele Helden'
    2852 v. Chr. • Fu Xi
    2737 v. Chr. • Shen Nong
    2697 v. Chr. • Huang Di
De 'Wijze Koningen' en Xia-dynastie
    2357 v. Chr. • Yao
    2255 v. Chr. • Shun
    2205 v. Chr. • Yu (stichter v.d. Xia-dynastie)
    2205-1766 v. Chr. • Xia-dynastie

HISTORISCHE PERIODE
Shang-dynastie (ca. 1766-1050 v. Chr.)
- Divinatie; voorouderverering en verering van de 'Heer in de Hemel' (Shang Di)

Zhou-dynastie (1050-256 v. Chr.)
- Verering van de Hemel (Tian); formulering van het idee van het Hemels Mandaat; Chinese Klassieken op schrift gesteld; '100 Scholen' gesticht door Confucius (551-479 v. Chr.), Mencius (371-?289 v. Chr.), Laozi (?geb. 604 v. Chr.) en anderen; formulering van qi en yin-yang-theorieën; sjamanisme

Qin-dynastie (221-207 v. Chr.)
- Keizer Qin Shihuangdi vervolgt geleerden

Han-dynastie (206 v. Chr.-220 n. Chr.)
- Confucianisme wordt basis van staatsreligie; boeddhisme komt China in; opkomst van religieuze volksbewegingen als 'Gele Tulbanden' en 'Hemelse Meesters'

Periode van Verdeeldheid (220-589)
- Religieuze taoïsme komt op; boeddhisme volledig gevestigd

Sui-dynastie (581-618)

Tang-dynastie (618-907)
- Boeddhisme, groei taoïsme (maar boeddhisten vervolgd, 841-5); ontwikkeling Pure Land- en chan-boeddhisme; stichting nestoriaanse christelijke kerk, 635 n. Chr.; binnenkomst islam (8ste eeuw); jodendom, manicheïsme, zoroastrianisme aanwezig

'Vijf Dynastieën' (907-970)

Song-dynastie (960-1279)
- Opkomst neo-confucianisme; vorming boeddhistische devotiegemeenschappen; ontwikkeling van volksreligie

Yuan-dynastie (1276-1386)
- Mongoolse overheersing in China

Ming-dynastie (1368-1644)
- Neo-confuciaan Wang Yangming (1472-1529); eerste katholieke missionarissen (16de eeuw)

Qing-dynastie (1644-1911)
- Christendom in begin dynastie onderdrukt; in 19de eeuw wordt China door de Westerse mogendheden 'geopend' en keren christelijke zendelingen terug

MODERNE PERIODE
Republiek China (1911-49; 1911-heden in Taiwan)
- Bloei van traditionele religies; enige christelijke activiteit

Volksrepubliek China (1949-heden)
- Atheïstische staatsideologie onderdrukt religieuze activiteiten; cultus van Mao Zedong; vervolging van religies tijdens Culturele Revolutie (1966-76); enige verlichting van de beperkingen op religieuze activiteiten na dood Mao in 1976

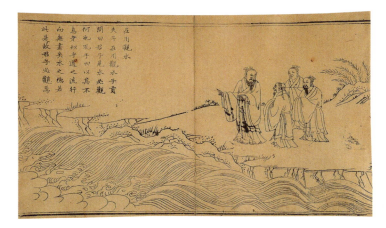

Confucius met een groep volgelingen. Een illustratie uit een anoniem 16de-eeuws werk, het Boek van het Leven van Confucius.

maar hoofdzakelijk gebaseerd is op werken uit de vierde en derde eeuw v. Chr., houdt zich minder met de harmonie tussen personen bezig dan met de harmonie tussen de mens en de natuur. De term *Tao* (*Dao*, 'Weg') duidt op het natuurlijke patroon dat aan alle kosmische verandering en transformatie ten grondslag ligt, de weg waarop *qi* eindeloos geschapen wordt en weer oplost om de ontelbare fenomenen van het universum te vormen. In het taoïsme staat het concept *wu wei*, 'daadloosheid', het niet ingrijpen in de *Tao*, centraal. Om orde en harmonie te bereiken in zijn eigen leven en in de kosmos moet een persoon inzicht in de aard van *Tao* verwerven en in overeenstemming daarmee leren handelen – of niet-handelen. In de loop der tijd ging men het idee dat men zichzelf kon versterken door zich aan te passen aan de natuurkrachten toepassen op het behoud van het lichaam in de zoektocht naar een lang leven.

In de eerste eeuw n. Chr. kwam het boeddhisme binnen, dat al spoedig vele aanhangers kreeg. Het had de allure van het vreemde en exotische, een fascinerende en complexe Indiase kosmologie, en het bracht de belofte van universele verlossing – ideeën die in de inheemse tradities niet of weinig ontwikkeld waren. Maar het boeddhisme in China ontwikkelde ook eigen specifieke vormen, die met name zichtbaar zijn in het Chinese chan-boeddhisme dat resulteerde uit de vermenging van taoïsme en boeddhisme ('Meditatie'; zie p. 219).

Chinese religies worden vaak gekarakteriseerd als praktisch en op de wereld georiënteerd, wat zeker in de volkstraditie naar voren komt. Deze weerspiegelt de belangrijkste punten van de Drie Leren, maar kent geen systematisch geheel van geloofsvoorstellingen en richt zich op de verbetering van dit leven door het veiligstellen van de gezondheid, een lang leven, welvaart, huiselijke harmonie, kinderen om de familielijn te continueren, en de bescherming tegen onheil. In de volkspraktijk staat de wederkerige relatie tussen de levenden en de geesten (voorouders, goden en geesten) centraal. Als de mensen hun taken vervullen, zo gelooft men, zal de spirituele wereld antwoorden door middel van zegeningen of – als het geesten betreft – door geen schade te berokkenen.

Het hoofd van de Boeddha, onderdeel van een massief beeld uitgehouwen in een rotswand bij Leshan in de provincie Sichuan. Hoewel het de inheemse Chinese religies een sterke impuls gaf, veranderde het boeddhisme in China sterk van haar oorspronkelijke Zuid-Aziatische vorm. Net als bij Leshan, blijkt deze 'verchinezing' ook duidelijk uit de Chinese boeddhistische kunst.

EEN RIJKDOM AAN TRADITIES

Vele van de centrale voorstellingen en thema's van de Chinese religie waren al aanwezig tijdens de Shang- en Zhou-dynastieën (achttiende tot dertiende eeuw v. Chr.) en vormen de gemeenschappelijke basis van het confucianisme, taoïsme, boeddhisme en de volkstraditie. Gedurende het Shang-tijdperk ging men het respect voor de voorouders benadrukken en de doden werden begraven met kostbare grafgeschenken. Ook gebruikten de mensen 'orakelbeenderen' bij divinatierituelen (zie kader, beneden). Een hoge god, Shang Di ('De God in de Hemel') werd, hoewel soms aangeroepen, gezien als ver verwijderd van de mensheid en werd tijdens de Zhou-dynastie vervangen door Tian ('Hemel'), die over de geesten van de doden regeert. Toen de verering van Tian zich verder ontwikkelde, ontstond het idee om de persoon of de dynastie die daartoe waardig werd bevonden het 'Mandaat van de Hemel' te verlenen. Tian's ongenoegen over een heerser manifesteerde zich in ordeverstoringen, zoals opstanden, hongersnoden en natuurrampen. Als de omstandigheden ondraaglijk werden, werd aangenomen dat Tian zijn Mandaat had ingetrokken en kon de heerser op wettige gronden worden afgezet.

Ook het Chinese kosmologische systeem van *qi, yin-yang* en de Vijf Elementen (zie p. 200-203) ontstond tijdens de Zhou-dynastie. In dezelfde periode werden talrijke praktijken, kunsten, literaire werken en voorbeeldige daden in de Zes Klassieken verwerkt die de basisteksten van het confucianisme zouden worden (zie p. 212-3).

Tegen de zesde eeuw v. Chr. taande de politieke macht van de Zhou-heer-

ORAKELBEENDEREN

Tijdens de Shang-dynastie vormden divinatierituelen met 'orakelbeenderen' een belangrijke praktijk. Het koninklijk huis gebruikte ze om richtlijnen te ontvangen bij een reeks van kwesties, van het voorspellen van het weer en het bepalen van de oorzaak van kiespijn tot het vaststellen van het juiste tijdstip om ten strijde te trekken of het voorspellen van de opbrengst van de jacht of van de oogst. Bij Anyang in Noordoost-China zijn heel veel orakelbeenderen teruggevonden (zie kaart, p. 201).

De beenderen werden gebruikt om antwoorden te verkrijgen op vragen die een simpel ja of nee vroegen en die gesteld werden aan bovennatuurlijke wezens – meestal de voorouders, die beschouwd werden als een bron van zegening of tegenslag, met name als het de menselijke vruchtbaarheid betrof. Soms werden ook vragen gesteld aan de hoge god Shang Di, evenals aan de natuurkrachten.

Bij het stellen van de vraag werd er een verhit ijzer tegen het schouderblad van een os of schaap of het schild van een schildpad gehouden. Een waarzegger interpreteerde vervolgens de scheuren die door het hete ijzer veroorzaakt waren om het antwoord op de vraag te onthullen.

Een 'orakelbeen', onderdeel van het schouderblad van een schaap. De vraag en het antwoord zijn op het bot gegrift, zoals algemeen gebruikelijk was.

sers en de daaropvolgende periode van onrust zag de opkomst van talrijke theorieën over regeren met als doel de harmonie en vrede te herstellen. De vele leren die in deze periode opkwamen staan gezamenlijk bekend als de 'Honderd Scholen', waarvan het confucianisme en taoïsme het meest beroemd zijn. Confucius (Kong Fuzi) werd in 551 v. Chr. geboren in Qufu in de tegenwoordige provincie Shandong in een arme maar gerespecteerde familie. Na gediend te hebben in het bestuur van de staat Lu, reisde hij dertien jaar lang door de verschillende Chinese staten, waarbij hij de heersers vroeg om zijn ideeën over regeren in de praktijk te brengen. Hij keerde teleurgesteld naar huis terug en bracht de rest van zijn leven tot zijn dood in 479 v. Chr. door met het onderrichten van zijn leerlingen en het samenstellen van de Zes Klassieken.

De basisgedachte van Confucius was dat bestuur gebaseerd moet zijn op deugdzaamheid en dat alle burgers de plichten dienen te vervullen die bij hun positie horen. Zijn grote volgeling, Mencius (Mengzi, 371-?281 v. Chr.), werkte de leerstellingen van Confucius over de menselijke deugd en een goed bestuur verder uit, waarbij hij stelde dat de menselijke natuur in wezen goed was en verkondigde dat het volk het recht had om in opstand te komen tegen een slechte heerser. De derde grote confucianistische denker uit de oudheid was Xunzi (actief ca. 298-238 v. Chr.). Hij had een heel andere visie op de menselijke natuur. Hij stelde dat mensen in wezen slecht waren en alleen goed konden worden door strikte wetten en strenge straffen. Zijn visie werd tot in het extreme uitgewerkt door de 'legalisten', die een van de andere van de 'Honderd Scholen' vormden. Zij zijn in de Chinese geschiedenis zwartgemaakt vanwege hun rol in het wrede bewind van de eerste keizer over heel China, Qin Shihuangdi (221-209 v. Chr.), wiens regime gekenmerkt werd door massale boekverbrandingen en de executie van vele confucianistische geleerden.

De Han-dynastie (206 v. Chr. - 220 n. Chr.) beleefde de synthese van het confucianisme, legalisme en de *yin-yang*-kosmologie. Maar het meest belangwekkende van deze periode was de vorming van het Chinese keizerlijke bureaucratische systeem dat het land tot aan de twintigste eeuw zou besturen, met mannen die getraind waren in de confucianistische deugden.

De drie grote figuren van China's religieuze en filosofische tradities zijn op dit 18de-eeuwse schilderij samengebracht. Laozi (links) kijkt toe terwijl Confucius het kind Boeddha wiegt.

Gedurende de volgende eeuwen verzwakte de populariteit van het taoïsme en boeddhisme de vitaliteit van het confucianisme, maar de Song-dynastie (960-1279) zag een vernieuwing die bekendstaat als het neo-confucianisme. De meest bekende geleerde uit deze periode, Zhu Xi (1130-1200), stelde een metafysisch systeem voor dat gebaseerd was op de confucianistische ethiek. Hij stelde dat alle dingen, waaronder de menselijke natuur, een ordeningsprincipe kennen, *li* (niet hetzelfde als het woord *li* dat ritueel betekent), dat het essentiële materiaal dat *qi* wordt genoemd (zie p. 200), vormgeeft. Mensen moeten de 'dingen onderzoeken' om de onderliggende principes te begrijpen en moeten zichzelf vormen om hun handelen op de juiste gedragsprincipes te kunnen baseren. Het neo-confucianistische pleidooi voor 'rustig zitten' (meditatie) als een techniek voor zelf-vorming weerspiegelt de invloed van het boeddhisme.

Volgens de traditie werd Laozi, de legendarische grondlegger van het taoïsme, in 604 v. Chr. geboren na een wonderbaarlijke zwangerschap en geboorte. Hij diende in de keizerlijke bureaucratie en bepleitte een *laissez-*

Een portret van Matteo Ricci (1552-1610). Deze Italiaanse missionaris had een fenomenaal geheugen en maakte tijdens zijn verblijf in China indruk op het keizerlijke hof door lange passages van klassiek Chinees voor te dragen.

DE JEZUÏETEN IN CHINA

De jezuïtische missie naar China in de zestiende eeuw vormde de eerste Europese poging om de Chinese religie van binnenuit te leren begrijpen. Een leidende figuur hierbij was Matteo Ricci (zie afbeelding, boven), die in 1582 in Macao arriveerde. Om de goedkeuring van confucianistische ambtenaren te verwerven en daardoor toegang te verkrijgen tot de keizer, leerden Ricci en zijn collega's Chinees en namen zij de kleding, de manieren en de scholing van de ontwikkelde elite over.

De jezuïeten wilden het christendom aanpassen aan confucianistische rituelen door bijvoorbeeld de voorouderverering toe te staan, maar dan niet zozeer als verering maar als daad van herdenking. Ricci meende dat de oude Chinezen de ene God in de vorm van Shang Di hadden vereerd (zie p. 204), maar dat de hierop volgende religieuze neergang het oorspronkelijke monotheïsme had ondergraven. Ondanks de acculturatie van de missionarissen en hun bereidheid om zich aan te passen, sprak de westerse religie de Chinezen veel minder aan dan de westerse astronomie, mathematica en machines deden.

faire-benadering van regeren.

Hij raakte echter gedesillusioneerd en trok zich terug in de bergen. Op weg daarheen smeekte een grenswacht op de westelijke pas hem echter om zijn leer op schrift te stellen. Dit resulteerde in de grondleggende tekst van het taoïsme, de *Dao De Jing*. Er zijn twee aparte taoïstische tradities, het 'filosofische' taoïsme en het 'religieuze' taoïsme. Het filosofische taoïsme, vertegenwoordigd door Laozi en Zhuangzi (vierde eeuw v. Chr.), is gericht op het begrijpen en volgen van de *Tao*, de kracht en het patroon achter de natuurlijke orde. Zhuangzi stelde dat vrede en harmonie de natuurlijke staat der dingen uitmaken – totdat de mensen hierin ingrijpen – en tevens dat men de relativiteit van alle waarden en standpunten moest inzien.

Het religieuze taoïsme begon in de tweede eeuw n. Chr. met bewegingen als de 'Gele Tulbanden' en 'Hemelse Meesters'. Deze groepen combineerden oude geloofsvoorstellingen en -praktijken, zoals het streven naar een lang leven, met hun eigen geschriften, godheden, rituelen en hun vaak millenaristische verwachtingen die door de overheid als een bedreiging werden ervaren. Mettertijd ontwikkelde het religieuze taoïsme een canon van geopenbaarde geschriften, een pantheon van goden, een geletterde priesterklasse en gevestigde rituelen.

Het boeddhisme vormt sinds de eerste eeuw n. Chr. onderdeel van het religieuze landschap van China. Gedurende de hoogtij van het boeddhisme in China (derde tot negende eeuw n. Chr.) bood het in tijden van politieke instabiliteit een vooruitzicht op universele verlossing en tevens een ingewikkelde en kleurrijke visie op het leven na de dood. Het boeddhisme bleek zich goed te kunnen aanpassen aan Chinese gevoeligheden. Het tiantai-boeddhisme, dat de boeddhistische leerstellingen in gradaties van relatieve waarheid ordende, sloot aan bij de Chinese neiging om verschillende gezichtspunten te harmoniseren en een plaats te geven. Het 'Pure Land'-boeddhisme had een brede aantrekkingskracht op de bevolking en beantwoordde met zijn devotionalisme en de belofte van een gelukkige wedergeboorte (zie p.193) aan behoeften in onzekere tijden. De taalkritiek en de rationele conversatie die de Meditatie-school, het chan-boeddhisme, karakteriseerde, strookte met het filosofische taoïsme; beide hadden ten doel om de ware aard van de werkelijkheid te doorgronden, ook al werd die werkelijkheid verschillend ingevuld. (Tiantai, het 'Pure land' en Chan zouden later alle drie van grote invloed zijn op het Japanse boeddhisme; zie p. 252-3).

Het boeddhisme is echter altijd als 'buitenlandse' religie gezien en heeft vele vervolgingen doorgemaakt. Na de ergste hiervan (841-5 n. Chr.), toen duizenden kloosters gesloten werden, bleef het boeddhisme weliswaar een belangrijke invloed in het Chinese religieuze leven, maar het herwon nooit meer de vroegere positie. Van de talrijke scholen bleven alleen het 'Pure Land' en Chan bloeien.

De basisstructuur van de Chinese volkstraditie was rond het jaar duizend uitgekristalliseerd. Het volksgeloof omvat vele oude inheemse praktijken, zoals het sjamanisme (zie marge p. 207), divinatie, en de voorouderverering. Het heeft naast de taoïstische goddelijke hiërarchie ook boeddhistische ideeën van *karma* en wedergeboorte en de boeddhistische kosmologie van hemelen en hellen, *buddha's* en *bodhisattva's* geïncorporeerd. Confucianisten hebben de religieuze volkspraktijken altijd geminacht, terwijl de rol van boeddhistische en taoïstische priesters vooral gericht is op het uitvoeren van rituelen en niet op het aan de massa uitleggen van de leer. Zij worden erbij gehaald om in – door buurtorganisaties bestuurde – tempels bepaalde ceremonies uit te voeren maar zijn niet permanent aan de tempels van het volksgeloof verbonden.

De Chinese religieuze tradities hebben zich de laatste twee eeuwen gesteld gezien voor enorme uitdagingen die voortkwamen uit de culturele en militaire confrontaties met het Westen. Deze tradities zijn door intellectuelen en regeringen als de oorzaak van de zwakte van China beschouwd en als 'onmodern' in vergelijking met de westerse wetenschap en het westerse rationalisme. Deze houding is nog sterker in de officiële politiek van het communistische regime en het is moeilijk te bepalen hoe de traditionele religie er vandaag de dag op het vasteland voorstaat. Zodra de druk van de overheid vermindert, is het echter duidelijk dat religieuze praktijken zeer gauw weer de kop opsteken.

SJAMANEN

Sjamanen vormen een medium voor communicatie met de geesten: in trance ervaart de sjamaan dat hij zijn lichaam verlaat en naar de geestenwereld reist. In het oude China namen sjamanen deel aan de offerrituelen aan het hof en fungeerden zij als kanalen voor bovennatuurlijke macht wanneer zij de goden aanriepen, om regen smeekten, genezing brachten en demonen uitdreven. Hun officiële rol was rond 400 n. Chr. uitgespeeld, maar in het volksgeloof treden sjamanen nog steeds op als mediums, helers, exorcisten en droomuitleggers.

DE GROTTEN VAN DUNHUANG

Een groep kunstmatige grotten in het afgelegen noordwesten van China biedt opmerkelijke bewijzen van de vroege bloei van het boeddhisme in China en van de transformatie van een Indiase naar een Chinese context. Dunhuang was voor Chinese pelgrims en handelaren een buitenpost op de Zijderoute die China verbond met India, het Midden-Oosten en Europa (zie kaart, p. 201). De route bracht het boeddhisme naar China en het was de weg die Chinese pelgrims die op zoek waren naar heilige geschriften, zoals de monnik Xuanzang (zie p. 217), naar India namen.

Van de vierde tot de veertiende eeuw hakten pelgrims de 'Grotten van Duizend Boeddha's' uit in het zachte gesteente van een steile rotswand bij Dunhuang. Er werden tempels, schrijnen en onderkomens in de rotsen uitgehakt en de muren ervan werden versierd met kleurrijke muurschilderingen. De iconografie bij Dunhuang laat zien hoe het Indiase boeddhisme door de eeuwen heen in het Chinees boeddhisme veranderde naar mate er meer Chinese thema's werden geïncorporeerd.

De grotten omvatten ook een bibliotheek van vele duizenden kostbare manuscripten van de boeddhistische geschriften (zie afbeelding p. 213). De bibliotheek werd in de elfde eeuw verzegeld als bescherming tegen overvallers en bleef intact tot zij in 1900 weer geopend werd.

De grotten bij Dunhuang, Noordwest-China. Hun verafgelegen ligging maakte dat zij niet geraakt werden door de verschillende uitbarstingen van anti-boeddhistische sentimenten in China, waaronder de vervolging van 841-5 n. Chr. en, meer recent, de Culturele Revolutie.

HET HEMELSE KEIZERRIJK

Een vroege 20ste-eeuwse afbeelding van de Keukengod omringd door zijn goddelijke familie.

ZAO JUN, DE KEUKENGOD

De keuken is thuis bepalend voor de eigen familie, want verwante families kunnen wellicht een altaar delen, maar nooit een kookplaat. Net zoals Tudi Gong de god van de buurt is (zie hoofdtekst), zo is Zao Jun, de Keukengod, de god van de familie en vormt hij de link met de hemelse bureaucratie. Op de 23ste of 24ste dag van de laatste maand van het jaar wordt Zao Jun naar de Hemel gezonden – er wordt een afbeelding of beeld van de god verbrand – om het jaarlijkse verslag over de familie aan de Jade Keizer (zie hoofdtekst) uit te brengen. Voor hij vertrekt geeft de familie hem zoete, plakkerige lekkernijen, zodat hij alleen zoete dingen over de familie te vertellen zal hebben – of zodat zijn lippen zullen vastkleven en zijn woorden daardoor onbegrijpelijk zullen zijn.

De Chinese preoccupatie met het goddelijke neemt twee vormen aan. Aan de ene kant is er een breed scala van actieve goden en geesten. Vele hiervan worden in heiligdommen en tempels vereerd. Aan de andere kant richt veel religieuze activiteit zich op de ordeningsprincipes – kosmische krachten en concepten over de ultieme werkelijkheid – die eerder het onderwerp zijn van contemplatie dan van verering. Voor de meeste mensen bestaat het contact met het goddelijke uit verering van en offergaven aan de goden en godinnen die hen in het dagelijks leven kunnen helpen en bescherming kunnen bieden tegen gevaren. De filosofische taoïsten, confucianisten, en boeddhisten uit intellectueel georiënteerde sekten als het chan-boeddhisme, richten zich meer op het streven naar inzicht en verlichting dan op verering en smeekbeden.

De Chinese goden zijn gerangschikt in een hemelse bureaucratie die gemodelleerd is naar de bureaucratie van het keizerlijke China. Het pantheon omvat taoïstische figuren, *boeddha's* en *bodhisattva's*, en een massa van persoonlijkheden uit de Chinese folklore en legende. Iedere godheid heeft een specifieke functie en de gelovige kiest voor iedere behoefte de geschikte uit. Er zijn verschillende godheden die bepaalde ziekten genezen, de kinderlozen nageslacht schenken, soldaten of zeelieden beschermen en de gemeenschap rijkdom en geluk brengen. Men kan de goden verzoeken om de voorouders bij te staan of om gevaarlijke geesten die de orde verstoren te beheersen.

Hooggeplaatste goden oefenen gezag uit over degenen die in de aardse bureaucratie dezelfde rang hebben als hun hemelse ondergeschikten en omgekeerd. Afhankelijk van hun optreden kunnen goden, net als sterfelijke overheidsdienaren, promotie maken of worden gedegradeerd. Degenen die hun plichten niet op de juiste manier vervullen kunnen door hun meerderen in de hemelse bureaucratie of door aardse ambtsdragers van een hogere rang gestraft worden. Een god die er bijvoorbeeld niet in slaagt om tijdens een droogte regen te brengen, kan uit de tempel verwijderd worden en in de zon worden achtergelaten – om hem eens te laten merken hoe het is om heet en droog te zijn. Degenen die voorbeeldige diensten leveren kunnen beloond worden met een promotie.

De laagst geplaatste in de hemelse bureaucratie is iemands lokale god, Tudi Gong, de 'God van de Aarde'. Iedere buurt en elk dorp heeft zijn eigen Tudi Gong, die vergeleken wordt met een wijkagent of dorpsbeambte. Het is zijn taak om de rust te handhaven, om lokale geesten die moeilijkheden veroorzaken te temmen, en om op de hoogte te zijn van alles wat er in zijn gebied gebeurt. De bewoners van kleine dorpen kunnen bij de lokale (aardse) politiepost en aan Tudi Gong voorvallen rapporteren of belangrijke gebeurtenissen als geboortes, sterfgevallen en huwelijken. Tudi Gong geeft alle belangrijke gebeurtenissen door aan zijn meerderen in de hemelse hiërarchie.

Tudi Gong huist in een kleine schrijn waar mensen op de tweede en zeventigste dag van iedere maan-maand (dat wil zeggen net na de nieuwe en de volle maan) simpele gaven kunnen aanbieden en dagelijks misschien een wierookgave. Op zijn verjaardag, die op de tweede dag van de tweede maan-maand valt, krijgt hij uitgebreidere gaven.

Boven aan de hemelse hiërarchie staat de hoge god die de Jade Keizer wordt genoemd, een figuur waarvan de oorsprong onduidelijk is. De aan hem gewijde cultus kwam op in de negende eeuw n. Chr. en was rond de tiende eeuw volledig gevestigd. Hij is de opperrechter en vorst van de Hemel, de toezichthouder op de hemelse administratieve hiërarchie die de promoties en degradaties van zijn ondergeschikten goed-

MAZU, DE KEIZERIN VAN DE HEMEL

Mazu, of Tian Hou (Keizerin van de Hemel), is een van de meest populaire godheden van Zuid-China en Taiwan. Haar verhaal is illustratief voor belangrijke aspecten van het Chinese pantheon: de menselijke oorsprong van de goden, hun specifieke functie en aantrekkingskracht, en de manier waarop zij vanwege verdienste promotie kunnen maken.

Volgens de legende werd Mazu in de elfde eeuw onder gunstige voortekenen geboren in een familie van vissers in de provincie Fujian in Zuid-China. Als kind vertoonde Mazu al bovennatuurlijke gaven. Op een dag, wetend dat haar vader en twee broers op zee tijdens een storm in gevaar waren, verliet haar ziel haar lichaam om hen te hulp te snellen en begon de twee boten naar de kust te trekken. Maar haar moeder vond het blijkbaar levenloze lichaam van Mazu en schudde hevig geschrokken aan haar arm, waardoor haar ziel de boot van haar vader losliet. Haar broers keerden huilend terug naar huis en vertelden dat hun vader bijna gered was, maar op het laatste moment verdween. Ze vertelden ook dat ze de gedaante van Mazu op de golven gezien hadden.

Nadat Mazu op achtentwintigjarige leeftijd was gestorven, begonnen plaatselijke boten een afbeelding van haar mee te nemen om hen op zee te beschermen. Na twee eeuwen van volksverering werd ze officieel als godin erkend en maakte ze vervolgens promotie in de hemelse hiërarchie. Uiteindelijk, in de zeventiende eeuw, werd Mazu Keizerin van de Hemel, een gemalin van de Jade Keizer (zie p. 209-10).

Een ceremonie in een tempel van Mazu in Noord-Taiwan. De godin is nog steeds een patroon van degenen die op zee hun brood verdienen.

DE KALEBAS DER CHAOS

In het filosofische taoïsme wordt het Absolute voorgesteld als de oertoestand van oorspronkelijke perfectie, de tijd van chaos en onbegrensde mogelijkheden. Het symbolische verhaal van Hundun, de 'kosmische kalebas', beschrijft de vernietiging van die paradijselijke toestand toen alles wat natuurlijk en spontaan was nader gedefinieerd en voorgeschreven werd.

Hundun ('Chaos'), de koning van het Centrum, had geen van de zeven openingen die andere levende wezens hadden. Zijn vrijgevigheid aan koning Onbesuisd van het Noorden en koning Onbezonnen van het Zuiden was spontaan en natuurlijk, en dit zat hen dwars. Ze vroegen zich ongerust af hoe ze hun gezicht konden redden als ze er niet in zouden slagen om Hunduns goedheid terug te betalen. Uiteindelijk besloten ze om zeven gaten in Hundun te boren, om hem de lichaamsopeningen te geven die andere mensen ook hadden. Onbesuisd en Onbezonnen brachten hem daarom een bezoek en iedere dag boorden zij een gat in Hundun. Maar op de zevende dag stierf Hundun.

In het verhaal wordt Hundun voorgesteld als een gezichtsloze, plompe kalebas, een onregelmatig gevormd zaadvat dat het creatieve potentieel van de chaos symboliseert. Dit contrasteert met Onbesuisd en Onbezonnen, die, in plaats van de giften van Hundun met de vreugde en spontaniteit waarmee ze gegeven werden in ontvangst te nemen, geobsedeerd waren door regels en protocol. Zij namen geheel ten onrechte aan dat Hundun het sociale 'gezicht' waardoor zij zich lieten bepalen en beperken, zou waarderen, waardoor zij de creatieve spontaniteit echter het graf in hielpen. In de taoïstische visie handelden de koningen tegengesteld aan de *Tao*.

Een 18de-eeuwse gevernist vaas, versierd met lapis lazuli en andere stenen en gemaakt in de vorm van een kalebas. Deze groente wordt sinds lang met het taoïsme geassocieerd. Taoïstische onsterfelijken worden vaak afgebeeld met een kalebas vol krachtige kruiden.

keurt. Hij draagt de kleren en hoofdtooi van de oude Chinese keizers. Er bestaan wel enkele tempels voor de Jade keizer, maar niet veel – voor de meeste mensen en ook voor de mindere goden als Tudi Gong is de Jade Keizer heel ver weg en is het alleen mogelijk om via tussenpersonen met hem te communiceren.

Afgezien van het feit dat ze in de Hemel wonen, verschillen goden vooral van mensen door hun macht en functie. Mensen die voorbeeldige levens leiden kunnen na hun dood als beloning in de hemelse hiërarchie worden aangesteld, net als bijvoorbeeld Mazu (zie p. 209). De levensgeschiedenissen en persoonlijkheden van de goden en godinnen zijn door heel China welbekend door de opera's en volksverhalen en door de communicatie via geestelijke mediums. De verjaardag van een god is een belangrijke viering.

De relatie tussen een godheid en zijn vereerder is gebaseerd op wederkerigheid. Wanneer een god of godin wierook krijgt aangeboden of geld of voedsel, dan heeft de godheid de verplichting om te antwoorden. De Chinese goden zijn echter niet almachtig, zelfs de Jade Keizer niet, en er is een grens aan wat er gevraagd of gegeven kan worden. Verzoeken moeten via de juiste kanalen worden gedaan: een gewone persoon kan de Jade Keizer niet rechtstreeks ergens om vragen, net zo min als een gewone burger in het keizerlijke China de keizer om iets kon vragen.

Hoewel de Jade Keizer aan de top van de hemelse hiërarchie staat, is hij voor een triniteit van taoïstische oerwezens, die bekendstaan als de Drie Reinen, alleen de spreekbuis. Hoewel zij soms op het tempelaltaar staan afgebeeld, worden zij zelden vereerd. De Drie Reinen staan voor de ongedifferentieerde abstracte macht van de *Tao*. Het zijn verre kosmische krachten die men niet om gunsten vraagt, maar die door taoïstische priesters worden aangeroepen in kosmische vernieuwingsrituelen.

In het confucianistische denken is de 'Hemel' (Tian) zelf de uitdrukking van het Ultieme. Vóór Confucius, ten tijde van de Shang- en Zhoudynastieën, dacht men in antropomorfe termen over de hoge goden die Heer in de Hemel (Shang Di) en Tian (zie p. 204) werden genoemd, maar omdat zij als te ver weg werden beschouwd, werden ze in divinatierituelen zelden aangeroepen. Confucius' visie op de Hemel verschilde enigszins hiervan: hij sprak over de Hemel als de morele orde die aan de kosmos ten grondslag ligt. Hoewel hij er persoonlijk niet in slaagde om de deugd tot de basis van het regeren te maken, was hij ervan overtuigd dat hij handelde volgens de wil van de Hemel, die duidelijk bleek uit het Hemels Mandaat dat aan de aardse keizer verleend of ontnomen kon worden (zie p. 204). In het keizerlijke China was het alleen de keizer, als Zoon van de Hemel, toegestaan om de Hemel te vereren. Hieruit bleek zijn door het Mandaat gevestigde gezag – het Mandaat dat de keizer de cruciale rol van bemiddelaar tussen Hemel en Aarde verleende.

Het mystieke naturalisme van het filosofische taoïsme houdt zich niet bezig met deugd en moraal, maar met de beweging en schepping van alle dingen volgens de *Tao*, de 'Weg' van natuur en kosmos. Het is de bron en het patroon voor alle dingen die gevormd zijn van en weer oplossen in de essentiële oermaterie of *qi* (zie p. 200). Taoïsten hebben eerbied voor de oneindige nuances en reikwijdte van de *Tao*, die alles doordringt. De *Tao* is stil en onwaarneembaar, onpartijdig en alomvattend. Maar hij is niet goddelijk en kan daarom ook niet worden vereerd zoals de Hemel en de goden.

Het Mahayana-boeddhisme, dat ook in China wortelschoot, kent een aantal verlossende figuren die bekendstaan als hemelse *boeddha's* (in het Chinees: *Fo*) en *bodhisattva's* (in het Chinees: *pusa*) en die de mensen vanuit hun hemelse verblijfplaatsen kunnen zegenen (zie p. 176-7). Hoewel ze oorspronkelijk niet als goddelijk beschouwd werden, is een aantal van deze figuren opgenomen in het Chinese pantheon van het volksgeloof, zoals de historische Boeddha (Amituo/Emituo Fo), Maitreya (Mile Fo) en Avalokiteshvara (Guanyin, een mannelijke *pusa* die getransformeerd werd tot de populaire Chinese godin van de genade (zie marge).

GUANYIN DE GENADIGE

De boeddhistische *bodhisattva* Guanyin is de godin van de genade en een van de meest geliefde en meest benaderde figuren in de Chinese volksreligie. Ze heeft talrijke aspecten. Ze is vooral de speciale beschermster van vrouwen en kinderen en de godin tot wie vrouwen om kinderen bidden: ze wordt vaak afgebeeld met een baby. Ze wordt gewoonlijk als *bodhisattva* afgebeeld, met duizend ogen en armen (die haar onbegrensde vermogen om haar vereerders welwillend en vol mededogen te bezien, symboliseren) of als een in het wit geklede slanke figuur die een wilgentak en een vaas met nectar vasthoudt, de symbolen van hemelse goedertierenheid. (Zie ook p. 177, 248.)

Een groot houten beeld van Guanyin uit de Ming-dynastie (1368-1644) of eerder.

DE WOORDEN DER WIJZEN

DE *DAO DE JING*

De *Dao De Jing*, die wordt toegeschreven aan de grondlegger van het taoïsme Laozi, bepleit dat men zijn plaats in de natuur leert vinden en dat men *wu wei* in de praktijk leert brengen (zie p. 203) om zo tot een harmonieus bestaan te komen. In korte, mystieke bewoordingen bezingt het de kracht van het schijnbaar zwakke, zoals het water, dat druppel voor druppel het gesteente kan uitslijten. De *Dao De Jing* stelt paradoxaal genoeg dat woorden en namen niet betrouwbaar zijn en een beletsel vormen bij het verwerven van inzicht in de aard van de *Tao*. Volgens de taoïstische visie zijn woorden simpelweg een gemakkelijk hulpmiddel om iets aan te duiden dat constant voortstroomt en onnoembaar is.

Inktstempels met individuele spreuken uit Confucius' Analecta zijn sinds de oudheid populair en vormen een bescheiden artistiek genre. Hier staat: 'Wees hoffelijk, grootmoedig, oprecht, ijverig en mild.'

Heilige geschriften in de formele Chinese religieuze tradities bestaan voornamelijk uit geschriften die niet beschouwd worden als de woorden van het goddelijke. Het is eerder zo dat talrijke belangrijke oude teksten een canonische status hebben verworven binnen een of meer, of alle hoofdtradities. De confucianistische geschriften spelen hierbij een centrale rol. Hoewel tot voor kort maar een klein percentage van de Chinezen kon lezen en schrijven, zijn de ideeën en waarden die in de confucianistische canon worden belichaamd zo invloedrijk geweest dat zij onderdeel vormen van de culturele identiteit van het Chinese volk. Zij vormden gedurende twee millennia de basis van China's ambtelijke examens – en dus van het bestuur. De geleerden-beambten die het keizerrijk bestuurden pasten de lessen die zij uit de canon leerden toe op eigentijdse problemen.

De overkoepelende zorg van de confucianistische canon, die uit de 'Zes Klassieken' en 'Vier Boeken' bestaat, betreft de harmonie in de sociale orde. Confucius zag zichzelf niet als een schepper maar als een bemiddelaar van de wijsheid van de wijze koningen uit de oudheid. Volgens hem was deze wijsheid vooral toegankelijk door middel van de studie van zes klassieke teksten: het *Boek der Veranderingen* (*Yi Jing*; zie marge p. 213), het *Boek der Geschiedenis*, het *Boek der Oden*, de *Annalen van Lentes en Herfsten*, het *Boek der Riten* en het verloren gegane *Boek der Muziek*. Traditioneel wordt aan Confucius toegeschreven dat hij de auteur is van de *Annalen* en van een commentaar op de *Yi Jing* en dat hij de overige teksten heeft bewerkt. Volgens de moderne wetenschap werden deze teksten opgesteld ten tijde van de Zhou-dynastie (1050 v. Chr.-256 n. Chr.) en het *Boek der Geschiedenis* wellicht nog eerder. Confucius ontleende aan het *Boek der Geschiedenis* en de *Annalen* allerlei morele lessen en voorbeelden van goed bestuur. Hij stelde ook dat men om een ontwikkelde 'superieure persoon' te worden, doorkneed moest zijn in de muziek, poëzie, kosmologie, divinatie en etiquette zoals die in de andere boeken werden gepresenteerd.

Confucius' eigen voorschriften voor een ideale samenleving zijn bewaard gebleven in de *Analecta*, een verslag van zijn uitspraken zoals die door zijn leerlingen werden opgetekend. In de *Analecta* laat hij zien hoe de riten *(li)* van vroege Chinese keizers – van staatsceremonies tot etiquette – een sjabloon voor de probleemloze en juiste menselijke omgang bieden. De overige drie boeken, *Mencius*, *Grote Geleerdheid* en de *Leer van het Midden* beschrijven eveneens manieren om tot een deugdzaam bestuur en een harmonieuze samenleving te komen. Al deze confucianistische teksten werden geschreven in de beknopte, verfijnde taal van het klassieke Chinees, wat geleid heeft tot een traditie van commentaren om hun betekenis toe te lichten.

De grondteksten van het taoïsme, de *Dao De Jing* (zie marge) en de *Zhuangzi*, hebben net zoveel invloed op de vorming van het Chinese ethos gehad als de confucianistische canon. Ook zij onderwijzen de weg naar harmonie, maar zij zoeken de patronen en orde in de kracht van de *Tao* en niet in een antiek gouden tijdperk. Net als de *Dao De Jing* bepleit de *Zhuangzi*, die genoemd is naar zijn auteur (zie p. 206), harmonie met de natuur. Het schept genoegen in de steeds wisselende vormen van de natuur en weerlegt de waar-

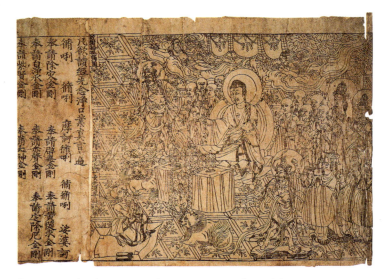

De Boeddha preekt tot zijn bejaarde leerling Subhuti; een houtsnede bij een boekrol van de Diamant Sutra *(zie p. 180), een van de vele boeddhistische geschriften die bij Dunhuang gevonden werden (zie p. 207). Hij dateert uit de Tang-dynastie (618-907).*

depatronen die de mensen scheppen en aan de eindeloze variëteit ervan opleggen. Dood en leven zijn onderdeel van het natuurlijke proces en moeten met dezelfde vreugde en enthousiasme geaccepteerd worden. De *Zhuangzi* vertelt verhalen over merkwaardige mensen en dingen en leeft zich uit in levendige fantasieën.

Het religieuze taoïsme kent een uitgebreide collectie geschriften van meer dan duizend werken, en er komen er nog steeds bij. Deze canon omvat verhandelingen over talrijke onderwerpen, waaronder ritueel, alchimie, exorcisme, de levens van vroegere taoïstische waardigen, en openbaringen. Deze worden door taoïstische priesters en ingewijden geraadpleegd in het kader van hun eigen zoektocht naar verlichting en een lang leven of wanneer zij anderen raad geven.

De Chinese boeddhistische geschriften weerspiegelen de pogingen om de vreemde traditie van het boeddhisme aan een hele andere context aan te passen. De eerste boeddhisten in China werden geconfronteerd met een enorme hoeveelheid van reeds bestaande geschriften. De *Lotus Sutra*, een tekst die in alle Oost-Aziatische takken van het boeddhisme van grote betekenis is (zie ook p. 181-251), verantwoordt de diverse en vaak tegengestelde leerstellingen van het boeddhisme en stelt dat alle boeddhistische scholen uiteindelijk de waarheid die naar de verlichting leidt verkondigen. Een andere sleuteltekst, de *Platform Sutra*, is van louter Chinese origine en beschrijft de verlichting van Huineng, de zesde patriarch van de Meditatie-school ofwel het chan-boeddhisme.

De volksreligie kent strikt genomen geen heilige teksten, al hebben verschillende sektarische bewegingen hun eigen teksten gehad. De oude *Liederen van het Zuiden* (vierde eeuw v. Chr.) beschrijven de reis van de sjamaan en andere praktijken en geloofsvoorstellingen die in de volkstraditie hebben voortbestaan (zie p. 207). Met de komst van de boekdrukkunst in de achtste eeuw werden goedkope moralistische teksten die aan de verschillende religieuze tradities werden ontleend zeer populair.

DE *YI JING*

Het overweldigende belang van de klassieke divinatietheorieën en -praktijken staat vervat in de confucianistische klassieke tekst van de *Yi Jing (I Ching)*, het *Boek der Veranderingen,* dat zich vanaf het begin van de Zhou-dynastie gedurende vele honderden jaren ontwikkelde. Hoewel het onderdeel vormt van de confucianistische canon, heeft het over de hele breedte van de Chinese religies de gelovigen aangesproken en is het algemeen van grote invloed geweest. Deze populariteit is deels terug te voeren op de kosmologische speculaties erin – die de elites aanspraken – en op het gebruik ervan, tot op de dag van vandaag, als handboek bij divinatie.

Het *Yi Jing*-systeem van divinatie is gebaseerd op combinaties van acht trigrammen, onderdelen die bestaan uit gebroken en ongebroken lijnen die de tegengestelde maar complementaire krachten van *yin* (gebroken) en *yang* (ongebroken) voorstellen (zie p. 200-203). De trigrammen worden gecombineerd in paren, in alle mogelijke combinaties, om in totaal 64 hexagrammen te vormen. Deze hexagrammen stellen alle mogelijke situaties en ontwikkelingen in het constant veranderende universum voor. Naast beoordelingen van de individuele hexagrammen en de lijnen waaruit zij bestaan, biedt de *Yi Jing* ook commentaren en verklaringen die behulpzaam kunnen zijn bij het interpreteren van de resultaten.

HEILIGEN EN HELDEN

Vele echte, legendarische, semilegendarische en mythische figuren hebben als stichters of als voorbeelden van de idealen die in de Chinese religieuze tradities tot uitdrukking komen een heroïsche of heiligenstatus bereikt. Confucianistische helden worden in verband gebracht met de vestiging van de grondslagen van de beschaving of met de perfectie van sociale normen. Hieronder vallen de quasi-mythische culturele helden en wijze koningen uit de oudheid, die de oudste figuren in de traditionele Chinese geschiedenis zijn. Er bestaan ook verhalen over buitengewone individuen die een grote mate van zelfopoffering toonden in hun toewijding aan de confucianistisch-geïnspireerde deugdzaamheid. Taoïstische helden waren daarentegen mensen die een volmaakte kennis van de werking van de *Tao* bezaten. Zowel confucianistische als taoïstische helden worden geëerd vanwege hun bijdrage aan het doel van universele harmonie.

Helden werden vaak heiligverklaard om als goden te worden opgenomen in de hemelse hiërarchie (zie p. 208-11). Het misschien wel beroemdste voorbeeld is de algemeen populaire Guan Di, een militaire held uit het Han-tijdperk (206-220 n. Chr.). Door de eeuwen heen maakte hij per keizerlijk decreet steeds opnieuw promotie in de hemelse hiërarchie en vandaag de dag is hij nog steeds de beschermgod van vele ambachten en beroepen.

De meest opmerkelijke culturele helden – semimythische figuren die de mensheid de grondslagen van de beschaving zouden hebben gebracht – zijn Fu Xi, Shen Nong en Huang Di. Fu Xi, de Os-temmer, zou netten hebben uitgevonden waarmee hij dieren en vissen kon vangen en ook zou hij dieren hebben gedomesticeerd. Hij vestigde de kunst van de divinatie door het ontwerpen van de Acht Trigrammen (zie marge p. 213). Ook vond hij het huwelijk en dus de familie uit. Shen Nong, de Goddelijke Boer, vond de ploeg en de schoffel uit en leerde de mensen de technieken van het boerenbestaan. Hij ontdekte de grondslagen van de geneeskunde en farmacologie door het therapeutische en toxische eigenschappen van alle planten te bepalen. Huang Di, de Gele Keizer, vond het oorlogvoeren uit en versloeg de 'barbaren' om wat later het hart van het Chinese keizerrijk werd veilig te stellen.

De Chinese traditie beschouwt de periode die volgt op die van de culturele helden als de gouden eeuw van de oudheid, de tijd van de 'wijze koningen' en het volmaakte bestuur. De koningen Yao, Shun en Yu werden door Confucius als voorbeeldige heersers opgevoerd. Yao besloot dat geen van zijn tien zonen geschikt was om te regeren en zocht daarom naar de meest deugdzame man in zijn rijk, zodat deze hem zou kunnen opvolgen. Zijn criterium voor deugdzaamheid was het respect voor de ouders, wat hij aantrof bij Shun, die zijn vader en stiefbroer zonder klagen respect bleef betonen, hoewel zij hadden geprobeerd hem te vermoorden. Shun werd koning en sloeg later eveneens zijn zoons over toen hij Yu aanwees als zijn opvolger (zie kader p. 215).

In iedere dynastie waren er helden en heldinnen die idealen belichaamden als dat van de deugdzame en onzelfzuchtige overheidsdienaar, het

Een zijden grafbanier uit de 6de of 7de eeuw n. Chr. met een afbeelding van Fu Xi die verstrengeld is met Nü Gua, een godin die in de Chinese mythologie optreedt als degene die de mensheid uit modder creëerde.

gehoorzame kind en de kuise en toegewijde echtgenote. Hun verhalen werden de eeuwen door steeds opnieuw verteld in teksten die als inleidingen werden gebruikt – zoals het *Boek van Ouderlijk Respect* en de *Levensverhalen van Dappere Vrouwen* – en in verslagen in plaatselijke kranten en dynastieke geschiedenissen. Een van zulke verhalen gaat over Laizi, die deed alsof hij een kind was ook al was hij ouder dan zeventig, zodat zijn bejaarde ouders zich niet oud zouden voelen. Andere gaan over meisjes die na de dood van hun verloofden uit loyaliteit zelfmoord pleegden, en over de tweede echtgenote die een brandend huis in rende om de kinderen van de eerste echtgenote te redden en haar eigen kinderen liet omkomen.

In contrast met de moralistische, deugdzame en altruïstische matrix van de confucianistische held die de moraal en het legitieme gezag handhaaft, zijn taoïstische helden voorbeelden van mensen die een intensieve zelfontwikkeling praktiseren om zich de leerstellingen van het taoïsme eigen te maken en zo magische krachten te verwerven en bovenal onsterfelijkheid. Deze figuren worden bewonderd, maar hebben ook de uitstraling van een tegencultuur. Zo is de taoïstische monnik, die vrij is van alle sociale banden en verwachtingen en die uitgelaten en oneerbiedig lacht, bijvoorbeeld een terugkerend literair beeld.

DE HERTOG VAN ZHOU

Veel geprezen door Confucius heeft de hertog van Zhou (gestorven 1094 v. Chr.) lang model gestaan voor de voorbeeldige ambtenaar die zijn plicht deed om de orde en de dynastie te handhaven zonder zelf de troon te begeren. De hertog was de broer van koning Wu, de stichter van de Zhou-dynastie. Nadat Wu gestorven was, trad de hertog zeven jaar lang als regent op voor diens jonge zoon zonder ooit zelf een greep naar de macht te doen en ondanks beschuldigingen – die later ontkracht werden – dat dat wel zo was. Dit heldhaftige rolmodel bleek na vele eeuwen nog zeer vitaal: 'hertog van Zhou' was een populaire bijnaam van de gerespecteerde communistische premier Zhou Enlai (1898-1976).

YU, BEHEERSER VAN OVERSTROMINGEN

Vanuit het Chinese perspectief wordt de ideale staat gekarakteriseerd door een goed bestuur en rechtvaardige heersers die streven naar een toestand van orde en harmonie tussen natuur en mensheid. Dit komt tot uitdrukking in het verhaal van Yu, een van de 'wijze koningen' van de oudheid en de stichter van de legendarische Xia-dynastie (traditionele data: 2205-1766 v. Chr.), wiens achtenswaardigheid tot uiting kwam in zijn niet aflatende inzet om het volk te beschermen tegen overstromingen – door de hele geschiedenis heen de meest voorkomende natuurramp in China.

In de tijd van Yu werden de mensen geteisterd door een grote overstroming die alles op haar pad vernietigde. Yu kanaliseerde de rivier die de vloed veroorzaakt had en schiep zo negen provincies en maakte het land bewoonbaar. Zo groot was Yu's toewijding, dat hij tien jaar lang zijn eigen huis niet bezocht, zelfs niet wanneer hij het zo dicht passeerde dat hij het geschreeuw van zijn jonge kinderen kon horen.

Yu werkte tot zijn handen geen nagels meer hadden en zijn schenen geen haar meer; hij ging zelfs door toen hij zoveel ondermijnende ziektes had opgelopen dat zijn lichaam sterk gekrompen was, zijn organen niet meer goed functioneerden en zijn benen in zo'n slechte staat waren dat hij amper meer kon lopen.

Yu wordt geroemd om zijn grote zorg voor en toewijding aan het welzijn van het 'zwartharige volk'. Het motief van de grote vloed is een bekend thema in de wereldmythologie; het is veelzeggend dat de mensheid in de Chinese versie door het enkele handelen van een toegewijde menselijke held wordt gered en niet door een machtige god.

Yu de Grote, derde van de voorbeeldige heersers uit de Chinese legende die bekendstaan als de 'wijze koningen' en stichter van de eerste traditionele dynastie. Zijn vermeende graftombe bevindt zich bij Shaoxing in de provincie Zhejiang.

HET STREVEN NAAR HARMONIE

De Chinese ethiek legt een opmerkelijk vermogen aan de dag om de uiteenlopende draden van verschillende religieuze leren in één omvattend systeem te verweven. Elementen die ontleend worden aan de onderscheiden tradities van het confucianisme, taoïsme, boeddhisme en het volksgeloof worden zonder enige blijk van tegenstrijdigheid opgenomen. Het onderliggende ethische streven van al deze tradities kan worden samengevat als het streven naar overeenstemming: harmonieus te leven binnen de familie, de samenleving en de natuur.

Ethiek is belangrijk in het taoïsme, maar staat niet noodzakelijkerwijs centraal. Het filosofische taoïsme benadrukt het streven naar spontaan en natuurlijk handelen, terwijl de focus van het religieuze taoïsme gericht is op het streven naar een lang leven en onsterfelijkheid. Het boeddhisme kent zijn eigen ethische systeem, dat verbonden is met het streven naar verlichting en bevrijding. Het heeft zichzelf aan het oudere confucianistische en taoïstische ethos aangepast. Op hun beurt hebben de inheemse tradities zulke boeddhistische ideeën als de beoefening van meditatie overgenomen.

Het confucianisme legt sterk de nadruk op ethische leerstellingen. De con-

Een 12de-eeuws wandtapijt met kinderen die de ouderen hun respect betonen, geheel volgens het confucianistische ideaal van ouderlijk respect, waarbij van de kinderen respect en gehoorzaamheid worden geëist en van de ouders zorg en aandacht.

fucianistische normen zijn gericht op het scheppen van een harmonieuze samenleving en een deugdzame en welwillende staat. Deze kunnen tot stand worden gebracht, zo geloven confucianisten, als iedereen bedachtzaam en oprecht is en *ren* beoefent, 'menselijkheid', een diepgeworteld altruïsme. Confucius beschrijft *ren* als het met respect behandelen van alle mensen en het leven volgens de gouden regel (zie rechtermarge).

Het confucianisme vereist dat alle mensen menselijk behandeld worden, maar wel in het kader van een duidelijk geartikuleerde hiërarchie. Ouderlijk respect – de plicht, liefde en het respect die men ouders verschuldigd is – is een centrale confucianistische deugd, net zoals het zich gedragen in overeenstemming met de eigen rang dat is. De belangrijkste relaties zijn die tussen vader en zoon, keizer en minister, echtgenoot en echtgenote, oudere broer en jongere broer, vriend en vriend. Alleen de laatste wordt beschouwd als een relatie tussen mensen van gelijke rang. Een geordende, harmonieuze samenleving is ervan afhankelijk dat iedereen zijn eigen rol op de juiste wijze en met goede bedoelingen vervult.

De confucianistische ethiek schenkt weinig aandacht aan beloningen of straffen na deze wereld. De confucianistische deugd van ouderlijk respect is echter een wezenlijke rol gaan spelen in het verlossingsbegrip van de volkstraditie, met name in de voorouderverering. Om een tevreden en welwillende voorouder te worden in plaats van een potentieel kwaadaardige geest, moet iemand idealiter levende mannelijke nakomelingen hebben die na zijn of haar dood de noodzakelijke offers brengen.

Net als het confucianisme houdt het filosofische taoïsme zich niet met ver-

Deze inktstempel of 'tjap' bevat Confucius' versie van de gouden regel: 'Wat gij niet wilt dat u geschiedt, doe dat ook een ander niet' (Analecta 12.2).

DE *REIS NAAR HET WESTEN*

De Chinese klassieke vertelling de *Reis naar het Westen*, in 1592 geschreven door Wu Chengen en gebaseerd op een waar verhaal, is uitgelaten, dubbelzinnig, oneerbiedig en zeer onderhoudend. Maar het verhaal kan ook gelezen worden als een allegorie van neo-confucianistische geestelijke vorming, taoïstische fysiologische alchimie en het taoïstische streven naar onsterfelijkheid (zie p. 221), en van boeddhistische verlichting en verlossing.

In het verhaal vertrekt de monnik Xuanzang (die leefde van ca. 596-664) op een gevaarlijke reis naar India; hij is op zoek naar boeddhistische geschriften en is in het gezelschap van reisgenoten die hemelse wezens zijn en hun vermogens verworven hebben door middel van taoïstische praktijken. Op bevel van de Boeddha en onder de leiding en bescherming van Guanyin (zie p. 211), wordt hun voortgang in kaart gebracht door de taoïst Laozi en de Jade Keizer, een confucianistische figuur (zie p. 209-211). Nadat zij vele bedreigingen van hun leven, lichaam en deugdzaamheid – door bloeddorstige en wellustige monsters – hebben doorstaan, bereiken de vijf pelgrims India veilig en wel en keren ze terug met vele boeddhistische geschriften. Tijdens de reis heeft Xuanzang de boeddhistische verlichting bereikt, heeft hij fundamentele inzichten in de Tao verworven en lichamelijke onsterfelijkheid bereikt, en heeft hij het mentale gebied van de neo-confucianistische geestelijke vorming doorkruist.

De ultieme beloning van de pelgrims is dus dat zij de verlichting en verlossing van ieder van de drie leren bereiken. Dit is een prachtige vertolking van de gemakkelijke wijze waarop deze traditites in Chinese ogen in elkaar overvloeien – tot het punt waarop de doelstellingen van alle drie de traditites door één individu kunnen worden omvat.

Een centrale rol in de Reis naar het Westen wordt gespeeld door Aap, een bedrieger met magische krachten en een grote intelligentie. Hij vertegenwoordigt de gewone taoïstische en boeddhistische metafoor van 'de Aap van het Verstand', waarmee de rusteloze geest bedoeld wordt, die zo moeilijk te beheersen valt.

lossing bezig, maar meer met het aanvaarden van het constant in beweging zijn van het universum. Voor filosofische taoïsten bestaat er geen zijnstoestand waaruit men verlost moet worden, omdat alle stadia van het bestaan onderdeel zijn van de natuurlijke orde van de *Tao*. De richtlijn van 'daadloosheid' *(wu wei)* of 'niet ingrijpen' in de natuur vereist dat men zich onderwerpt aan natuurlijke processen en veranderingen. Het geboren worden, volwassen worden en sterven zijn daarom even geldige en noodzakelijke onderdelen van het natuurlijke proces. Bekritiseerd omdat hij niet om zijn vrouw rouwde, antwoordde de taoïstische filosoof Zhuangzi: 'oorspronkelijk had ze geen leven, en niet alleen geen leven, ze had geen vorm ... vorm werd getransformeerd tot leven, en nu is het leven getransformeerd tot de dood. Dit lijkt op de wisseling van de vier seizoenen ... Als ik zou gaan lopen huilen en klagen zou ik mijn onwetendheid van onze bestemming tonen' (Zhuangzi, 'The Equality of Death', Chan, *Source Book*, p. 209).

In het religieuze taoïsme daarentegen, is er een sterke nadruk op de zoektocht naar onsterfelijkheid. Door de werking van de *Tao* te begrijpen kan men de geheimen van leven en dood ontsluiten en tot eigen voordeel gebruiken. Dit wordt door middel van verschillende praktijken geprobeerd: diëten, seks, gymnastiek en meditatie. In al deze praktijken trachten de taoïsten het stromen van de essentiële lichaamssappen om te keren om zo jonger te worden en binnenin een 'embryo van onsterfelijkheid' te voeden dat na de dood zal overleven. Ingewijden moeten hun geest en hart reinigen, evenals hun lichaam, en moeten iedere magische kracht die zij verwerven alleen aanwenden ten behoeve van anderen.

De boeddhistische ethiek, met name het oude Indiase concept *karma* (zie p. 156-7), is diep verankerd geraakt in het Chinese religieuze gevoel. Kennis van de wetten van *karma* spoort aan tot daden van verdienste en mededogen, waaronder het verspreiden van heilige geschriften, het vrijlaten van gevangen dieren en het schenken van voedsel aan bedelaars, onder wie monniken en

DE KUNST VAN VERLICHTING

Kunst is een van de middelen waarmee chan-boeddhisten waarheden die zij door meditatie geleerd hebben zonder woorden kunnen uitdrukken. Verlichting komt in een flits, waarbij ieder onderscheid tussen het zelf en de rest van de kosmos oplost. Deze ervaring wordt gevangen in het snelle, intense penseelwerk van chan-artiesten, die proberen het inzicht in zijn volle intensiteit te schetsen. Waar woorden het zouden kunnen laten afweten, beweegt het kunstwerk de beschouwer tot een vergelijkbare realisatie van de uiteindelijke waarheid.

Muqi (actief in de eerste helft van de twaalfde eeuw), een van de beroemdste chan-boeddhistische schilders, is een meester in deze spontane stijl. Hij schilderde een breed scala aan onderwerpen, maar zijn werk zet de beschouwer er altijd toe aan om zich met de innerlijke aard van zijn onderwerp te vereenzelvigen en de grens tussen 'zelf' en 'ander' te laten oplossen.

Zes dadelpruimen, door Muqi. In dit meesterstuk van de chan-kunst heeft Muqi zijn vluchtige, krachtige inzicht getransformeerd tot zwarte inkt op papier, waarbij, om de sinoloog Arthur Waley te citeren, 'de passie gestold is in overweldigende kalmte'.

nonnen.

In het Chinese boeddhisme kunnen verlossing en verlichting gezien worden als twee vormen van hetzelfde doel. De gemiddelde persoon, voor wie de discipline van het klooster en de meditatie te zwaar zijn of die zich deze niet kunnen permitteren, kan de verlossing bereiken door middel van het Pure Land-boeddhisme. De gelovige roept dan de naam van Amitabha Boeddha aan (in het Chinees: Amituo Fo), de *bodhisattva* die beloofd heeft om iedereen die de verlichting zoekt te helpen. Als men met een oprecht hart de zinsnede 'Heil aan U, Amitabha Boeddha' gereciteerd heeft, zal men verlost worden van reïncarnatie in de hel en in plaats daarvan herboren worden in het Pure Land of 'Westelijke Paradijs' waar Amitabha verblijft (zie p. 193).

De chan-school (Sanskriet: *dhyana*, 'meditatie') van het Chinese boeddhisme benadrukt de verlichting meer dan de verlossing. Verlichting is het intuïtieve inzicht dat de essentiële leegte van alle dingen onthult. Chan stelt dat alle mensen verlicht kunnen worden, omdat alle levende wezens met een '*boeddha*-natuur' begiftigd zijn. Dit kan in dit leven door meditatie worden bereikt. Om het grote moment van inzicht te bereiken en de geest te dwingen om af te wijken van het normale pad van het discursieve denken, kan de chanmeester gebruikmaken van *gong an* (waarvan het Japanse *koan* is afgeleid): een vraag-en-antwoord-zitting tussen meester en leerling waarbij ook geschreeuwd, geslagen en klaarblijkelijke onzin gesproken mag worden. In dit proces wordt de leerling gaandeweg gedwongen om de alledaagse perceptie van de wereld los te laten om de ultieme werkelijkheid te vatten.

Meditatie vormt ook binnen het taoïsme en confucianisme een belangrijk hulpmiddel om de verlichting te bereiken. In het taoïsme bereiken diegenen onsterfelijkheid die zowel hun lichaam geconserveerd hebben als het ware inzicht in *Tao* verworven hebben. In het middeleeuwse China ontwikkelde zich met hetzelfde doel – het bereiken van het ware inzicht – een traditie van 'rustig zitten': het meditatief beschouwen van confucianistische leerstellingen.

ETHIEK EN GOED BESTUUR

Zowel het confucianisme als het taoïsme houden zich bezig met het 'juiste bestuur'. Ze hebben echter heel verschillende ideeën over wat een goede heerser is. In Confucius' *Analecta* wordt de heerser als een actief voorbeeld van deugdzaamheid voorgesteld: 'Als je het goede verlangt, zal het volk goed zijn. De ... heerser is net als de wind en ... het volk [is] als gras. In welke richting de wind ook waait, het gras buigt altijd' (*Analecta* 12.19; Chan, *Source Book,* p. 40). De *Dao De Jing* brengt de meer passieve benadering van het taoïsme tot uitdrukking: 'Ik grijp niet in en het volk verandert zichzelf. Ik verkies de vrede en het volk corrigeert zichzelf. Ik doe niets en het volk heeft uit zichzelf overvloed. Ik heb geen verlangens en volk wordt eenvoudig uit zichzelf' (*Dao De Jing,* hoofdstuk 57).

Ooit werden de Chinese bureaucraten geselecteerd op basis van hun kennis van de confucianistische klassieken (zie afbeelding p. 199). Zij werden aangespoord om loyaal en deugdzaam te zijn, zelfs zó deugdzaam dat zij de keizer zelf zouden kastijden als zijn regering van de deugdzame weg zou afwijken en dat zij zich eerder uit hun functie zouden terugtrekken dan dat zij een despoot zouden dienen. Zoals Confucius het zei: 'Wanneer de [goede] weg in het rijk de overhand heeft, laat je dan zien; wanneer dat niet het geval is, verberg je dan' (*Analecta* 8:13; Chan, *Source Book,* p. 34). Nadat de binnengevallen Mongolen in 1279 de Yuandynastie hadden gesticht, gaven vele hovelingen er zo de voorkeur aan om 'deugdzaam ontslag' te nemen in plaats van de 'barbaarse' buitenlandse heerser te dienen.

Boeddhistische monniken in een klooster in Shanghai. Vanuit een traditioneel Chinees perspectief waren boeddhistische monniken en nonnen parasieten omdat zij bedelden en waren zij hun familie ontrouw omdat zij celibatair waren. Verhalen zoals die over Mulian, een leerling van de Boeddha die zijn moeder uit de hel redde, hielpen om duidelijk te maken dat een boeddhist nog steeds een trouw kind van zijn ouders kon zijn.

DE *WESTELIJKE INSCRIPTIE*

De neo-confucianistische geleerde Zhang Zai (1027-77) was de auteur van een korte tekst, simpelweg de *Westelijke inscriptie* genoemd, waarin hij een ongelooflijk invloedrijke theorie over de aard van het universum ontvouwt. Zhang verklaart hierin de fundamenteel verstrengelde aard van de kosmos en benoemt de heiligheid en volmaaktheid van de geschapen orde:

> De Hemel is mijn vader en de Aarde mijn moeder, en zelfs zo'n klein wezen als ik heeft in hun midden zijn eigen plaats. Daarom beschouw ik datgene wat het universum vult als mijn lichaam en datgene wat het universum richting geeft als mijn aard. Alle mensen zijn broeders en zusters en alle dingen zijn mijn metgezellen. De grote heerser [de keizer] is de oudste zoon van mijn ouders [Hemel en Aarde] en de grote ministers zijn zijn rentmeesters ... Tijdens mijn leven volg en dien ik [Hemel en Aarde]. In de dood zal ik vrede kennen.

(Chan, *Source Book*, p. 497-8.)

EEN GEWIJDE KOSMOS

In de Chinese religie kan men het heilige zowel in tempels en schrijnen tegenkomen als thuis en in de natuur. De tempel is de plaats voor de gemeenschappelijke verering van en offerrituelen aan goden en godinnen. Tempels van de volksreligie worden 'taoïstisch' genoemd, maar zijn dat in het algemeen niet uitsluitend. Zo bevatten vele tempels naast beelden van de godheden uit de volksreligie ook beelden van de Boeddha, de *bodhisattva* Guanyin (zie p. 211) en van Confucius. De verering in deze tempels is gewoonlijk informeel; de gelovige biedt voedsel, wierook en offergeld aan (zie p. 232). Op andere momenten verzamelt de gemeenschap zich in de tempel voor belangrijke feesten en offerrituelen, zoals het Chinese Nieuwjaar, de lente- en herfstrituelen voor de God van de Aarde, het Hongerige Geesten-feest (zie p. 232) en de *jiao* of het 'Grote Offer', een uitgebreid ritueel voor de vernieuwing van de gemeenschap (zie p. 226). Sommige tempels zijn ook populaire bedevaartplaatsen, met name op de verjaardag van een godheid.

Tempels worden met privé-donaties gebouwd en worden bestuurd door een tempelgilde dat uit plaatselijke leken bestaat. Voor het uitvoeren van bepaalde rituelen worden religieuze specialisten, zoals taoïstische en boeddhistische priesters, ingehuurd. De tempelgemeenschap kent ook vaak eigen mediums, die uit naam van een bepaalde godheid spreken, en exorcisten. Tempels fungeren ook als gemeenschapscentra. Ze kunnen de plaats zijn waar dorpsaangelegenheden worden besproken of waar men van muziek en dans geniet; ook zijn ze vaak de ontmoetingsplaats voor lokale sociale en culturele verenigingen.

In het taoïstische en volksgeloof zijn de goden gerangschikt in een hiërarchie die parallel loopt aan het overheidsapparaat van het Chinese keizerrijk (zie p. 208-11). Ook de tempels waar deze hemelse ambtenaren

Een gedeelte van een tempeldak in de Verboden Stad, het oude keizerlijke paleiscomplex in Beijing. Het dak van een Chinese tempel wordt vergeleken met een heilige berg en kan worden 'bevolkt' met wezens en karakters uit de Chinese mythen, zoals beroemde onsterfelijken.

verblijven zijn gemodelleerd naar de gebouwen van de keizerlijke bureaucratie, met kenmerken als gewelfde dakranden, rood geschilderde pilaren en deuren, en stenen leeuwen die de ingangen bewaken. De tempel weerspiegelt ook de kosmos: de basis is vierkant, net als de Aarde, en het plafond kan koepelvormig zijn, zoals de Hemel (zie p. 222).

Ook boeddhistische en confucianistische tempels vormen onderdeel van het religieuze landschap. De eerste zijn gewoonlijk kloosters, waar monniken en nonnen verblijven. In de confucianistische tempels vereerden de leden van de (aardse) staatsbureaucratie traditioneel Confucius – als mens, niet als god – in tweejaarlijkse offerrituelen op de lente- en herfstnachteveningen. Deze tempels zijn eveneens op een vierkante basis gebouwd en van binnen zijn ze volledig symmetrisch; iedere muur is het spiegelbeeld van de tegenoverliggende muur, wat de orde en rationaliteit van het confucianistische denken uitdrukt.

Men gelooft dat ook natuurlijke kenmerken van het landschap, zoals rivieren, grotten en bergen, spirituele macht bezitten. Taishan (de berg Tai), de belangrijkste van de vijf heilige bergen (zie afbeelding p. 198), zou, naar

HET LICHAAM: EEN HEILIGE MICROKOSMOS

Bepaalde taoïstische meditatieve praktijken vereisen dat de beoefenaar 'naar binnen' kijkt en het 'land van het lichaam' observeert. Het 'land' is een bekend terrein, want het is een microkosmos, een getrouwe kopie van het universum. Zo vormt het hoofd de Hemel en zijn de 'vierkante' voeten de Aarde, als weerspiegeling van het oude Chinese kosmologische uitgangspunt dat de Hemel rond is en de Aarde vierkant. Deze lichamelijke kosmos bevat ook de zon en de maan, de sterrenbeelden, bergketens, bruggen, meren en pagodes. Het innerlijke land wordt bewoond door een grote bevolking, die op dezelfde wijze wordt bestuurd als de keizerlijke Chinese staat.

Het samenspel tussen microkosmos en macrokosmos is een constant thema in het taoïsme. Wanneer een taoïstische priester de handelingen en de liturgie van de *jiao*-ceremonie uitvoert (zie p. 226), hanteert hij onderhand een meditatietechniek voor de lichamelijke microkosmos die bekend staat als 'fysiologische alchimie'. Men gelooft dat de vitale essenties en sappen van het lichaam hierbij gereinigd en veranderd worden. De techniek wordt bij de zoektocht naar het lange leven en de onsterfelijkheid aangewend in combinatie met diëten, seksuele, gymnastische en andere praktijken.

Tijdens de Tang- en Song-dynastieën werd de fysiologische alchimie de belangrijkste activiteit van degenen die op zoek waren naar een lang leven – een activiteit die nog steeds bedreven wordt. Daarvóór bedreef men een meer conventionele alchimie, waarbij ook substanties van buiten het lichaam werden gebruikt en er uit metalen en andere ingrediënten elixers werden gebrouwen die men opdronk in de hoop zo een lang leven te bevorderen. Ook fysiologische alchimisten probeerden elixers te brouwen, maar dan binnenlichamelijk door het bewerkstelligen van transformaties van de lichaamssubstanties.

Het gebruik van de parallel tussen de macrokosmos van het universum en de microkosmos van het menselijk lichaam weerspiegelt de fundamentele principes van de Chinese kosmos en het taoïsme: alle dingen komen voort uit dezelfde bron, en wanneer men het onderliggende patroon van het universum – de *Tao* – heeft ingezien, kan men dit ten behoeve van zichzelf toepassen.

Een laat-19de-eeuwse tekening op zijde, een van de vele afbeeldingen van taoïstische esoterische seksuele praktijken die erop gericht zijn de 'binnenste kosmos' te conserveren. Het taoïsme stelt dat de microkosmos van het menselijk lichaam eeuwig gemaakt kan worden – net zoals het universum heilig en eeuwig is – door de alchemistische transformatie van iemands heilige binnenste te bewerkstelligen.

DE TEMPEL DES HEMELS

Ten zuiden van het keizerlijk paleis in Beijing ligt een groot complex dat een van de heiligste plaatsen van het keizerlijke China was: de Tempel des Hemels. Hier verrichtte de keizer ceremonies zoals de jaarlijkse offerrituelen ter gelegenheid van de winterzonnewende, wanneer de *yin*-energie maximaal was en *yang*, die groei, warmte en licht bracht, weer begon op te komen. Als de Zoon des Hemels, de enige bemiddelaar tussen de Hemel (Tian) en het keizerrijk (Tian Xia, 'Alles onder de Hemel'), kon alleen hij dit offer uitvoeren. De reguliere, voorspelbare bewegingen van de hemellichamen toonden het vermogen van de Hemel om de kosmos te regeren. Door middel van zijn offergaven verzocht de keizer van China de Hemel om de orde van het rijk veilig te stellen.

De Tempel des Hemels was heilige grond – gewone burgers mochten er zelfs de stille processie van de keizer en zijn gevolg van het paleis naar de tempel niet gadeslaan. In het offerritueel op de midwinterdag bood de keizer wierook, jade, zijde en wijn aan. Hij offerde een rode jonge stier, die *yang* symboliseerde, en wierp zich negen keer (negen is het meest van *yang* vervulde getal) voor het Hemelaltaar op de grond.

De keizer ontving het Hemels Mandaat om te regeren (zie p. 204) op basis van zijn juiste uitvoering van de rituelen en zijn voortdurende deugdzame regering ten behoeve van het volk. Zijn plichtsvervulling verzekerde de succesvolle oogst van gewassen en het voortbestaan van de orde in het keizerrijk. Maar wanneer de Hemel niet tevreden was over de keizer, werden de harmonie en de normale ritmes van de natuurlijke en menselijke orde verstoord. Voortekenen van chaos, zoals overstromingen, aardbevingen, hongersnoden, droogtes en opstanden, duidden op het ongenoegen van de Hemel. Als zij bleven voortduren, konden zij uiteindelijk tot de legitieme vervanging van de dynastie leiden.

Het plafond van de Tempel des Hemels in Beijing. Net alle gebouwen in het tempelcomplex heeft het een vierkante basis en een gewelfd plafond, wat de Aarde en de Hemel symboliseert. De patronen van de individuele elementen van ieder onderdeel zijn gebaseerd op een ingewikkelde numerologie.

Familieleden bij een huisaltaar in Dali in de provincie Yunnan, Zuid-China. Voor de meeste Chinezen is de eigen woning de meest gebruikte religieuze plaats, met name het 'huisaltaar', dat soms vrijstaat en soms niet meer is dan een simpele nis in de muur (zie ook p. 230).

men geloofde, vruchtbaarheid schenken, natuurrampen voorkomen en een symbool zijn van stabiliteit. Om een succesvolle zaaitijd en een overvloedige oogst zeker te stellen, werd hij in de lente en de herfst vereerd. Chinezen maken nog altijd pelgrimages naar deze heilige bergen en verrichten in de tempels die op de toppen liggen religieuze handelingen.

Soms verkrijgt een deel van het landschap spirituele macht omdat er een onnatuurlijke dood heeft plaatsgevonden. Zo kunnen er bijvoorbeeld schrijnen worden opgericht langs wegen waar fatale ongelukken zijn gebeurd om de boze geesten die daar rondzwerven en die de veiligheid van de levenden bedreigen, te verzoenen

De heiligheid en de latente macht van de fysieke wereld komen tot uitdrukking in de oude kunst van *fengshui*, Chinese geomantiek, die ook tegenwoordig nog bedreven wordt en in het Westen ook populair is geworden. *Fengshui* (letterlijk: 'wind en water') is de kunst van het vinden van de meest gunstige plaats voor graven, gebouwen en zelfs steden, om zo optimaal gebruik te maken van de heilige kracht die in de natuurlijke omgeving aanwezig is. Men gelooft dat de mensen van *fengshui* in staat zijn om op een harmonieuze wijze met en in de natuurlijke orde te leven. De *fengshui*-meester gebruikt een speciaal kompas om ergens positie te bepalen en de zichtbare kenmerken van een omringend landschap, zoals bergtoppen, waterstromen, paden en opvallende rotsen te verkennen. Op die manier is de meester in staat om de hemelse en aardse krachten op te sporen waarvan de onderlinge wisselwerking de geschiktheid van een plaats bepaalt.

Het is heel belangrijk om *fengshui* bij de plaatsbepaling van een graf te gebruiken, omdat een vredige rustplaats het comfort en daardoor de welwillendheid van iemands voorouders zekerstelt. *Fengshui* kan ook worden aangewend om de positie van deuren, ramen, meubels, en dergelijke te bepalen om zo op het werk of thuis een welvarende en harmonieuze ruimte te creëren.

RELIGIEUZE FEESTEN

Fruit, cake en ander voedsel bij een taoïstisch feest in Taiwan.

FEESTMAALTIJDEN

Het voedsel dat tijdens Chinese feesten wordt gegeten wordt vaak om symbolische redenen gekozen of vanwege gedachteassociaties. Veel voedsel vormt een woordspeling op nieuwjaarswensen. 'Pinda' is een homofoon van 'leven', dadels *(zao)* en kastanjes *(lizi)* suggereren samen 'vroege zoon' *(zaozi)*, 'lotuszaden' klinkt als 'veel kinderen', en 'kumquat' klinkt als 'goud'. Ander voedsel is meer puur symbolisch, zoals perziken (in de mythen het fruit van een lang leven), granaatappels (de vele zaden ervan symboliseren veel zonen) en bamboescheuten (hun snelle groei symboliseert een vlotte ontwikkeling in iemands loopbaan). Sommig voedsel heeft een gunstige naam, zoals het gestoomde brood dat 'goudstaven' heet en de deegpasta die 'draden van een lang leven' wordt genoemd.

De rondheid van veel voedsel symboliseert de vervulling, de vervolmaking en de aanwezigheid van de hele familiekring tijdens het feest. Voorbeelden zijn de enorme varkensgehaktballen ('leeuwenhoofden') en rijstballen *(yuanxiao)* met Nieuwjaar, en de ronde vruchten en maancakes van het Midherfst-feest, die ook de volle maan symboliseren.

De Chinese kalender omvat de maantijdrekening (zie kader p. 227), en vele religieuze feesten vallen samen met belangrijke stadia van de maan. Andere zijn ontleend aan de cyclus van de gewassen, want de landbouw is sinds de oudheid de belangrijkste Chinese economische activiteit. De jaarlijkse feesten weerspiegelen ook de oude *yin-yang*-kosmologie zoals die naar voren komt in het wassen *(yang)* en krimpen *(yin)* van de maan en de jaarlijkse cyclus van groei en afsterven.

Ook andere thema's schragen de belangrijkste feesten van het Chinese religieuze jaar: het belang van de familie en het respect voor de voorouders, het nastreven van een lang leven, het verlangen van zegeningen en het verzoenen en afweren van potentieel gevaarlijke krachten. Veel van deze thema's komen ook tot uitdrukking in de verering van de goden en godinnen van het volksgeloof, met name in de vieringen ter gelegenheid van hun verjaardagen. Op de verjaardag van Confucius (28 september), die ook 'Dag van de Meester' wordt genoemd, staat het belang van de confucianistische leer centraal. In Taiwan viert men deze dag in de confucianistische tempels met traditionele kostuums, muziek en dans.

Het Chinese Nieuwjaar of lentefeest (zie kader p. 225) wordt gevierd om het einde van het toenemen van de macht van *yin* te vieren, die zijn hoogtepunt bereikt op het midwinterpunt, en het begin van de opkomst van *yang*. Het is de tijd waarop families samenkomen en hun verbondenheid vernieuwen. Het Helder en Blinkend-feest (Qingming), dat drie weken na de lente-evening valt, verenigt de familie ook, maar deze keer om de banden met de doden te vernieuwen. De geesten van de doden staan ook centraal in het Hongerige Geesten-feest, dat op de vijftiende dag (volle maan) van de zevende maand valt (zie p. 232).

Er zijn nog twee andere feesten die algemeen gevierd worden: het Dubbele Vijfde-feest en het Midherfst-feest. Het Dubbele Vijfde-feest valt op de vijfde dag van de vijfde maan-maand, dicht bij het midzomerpunt, wanneer de *yang*-krachten hun jaarlijkse hoogtepunt bereiken. In vroeger tijden bracht dit droge seizoen regelmatig epidemieën en nog steeds worden de beschermende kruiden en grassen van het Dubbele Vijfde-feest op de voordeur gehangen. Men gelooft dat vooral planten die stinken en scherpe stekels of bladeren hebben het meest effectief zijn in het afweren van ziekten; de gepunte bladeren van de vlinderbloem zouden zo bijvoorbeeld als 'demonen doorklievende zwaarden' fungeren.

Vijf is een belangrijk getal in de Chinese kosmologie en het Dubbele Vijfde-feest is rijk aan beelden van vijfvouden (zie p. 202), met name de 'Vijf Vergiften' (duizendpoot, slang, schorpioen, pad en hagedis) en de 'Vijf Kleuren' (blauw, rood, geel, wit en zwart). Tijdens het feest staan de Vijf Vergiften afgebeeld op kleding, voedsel en amuletten. Het zijn gunstige wezens die naar men gelooft met hun krachtige gif schadelijke en gevaarlijke aanvallen afweren. De Vijf Kleuren roepen de scheppingsmacht van de Vijf Elementen (zie p. 200-202) op.

Het Dubbele Vijfde-feest is ook gewijd aan draken, water en de dichter Qu Yuan. Het valt in het seizoen waarin de rijstplantjes worden overgepoot in de rijstvelden, die rond deze tijd van het jaar worden bewaterd door zware regens. Volgens de Chinese traditie wordt deze regen veroorzaakt door draken die in de wolken leven en bewateren en zegenen ze de aarde met vruchtbaarheid. De beroemde 'drakenboot'-races die tijdens het Dubbele Vijfde-feest plaatsvinden weerspiegelen deze legende, evenals de legende van Qu Yuan, een beroemde dichter die in de regering van Chu diende, een klein koninkrijk van de Zhou-dynastie in de derde eeuw v. Chr.. Deze gewetensvolle en wijze minister gaf onwelkome raad en werd daarom verbannen. Ontmoedigd zwierf hij door het land. Uiteindelijk, nadat hij zijn meest beroemde gedicht – *Li Sao* ('Ontmoeting van Verdriet') – had gemaakt, waarin hij zijn idealen en zijn leven samenvatte, wierp hij zichzelf in de rivier de Miluo in de huidige provincie Hunan. Boten voeren zo hard ze konden naar hem toe, maar men slaagde er niet in hem te redden; ze gooiden vervolgens rijst in het water,

HET CHINESE NIEUWJAAR

Nieuwjaar of het Lentefeest is het belangrijkste feest op de Chinese kalender. Het begint op de eerste dag van de eerste maanmaand, gewoonlijk tussen 21 januari en 19 februari. Van tevoren wordt het huis grondig gereinigd van het vuil van het oude jaar en van 'ongunstige adem'. De hele familie komt naar huis, schulden worden afbetaald en ruzies bijgelegd. De Keukengod wordt heengezonden met het verslag van het oude jaar (zie p. 208).

De geluk brengende kleur rood is overal te zien. De deurposten worden versierd met frisse afbeeldingen van de traditionele deurgoden en gunstige woorden. Op oudejaarsavond verzamelt de familie zich voor een maaltijd, waarbij er tafel ook gedekt wordt voor overleden familieleden die spiritueel aanwezig zijn. De familie praat de hele nacht, waarbij men onfortuinlijke of negatieve onderwerpen zorgvuldig vermijdt. Traditioneel worden de deuren voor middernacht verzegeld om de boze geesten buiten te houden, om pas op nieuwjaarsdag weer te worden geopend. De eerste twee dagen van het nieuwe jaar werkt niemand en is het verboden om te vegen of messen te gebruiken – uit angst dat het goede geluk van het nieuwe jaar wordt 'weggeveegd' of 'weggesneden'.

De laatste nacht van de nieuwjaarsviering is het Lantaarnfeest op de eerste volle maan van het nieuwe jaar. Gelukkige en luidruchtige massa's verzamelen zich te midden van uitstallingen van prachtige lantaarns om te kijken naar steltlopers, leeuwendansers en mensen in traditionele kostuums.

Gekostumeerde steltlopers tussen de menigtes die in de straten van Beijing het Chinese Nieuwjaar vieren.

DE *JIAO*

Een groot taoïstisch offerritueel, de *jiao*, wordt vandaag de dag nog steeds uitgevoerd in Taiwanese tempels. Het wordt met onregelmatige tussenpozen uitgevoerd door taoïstische priesters ten behoeve van de gemeenschap om de band met de Drie Reinen, de hoogste kosmische machten (zie p. 211), te vernieuwen. De hele gemeenschap bereidt zich door vasten op de *jiao* voor, maar alleen de priesters, de musici en de belangrijkste weldoeners van de tempels zijn bij het eigenlijke ritueel aanwezig. Het volk brengt echter overvloedige gaven naar de tempel en neemt deel in de levendige festiviteiten die de *jiao* vergezellen.

De drakenboot-racers tijdens het Dubbele Vijfde-feest op de rivier de Miluo in Hunan, waarin de dichter Qu Yuan verdronken zou zijn. De boten, die versierd zijn met een drakenkop en -staart, kunnen meer dan dertig meter lang zijn en hebben soms wel tachtig roeiers.

zodat de vissen dát zouden eten in plaats van Qu Yuan's lichaam. Volgens de traditie zijn de huidige drakenboot-races een herhaling van de verwoede zoektocht naar Qu Yuan. De rijst wordt tegenwoordig naar de vissen gegooid in de vorm van *zongzi*, plakkerige rijstballetjes die gewikkeld zijn in bamboebladeren en vastgebonden met touwtjes in de Vijf Kleuren.

Het Midherfst-feest valt op volle maan in de achtste maan-maand. Het is een oogstfeest dat ook aan de maan gewijd is en aan de zoektocht naar onsterfelijkheid. Volgens de Chinese mythe wordt de maan bewoond door een konijn dat speciale kruiden stampt om het elixer van onsterfelijkheid te maken, en door de maangodin Chang E. Ter gelegenheid van dit feest wordt er buiten een tafel neergezet die wordt beladen met ronde (volle maan-vormige) vruchten zoals sinaasappels, meloenen en granaatappels, en 'maancakes'. De mensen verzamelen zich om naar de oogstmaan te kijken en om verhalen en gedichten over de maan te vertellen.

Chinese religieuze vieringen zijn eerder op de familie en de gemeenschap gericht dan op het individu. Behalve de dood, wanneer een persoon een voorouder wordt (zie p. 230-232), is het huwelijk het belangrijkste overgangsritueel; het verzekert de continuïteit van de familie door de belofte van nazaten. Traditioneel is een huwelijk officieel als het paar gebogen heeft voor de vooroudertabletten van de bruidegom, waarbij de bruid aan de voorouders van haar echtgenoot wordt voorgesteld. Deze handelingen onderhouden de band tussen de levenden en de doden, vertegenwoordigen het juiste gedrag jegens de familie en stellen daardoor de zegeningen van de voorouders voor de familie veilig. Er

DE CHINESE KALENDER

Het Chinese religieuze jaar combineert zonne- en maankalenders. De maankalender bestaat uit twaalf maan-maanden, met iedere twee of drie jaar ingelaste maanden om de zonne- en de maankalender in de pas te houden. Het zonnejaar, waarin de zonnewenden en de nacht-eveningen het begin van de seizoenen bepalen, is verdeeld in vierentwintig perioden van ongeveer vijftien dagen, die 'knopen' worden genoemd. Zij zijn ontleend aan de waarneming van het klimaat en de hemelen en weerspiegelen de jaarlijkse cyclus van de landbouw.

Acht periodes zijn genoemd naar de zonnewenden, de nacht-eveningen en het begin van de seizoenen. Andere verwijzen naar gebeurtenissen die meteorologisch of in de landbouw van belang zijn en hebben namen als 'Insecten Ontwaken'

De dieren van de Chinese dierenriem: rat, os, tijger, konijn, draak, slang, paard, ram, aap, haan, hond en varken. Een 19de-eeuwse bronzen schijf.

(begin maart), 'Helder en Blinkend' (begin april, vandaar ook de naam van het feest dat in deze tijd valt), 'Einde van de Hitte' (eind augustus) en 'Vorst Daalt Neer' (eind oktober). Veel buitenstaanders kennen de cyclus van twaalf jaren die gebaseerd is op de tekens van de Chinese dierenriem. Dit schema is een onderdeel van een uitgebreider systeem van cycli. Een lange cyclus van zestig jaar omvat bijvoorbeeld de tekens van de dierenriem, de Vijf Kleuren (zie p. 224-5) en twee series van symbolen: de Tien Hemelse Stammen en de Twaalf Aardse Takken. Ieder dier wordt geassocieerd met een Tak en iedere kleur hoort bij twee Stammen. Zo is 2000 het jaar van de Witte Draak en 2012 het jaar van de Zwarte Draak. Het eerste jaar van een zestigjarige cyclus is *jiazi*, het jaar van de Blauwe Rat.

---

bestaan voor jongens en meisjes ook overgangsrituelen naar de volwassenheid, maar die zijn niet zo belangrijk en in de loop der tijd is men ze vlak voor het huwelijk gaan vieren in plaats van met een bepaalde leeftijd. Ook iemands zestigste verjaardag is belangrijk, omdat dit de voltooiing van een basiscyclus van de tijd betekent (zie kader, boven).

De religieuze verering van de grote kosmische krachten, met name van de Hemel en de Aarde, was het privilege en de verantwoordelijkheid van de keizer. De juiste uitvoering van deze rituelen verzekerde dat de natuur het land goedgezind bleef. In de keizerlijke hoofdstad bood de keizer bij de lente-evening offergaven aan in de Tempels van de Zon, bij de zomer-zonnewende in de Tempel van de Aarde, bij de herfst-evening in de Tempel van de Maan en bij de winter-zonnewende in de Tempel des Hemels (zie p. 222). Ook aan het begin van ieder seizoen voerde hij rituelen uit. Tijdens Qingming offerde hij aan zijn eigen voorouders, aan de voorouders van alle keizers en aan de culturele helden (zie p. 214).

Alle andere riten en feesten in het keizerrijk werden uitgevoerd volgens de jaarlijkse almanak van voorspelde hemelse gebeurtenissen, die uitgegeven werd door het Bureau voor Astronomie, een afdeling van het Ministerie van Rituelen. Keizerlijke voorkennis in deze zaken duidde op harmonie tussen de keizer en de Hemel. Een onverwachte kosmische gebeurtenis kon worden geïnterpreteerd als een teken dat de keizer het regeringsmandaat (zie p. 204) dreigde te verliezen.

VOLGENDE PAGINA'S *Een meisje en leeuwendansers nemen deel aan een traditionele nieuwjaarsparade in China.*

DE ONSTERFELIJKHEID VAN LICHAAM EN ZIEL

Chinese concepten van de dood en wat daarna komt weerspiegelen ideeën die afkomstig zijn uit alle belangrijke tradities. De meeste ideeën en rituelen behoren tot het religieuze taoïsme, boeddhisme of het volksgeloof. Het confucianisme houdt zich niet direct bezig met wat er na de dood komt, hoewel de confucianistische deugd van respect voor de ouders essentieel is om het leven van de doden en de verantwoordelijkheid van de levenden jegens hen te begrijpen. Het boeddhisme kent zijn eigen aparte leerstellingen over iemands lot na de dood; gedurende vele eeuwen hebben die zich vermengd met en vormgegeven aan inheemse Chinese ideeën. In het algemeen zijn de Chinese begrafenisrituelen en andere praktijken belangrijker dan de ideeën erachter, omdat de rituelen een belangrijke uitdrukking vormen van de familie-eenheid en het ethische gedrag jegens anderen.

De Chinesen ervaren de doden als dichtbij en geloven dat ze een grote invloed uitoefenen op de levenden. Gestorven familieleden hebben een machtige rol in het voortdurende welbevinden van de familie. Ouderlijk respect vereist dat de overleden familieleden een juiste begrafenis en regelmatig offers ontvangen. Als ze goed behandeld worden, worden ze voorouders, een bron van zegeningen en vruchtbaarheid (dat wil zeggen: nageslacht) voor de familie. Dit idee dateert op zijn minst uit de Shang-dynastie (zie p. 204). Degenen die na de dood niet op de juiste wijze verzorgd worden – door verwaarlozing of door het ontbreken van nazaten – en degenen die vroegtijdig door geweld omkomen, worden geesten: gevaarlijke, kwaadwillende krachten die gunstig gestemd moeten worden.

De stoffelijke grenzen tussen de levenden en de doden zijn vloeiend en vaag. Degenen die in deze en de volgende wereld verblijven, bestaan uit hetzelfde essentiële materiaal *(qi)* in zijn *yin*- en *yang*-vormen (zie p. 200). Iedere persoon heeft twee zielen, een *hun*-ziel, bestaande uit *yang qi*, en een *po*-ziel, bestaande uit *yin qi*. Bij de dood verlaat de *hun*-ziel, die het spirituele en intellectuele deel van de ziel vertegenwoordigt, het lichaam en stijgt op dankzij haar *yang*-natuur. Zij zal uiteindelijk komen te verblijven in de vooroudertabletten die te vinden zijn op het huisaltaar van een traditionele Chinese woning (zie marge). De *po*-ziel, als *yin*-energie, zinkt in de grond. Zij blijft bij het lichaam, zolang dit tenminste met de juiste rituelen is begraven en met grafgaven verzoend wordt.

Als de begrafenis niet op de juiste wijze is uitgevoerd of als de dood vroegtijdig of gewelddadig was, of als de ziel niet voldoende 'gevoed' wordt (zie hierna), dan zal de *hun*-ziel niet opstijgen om in de vooroudertabletten te verblijven en zal de *po*-ziel niet in het graf afdalen. In plaats daarvan zal de geest van de overledene bij de levenden rondspoken tot men hem verzoend heeft.

Het is de verantwoordelijkheid van de levenden om de doden te voorzien van comfort: voedsel, geld en andere zaken. Op het meest noodzakelijke niveau bestaat de zorg voor de voorouders uit het twee maal per dag aanbieden van wierook op het familie-altaar. Op de nieuwe en de volle

Een huisaltaar in Beijing met wierookgaven voor de portretten van de voorouders. In houten tabletten op het altaar huizen de geesten van de voorouders voor wie de familie wierook brandt en aan wie ze voedsel en drinken aanbiedt. Bij het altaar worden de voorouders ook op de hoogte gebracht van de belangrijke gebeurtenissen in het familieleven, zoals geboortes, sterfgevallen, verlovingen, reizen en zakelijke ondernemingen.

DE VOOROUDERTABLETTEN

Het huisaltaar is in veel opzichten de focus van het familieleven omdat het alle generaties omvat, dood en levend. Op dit het altaar worden de tabletten bewaard waarin de voorouders huizen. In het algemeen gesproken worden op de tabletten de namen, geboorte- en sterfdata, en het aantal zonen van een voorouder bijgehouden. De voorouders worden aangesproken en behandeld als naaste familie. In theorie wordt de familie van de oudste man op het altaar vertegenwoordigd, maar onder bepaalde omstandigheden kunnen er ook andere tabletten op aanwezig zijn. In een familie zonder zonen plaatst een vrouw soms haar vooroudertabletten op het familie-altaar van haar man.

De tabletten gaan drie tot vijf generaties terug. Met het voorbijgaan van de generaties, worden de oudste tabletten verwijderd en in een voorouderhal geplaatst die door verschillende huishoudingen van dezelfde grootfamilie wordt gebruikt. Hier worden de voorouders als groep vereerd; de emoties zijn formeler en drukken meer de dankbaarheid jegens de vorige generaties uit dan de liefde van naaste familie voor hun kort geleden gestorven verwanten.

maan kunnen naast wierook ook voedsel en 'offergeld' (zie p. 232) worden aangeboden.

Men gelooft dat de voorouders wanneer ze voedsel krijgen aangeboden de 'essentie' hiervan consumeren en het ruwe materiële gedeelte voor de familie overlaten. Tijdens de begrafenisriten worden de doden voorzien van bruikbare zaken als auto's, bedienden, huizen, geld en meubelen – allemaal gemaakt van papier en verbrand zodat zij in de rook opstijgen naar de voorouders. Voorouders krijgen twee maal per dag wierook aangeboden op het altaar. Op feestdagen en de verjaardag van een overleden voorouder wordt er naast wierook ook voedsel, drinke en offergeld aangeboden. Rituelen die voor de doden worden uitgevoerd, brengen zegeningen voor de levenden.

ONSTERFELIJKEN

De Chinese beschaving kent een lange traditie van pogingen om het menselijk lichaam te vervolmaken om voor eeuwig te leven: onsterfelijkheid was in de Chinese visie niet mogelijk zonder het fysieke lichaam. Technieken om een lang leven te produceren en het geloof dat sommige mensen deze technieken hadden geperfectioneerd, maken al sinds de Zhou-dynastie deel uit van de Chinese geschiedenis. Zo'n techniek was bijvoorbeeld het intomen van het fysieke lichaam (zie kader p. 221), maar ook het reinigen van het hart en de geest, zodat er geen radicale tweedeling meer bestond tussen lichaam en ziel: ieder middel tot reiniging en bestendiging kon de zoektocht naar onsterfelijkheid ondersteunen.

In de oudheid zochten mensen het elixer of de pil der onsterfelijkheid in hun eigen laboratoria (waar 'drinkbaar goud' werd gemaakt uit talloze bestanddelen, waaronder cinnaber) of bij figuren die in legendarische plaatsen aan de grenzen van de bekende Chinese wereld woonden. Twee van die plaatsen, het eiland Penglai en de berg Kunlun, waren het doel van de zoektochten van zowel gewone burgers als koningen. Penglai werd naar verluidt door onsterfelijken bewoond en bevond zich naar zeggen voor de kust van Zuid-China. Qin

Een 20ste-eeuwse afbeelding van de 'Acht Onsterfelijken' van het taoïsme. De verhalen over de manier waarop deze vereerde figuren het eeuwig leven verwierven, vormen een populair onderdeel van de taoïstische mythologie.

Shihuangdi, de eerste keizer van de Qin-dynastie (221-209 v. Chr.), stuurde expedities om Penglai en het legendarische medicijn der onsterfelijkheid dat zich daar bevond te zoeken. De berg Kunlun, in het noordwestelijke grensgebied tussen China en Centraal-Azië (zie kaart p. 201), was volgens de overlevering de koninklijke residentie van de Koning-Moeder van het Westen, een godin die onsterfelijkheid kon verlenen. De Koningin-Moeder van het Westen kweekt ook perziken van onsterfelijkheid, die haar bomen eens in de drieduizend jaar voortbrengen. Perzikhouten ornamenten zijn in China nog altijd populair als teken van de wens van een lang leven.

Degenen die onsterfelijkheid bereikten, zouden aan de uiterste grenzen van de kosmos leven en met een volmaakte kalmte tussen de sterren vliegen en over de Aarde zwerven, gevoed door het eten van de wind en het drinken van de dauw. Sommige onsterfelijken worden afgebeeld als 'vogelmensen', met vleugels en wegvliegend. Anderen zouden net als gewone stervelingen de dood hebben doorgemaakt; maar na hun dood, wanneer hun kist werd opgegraven en geopend, dan bleek deze op een enkel persoonlijk teken na, zoals een stok of een sandaal, leeg te zijn.

Zij drukken ook de eenheid en de kracht van de familie – altijd en overal – uit. De gaven laten zien dat de voorouders, als familie, de juiste liefde en het juiste respect ontvangen (zie ook kader, beneden).

De sterk syncretistische tendens van de Chinese religie wordt geïllustreerd door haar vermogen om talrijke – en in veel gevallen schijnbaar tegenstrijdige – noties over het lot van de ziel na de dood te verenigen. Zo gelooft men ook dat de *po*-ziel van de overledene afdaalt naar de Chinese onderwereld of de Hel, om te worden berecht en veroordeeld voor haar zonden voordat zij gestraft wordt en gereïncarneerd. Dit is een oud geloof dat al voor de komst van het boeddhisme in de eerste eeuw n. Chr. stevig verankerd was. Het boeddhisme voegde aan een reeds bestaand raamwerk zijn eigen concepten toe: het idee van *karma* (de balans van de verzamelde verdiensten en tekortkomingen van een individu), de figuur Yama (de

FEESTEN VOOR DE DODEN

Er zijn ieder jaar twee speciale feestdagen aan de verzoening van de doden gewijd. Het ene, het Helder en Blinkend-feest (Qingming) in de lente, is aan de voorouders gewijd. Het andere, het Hongerige Geesten-feest (Gui Jie) op de vijftiende dag van de zevende maan-maand, tracht de potentieel kwaadaardige geesten gunstig te stemmen.

Qingming valt twee weken na de lente-evening. Op die dag komen de families bij elkaar om de familiegraven te bezoeken voor een feestelijke picknick. Het onkruid wordt gewied en de inscripties worden opgeschilderd. Na het aansteken van wierook en rode kaarsen, biedt de familie de overledenen rijst, wijn, thee, voedsel, papieren kleding en 'offergeld' aan.

Het Hongerige Geesten-feest op de vijftiende dag van de zevende maan-maand is niet zozeer gericht op de eenheid van de familie maar op de bescherming van de gemeenschap. Tijdens de zevende maan-maand worden de poorten van de Hel geopend en mogen de bewoners ervan vrij rondzwerven. Degenen die geen afstammelingen hebben om voor ze te zorgen en die eufemistisch 'de goede broeders' genoemd worden, zijn kwaadaardige, ongelukkige en potentieel gevaarlijke geesten. Het Hongerige Geesten-feest is bedoeld om zulke geesten gunstig te stemmen met de dingen die ze nodig hebben, zoals voeding en amusement (muziek en theater). Op de Hongerige Geesten-dag wordt er om de geesten te verzoenen door taoïstische en boeddhistische priesters bij een altaar in de open lucht een gemeenschapsritueel uitgevoerd. De priesters sporen de geesten aan om berouw te hebben en het boeddhistische Pure Land binnen te gaan. Geesten die geen berouw tonen worden na de plechtigheid teruggestuurd naar de Hel om hun lijden te vervolgen.

De voedselgaven die bij deze en andere gelegenheden aan de geesten en de voorouders worden aangeboden, symboliseren hun relaties met de levenden. Voorouders zijn deel van de familie en krijgen thuis, in de voorouderhal of bij het graf voedsel aangeboden. Hun voedsel is zorgvuldig voorbereid, gekookt en gekruid, net als dat van de levenden. Bepaalde voorouders die heel geliefd zijn, krijgen soms voedsel aangeboden dat zij tijdens hun leven erg lekker vonden.

Geesten worden daarentegen bij de achterdeur en buiten het huis gevoed. Hun voedsel is elementair en inferieur – meer een aarzelend en angstig smeergeld dan een zorgzaam gebaar voor geliefde familieleden.

De resten van aangeboden 'offergeld'. Het wordt speciaal gedrukt in verschillende munteenheden en wordt gebruikt om de doden in het hiernamaals te steunen. Net als andere gaven wordt het verbrand en middels de rook naar de voorouder gezonden.

koning van de Hel), en de verschillende niveaus van straffen in de Hel, waar de zondaren lijden om hun karmische balans in evenwicht te brengen voor zij weer op de Aarde worden gereïncarneerd. Bij het binnengaan van de Hel worden de zielen beoordeeld door de Tien Magistraten – die worden afgebeeld in de kostuums van de oude Chinese keizerlijke gerechtsdienaren – die de Tien Tribunalen van de Hel voorzitten, die ieder verschillende misdaden berechten. Na de veroordeling betaalt de ziel voor haar vroegere misdaden door het doorlopen van de verschillende niveaus van de Hel, waar zij kwellingen doormaakt die passen bij de begane misdaden. Uiteindelijk bereikt de ziel de laatste hof van de Hel waar zij, na boetedoening voor de gebreken uit het vorige leven, gereïncarneerd wordt in overeenstemming met de in de vorige levens verzamelde verdiensten. Families kunnen de tocht van hun geliefden door de Hel versnellen door middel van geschenken en goede werken, zoals het reciteren van boeddhistische *sutra's*.

In de Hel worden ook de 'boeken van leven en dood' bewaard, waarin de aan ieder mens toegemeten dagen staan opgetekend. De Chinese volksverhalen bevatten talloze voorbeelden van bureaucratische vergissingen die tot iemands onterechte verblijf in de hel leidden, totdat de fout ontdekt werd.

De ziel van een buitengewoon deugdzame persoon kan in plaats van gereïncarneerd te worden als godheid toetreden tot de hemelse bureaucratie. De hemelse bureaucratie weerspiegelt ieder aspect van de aardse ambtenarij (zie p. 208), waaronder alle mogelijke tekortkomingen: vergissingen, incompetentie, corruptie, nepotisme, eindeloze formaliteiten en tonnen papierwerk.

Chinese concepten van wat er na de dood gebeurt, omvatten ook de leer van het 'Pure Land'-boeddhisme. Vereerders van Amitabha (Amituo Fo), de *boeddha* van het 'Pure Land', zien de wedergeboorte in dit paradijs als een voorspel van het bereiken van het *nirvana* en van de ontsnapping aan de kringloop van de wedergeboorte (zie p. 193).

DE DOOD EN HET FILOSOFISCHE TAOÏSME

Hoewel de Chinese religieuze tradities veel nadruk leggen op een lang leven en onsterfelijkheid (zie kader p. 231), hadden degenen die meer filosofisch waren ingesteld een andere houding ten opzichte van de dood en het hiernamaals. In plaats van naar onsterfelijkheid te zoeken om zo aan de dood te ontkomen, schiepen filosofische taoïsten genoegen in de creatieve mogelijkheden van de eindeloos verschuivende patronen van de *Tao*. Zij verwelkomden de dood als het moment waarop de *qi* waaruit zij bestonden op wonderbaarlijke wijze getransformeerd zou worden tot iets anders in de schepping.

Een 18de-eeuws schilderij op zijde waarop de vier koningen staan afgebeeld die in de Hel het register van de uitgesproken veroordelingen bewaken.

DE STAAT, DE FAMILIE EN HET INDIVIDU

De formele leerstellingen van het confucianisme, taoïsme en het boeddhisme hebben een rol gespeeld in de vorming van de Chinese samenleving, waarbij de volkstraditie de ethiek en interesses van alle drie de tradities weerspiegelde. Het confucianisme heeft echter de grootste invloed gehad op de ontwikkeling van de Chinese sociale verwachtingen en normen, en zelfs zozeer dat vele culturele houdingen die ontleend zijn aan het confucianisme simpelweg als 'Chinees' worden aangeduid.

Het confucianisme is het ordeningsprincipe geweest voor de twee belangrijkste eenheden die het Chinese leven vorm geven: de staat en de familie. Het ideaal van het confucianisme – een deugdzaam bestuur ten behoeve van het volk – vormde de basis van de staatstheorie in het keizerlijke China. Autocratische keizers wisten dat hun regeringen beoordeeld zouden worden naar de maatstaven van de confucianistische ethiek en voor het nageslacht zouden worden opgetekend in dynastieke geschiedschrijvingen. Ministers en ambtenaren werden daarom gekozen op basis van hun kennis van de confucianistische leer en hun navolging van de confucianistische deugden.

De relatie tussen keizer en onderdaan werd als analoog beschouwd aan de primaire relatie in de Chinese samenleving: die tussen ouder en kind of, meer specifiek, tussen vader en zoon. Kinderen waren hun ouders absolute loyaliteit en gehoorzaamheid verschuldigd. Zij moesten op hun oude dag voor hen zorgen en nakomelingen voortbrengen die na hun dood voor hun geesten zouden zorgen (zie p. 230-233). Deze relatie komt tot uitdrukking in de traditionele Chinese wetgeving: zo had een vader bijvoorbeeld het recht om een ongehoorzaam kind te doden en een zoon kon worden terechtgesteld als hij zijn vader had geslagen.

De traditionele Chinese samenleving was autoritair en hiërarchisch. In het confucianistische denken had ieder familielid en ieder lid van de samenleving een specifieke rol. Vrouwen werden geacht de *yin*-energie te belichamen en daarom passief en verzorgend te zijn, wat contrasteerde met het dynamische *yang* van mannen. Volgens dit schema waren zij ondergeschikt aan mannen en waren zij als meisje gehoorzaamheid verschuldigd aan hun vader, na hun huwelijk aan hun echtgenoten en op hun oude dag aan hun zonen. Een getrouwde vrouw moest haar schoonouders, bij wie het paar meestal woonde, ouderlijk respect betonen.

In de moderne tijd bestaat de sterke nadruk op de familie en de relatie tussen ouder en kind voort, hoewel in iets mildere mate. Deze nadruk kwam sterk onder spanning te staan tijdens de Culturele Revolutie (1966-76), toen Mao Zedong kinderen en jongeren aanmoedigde om de levenswijze van de ouderen en van hun meerderen als burgerlijk en contra-revolutionair af te zweren. Deze ervaring, die fundamenteel inging tegen de traditie van ouderlijk respect, liet ongetwijfeld diepgaande psychologische littekens na. Zelfs in de officieel egalitaire Volksrepubliek bestaat er een duidelijke voorkeur voor zonen in plaats van dochters – het communistische beleid dat echtparen in verband met de overbevolking slechts één kind toestaat, heeft aanleiding

Boeddhistische nonnen roepen de naam van Amituo Fo (Amitabha Boeddha) aan in een tempel op de berg Drum bij Fuzhou in de provincie Jiangxi.

EEN WOORD VOOR 'RELIGIE'

Tot voor kort had het Chinees geen woord voor 'religie' in de westerse betekenis van een bepaald geheel van geloofsvoorstellingen, doctrines en rituelen. De Chinezen hebben het confucianisme, taoïsme en boeddhisme nooit als exclusief gezien en noemen hen traditioneel 'leren'. Een van de resultaten van het sinds de 19de eeuw toegenomen contact met het Westen (zie kader p. 235), was de behoefte om de betekenis van 'religie' – zoals van toepassing op een geloofssysteem als het christendom – te kunnen uitdrukken. Het neologisme *zongjiao* werd aan het begin van de 20ste eeuw ingevoerd; het laat zich letterlijk vertalen als 'voorouderlijke (clan-) leerstellingen'.

Veel Chinese geloofsvoorstellingen en -praktijken kunnen echter niet als *zongjiao* worden gecategoriseerd. Voor de Chinezen weerspiegelen de wegen van de 'Drie Leren' zich niet alleen in formele 'religieuze' handelingen, maar ook in talrijke aspecten van het dagelijkse leven. Hieronder vallen ook de omgang met ambtenaren, relaties, kunst en zelfs koken.

gegeven tot een reeks van methoden om te verzekeren dat dit kind mannelijk is.

Het taoïsme en boeddhisme hebben aanvullende of alternatieve visies op het confucianisme geboden. Het taoïsme verschafte een contemplatieve richting en het ideaal van het zich terugtrekken in de natuur om aan het stedelijke of officiële leven te ontsnappen. De taoïstische zoektocht naar een lang leven komt tot uitdrukking in kunsten als *taiji-chuan (t'ai-chi ch'uan)* en *qigong (chi kung)*, die in China en ook elders nog steeds algemeen worden beoefend en die ten doel hebben het lichaam te sterken en de geest te scherpen. Vele andere kunsten, zoals schilderen, koken en geneeskunde, zijn beïnvloed door de taoïstische leer van harmonie en evenwicht. Voor vrouwen biedt het taoïsme een alternatief voor de confucianistische mannelijke dominantie. Het filosofische taoïsme prefereert het vrouwelijke boven het mannelijke en er zijn eeuwenlang taoïstische nonnen en ingewijden geweest.

Het boeddhisme heeft de Chinese tradities niet zozeer geschapen als gekleurd. Boeddhistische monniken worden geassocieerd met Chinese begrafenisrituelen, waarbij ze *sutra's* reciteren om de zielen sneller door de Hel heen te helpen. Met zijn belofte van universele verlossing is het boeddhisme voor velen, met name voor vrouwen, een vluchthaven geweest uit de rigiditeit van de confucianistische hiërarchische idealen. Het is niet ongebruikelijk dat weduwen of vrouwen wier kinderen het huis verlaten hebben, lekenboeddhist of non worden.

ONTMOETING MET HET WESTEN

In de negentiende eeuw nam China's relatie met het Westen grotendeels de vorm aan van vernederende militaire nederlagen, eenzijdige verdragen en een ongewenste instroom van missionarissen, diplomaten en handelaren. Deze ervaring, in combinatie met de invloed van westerse visies op de Chinese cultuur, verpletterde China's perceptie van zichzelf als arbiter van de beschaving en had een diepgaand effect op China's begrip van en houding jegens de eigen religieuze tradities.

Het confucianisme, gedurende twee millennia de theoretische basis van bestuur en moraal, kwam onder vuur te liggen als beklemmend traditioneel en als de oorzaak van China's politieke en militaire zwakte. Toen het streven naar modernisering en industrialisatie urgenter werd, werden het taoïsme, boeddhisme en de volkstradities bekritiseerd als bijgeloven en als obstakels naar vooruitgang. Maar de traditie bleek te sterk om geheel gebroken te worden, ondanks de vaak zware druk. In de twintigste eeuw heeft de modernisering in het traditionele Chinese denken niet alleen in Taiwan, Hong Kong en overzeese gemeenschappen met westerse kapitalistische economieën een plaats gekregen, maar ook in de rest van China, waar het communisme haar eigen pressies uitoefende, vaak in de vorm van harde vervolgingen.

In China is de buitenlandse filosofie van het marxisme-leninisme aangepast aan de Chinese context. Hoewel achtereenvolgende communistische leiders het traditionele confucianisme hebben zwartgemaakt, verschilt de officiële retoriek – werken ten behoeve van de staat, de partij of het collectief – niet wezenlijk van de confucianistische nadruk op de groep ten koste van het individu.

Neon-draken en andere emblemen van de traditionele Chinese religie versieren de wolkenkrabbers in Hong Kong bij de terugkeer naar China in 1997.

Hoofdstuk zeven

JAPANSE TRADITIES

C. Scott Littleton

Een beeld van de Boeddha te Kamakura, Japan. Hij is afgebeeld in zazen (in de lotuspositie), volgens de zenboeddhisten de ideale meditatiehouding.

INLEIDING 238
Ontstaan en historische ontwikkeling GELOOF EN COËXISTENTIE 242
Aspecten van het goddelijke EEN WERELD VAN GEESTEN 246
Heilige teksten KRONIEKEN EN HEILIGE GESCHRIFTEN 250
Heilige personen BAKENS VAN WIJSHEID 252
Ethische uitgangspunten HARMONIE EN VERLICHTING 256
Heilige ruimte EEN LANDSCHAP VAN HEILIGDOMMEN 258
Heilige tijd DELEN IN DE GEEST 262
Dood en hiernamaals HEMELEN EN HEL 266
Samenleving en religie 1 OUDE GELOVEN IN DE MODERNE WERELD 268
Samenleving en religie 2 DE 'NIEUWE RELIGIES' 270

LINKS *Gelovigen, gekleed in de traditionele kleding van de pelgrim, buigen voor een shintoïstisch altaar in Karatsu, op het eiland Kyushu, tijdens het jaarlijkse Kunchi-feest in november (zie ook p. 262).*

INLEIDING

Offergaven die door pelgrims zijn achtergelaten op de Koya-san (de berg Koya), het centrum van het shingon-boeddhisme, gesticht door Kobo-daishi in de negende eeuw (zie p. 243) en een van de belangrijkste richtingen binnen het Japanse boeddhisme.

De Japanners praktiseren twee belangrijke religies tegelijkertijd – het shintoïsme en het boeddhisme – die de afgelopen vijftienhonderd jaar naast elkaar hebben bestaan en elkaar wederzijds beïnvloed hebben. Het shintoïsme is een inheemse Japanse religie, terwijl het Japanse boeddhisme een tak is van een wereldreligie die wordt aangehangen door honderden miljoenen mensen in Oost- en Zuidoost-Azië en het Westen.

De inheemse religie van Japan wordt de 'Weg van de Goden (of Geesten)' genoemd, wat zowel naar voren komt in de uitdrukking *Kami no Michi* als in de synonieme term 'shinto', de Japanse uitspraak van het Chinese *shen* ('geest') en *dao* ('weg'). De beide uitdrukkingen worden geschreven met de Chinese karakters voor *shen* en *dao*. Sinds de herleving van de religie in de achttiende en negentiende eeuw is 'shinto' de meer gebruikelijke uitdrukking – ironisch genoeg, want de voorstanders van de herleving van het shintoïsme waren over het algemeen anti-Chinees (zie p. 255).

De wortels van het shintoïsme liggen in de prehistorie. Het oudste en meest fundamentele concept ervan, het begrip *kami* ('geest', 'goddelijk wezen' of 'god/godin'; zie p. 246-9), neemt nog steeds een centrale plaats in in het Japanse religieuze bewustzijn. De bron van het boeddhisme lag ver van Japan, in India (zie hoofdstuk 5). Net als de meeste onderdelen van de Japanse beschaving bereikte de nieuwe religie Japan echter via China, de grote moeder-beschaving van Oost-Azië, en via Korea, vanwaar het Japan halverwege de zesde eeuw binnenkwam. Rond deze tijd kende Japan het schrift nog niet, maar dit volgde in het spoor van het boeddhisme. De boeddhistische geschriften waren alleen voorhanden in Chinese vertalingen en de bekeerde Japanse aristocraten – het zou nog enkele eeuwen duren voordat het boeddhisme zich over de hele bevolking verspreid had – waren dus verplicht om de Chinese karakters te leren lezen.

Ook het confucianisme en taoïsme maakten in die tijd hun opwachting in Japan en beide hadden een diepgaande invloed op het shintoïsme en de ontwikkeling van het Japanse boeddhisme. Maar het was zelden dat zij de status bereikten van echte religieuze bewegingen (zoals aan het Tokugawa-hof rond 1700 n. Chr.).

Ondanks de enorme invloed van de Chinese religieuze voorstellingen, filosofie en kunsten, bleef Japan zich altijd van het grote overzeese buurland onderscheiden. De diep gewortelde tendens om alles wat het land ontleende aan andere culturen aan te passen en te transformeren, manifesteerde zich al spoedig. Zo werden de Mahayana-boeddhistische stromingen die wortel schoten in Japan of er ontstonden – de 'Nara-scholen', Tendai, Shingon, Jodo-shu en Jodo-shinshu, Nichiren-shu en Nichiren-shoshu, Zen en andere – al gauw typisch Japans en zijn dat gebleven. Daardoor is het onderscheid tussen het shintoïsme en boeddhisme soms enigszins vaag – zoals bijvoorbeeld blijkt uit het feit dat vele boeddhistische godheden vereerd worden als shintoïstische *kami* (zie p. 249).

Meer recent heeft Japan de opkomst van de zogenoemde 'Nieuwe Religies' (zie p. 270-271) beleefd en de wederopkomst van het christendom, dat al in de zestiende eeuw voor het eerst naar Japan kwam, maar toen werd

HET HEILIGE JAPAN

Er zijn over heel Japan vele honderden plaatsen van religieuze betekenis en enkele van de meest belangrijke staan op deze kaarten. Naast formele plaatsen van religieuze verering, zoals boeddhistische tempels *(otera's)* en shintoïstische schrijnen *(jinja's)*, zijn er ontelbare natuurlijke plaatsen die eveneens vereerd worden vanwege hun heilige betekenis, bijvoorbeeld de berg Fuji en de berg Koya, en die het doel vormen van pelgrimage.

onderdrukt (zie p. 244). De opkomst van deze religies werd bevorderd door de sociale chaos tijdens de laatste drie decennia van het Tokugawa-shogunaat (1837-67) en door de snelle economische ontwikkelingen die na de Tweede Wereldoorlog hun beslag hadden. Maar steeds was het resultaat typisch Japans, een relatief naadloze vermenging van buitenlandse en inheemse ideeën, gewoonten, riten en geloofsvoorstellingen.

Het religieuze leven in Japan wordt sinds lang gekenmerkt door syncretisme – de vermenging van verschillende geloofsvoorstellingen en -praktijken in één, nieuw geheel – en door wat in het Westen als een hoge mate van 'tolerantie van ambiguïteit' beschouwd wordt. Op enkele belangrijke uitzonderingen na, zouden de meeste Japanners zichzelf waarschijnlijk als zowel shintoïstisch als boeddhistisch beschouwen en zouden zij geen tegenspraak zien in het praktiseren van twee geloven met zulke radicaal verschillende wortels. Velen zouden het zo formuleren: het shintoïsme is de 'religie van het leven' en het boeddhisme de 'religie van de dood'. Zo worden bijvoorbeeld verreweg de meeste Japanse huwelijken voltrokken volgens shintoïstische riten, terwijl een even overweldigende meerderheid van de begrafenissen boeddhistisch is en de meeste begraafplaatsen bij boeddhistische tempels horen. Grofweg gesproken richt het shintoïsme zich op zaken die déze wereld betreffen, op voortplanting en de bevordering van vruchtbaarheid, op spirituele reinheid en fysiek welbevinden. Anderzijds

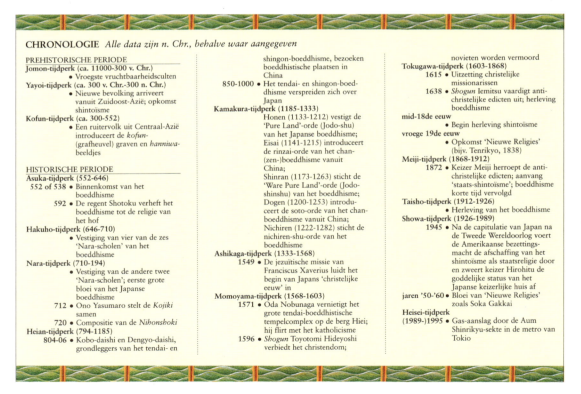

CHRONOLOGIE *Alle data zijn n. Chr., behalve waar aangegeven*

PREHISTORISCHE PERIODE
Jomon-tijdperk (ca. 11000-300 v. Chr.)
• Vroegste vruchtbaarheidsculten
Yayoi-tijdperk (ca. 300 v. Chr.-300 n. Chr.)
• Nieuwe bevolking arriveert vanuit Zuidoost-Azië; opkomst shintoïsme
Kofun-tijdperk (ca. 300-552)
• Een ruitervolk uit Centraal-Azië introduceert de *kofun*- (grafheuvel) graven en *hanniwa*-beeldjes

HISTORISCHE PERIODE
Asuka-tijdperk (552-646)
552 of 538 • Binnenkomst van het boeddhisme
592 • De regent Shotoku verheft het boeddhisme tot de religie van het hof
Hakuho-tijdperk (646-710)
• Vestiging van vier van de zes 'Nara-scholen' van het boeddhisme
Nara-tijdperk (710-194)
• Vestiging van de andere twee 'Nara-scholen'; eerste grote bloei van het Japanse boeddhisme
712 • Ono Yasumaro stelt de *Kojiki* samen
720 • Compositie van de *Nihonshoki*
Heian-tijdperk (794-1185)
804-06 • Kobo-daishi en Dengyo-daishi, grondleggers van het tendai- en shingon-boeddhisme, bezoeken boeddhistische plaatsen in China
850-1000 • Het tendai- en shingon-boeddhisme verspreiden zich over Japan
Kamakura-tijdperk (1185-1333)
• Honen (1133-1212) vestigt de 'Pure Land'-orde (Jodo-shu) van het Japanse boeddhisme; Eisai (1141-1215) introduceert de rinzai-orde van het chan- (zen-)boeddhisme vanuit China; Shinran (1173-1263) sticht de 'Ware Pure Land'-orde (Jodo-shinshu) van het boeddhisme; Dogen (1200-1253) introduceert de soto-orde van het chan-boeddhisme vanuit China; Nichiren (1222-1282) sticht de nichiren-shu-orde van het boeddhisme
Ashikaga-tijdperk (1333-1568)
1549 • De jezuïtische missie van Franciscus Xaverius luidt het begin van Japans 'christelijke eeuw' in
Momoyama-tijdperk (1568-1603)
1571 • Oda Nobunaga vernietigt het grote tendai-boeddhistische tempelcomplex op de berg Hiei; hij flirt met het katholicisme
1596 • *Shogun* Toyotomi Hideyoshi verbiedt het christendom; novieten worden vermoord
Tokugawa-tijdperk (1603-1868)
1615 • Uitzetting christelijke missionarissen
1638 • *Shogun* Iemitsu vaardigt antichristelijke edicten uit; herleving boeddhisme
mid-18de eeuw
• Begin herleving shintoïsme
vroege 19de eeuw
• Opkomst 'Nieuwe Religies' (bijv. Tenrikyo, 1838)
Meiji-tijdperk (1868-1912)
1872 • Keizer Meiji herroept de antichristelijke edicten; aanvang 'staats-shintoïsme'; boeddhisme korte tijd vervolgd
Taisho-tijdperk (1912-1926)
• Herleving van het boeddhisme
Showa-tijdperk (1926-1989)
1945 • Na de capitulatie van Japan na de Tweede Wereldoorlog voert de Amerikaanse bezettingsmacht van de afschaffing van het shintoïsme als staatsreligie door en zweert keizer Hirohitu de goddelijke status van het Japanse keizerlijke huis af
jaren '50-'60 • Bloei van 'Nieuwe Religies' zoals Soka Gakkai
Heisei-tijdperk (1989-)1995 • Gas-aanslag door de Aum Shinrikyu-sekte in de metro van Tokio

heeft het boeddhisme, hoewel het de echte wereld niet verwerpt, altijd een grotere nadruk geplaatst op verlossing en het mogelijke hiernamaals. De Pure Land-ordes ontstonden zelfs speciaal om aan deze behoefte tegemoet te komen.

Iedere beoordeling van de rol die religie in het oude en moderne Japan heeft gespeeld, moet bepaalde fundamentele aspecten van de Japanse cultuur in aanmerking nemen. Het belangrijkste is de ondergeschiktheid van het individu aan de groep, wat wordt samengevat in de Japanse uitdrukking 'de spijker die omhoog steekt zal worden neergehamerd'. Veel geleerden geloven dat dit ethos zijn wortels heeft in de nauwe samenwerking en collectieve besluitvorming die nodig zijn bij de natte-rijstverbouw, die tot voor kort Japans belangrijkste voedselbron vormde. De rijstvelden, die laat in het eerste millennium v. Chr. in Japan geïntroduceerd werden, zijn extreem arbeidsintensief. Vóór de mechanisatie moest iedere rijstplant apart met de hand geplant worden. Zelfs in de moderne tijd maken alle leden van een huishouding hun persoonlijke wensen ondergeschikt aan de gezamenlijke arbeid ten behoeve van het gewas – en, in het verlengde hiervan, het gezamenlijk overleven. Op een breder niveau is het een dorpsaangelegenheid, waarbij een groep huishoudingen elkaar onderling bijstaat bij het planten, wieden en oogsten.

Zulke sociale samenwerking en de hiermee gepaard gaande afwezigheid van een duidelijk individualisme, hebben van meet af aan zowel het shintoïsme als het Japanse boeddhisme gekarakteriseerd. Door de eeuwen heen hebben beide religies de individuele ondergeschiktheid ten behoeve van het welvaren van de grotere sociale eenheid altijd tot een kerndeugd gemaakt, of die eenheid nou een huishouding was, een rijst-verbouwend dorp, een feodale eenheid die beheerst werd door een hechte *samurai*-elite, of het corpus aan 'salaris-verdieners' in dienst van een moderne multinationale onderneming.

Gankakeema *(gebedsborden)* die door gelovigen zijn achtergelaten in de boeddhistische Kiyomizu-tempel in Kyoto. De stad was van 794 (toen zij Heian werd genoemd) tot 1868 de keizerlijke hoofdstad van Japan en een van de belangrijkste centra van het Japanse boeddhisme.

GELOOF EN COËXISTENTIE

Een hanniwa-beeldje van een krijger – die misschien bezig is een godheid of een heerser te vereren – gevonden bij Yamato-mura in het departement Ibaraki in het oosten van Honshu.

De oorsprong van het shintoïsme ligt in de prehistorie. Het is een open vraag of de prehistorische Jomon-cultuur (ca. 11000-300 v. Chr.) een geloof kende dat zich richtte op de verering van *kami*, althans in enige vorm die lijkt op de huidige. Deze ongeletterde, seminomadische jagers-verzamelaars en vissers produceerden *dogu*, gestileerde vrouwelijke beeldjes met sterk geprononceerde heupen en borsten. De precieze aard van de geloofsvoorstellingen rond de *dogu* is onbekend, hoewel zij waarschijnlijk het bestaan van een vruchtbaarheidscultus weerspiegelen. *Dogu* werden vaak in of bij graven geplaatst na eerst opzettelijk gebroken te zijn – misschien ritueel 'gedood' om de spirituele essentie van de *dogu* te bevrijden. Maar of deze 'essentie' gezien werd in termen van iets dat lijkt op de oorspronkelijke shintoïstische *kami* blijft speculatie.

Met de komst van de meer complexe Yayoi-cultuur (ca. 300 v. Chr.-300 n. Chr.) begint er typerend shintoïstisch iconografisch bewijsmateriaal te verschijnen. Tussen de grafgiften die in verband worden gebracht met de Yayoi – rijstbouwers wier thuisland waarschijnlijk ergens in Zuidoost-Azië of Zuid-China lag – zijn kleine beeltenissen van graanpakhuizen die een opmerkelijke gelijkenis vertonen met de architectuur van het heiligdom van Ise, dat ten minste twaalfhonderd jaar onveranderd is gebleven (zie p. 258). Ook vrouwelijke vruchtbaarheidssymbolen komen voor, net als stenen knotsen die een fallische symboliek lijken te hebben. De introductie van de natte-rijstcultuur lijkt zaai- en oogstrituelen met zich mee te hebben gebracht die in essentie waarschijnlijk identiek waren aan de shintoïstische rijst-gerelateerde rituelen die tot op de dag van vandaag op het Japanse platteland voortbestaan.

Nauw verbonden met de Yayoi-vruchtbaarheidscultus zijn komma-vormige sieraden die *magatama* heten, ceremoniële spiegels en heilige zwaarden. Deze spelen alledrie een belangrijke rol in de shintoïstische mythologie en vormen tot vandaag onderdeel van de keizerlijke regalia. Veel geleerden vermoeden dat de meerderheid van de *ujigami*, de beschermgoden die in verband gebracht worden met de oudst vermelde Japanse *uji* (clans), uit deze periode dateren. De belangrijkste *ujigami* was (en is) Amaterasu, de zonnegodin (zie p. 247), de mythologische voortbrengster van de Yamato-*uji* ('Zonne-clan'): de keizerlijke dynastie.

In de vierde eeuw werd Japan veroverd door ruitervolken uit Centraal-Azië – bijna zeker een heersende elite en geen binnentrekkende bevolking – en de graven van de stamhoofden kregen een nieuwe vorm: de *kofun* of grafheuvel. *Hanniwa*, votiefbeeldjes van paarden en krijgers, werden vaak aan de randen van deze massieve, sleutelgat-vormige bergen geplaatst om de overleden krijgsheer op zijn reis naar het hiernamaals te begeleiden.

Tegen het begin van de zesde eeuw regeerde de Yamato-keizer, die zetelde in een gebied dat nog steeds zijn naam draagt, over bijna het hele gebied tot het zuiden en westen van de Kantovlakte (zie kaart p. 239). Het eerste aanzienlijke contingent van boeddhistische missionarissen kwam naar deze embryonale staat – volgens de traditie in 552 n. Chr., maar geleerden denken dat 538 waarschijnlijker is. Volgens de *Nihonshoki* van 720 n. Chr. (zie p. 250), zond de pas bekeerde koning van Paekche in Zuidwest-Korea missionarissen naar het Yamamato-hof om de nieuwe religie uit het verre India bij zijn Japanse 'broeder' aan te bevelen.

Vele Yamato-hovelingen omarmden de nieuwe religie enthousiast – al was dat op een grotendeels shintoïstische manier, waarbij beelden van de Boeddha werden vereerd als manifestaties van een machtige *kami* – terwijl anderen de binnenkomst betreurden. In 592 riep de regent Shotoku het boeddhisme echter uit tot de officiële religie van het keizerlijke hof.

Gedurende de volgende twee eeuwen verbreidde de invloed van het boeddhisme zich snel onder de keizerlijke aristocratie. Maar de meeste Japanners kwamen niet met de religie in aanraking tot het begin van het Heian-tijdperk (794-1185). In 806 keerden de monniken Kobo-daishi en Dengyo-daishi terug van hun reizen in China en stichtten twee nieuwe ordes naar Chinees model, respectievelijk Shingon (van het Chinese *Zhen yan*, 'Waar Woord') en Tendai (van Tiantai, een berg en orde in het oosten van China). Beide hadden hun hoofdkwartier op een berg bij de nieuwe hoofdstad Heian (Kyoto) – Shingon op de berg Koya en het tendai-boeddhisme op de berg Hiei. Vanuit deze bastions reisden missionarissen van de nieuwe ordes door het land en in de negende en tiende eeuw nam het aantal bekeerlingen tot het boeddhisme snel toe. Later werd Kyoto het hoofdkwartier van de zen-ordes die in de twaalfde en dertiende eeuw uit China werden geïmporteerd (zie p. 252).

DE NARA-SCHOLEN

Tussen 625 en 738 werden er zes belangrijke boeddhistische scholen gesticht in of bij Nara, de eerste Japanse hoofdstad, door Japanse monniken die in China hadden gestudeerd: Jojitsu (625), Sanron (625), Hosso (654), Kusha (658), Kegon (736) en Ritsu (738). Elk van deze 'Nara-scholen' had banden met een moedertempel in China. De meest bekende van de Nara-scholen is vermoedelijk Kegon, wiens massieve houten hoofdkwartier, de Todai-ji-tempel in Nara, een enorm bronzen beeld van de Boeddha huisvest en een van de meest beroemde gebouwen in Japan is.

PRINS SHOTOKU

De tweede zoon van keizer Yomei, prins Shotoku (Shotoku Taishi), werd geboren in 574, nauwelijks twee decennia na de aankomst van de eerste boeddhistische missionarissen. Zijn vader was een van de eerste keizers die het nieuwe geloof omarmden. Hij zag erop toe dat zijn zoon praktisch vanaf zijn geboorte met boeddhistische ideeën werd opgevoed.

In 587 werd de toekomst van het boeddhisme in Japan veiliggesteld toen de Soga-clan, die het nieuwe geloof steunde, een conservatieve coalitie versloeg die werd aangevoerd door de Mononobe-familie. Vervolgens was de jonge Shotoku, nadat hij namens zijn tante, keizerin Suiko, tot regent was benoemd, in 592 in staat om het boeddhisme tot de officiële religie van het Yamato-hof uit te roepen.

Kort daarna stichtte hij (of ontwierp hij) een belangrijk boeddhistisch tempelcomplex in Horyuji, dichtbij Nara, en gedurende zijn hele regering werkte hij onvermoeibaar aan de bevordering van het boeddhisme. Hij wordt daarom wel de 'stichter van het Japanse boeddhisme' genoemd.

Maar zijn bijdrage aan de ontwikkeling van de Japanse religie was niet beperkt tot zijn activiteiten voor het boeddhisme. Hij was ook zeer vertrouwd met de Chinese klassieken en droeg ook bij aan de introductie van het confucianisme en taoïsme in Japan. In 604 kondigde hij zijn beroemde 'Zeventien Artikelen Constitutie' af, die zwaar leunde op zowel boeddhistische als confucianistische ethische principes. Rond de tijd van zijn dood, in 622, had Japan zich van een marginale, nauwelijks geletterde embryonale staat ontplooid tot een geciviliseerd en zeer ontwikkeld keizerrijk dat sterk gemodelleerd was naar dat van China.

Prins Shotoku: een hangende rol uit ca. 1850. De prins, stichter van het boeddhisme in Japan, werd zelf het object van volksverering.

De boeddhisten probeerden niet om het shintoïsme te ondermijnen of te vervangen, maar bouwden hun tempels eenvoudigweg naast shintoïstische schrijnen en verklaarden dat er tussen beide geloven geen fundamentele conflicten bestonden. Tegen het einde van het Heian-tijdperk leidde dit gevoel van alomvattendheid tot de ontwikkeling van het Ryobu Shinto of 'Dubbele Shintoïsme', waarin de shintoïstische *kami* en de boeddhistische *bosatsu* (*bodhisattva's*; zie p. 176-7) officieel gecombineerd werden in op zichzelf staande goddelijke wezens. Deze theologische vermenging werd vaak visueel voorgesteld door afbeeldingen van *kami* in een menselijke gedaante die 'dromen' van hun *bosatsu*-tegenhangers.

De laatste jaren van het Heian-tijdperk werden gekenmerkt door een bloedige burgeroorlog die culmineerde in de benoeming van Minamoto no

HET CHRISTENDOM IN JAPAN

In 1549 arriveerde Franciscus Xaverius, een Portugese priester en medestichter van de jezuïtische orde, aan het hoofd van een christelijke missie in Japan, precies vier jaar nadat de eerste Portugese handelsschepen Japan hadden bezocht. De nieuwe religie werd gesteund, althans impliciet, door de machtige *daimyo* (krijgsheer) Oda Nobunaga (1534-1582), die effectief gebruikmaakte van de Europese wapens. Het nieuwe geloof verspreidde zich snel en tegen de jaren tachtig van de zestiende eeuw hadden vrijwel alle *daimyo's* van het eiland Kyushu zich bekeerd, tezamen met hun onderdanen. Er waren ook grote groepen christenen in andere gebieden, waaronder de hoofdstad Kyoto, en het totale aantal bekeerlingen moet tegen het miljoen gelopen hebben. Er is geen duidelijk bewijs dat Nobunaga zich tot het katholicisme bekeerde, maar op ten minste één van zijn laatste portretten staat hij afgebeeld met een crucifix.

In 1582 werd Nobunaga door een ondergeschikte vermoord. Hij werd opgevolgd door zijn hoofdgeneraal, Toyotomi Hideyoshi (1536-98), die in 1587 de politiek van tolerantie liet varen. Een aantal Japanse jezuïtische novieten werd gekruisigd – de 'Japanse Martelaren' – en de missionarissen werden verbannen. Het christendom werd in 1596 officieel verboden. De vervolging werd onder Tokugawa Ieyasu (1542-1616), de

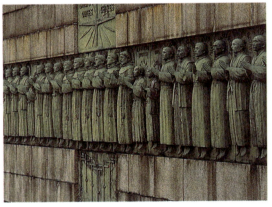

Het monument voor de 'Japanse Martelaren' in Nagasaki – vroeger, net als tegenwoordig, de zetel van de Rooms-Katholieke Kerk in Japan. Zij werden tijdens de christenvervolgingen onder Toyotomi Hideyoshi ter dood gebracht.

opvolger van Hedeyoshi en stichter van het Tokugawa-shogunaat dat Japan van 1603 tot 1867 regeerde, minder intensief. Maar Ieyasu's kleinzoon, Shogun Tokugawa Iemitsu, was zeer gedreven in zijn pogingen om het geloof uit te roeien. Vermeende christenen die weigerden om een beeltenis van de Maagd te vertrappen, werden stante pede geëxecuteerd. Geconfronteerd met zulke onderdrukking zwoeren de meeste *daimyo's* en hun onderdanen het geloof af. Rond 1640 was er aan Japans zogenoemde 'christelijke eeuw' een einde gekomen.

Een handvol Japanse katholieken bleef in het geheim praktiseren, meestal in en rond Nagasaki. Tegen de tijd dat de anti-christelijke edicten in 1872 werden herroepen, hadden zij gedurende meer dan twee eeuwen geen contact met Rome gehad en veel van hun praktijken waren verwijderd geraakt van de hoofdstroom van het christendom (de devotie tot Jezus en Maria was bijvoorbeeld sterk gaan lijken op de verering van machtige shintoïstische *kami* of boeddhistische *bosatsu*). De meesten weigerden om zich opnieuw bij de katholieke kerk aan te sluiten en deze christelijke zijtak vormt nu een klein onderdeel van het Japanse religieuze mozaïek. Tegenwoordig zijn er ongeveer 600.000 christenen in Japan op een bevolking van bijna 130 miljoen.

Yorimoto tot de nieuwe rang van *shogun* of 'opperste generaal'. Er volgden vier eeuwen van bijna voortdurende strijd, wat vele priesters ertoe bracht te geloven dat *mappo*, het Mahayana-boeddhistische 'tijdperk van chaos' (zie p. 266-7) was aangebroken. Vroeg in het Kamakura-tijdperk (1185-1333) kwamen er in antwoord op deze spirituele uitdaging drie bewegingen op: Jodo-shu (de 'Pure Land'-orde'), Jodo-shinshu (de 'Ware Pure Land'-orde') en Nichiren-shu (de nichiren-orde). De stichters van deze nieuwe loten van het boeddhisme, respectievelijk Honen (1133-1212), Shinran (1173-1263) en Nichiren (1222-128) werden allemaal opgeleid in het grote tendai-boeddhistische complex op de berg Hiei.

De belangrijkste religieuze ontwikkeling in het Ashikaga- en Momoyama-tijdperk (1333-1603) was de komst van het christendom in 1549. De aanvankelijke successen ervan werden na de dood van de vroege beschermheer, Oda Nobunaga (zie kader p. 244), ongedaan gemaakt. Onder het Tokugawa-shogunaat (1603-1868) groeide het boeddhisme, met name de 'Pure Land'-ordes. De Tokugawa-heersers omarmden ook de hiërarchische filosofie van het Chinese neo-confucianisme (zie p. 205); de enige confucianistische tempel van Tokio werd gesticht in 1690 door de vijfde Tokugawa-*shogun*. Ook het taoïsme ging een belangrijke positie innemen, in ieder geval onder de hof-intelligentsia.

In de late achttiende eeuw leidden de inspanningen van Motoori Norinaga (1730-1800) en andere shintoïstische geleerden tot een hernieuwde interesse in de *Kojiki*, *Nihonshoki* en andere oude shintoïstische teksten (zie p. 250). Een eeuw later was deze herleving van het shintoïsme, die de keizerlijke cultus sterk benadrukte, een belangrijke factor in het instorten van het tegen die tijd economisch zieltogende shogunaat en het herstel in 1868 van de keizerlijke macht onder keizer Meiji. In de jaren die volgden op de Meiji-restauratie werd het shintoïsme de officiële religie van Japan (als 'staats-shintoïsme') en het boeddhisme maakte tijdelijk een neergang door (zie marge).

In de jaren zeventig van de negentiende eeuw keerden missionarissen van verschillende christelijke denominaties naar het nu tolerante Japan terug, maar slechts weinig Japanners zagen er voordeel in om het shintoïsme te verlaten, een geloof dat nauw verbonden was met het keizerlijke regime en dus ook met de toenemende welvaart die het gevolg was van het beleid van industrialisatie naar westers patroon. Tegenwoordig zijn er slechts rond de 600.000 Japanners die het christelijk geloof aanhangen.

Een belangrijk fenomeen in de recente geschiedenis van de Japanse religie is de groei van de Shinko Shukyo ('Nieuwe Religies'), een term die oorspronkelijk gebruikt werd voor de vele nieuwe sekten die opkwamen in de vroege negentiende eeuw te midden van de sociale chaos die de ineenstorting van het feodale *shogunaat* kenmerkte. Voor het grootste gedeelte waren deze sekten mengvormen van het shintoïsme en boeddhisme, maar sinds de Meiji-restauratie hebben sommige ook elementen overgenomen van het christendom en andere religies (zie p. 270-71).

DE BOEDDHISTISCHE VERVOLGING

De triomf van het shintoïsme na de Meiji-restauratie resulteerde voor het boeddhisme, dat door het shogunaat gesteund werd, in een terugslag. Het nieuwe keizerlijke regime liet lang bestaande boeddhistische symbolen en praktijken uit de schrijnen verwijderen en in de jaren tachtig van de negentiende eeuw verloor de boeddhistische clerus op ingrijpende wijze de invloed die men onder de Tokugawa had gehad. Musea en verzamelaars in Europa en Amerika vormden een gretige markt voor de vele kunstvoorwerpen van onschatbare waarde die door anti-boeddhistische ijveraars uit de tempels werden buitgemaakt, waarbij de autoriteiten vaak een oogje dichtknepen.

Aan het einde van de jaren tachtig maakte de keizerlijke regering echter een einde aan de vervolging en het boeddhistische establishment maakte een snelle comeback. Het shintoïsme bleef tot 1945 de staatsreligie, maar de historische balans tussen de twee geloven was hersteld en bestaat tot op heden voort. Het staats-shintoïsme werd aan het einde van de Tweede Wereldoorlog afgeschaft en sindsdien heeft geen enkel geloof een officiële status gehad.

Een 18de-eeuwse kaart van een tendai-boeddhistisch complex op de Hieizan (de berg Hiei) bij Kyoto. Velen van de grote stichters van het Japanse boeddhisme werden hier opgeleid, onder wie Honen, Shinran, Nichiren, Eisai en Dogen (zie p. 252-5).

EEN WERELD VAN GEESTEN

Jimmu Tenno op de zoektocht die hem tot de eerste keizer van Japan zal maken. Een 19de-eeuwse prent.

Het Japanse woord *kami* wordt vaak vertaald als 'godheid' (een god of godin), maar in werkelijkheid duidt het op een uiterst breed scala aan geesten in combinatie met tal van mysterieuze en bovennatuurlijke krachten en 'essenties'. In de *Kojiki* (zie p. 251) wordt vermeld dat er acht miljoen *kami* bestaan, wat in het Japans een manier is om te zeggen dat het aantal oneindig is. Zij omvatten ontelbare vaag omschreven beschermgoden van clans, dorpen en buurtschappen *(ujigami)*, 'geesten van plaatsen' – de essenties van markante geografische kenmerken, waaronder bergen, rivieren en watervallen – en andere natuurlijke fenomenen, zoals de *kamikaze* ('goddelijke wind'), de tyfoon die Japan redde van een Mongoolse invasie uit zee in de dertiende eeuw. Sommige *kami* zijn *oni*, demonische, wraakbeluste geesten (zie p. 248); andere zijn mengvormen van goedgezinde geïmporteerde boeddhistische en taoïstische godheden.

Voorouderseesten vormen een andere belangrijke categorie van *kami*. In het shintoïsme gelooft men dat iemands ziel na de dood van haar sterfelijke 'gastheer' een *kami* wordt, en de *kami* van de voorouders van een familie worden vereerd op de huisaltaren. Sommige voorouder-*kami*, zoals de geesten van de moderniserende keizer Meiji (1767-1912) en andere heersers, worden soms de focus van bredere culten. Meiji's schrijn is bijvoorbeeld het belangrijkste shintoïstische heiligdom in Tokyo. De *kami* van alle Japanse oorlogsdoden sinds 1872 worden vereerd in Tokio's controversiële Yasukuni-heiligdom (zie p. 268).

De meest bekende *kami* zijn de antropomorfe goden en godinnen die opkwamen tijdens wat de oude teksten het 'Tijdperk der Goden' noemen (zie kader p. 247). Dit zijn de 'hemelse *kami*' *(amatsukami)*, zoals de wijd vereerde zonnegodin Amaterasu, en de 'aardse *kami*' *(kunitsukami)*, zoals de populaire Okuninushi, de beschermgod van Japan en haar keizers (zie marge). Okuninushi wordt vereerd in Izumo Taisha, het tweede meest belangrijke shintoïstische heiligdom na dat van Amaterasu in Ise.

Andere belangrijke *kami* zijn Inari, de rijstgod, die algemeen vereerd wordt als de godheid die een overvloedige rijstoogst verzekert en daardoor algemene welvaart. Zijn cultus is daarom met name belangrijk voor winkeliers, handelaren en kunstenaars. Inari's boodschapper en bewaker is de vos en afbeeldingen van dit dier zijn dan ook in alle heiligdommen van de god prominent aanwezig. In de oudheid werd Inari ook beschouwd als de patroon van de zwaardsmeden.

De zogenoemde 'Zeven Geluksgoden' belichamen een reeks van wenselijke kenmerken. Het populairst zijn Daikokuten en zijn zoon Ebisu, die allebei materiële overvloed vertegenwoordigen en vaak een heiligdom delen. Daikokuten, die gewoonlijk wordt afgebeeld met een grote zak over zijn linkerschouder, wordt met name vereerd door koks en restauranthouders. Hij wordt vaak vereenzelvigd met Okuninushi, die ook bekendstaat als Daikokusama. Ebisu draagt in zijn linkerhand een hengel en een zeebrasem in zijn rechter. De andere vijf zijn Benten (de god

DE KEIZERLIJKE MYTHE

De Izumo-regio in Japan leverde een belangrijke bijdrage aan de shintoïstische mythologie, met name het verhaal van de vestiging van de heerschappij van Jimmu Tenno, de eerste keizer, en de Japanse keizerlijke dynastie.

Nadat Susano uit de hemel was verbannen (zie kader p. 247), daalde hij af naar 'de Rietvlakte' (aarde), waar hij een schone maagd van een draak redde. Susano vond in een van zijn acht staarten een legendarisch zwaard, Kusanagi, en gaf dit als teken van verzoening aan zijn zuster Amaterasu. Hij huwde de maagd, bouwde dichtbij Izumo een paleis, en verwekte een dynastie van machtige goden die over de aarde gingen heersen. De grootste was Okuninushi, 'Grote Heer van het Land'. Verontrust door Okuninushi's macht zond Amaterasu haar kleinzoon Honinigi om haar soevereiniteit over de aarde veilig te stellen. Het kwam tot een compromis: te beginnen met Honinigi's afstammeling, Jimmu Tenno, zouden de aardse afstammelingen van Amaterasu als keizers de aarde regeren, terwijl Okuninushi de eeuwige goddelijke beschermer van het land zou zijn.

HET 'TIJDPERK DER GODEN'

De verhalen van de grote goden en godinnen van het shintoïsme worden verteld in de epossen van de *Kojiki* en de *Nihonshoki* (zie p. 250-51). Zij geven een verslag van de oertijd die bekendstaat als het 'Tijdperk der Goden', toen de goden op de aarde actief waren alvorens de heerschappij van hun aardse afstammelingen, de keizers, te vestigen om zich vervolgens terug te trekken in het hemelse domein.

In het begin, toen de wereld een vloeiende, turbulente, vormeloze chaos was, verrezen er zeven achtereenvolgende generaties van onzichtbare *kami*. In de achtste generatie kwamen de god Izanagi en de godin Izanami tot bestaan en, staand op de 'Drijvende brug van de hemel' (die waarschijnlijk als een regenboog geïnterpreteerd moet worden), doopten zij een met juwelen versierde speer in de gelei-achtige massa en schiepen een eiland, Onogoro. Dit was het eerste land.

Izanagi en Izanami daalden af naar het eiland. Op dat moment werden zij zich bewust van hun verschillende sekse en hadden gemeenschap. Maar Izanami's eerste kind was een 'bloedzuiger-kind' (dat wil zeggen een monster), en het paar zocht hulp bij de oudere *kami*. Izanami schonk vervolgens het leven aan een reeks van *kami* en ook eilanden – de Japanse archipel. Maar de geboorte van haar laatste kind, de vuurgod, gaf haar zulke ernstige brandwonden dat zij stierf en naar Yomi ging, het land van de doden (zie p. 267).

Izanagi begaf zich in Yomi in een ijdele poging om zijn beminde vrouw terug te halen, maar hij luisterde niet naar haar smeekbede om niet naar haar te kijken. Hij zag dat Izanami een rottende, afzichtelijke demon geworden was en vluchtte ontzet, achtervolgd door Izanami en de zogenoemde 'Hellevegen van Yomi'. Hij bracht het er ternauwernood levend af.

Om zich te reinigen van Yomi's vervuiling, baadde Izanagi zich in de rivier de Hi (zie kaart p. 239). Terwijl hij zich waste werd de zonnegodin Amaterasu geboren uit zijn linkeroog, de maangod Tsuki-yomi uit zijn rechteroog en de stormgod Susano uit zijn neus. Izanagi trok zich vervolgens terug in het noordwesten van het eiland Kyushu, waar tegenwoordig een handvol schrijnen aan hem en Izanami zijn gewijd. Voordat hij zich terugtrok, schonk hij zijn nageslacht macht: Amaterasu werd de opperste godheid, Tsuki-yomi werd de heerser van de nacht en Susano de heerser van de zee.

Maar Susano was jaloers op zijn zuster en raasde door de hemel, chaos veroorzakend. Amaterasu antwoordde door zich op te sluiten in de 'Hemelse Grot der Duisternis', waardoor ze de zaken erger maakte doordat de wereld het zonlicht moest ontberen en de gewassen afstierven. Uiteindelijk werd ze door een truc weer naar buiten gelokt en daarbij keerde het zonlicht terug.

Nadat de zonnegodin was teruggekeerd, werd Susano verbannen en werd Amaterasu's soevereiniteit bevestigd. Haar afstammeling Jimmu werd de eerste keizer (zie marge p. 246) en met de vestiging van de keizerlijke dynastie kwam het 'Tijdperk der Goden' tot een einde.

Een 19de-eeuwse triptiek toont Amaterasu, de zonnegodin, terwijl ze terugkeert uit de 'Hemelse Grot der Duisternis' in een blazoen van licht. Ze verliet de grot nadat de andere goden haar hadden laten geloven dat haar spiegelbeeld – een heilig shintoïstisch symbool – een machtigere zonnegodin was. Er is wel gesuggereerd dat dit verhaal gebaseerd is op een zonsverduistering.

KWADE GEESTEN

In de Japanse traditie zijn de meeste kwade geesten of *oni* ('demonen') onzichtbaar. Men gelooft dat sommige hiervan dierlijke geesten zijn die het vermogen hebben om van een persoon bezit te nemen. Tot de meest gevreesde behoort de geest van de vos. Bezetenheid door de vos kan allerlei soorten rampen veroorzaken, onder meer ziekte en dood. In sommige gebieden van het Japanse platteland, met name in het noorden, waar nog oude gebruiken en voorstellingen voortbestaan, gelooft men dat de *yamabushi* ('bergkrijgers', zie p. 260) speciaal geschikt zijn om zulke geesten uit te drijven om zo de gezondheid van het slachtoffer te herstellen.

Een ander soort kwade geest is de *obake*. Ook deze wezens zijn naar men gelooft in staat om aanzienlijk onheil aan te richten en ook zij kunnen met de juiste rituelen worden uitgedreven.

van muzikale vaardigheid en andere kunsten), Fukurokuju (de god van populariteit), Hotei (de god van grootmoedigheid), Jurojin (de god van een lang leven) en Bishamonten (de god van welwillend gezag).

Het Japanse boeddhisme vereert in navolging van het Mahayana-boeddhisme een breed scala aan heilige wezens die bekendstaan als *butsu* (Sanskriet: *buddha*) en *bosatsu* (Sanskriet: *bodhisattva*; zie p. 176-7). Met name drie van deze goddelijke wezens zijn heel belangrijk in het Japanse boeddhisme: Amida, Kannon en Jizo. Van deze is de *butsu* Amida (Sanskriet: Amitabha), die over het 'Pure Land' of Westelijke Paradijs regeert – dat een centrale rol speelt in het tendai-boeddhisme en zijn 'Pure Land'-vertakkingen (zie p. 193) – het belangrijkst.

Na Amida is Kannon, die direct ontleend is aan de Chinese godin Guanyin (zie p. 211) en uiteindelijk aan de Indiase mannelijke *bodhisattva* Avalokiteshvara (zie p. 176), de populairste boeddhistische godheid. Afwisselend afgebeeld als mannelijk of vrouwelijk, is Kannon de beschermer van kinderen, dode zielen en barende vrouwen. Het is ook de *bosatsu* tot wie de gelovigen zich richten voor genade en vergeving. Op grond van het idee dat de godheid een eindeloos mededogen bezit om aan de gelovigen te schenken wordt Kannon vaak afgebeeld als 'Kannon met de Duizend Armen'. In bijna iedere Japanse gemeenschap is een aan Kannon gewijde tempel te vinden.

De *bosatsu* Jizo houdt zich ook met kinderen bezig, met name met de zielen van overleden kinderen (waaronder tegenwoordig ook geaborteerde foetussen). Kleine Jizo-*yas* of tempels van Jizo kunnen overal in Japan worden aangetroffen en zijn makkelijk te herkennen aan de groep kleine afbeeldingen van de *bosatsu* met een rode shawl en vaak een stukje kleding van het overleden kind. Jizo is de beschermer van ieder-

TENJIN: DE GODDELIJKE AMBTENAAR

Een schoolvoorbeeld van een historische figuur die een belangrijke shintoïstische *kami* werd, is Sugawara no Michizane, ook bekend als Tenjin of 'Hemelpersoon'. Tenjin (845-903), een briljante administrateur en geleerde, maakte op de top van zijn carrière deel uit van het Heian- (Kyoto-)hof toen verschillende jaloerse collega's tegen hem samenzwoeren. Onterecht beschuldigd van ambtelijk falen, werd Tenjin uit zijn geboortestad verbannen en bracht hij de rest van zijn leven door als een rusteloze politieke banneling.

Na zijn dood werd Heian geteisterd door branden en pestepidemieën. De keizerlijke autoriteiten waren ervan overtuigd dat dit hun goddelijke straf was voor hun behandeling van Tenjin en ze probeerden zijn boze geest te verzoenen door het bouwen van een belangrijk heiligdom voor zijn *kami* – het Kitano Temmangu-heiligdom, dat nog steeds een van de belangrijkste shintoïstische schrijnen in het moderne Kyoto is.

Volgens het verhaal verbeterden de omstandigheden in Heian daarna direct. Tenjin werd vervolgens een belangrijk lid van het shintoïstische pantheon, vereerd door heel Japan. Hij wordt gezien als speciaal behulpzaam bij onderwijskwesties; hij wordt regelmatig aangeroepen door studenten die belangrijke examens moeten afleggen en door geleerden die goddelijke hulp zoeken bij hun onderzoek.

een die pijn lijdt en men gelooft dat hij in staat is om zielen te bevrijden uit Jigoku (de 'Hel', zie p. 267) en ze naar het Pure Land te leiden.

In de volksverering is het onderscheid tussen de shintoïstische *kami* en de boeddhistische *bosatsu* en *butsu* erg vaag. In het verleden hebben shintoïstische priesters de uitdrukking 'kami-natuur' op een manier gebruikt die analoog is aan de boeddhistische '*buddha*-natuur'. *Kami* en *bosatsu* worden als in essentie complementair beschouwd en een aantal goden is voor beide geloven van belang, zoals bijvoorbeeld Hachiman (zie marge). Kannon en Jizo worden door een groot aantal Japanners ook als *kami* vereerd.

Hachiman is niet de enige godheid met historische of semihistorische wortels. Dit geldt ook voor Tenjin (zie kader p. 248), terwijl keizer Meiji een van de meest recente godheden is. Japanse boeddhisten roepen soms de geesten van de boeddhistische meesters Honen, Shinran en Nichiren (zie p. 253-5) aan alsof zij *kami* zijn – hoewel zij nooit de focus van belangrijke culten zijn geworden.

HACHIMAN

De shintoïstische *kami* Hachiman is een belangrijke krijgsgod die grotendeels ontleend is aan de semilegendarische keizer Ojin (ca. 300 n. Chr.). Hachiman wordt in heel Japan vereerd in zowel boeddhistische als shintoïstische tempels. Het meest vermeldenswaard is dat hij de beschermgod is van de Todaiji-tempel in Nara (die ook het grootste beeld van de Boeddha in Japan herbergt) en van het Hachiman-heiligdom in Kamakura.

Hachiman-schrijnen zijn favoriete plaatsen om het ritueel dat *omiyamairi* wordt genoemd uit te voeren. Hierbij worden kinderen – in het geval van Hachiman hoofdzakelijk jongens – voor de eerste keer meegenomen naar een heiligdom om te worden gereinigd (zie p. 264). Hachiman's beeltenis wordt ook aangetroffen in veel boeddhistische tempels, waar hij als een *bosatsu* wordt vereerd.

Een beeld van Hachiman door de beeldhouwer Kaikei, die in de 13de eeuw in Nara werkzaam was. Het opvallende realisme van dit beeld was typerend voor het Kamakura-tijdperk (1185-1333). De god is afgebeeld in de pij van een boeddhistische monnik.

KRONIEKEN EN HEILIGE GESCHRIFTEN

Een boeddhistische meester-kalligraaf aan het werk in Tokyo. De kalligrafie werd uit China geïntroduceerd en werd een belangrijke kunstvorm, met name nadat er in de 9de eeuw een vereenvoudigd Japans schrift was ontworpen (zie p. 253).

De oudste en belangrijkste geschreven bronnen voor het shintoïsme zijn twee epossen uit de vroege achtste eeuw n. Chr.: de *Kojiki* en *Nihonshoki*. Geen van deze teksten kan als 'heilige schrift' worden aangemerkt in de zin van een goddelijke openbaring. Het zijn beide genealogisch gebaseerde kronieken die zich tot in de vroege historische periode uitstrekken. De *Kojiki* ('Kroniek van Oude Zaken'), de oudste overgeleverde tekst in het Japans, werd samengesteld en bewerkt in 712 door de hof-geleerde Ono Yasumaro uit een aantal oudere bronnen. Deze bronnen, sommige geschreven (en helaas verloren gegaan) en sommige mondeling overgeleverd, waren voor het grootste deel genealogieën van verschillende machtige *uji* of clans, die het politieke leven in de Nara-periode (710-794) beheersten en waarvan de keizerlijke Yamato-clan de belangrijkste was. Iedere genealogie traceerde de afstamming van de betreffende *uji* tot een bepaalde *kami* (god of godin).

Rond deze tijd nam Japan bijna ieder denkbaar cultuurkenmerk van China over. Geïnspireerd door het Chinese genre van de 'keizerlijke kroniek', die diende om de heersende dynastie te legitimeren, gaf het Japanse hof Ono opdracht om een samenhangende Japanse kroniek samen te stellen die voor eens en voor altijd de suprematie van de Yamato-clan zou vestigen. Het vroege gedeelte van Ono's tekst bevat het basisverslag van de shintoïstische kosmologie en theogonie: de schepping van de Japanse eilanden door de oergoden Izanagi en Izanami, de geboorte van de zonnegodin Amaterasu, de uitbreiding van haar gezag naar de 'Rietvlakte' (Japan), en het verschijnen van haar afstammeling Jimmu, de eerste keizer (zie p. 246-7).

De *Kojiki* en *Nihonshoki* (samengesteld in 720 als een soort correctie op de *Kojiki*; zie marge) zijn geenszins de enige bronnen van de shintoïstische geloofsvoorstellingen. Andere geschriften zijn de *Manyoshu* (ca. 760), een uitgebreide bloemlezing van poëzie met gedichten over religieuze, mythologische en wereldse thema's; de *Fudoki*, provinciale kronieken die in 713 werden opgesteld en die legenden van lokale *kami* bevatten; en de *Engishiki*, die uit de late tiende eeuw dateert en een groot corpus aan *norito*, rituele gebeden voor openbare ceremonies, bevat.

De verreweg belangrijkste tekst in het Japanse boeddhisme is de *Lotus Sutra (Hokkeyo,* zie kader p. 251). Vervolgens is de *Dainichi-kyo* of *Zonne-Sutra,* waarop de shingon-orde is gevestigd die door Kobo-daishi (774-835) in Japan geïntroduceerd werd, het meest belangrijk. Volgens de *Zonne-Sutra* kwam de hele kosmos voort uit Vairochana, de Zonne-Boeddha, en het doel van de gelovige is om de innerlijke betekenis van dit proces te leren begrijpen. Net als de *Lotus Sutra* stelt de *Zonne-Sutra* dat de *'boeddha*-natuur' inherent aanwezig is in ieder mens en dat iedereen in één enkel leven verlicht kan worden. De weg naar verlossing van de *Zonne-Sutra* loopt echter via de esoterische kennis die

DE *NIHONSHOKI*

De leidende Japanse clans waren blijkbaar niet tevreden over de *Kojiki,* zelfs voordat Ono deze had afgerond (zie hoofdtekst), grotendeels omdat het de geschiedenis van de keizerlijke clan benadrukte ten koste van hun eigen clans. Het hof beantwoordde deze ontevredenheid door een commissie van hovelingen de samenstelling van de *Nihonshoki* ('Kronieken van Japan') op te dragen.

Ono had een relatief rechtlijnig verhaal geproduceerd, maar de auteurs van de *Nihonshoki* voelden zich verplicht om iedere belangrijke mythologische gebeurtenis vanuit verschillende perspectieven te vertellen die de versies weerspiegelen die de belangrijkste clans heilig waren. Het resultaat was een mengelmoes van compromissen, herhalingen en zelfs tegenspraken. Niettemin bevat de *Nihonshoki* een schat aan verhalen die licht werpen op de reikwijdte en diversiteit van de oude shintoïstische mythologie en haar *kami*.

Anders dan de *Kojiki* is de *Nihonshoki* in het klassiek Chinees geschreven, hoewel het poëtische gedeelten in archaïsch Japans bevat. Waar mogelijk hebben de auteurs de mythen vanuit een Chinees perspectief gepresenteerd en de tekst bevat vele Chinese mythologische thema's en verwijzingen. Een goed voorbeeld is het verhaal van Pan Gu, een Chinese scheppingsmythe die op verschillende plaatsen in de *Nihonshoki* in bijna identieke vorm terugkeert.

vervat is in een zeer complexe *mandala* (een symbolische weergave van de kosmos; zie p. 177) en niet via het belijden van geloof in de *bodhisattva's*.

Tot de vele andere vereerde teksten in het Japanse boeddhisme behoren de geschriften van grote meesters als Kobo-daishi, Dengyo-daishi, Honen, Shinran, Nichiren, de stichters van Zen, Eisai en Dogen (zie p. 252). Het zen-boeddhisme wordt ook gekenmerkt door de *koan* (heilige raadsels, van het Chinese *gong an*), een *mantra*-achtige uitspraak of een raadselachtige, soms onmogelijk lijkende vraag voor contemplatie. Een beroemde *koan* is: 'Wat is het geluid van één klappende hand?'

DE *LOTUS SUTRA*

Naar verluidt gebaseerd op de preken van de Boeddha zelf, is de *Lotus Sutra* een van de belangrijkste religieuze teksten in de boeddhistische Mahayana-traditie (zie ook p. 181). De *Lotus Sutra* kwam met de eerste boeddhistische missionarissen naar Japan halverwege de zesde eeuw n. Chr., maar werd pas na de introductie van de tendai- (de Chinese tiantai-)orde door Dengyo-daishi (762-822) van uitermate groot belang. Alle belangrijke Japanse ordes die uit het tendai-boeddhisme voortkwamen zijn geworteld in *Lotus Sutra*, waaronder de Pure Land-ordes van Honen en Shinran en met name de door Nichiren gestichte orde (zie p. 254-5).

De centrale these van de *Lotus Sutra* is dat al het leven in meer of mindere mate een '*boeddha*-natuur' bezit. Dit kan worden uitgelegd als het vermogen tot een alomvattend mededogen gecombineerd met de kalmte die ontstaat wanneer men alle verlangens heeft afgelegd. Verlossing is alleen mogelijk als men zijn '*boeddha*-natuur' volledig kan realiseren. Om dit te bereiken moet de gelovige zich wijden aan een leven van gebed en meditatie en de hulp zoeken van een verscheidenheid aan *bodhisattva's* (zie p. 176-7). De verwerkelijking van de '*boeddha*-natuur' brengt de gelovige dichter bij het uiteindelijke doel: *nirvana*, de permanente verlossing uit de eeuwige cyclus van dood en wedergeboorte.

Verzen uit de Lotus Sutra zijn met gouden inkt in Chinese karakters op indigo papier geschreven. Dit zeer verfijnde manuscript zou deel uitmaken van een kopie van de sutra die waarschijnlijk in Kyoto werd gemaakt voor keizer Go-Mizunoo (die regeerde van 1611-29).

BAKENS VAN WIJSHEID

In de laatste tweeduizend jaar hebben talrijke individuen, variërend van priesters en monniken tot ambtenaren, prinsen en keizers, grote bijdragen geleverd aan de Japanse religieuze ontwikkelingen. De meesten van deze vereerde figuren waren boeddhisten – de stichters van nieuwe ordes en scholen. Samen ontwierpen zij het religieuze raamwerk dat het Japanse boeddhisme nog steeds beheerst en dat ook een diepgaande invloed heeft gehad op de ontwikkeling van het shintoïsme tijdens het zoeken naar gemeenschappelijke gronden. Tot degenen die een belangrijke rol in de geschiedenis van het shintoïsme hebben gespeeld behoren geleerden als Ono Yasumaro (zie p. 250) en Motoori Norinaga (zie p. 255), die onvermoeibaar probeerden om de oude verhalen van het *kami*-geloof vast te leggen.

Vooraanstaande vroege boeddhistische meesters zijn Saicho (762-822) en Kukai (774-835), beter bekend als respectievelijk Denyo-daishi

DE STICHTING VAN HET ZEN-BOEDDHISME

Het Kamakura-tijdperk zag de opkomst van Zen – de tak van het Japanse boeddhisme die het meest bekend is buiten Japan. De stichters waren Eisai (1141-1215) en Dogen (1200-1253), die beiden waren opgeleid in het tendai-'seminarie' op de berg Hiei (Hiei*zan*).

Eisai raakte gedesillusioneerd door wat hij beschouwde als de lakse monastieke discipline op de Hiei en vertrok in 1168 voor een pelgrimage van vijf maanden naar China, waar hij de belangrijkste tempels van de tendai-orde bezocht (waaruit het tendai-boeddhisme was voortgekomen) en teksten verzamelde die tot dan toe nog niet in het Japans waren vertaald. Op een langere pelgrimage (1187-91) leerde hij Zu'an Huaichang kennen, meester van de linji-tak van het chan-boeddhisme, een school die zich richtte op intensieve meditatie (het woord 'Chan' komt van het Sanskritische *dhyana*; zie p. 219).

Geïnspireerd door Xu'an's leer, keerde Eisai terug naar Japan om de doctrines van Linji Chan of, in de Japanse uitspraak, 'Rinzai Zen' te prediken. Hij verliet de Hiei*zan* en ging naar Kamakura, waar hij de bescherming van het shogunaat verwierf en vele belangrijke geschriften produceerde, waaronder *Shukke Taiko* ('Essenties van het monastieke leven', 1192), *Kozen Gokku ron* ('De ver-

Eisai, de stichter van Rinzai Zen. Het rinzai-boeddhisme verspreidde zich snel onder de samurai-*elite, die vond dat de mentale discipline van Zen hen tot betere vechters maakte.*

kondiging van Zen als een verdediging van de natie', 1198) en *Nihon Buppo Chuko gammon* ('Een pleidooi voor de herleving van het Japanse boeddhisme', 1204).

Dogen, de stichter van de soto zen-orde, had zijn opleiding ook op de Hiei*zan* en net als Eisai raakte hij ontmoedigd door wat hij als de spirituele laksheid beschouwde. Zijn twijfels maakten dat hij naar het nabij gelegen Kenninji vertrok, een rinzai zen-klooster. Zes jaar later maakte Dogen ook een pelgrimage naar China, waar hij onder de meester van de cuotong-orde van het chan-boeddhisme studeerde.

Dogen keerde naar huis terug om een Japanse orde van Cuotong Chan ('Soto Zen' in het Japans) te stichten. Het soto zen-boeddhisme wordt gekenmerkt door de nadruk op het zitten in *zazen*, dat wil zeggen met gekruiste benen in de 'lotuspositie', als een voorwaarde voor het bereiken van *satori*: verlichting. Anders dan Eisai, die de studie en contemplatie van *koans* (zie p. 251) bepleitte, meende Dogen dat de sleutel tot spirituele verlichting gelegen was in individuele discipline die gefocust was op een intens begrijpen van de eigen '*boeddha*-natuur'. Hij werkte dit idee uit in *Fukan Zazengi* ('Een universele bevordering van *zazen*-principes', 1227), een van zijn vele invloedrijke verhandelingen.

en Kobo-daishi, de stichters van de tendai- en shingon-ordes (zie p. 243-4). Beiden worden nog steeds algemeen – en niet alleen door de leden van hun eigen ordes – als wijzen vereerd. Aan Kobo-daishi wordt traditioneel ook de uitvinding van de *hiragana* en *katakana* toegeschreven – letterschriften, gebaseerd op de klanken die door 51 Chinese karakters werden voorgesteld, die het schrijven van het Japans aanzienlijk vereenvoudigden.

Het Kamakura-tijdperk (1185-1333) bracht verschillende belangrijke boeddhistische figuren voort die hun religieuze basisopleiding in het grote tendai-boeddhistische tempelcomplex op de berg Hiei, eeuwenlang Japans belangrijkste boeddhistische 'seminarie', hadden genoten. Hiertoe behoren de grote meesters Eisai en Dogen, die Chan (Zen), de Chinese meditatie-school van het boeddhisme, als een belangrijke invloed in Japan introduceerden (zie kader p. 252).

De eerste van de vereerde alumni van de berg Hiei in deze periode was Genku (1133-1212), beter bekend als Honen, de stichter van de 'Pure Land'-orde (Jodo-shu). Honen werd op vijftienjarige leeftijd een tendai-monnik, maar raakte in de loop der jaren ontevreden over de orthodoxe tendai-dogma's. Rond 1180 stichtte hij een nieuwe orde die gebaseerd was op doctrines die enkele eeuwen eerder in China waren ontstaan en zich richtten op het 'Pure Land', een hemels paradijs bestierd door Amida Boeddha (zie p. 193). Nadenkend over de sociale chaos van zijn tijd stelde Honen dat de mensen in wezen te slecht waren om op eigen kracht de verlossing te bereiken, zelfs wanneer zij op het oog volmaakte levens leidden. De enige hoop bestond erin om zich aan de genade van Amida toe te vertrouwen. Men kon het Pure Land bereiken door *nembutsu* – de tendai-praktijk van het reciteren van de zin '*namu Amida Butsu*' ('Ik stel mijn vertrouwen in Amida Boeddha') – en door de leerstellingen van de Chinese meesters Daochuo, Shandao en Zhiyi.

Honen's theologie was gebaseerd op het concept *mappo*, de Mahayana-boeddhistische gedachte dat de wereld een tijdperk was binnengetreden waarin de macht van de wet *(dharma)* was afgenomen en het geloof – meer dan het mediteren – de sleutel tot verlossing was geworden. Honen predikte dat Amida medelijden zou krijgen met de ziel van de smekeling en deze in het Pure Land herboren zou laten worden als men herhaaldelijk *nembutsu* beoefende en met name wanneer men ging sterven. (Zie ook p. 266-7.)

Van 1207 tot een paar maanden voor zijn dood werd Honen uit Hiei verbannen en leefde hij op het afgelegen eiland Shikoku. De meeste van zijn belangrijke werken, waaronder *Senchaku hongan nembutsu-shu* ('Verhandeling over de selectie van de *nembutsu* van de eerste gelofte'), dat het enorme belang van *nembutsu* benadrukt, werden tijdens deze periode van verbanning geschreven. De orde van Honen ontving uiteindelijk formele erkenning van de gevestigde tendai-orde en Jodo-shu werd in het verdere verloop van de geschiedenis van de Japanse spiritualiteit een belangrijke factor.

Een zelfs nog invloedrijkere doctrine werd gepredikt door de belangrijkste leerling van Honen, Shinran (1173-1263), de stichter van Jodo-shinshu, de 'Ware Pure Land'-orde (zie kader). Aanvankelijk vormde

Op deze moderne prent staat Honen, de stichter van het 'Pure Land'-boeddhisme, afgebeeld met een aureool en gezeten op een hoog voetstuk in de vorm van een lotus. Hij houdt een rozenkrans voor recitatie vast.

SHINRAN: DE GROTE HERVORMER

Er zijn over het vroege leven van Shinran (1173-1263), de stichter van Jodo-shinshu, de 'Ware Pure Land'-orde – momenteel de grootste orde binnen het Japanse boeddhisme – weinig details bekend. Het is bekend dat hij zijn monastieke training op achtjarige leeftijd begon en dat hij als een *doso* (monnik van lage rang) diende op de berg Hiei tot 1201. Hij raakte vervolgens onder de invloed van Honen en vergezelde hem in zijn verbanning van 1207-11.

Na Honen's dood in 1212 kreeg Shinran van de autoriteiten gratie. Tegen die tijd was Shinran's eigen interpretatie van de doctrine van *nembutsu* (zie p. 253) gaan afwijken van die van zijn meester en had hij ook de doctrine van het priesterlijk celibaat verworpen. Tijdens zijn verbanning met Honen, was hij de eerste priester geworden die trouwde en een familie onderhield (tegenwoordig staan vele andere Japanse boeddhistische ordes, in navolging van Shinran, hun priesters toe om te trouwen).

Shinran besloot naar de Kanto-regio in het oosten te migreren, waarbij hij onderweg zijn eigen groep volgelingen verzamelde. Deze periode markeert het begin van Jodo-shinshu. Enige jaren later, in 1235, keerde Shinran terug naar Kyoto, waar hij tot zijn dood op negentigjarige leeftijd bleef.

Wat Shinran onderscheidt van Honen is zijn nadruk op wat hij de 'eerste gelofte' noemde, dat wil zeggen een absolute toewijding aan Amida Boeddha (zie p. 177) als iemands 'persoonlijke verlosser' – om een uitdrukking van het christendom te gebruiken. Shinran stelde dat een alomvattend, intens persoonlijk geloof in de macht van het goddelijke – Amida – de sleutel tot verlossing vormde (een idee dat opmerkelijke gelijkenis vertoont met de protestantse doctrine van 'rechtvaardiging door het geloof' die Maarten Luther drie eeuwen later zou verkondigen). Wat uiteindelijk telde was dit verbond tussen de smekeling en Amida en al het andere was in de grond bijzaak: daarom maakte het niet uit hoe vaak men *nembutsu* reciteerde en of men dat vlak voor zijn dood deed, zoals Honen predikte. Een enkele, intens hartstochtelijke *nembutsu*, waarin de smekeling zijn of haar hart voor Amida opende, was alles wat nodig was om de uiteindelijke wedergeboorte in het 'Pure Land' te verwerven.

Een aquarel op zijde waarop Shinran is afgebeeld die het geloof in een persoonlijke relatie tussen de gelovige en Amida bepleit boven het vertrouwen op de nembutsu, *zoals bepleit door Honen.*

Jodo-shinshu een losjes georganiseerd geheel van congregaties die Shinran in de loop van zijn reizen door Japan gesticht had en die de leer van hun meester ieder op hun eigen wijze interpreteerden. De orde werd pas twee eeuwen na Shinran's dood tot een nauw-verbonden, hiërarchische gemeenschap georganiseerd door de monnik Rennyo (1414-99), die bekendstaat als de 'tweede stichter' van Jodo-shinshu.

Een derde en veel controversiëlere meester die de Hiei*zan* in deze periode voortbracht was Nichiren (1222-82). Vanaf jonge leeftijd had Nichiren veel twijfels over de 'Pure Land'-voorstellingen – met name over de kracht van *nembutsu* – en over die van de zen-ordes (zie p. 252). Hij ging één enkele tekst, de *Lotus Sutra,* met de doctrine van universele verlossing, als de hoogste spirituele autoriteit beschouwen (zie p. 251). Hij kende deze tekst zo'n ontzagwekkende macht toe, dat hij zijn volgelingen aanmoedigde om de zinsnede die bekendstaat als de *daimoku,* te reciteren: '*Namu myoho renge kyo*' ('Ik zoek mijn toevlucht in de *Lotus Sutra*'). Nichiren verwierp alle andere boeddhistische principes, waar-

Op zijn vertrek in ballingschap naar de Izu-eilanden (ongeveer 160 km ten zuiden van Tokyo), brengt Nichiren de zee tot bedaren terwijl de bemanning in doodsangst verkeert. Op deze houtdruk van Kuniyoshi (1797-1861) verschijnt Nichiren's heilige vers, de daimoku (zie hoofdtekst) in de golven.

onder het geloof dat Amida de macht bezit om zielen te redden.

In 1253, nadat hij de Hieizan verlaten had, begon Nichiren tegen de 'Pure Land'- en zen-ordes te prediken en werd hij door de autoriteiten naar Izu verbannen – de eerste van een serie verbanningen en gevangenschappen. In 1268 stelde Nichiren dat een dreigende Mongoolse invasie uit zee alleen kon worden afgewend als Japan zijn doctrines als de enige religie aanvaardde. Zijn aanklachten tegen de staat werden zo venijnig dat hij wegens hoogverraad ter dood werd veroordeeld – een straf die later herroepen werd. (De Mongoolse vloot werd door een tyfoon vernietigd die begroet werd als een *kamikaze* of 'goddelijke wind'.)

Ruziezoekend, charismatisch, fanatiek en ultra-patriottisch ging Nichiren tegen de Japanse draad in. Geen enkele andere boeddhist beweerde dat hij de enige waarheid verkondigde en dit aspect van zijn leer werd hem van meet af aan algemeen kwalijk genomen. Als gevolg daarvan bleven de twee ordes die op zijn leer zijn gebaseerd, Nichiren-shu en later Nichiren-shoshu, relatief onbeduidend totdat de laatstgenoemde in deze eeuw, gesteund door een beweging die de Soka Gakkai wordt genoemd (de 'Waarde-Scheppende Gemeenschap'), een campagne startte om de leer van Nichiren te laten herleven. Sinds de Tweede Wereldoorlog hebben Soka Gakkai en Nichiren-shoshu miljoenen aanhangers getrokken, maar blijven zij onder de hoofdstroom-boeddhisten en shintoïsten controversieel (zie p. 271).

Sinds Nichiren heeft Japan nog veel meer religieuze denkers en geleerden voortgebracht, zowel boeddhistische als shintoïstische, onder wie de grote achttiende-eeuwse shintoïstische geleerde Motoori Norinaga (zie rechtermarge). Geen van hen kan echter het kaliber van de originele figuren benaderen die in een tijdspanne van anderhalve eeuw, tussen de geboorte van Honen en de dood van Nichiren, naar voren traden.

DE SHINTOÏSTISCHE HERLEVING: MOTOORI

De grootste van alle shintoïstische geleerden was waarschijnlijk Motoori Norinaga (1730-1801), die grotendeels verantwoordelijk was voor de herleving van het shintoïsme die bekendstaat als de Kokugaku ('Nationale Kennis Beweging') en die aan het eind van de 18de eeuw opkwam. Voor hij zich aan de studie van de Japanse mythologische klassieken, met name de *Kojiki* en de *Nihonshoki* (zie p. 250), wijdde, studeerde Motoori geneeskunde. Hij werd geïnspireerd door de shingon-boeddhistische monnik Keichu (1640-1701) en Kamo no Mabuchi (1697-1769). Beiden hadden geprobeerd de Japanse nationale identiteit te bepalen onder verwijzing naar de oude shintoïstische teksten.

Motoori besteedde de rest van zijn leven aan de interpretatie van het *kami*-geloof en kreeg vele volgelingen. Zijn meesterwerk, het monumentale 44-delige *Kojiki den* ('Interpretatie van de *Kojiki*, 1798) is zowel een uitputtende exegese van de *Kojiki* als een uitgebreid naslagwerk van kennis over het oude Japan.

Motoori kwam tot de slotsom dat de Chinese invloed, waaronder het boeddhisme, de essentie van het Japanse karakter lang vertroebeld had. Noch Motoori noch zijn twee intellectuele opvolgers verwierpen het boeddhisme expliciet, maar hun houding er tegenover was negatief. Motoori verweet boeddhisten en confucianistische geleerden dat zij probeerden om 'het onkenbare te kennen'.

Anti-Chinese gevoelens en het belang van de shintoïstische *kami* – die Motoori beide onvermoeibaar uitdroeg – waren kenmerkende elementen in de Kokugaku en beïnvloedden degenen die in 1868 de Meiji-restauratie instigeerden in diepgaande mate.

HARMONIE EN VERLICHTING

Een zen-priester in meditatie. De ingewijde van Zen (zie marge, beneden) probeert een intense mentale focus te bereiken, rust, en een afsnijden van onbelangrijke gedachten.

Er wordt soms beweerd dat de Japanners in morele kwesties in alle gevallen op hun boeddhistische erfgoed teruggrijpen. Dit kan echter worden bestreden. De kern van de shintoïstische theologie is het idee dat een welwillende harmonie of *wa* inherent is aan de natuur en de menselijke relaties, en dat alles wat deze toestand verstoort slecht is. Dit helpt het wijd verspreide en diep gewortelde geloof te verklaren dat het individu minder belangrijk is dan de groep, of het nu de familie, de school of het werk betreft. De regels die het menselijk gedrag reguleren worden als noodzakelijk beschouwd voor de handhaving van *wa*, zonder welke zowel de samenleving als de natuur tot chaos zouden geraken.

Ook confucianistische en taoïstische ideeën die uit China werden geïmporteerd stelden dat chaos het gevolg zou zijn als sociaal non-conformisme werd getolereerd, maar deze ideeën dienden vooral ter versterking van de bestaande shintoïstische ethiek, die voortkwam uit de op clans gebaseerde samenleving van het prehistorische en klassieke Japan. Deze ethiek draait rond twee fundamentele en nauw verbonden concepten: de noodzaak om het 'gezicht' *(tatemae)* dat een persoon aan de buitenwereld presenteert te handhaven, en de grootfamilie *(ie)*, die ook alle vooroudergeesten omvat (zie p. 246). Het idee dat de Japanse ethiek eerder op schaamte dan op schuld is gebaseerd is overdreven, maar het is niettemin waar dat conformiteit in hoge mate wordt afgedwongen door het verlies van *tatemae* dat een individu – en daardoor zijn of haar *ie*, school, werkgever of andere sociale groep – zou lijden als gevolg van het schenden van een onderdeel van de sociale code. Afhankelijk van de ernst van het gezichtsverlies, kan een persoon het goedmaken door diep te buigen, door een ceremoniële gift of door het plegen van zelfmoord *(jisatsu)*. Zelfs tegenwoordig wordt een zelfmoord vaak toegeschreven aan het onvermogen van een persoon om om te gaan met de schaamte van bijvoorbeeld het zakken voor een examen.

Als een hele groep gestigmatiseerd is, wordt er een collectieve verzoening of boetedoening gepleegd. Wanneer de beroemde Shinkansen, 'Kogeltrein', te laat is, zal iedere werknemer, van de machinist tot de conducteur, de hostesses en de kaartjesverkoper, zich verantwoordelijk voelen en zich uitgebreid bij de wachtende passagiers verontschuldigen. Wanneer men boete heeft gedaan, houden de schande en schuld op en worden zij niet doorgegeven.

De shintoïstische ethiek bereikte haar hoogtepunt tijdens het tijdperk van het 'staats-shintoïsme', toen gehoorzaamheid aan de keizer tot de nobelste vorm van gedrag verheven werd – zelfs tot aan het offeren van het eigen leven ten behoeve van de keizer. Dit is zeer sterk een 'deze wereld'-gebeuren, waarbij weinig of geen nadruk wordt gelegd op beloningen of straffen in een hiernamaals (zie p. 266-7). De toestand van de ziel na de dood is echter een belangrijk punt voor de boeddhistische tradities in Japan. Vanaf het begin heeft het Mahayana-boeddhisme een duidelijk omschreven concept van de inherente menselijke slechtheid gekend, en het uiteindelijke

ZEN EN *SATORI*

Rinzai Zen en Soto Zen zijn uitzonderingen op de algemene boeddhistische regel dat zij zich minder bezighouden met het bereiken van verlichting (Sanskriet: *bodhi*) als een stap naar het *nirvana* en verlossing (zie hoofdtekst), als met het toepassen ervan op de vereisten van deze wereld. Zulke 'praktische verlichting' wordt *satori* genoemd ('spiritueel ontwaken'), waarbij de geest en het lichaam in de loop van de meditatie subjectief verdwijnen en een direct bewustzijn van het innerlijke zelf wordt bereikt.

Het rinzai-boeddhisme en soto-boeddhisme verschillen in de manier waarop *satori* wordt bereikt. Bij Rinzai ligt de nadruk op de *koans* (zie p. 251): *satori*, zo gelooft men, komt vaak in een flits, op het moment dat de geest de innerlijke betekenis van een van deze mantra-achtige zegswijzen doorgrondt. Soto benadrukt echter het meditatieproces zelf: het zitten in *zazen* (de lotuspositie). Wanneer de noviet meer getraind raakt, bevrijdt de geest zichzelf – geleidelijk in plaats van op een moment van inzicht – van wat Alan Watts (1915-73), een van de eerste westerse beoefenaars van Zen, 'het innerlijk gesprek' noemde. Wanneer deze vrijheid is bereikt, volgt *satori* al spoedig.

doel van het boeddhisme is het bereiken van verlossing in de vorm van het *nirvana*, de bevrijding van de cyclus van geboorte, dood en wedergeboorte. Deze cyclus wordt gevoed door de opeenstapeling van verdiensten en tekortkomingen, het concept dat bekend is als *karma* (zie p. 156, 192). In de boeddhistische visie komen tekortkomingen voort uit verlangens en is het verlies van verlangen daarom de sleutel tot verlossing.

In het Mahayana-boeddhisme is het bereiken van het *nirvana* in essentie afhankelijk van het volgen van het 'Edele Achtvoudige Pad' (zie p. 184-5). Volgens de Pure Land-scholen zijn er simpelweg twee wegen naar verlossing. De eerste of 'moeilijke' weg is het leiden van een moreel volmaakt leven – het vermijden van het egoïsme dat aan de wortel van het verlangen ligt, en het verrichten van goede werken – en het intensief beoefenen van meditatie om de staat van verlichting te bereiken die een voorwaarde is voor het *nirvana*. In Japan vult de boeddhistische nadruk op het onderdrukken van persoonlijke verlangens de shintoïstische ethische traditie van individuele onderschikking aan de groep – om harmonieuze relaties *(wa)* te handhaven – aan.

De tweede of 'makkelijke' weg naar genade, die bepleit wordt door de Pure Land-ordes, gaat ervan uit dat de inspanning die nodig is om verlossing te bereiken voor iedereen die in deze problematische wereld vol verleidingen leeft, te groot is. Men moet een absoluut vertrouwen belijden in de Amida Boeddha, die de ziel na de dood naar het paradijs van het Pure Land zal leiden, waar het makkelijker is om de verlossing na te streven (zie p. 266-7).

Een zen-tuin bij de Ryoanji Zen-tempel, Kyoto. Door de eeuwen heen inspireerde de discipline die nodig was om satori *te bereiken (zie marge p. 256) de Japanse esthetica van 'rustige en simpele elegantie' (shibui of wabi-sabi) die in een reeks van Japanse kunsten kan worden teruggevonden, zoals* ikebana *(bloemschikken),* haiku *(een poëtisch genre waarin een idee of beeld in slecht 17 lettergrepen wordt uitgedrukt),* chanoyu *('thee-ceremonie', een strak ritueel voor het serveren van thee) en tuinarchitectuur. Het harmonieuze en simpele ontwerp van een typische zen-tuin vormt de ideale omgeving voor contemplatie.*

EEN LANDSCHAP VAN HEILIGDOMMEN

De twee belangrijkste soorten heilige gebouwen in Japan zijn de boeddhistische tempel *(otera)* en het shintoïstische heiligdom *(jinja)*. Er is ook een aanzienlijk, hoewel veel kleiner aantal christelijke kerken *(kyokai)*, die zich vooral in de grote steden bevinden.

China leverde het voorbeeld voor de Japanse boeddhistische tempels. De eerste Japanse monniken beschouwden hun tempels als loten van degene die zij in China hadden bezocht en zij volgden het Chinese gebruik om ze op bergen te bouwen. Vandaar dat het woord *san* of *zan* ('berg'), van het Chinese *shan*, regelmatig voorkomt in de namen van Japanse tempels – zelfs wanneer ze op vlak terrein staan – ter ere van de bergtop-lokatie van het Chinese moeder-instituut. Tot de beroemde tempels op bergtoppen behoort het grote Tendai-complex op de berg Hiei (Hiei*zan*, zie p. 245) en de heilige shingon-plaatsen die de berg Koya sieren (Koya-*san*, zie p. 238).

Otera bestaan gewoonlijk, net als hun Chinees-boeddhistische tegen-

HET ISE-HEILIGDOM

Gedurende meer dan duizend jaar is Ise de bestemming geweest van Japanse pelgrims. Ise is een groot complex van heiligdommen dichtbij de kust ten zuidoosten van Nara in het departement Mie (zie kaart p. 239). Het oudste aanwezige heiligdom – en de heiligste plek van het shintoïsme – is de Naiku ('Binnenste Tempel'), die gewijd is aan de zonnegodin Amaterasu. Het complex omvat ook de Geku ('Buitenste Tempel') van de rijstgodin Toyouke-omikami.

Wat Ise echt uniek maakt is het feit dat alle gebouwen in het complex sinds de zevende eeuw n. Chr. iedere twintig jaar vervangen zijn door replica's die tot de kleinste houten keg een exacte kopie vormen. Ise is dus tegelijkertijd oud en nieuw. De symboliek hiervan is uitermate belangrijk: met iedere herbouw verwerven zowel de zonnegodin (de goddelijke voorouder van het keizerlijke huis) en de rijstgodin nieuwe kracht, waardoor de voortdurende vitaliteit van zowel de keizerlijke dynastie als het rijstgewas, zonder welke het land niet zou kunnen overleven, verzekerd wordt.

Aan het einde van de twintigjarige cyclus worden de nieuwe heiligdommen opgericht op een plek naast de oude. Voor een korte periode ziet de bezoeker 'dubbel', omdat het complex en zijn kopie naast elkaar staan totdat de heilige beelden ritueel zijn overgebracht naar het nieuwe heiligdom door de apart uitgedoste priesters van Ise. Pas dan worden de oude gebouwen afgebroken en wordt het terrein opgeruimd, om zorgvuldig onderhouden te worden tot de volgende herbouw. De afgebroken gebouwen blijven doordrongen van de krachtige heilige essentie van de godinnen en worden niet vernietigd. In plaats daarvan worden de onderdelen gedistribueerd over heiligdommen in heel Japan en daar in de muren ingebouwd, waardoor het hele shintoïstische universum spiritueel versterkt wordt.

Deel van de Naiku of Binnenste Tempel van Amaterasu in Ise, waarvoor de torii *of heilige poort staat (zie p. 260). De laatste keer dat Ise herbouwd werd, was in 1993.*

hangers, uit een complex van gebouwen, vergelijkbaar met een middeleeuws christelijk klooster. De *kondo* of centrale hal bevat heilige afbeeldingen van de Boeddha, samen met andere *boeddha's* en *bosatsu's*. Daarnaast is er een *daikodo* of leeszaal en zijn er verscheidene schatkamers, opslagplaatsen, priesterverblijven en, meestal, een vijf verdiepingen tellende pagode *(goju no to)*, waar traditioneel de heilige relieken huizen en die ontleend is aan de oude *stoepa* (zie p. 186). Overal waar de plaatselijke lokatie dat toestaat, wordt het complex omringd door een tuin, waarvan gedeelten zelf heilige plaatsen zijn en het object van devotie, net als de beroemde zen-tuin van de Ryoanji-tempel in Kyoto. Een van de eerste en meest opmerkelijke tempel-complexen werd in 607 gebouwd door Shotoku Taishi (zie p. 243) in Horyuji, dichtbij Nara, dat naar verluidt de oudste groep houten gebouwen in de wereld is. Het complex omvat tien belangrijke gebouwen, waarvan er verschillende door de Japanse overheid officieel tot 'nationale monumenten' zijn verklaard.

Ook de typische shintoïstische *jinja* is een complex van verschillende gebouwen en uitgezonderd de kleine schrijnen die men soms op de daken van warenhuizen en andere moderne hoge gebouwen aantreft, liggen zij bijna altijd in een natuurlijke omgeving, zelfs al bestaat deze

De Ryoanji-otera (boeddhistische tempel) in Kyoto. Hij werd halverwege de vijftiende eeuw gesticht door de Hosokawa, een van de vele wedijverende dynastieën van daimyo's *(feodale krijgsheren) in die periode.*

SYNCRETISME EN HEILIGE ARCHITECTUUR

Het kan geen toeval zijn dat het proces van syncretisme tussen het shintoïsme en boeddhisme, toen de shintoïstische heiligdommen in de Nara-periode steeds meer Chinese stijlkenmerken overnamen en zo qua uiterlijk steeds meer gingen lijken op de boeddhistische tempels (zie hoofdtekst), ook inhoudelijk voortschreed. Het is zelfs zo dat bijna iedere boeddhistische tempel *(otera)* ten minste één kleine shintoïstische schrijn *(jinja)* bevat.

Een merkwaardig resultaat van dit proces was de beweging die bekendstaat als Shugendo ('Weg van de Berg'), die opkwam in het Heian-tijdperk (794-1185). Uitgedragen door mystici die *yamabushi* (letterlijk: 'bergkrijgers') werden genoemd, ging het om een vermenging van de boeddhistische *bosatsu* en de shintoïstische *kami* (zie p. 246-7), met name de *kami* die naar men gelooft op bergen leven. Shugendo bestaat nog steeds in delen van Noord-Japan en wordt gepraktiseerd in heilige gebouwen die zowel *otera* als *jinja* zijn.

De beroemde 'drijvende' ceremoniële poort of torii naar het heiligdom van Itsukushima op het eiland Miyajima in de baai van Hiroshima. Bezoekers moeten per boot door de poort gaan voordat zij het heiligdom betreden dat al vele eeuwen een belangrijk pelgrimsoord is. Het door de Chinese stijl beïnvloede ontwerp van de torii kan vergeleken worden met de oudere en eenvoudiger stijl van de poort naar het heiligdom van Ise (zie p. 258).

uit maar een paar bomen die een stedelijke open ruimte beschaduwen. De oudste *jinja* waren heilige plaatsen in de openlucht, misschien rond een vereerd natuurlijk object, zoals een boom of een steen. Afgesloten heiligdommen verschenen pas rond het begin van onze jaartelling. Vele hiervan waren gewijd aan rijstgoden en gemodelleerd naar de rijstpakhuizen met hun rieten daken. De twee oudste zijn ook de heiligste: die van Ise (zie p. 258) en Izumo. Gewijd aan de beschermgod van de Izumo-regio, Okuninushi, 'de Grote Heer van het Land' (zie p. 246), is het Izumo-heiligdom gebouwd van hout en riet en is het, net als Ise, vaak op identieke wijze herbouwd, hoewel niet met regelmatige tussenpozen.

Tijdens het Nara-tijdperk (710-794) gingen veel shintoïstische heiligdommen Chinese stijlkenmerken bevatten, zoals omhoogwijzende gevels en een heldere vermiljoenkleur in plaats van het natuurlijke, onversierde hout. Een belangrijk voorbeeld van de nieuwe Chinese stijl is de Kasuga-*jinja* in Nara. Vanaf deze tijd zagen de *jinja* en de *otera* er sterk hetzelfde uit. Maar net zoals de aanwezigheid van een pagode een gebruikelijk kenmerk is om een *otera* aan te herkennen, is de *jinja* onmiddellijk te herkennen aan zijn ceremoniële heilige poort of *torii*. In zijn eenvoudigste vorm, zoals in Ise (zie p. 258), bestaat deze uit een stel verticale palen die door twee liggers worden bekroond, waarvan er een aan weerszijden van de steunpalen uitsteekt. De *torii* dient om de grens tussen de onreine dagelijkse wereld en de heilige grond van het heiligdom te markeren.

Wanneer men onder de poort door naar het heiligdom gaat, ondergaat men symbolisch een rituele reiniging van de vervuiling die men in de buitenwereld heeft opgedaan.

Voorbij de *torii* ligt het hoofdgebouw van de *jinja,* de *honden* (centrale hal), waar de heilige beeltenis van de *kami* aan wie het heiligdom gewijd is, wordt bewaard. Er zijn gewoonlijk ook een of meer opslagruimtes, een buitengebouw waar de gelovigen bidden en offergaven aanbieden, en een stenen watertank voor de rituele wassingen – het afspoelen van de handen en de mond – die verplicht zijn voor men de beeltenis van de *kami* kan benaderen.

Vele bergen zijn voor het ene of het andere Japanse geloof (of soms voor beide geloven) heilig (zie kader, beneden), en tal van andere natuurlijke karakteristieken worden als heilig beschouwd. Zo is praktisch iedere aparte rotsformatie, rivier, heuvel en waterval verbonden met een lokale tempel, heiligdom of beide. Een voorbeeld vormt de schitterende Nachi-waterval in het departement Wakayama (zie kaart p. 239), die net als de Fuji-*san* algemeen beschouwd wordt als een machtige *kami*.

Ook hele gebieden worden door hun band met bepaalde shintoïstische goden als heilig beschouwd. Zo wordt de Yamato-regio bijvoorbeeld vereerd als het thuisland van de keizerlijke dynastie, die volgens de shintoïstische mythologie van goddelijke afstamming is (zie p. 246).

HEILIGE BERGEN

Een fascinatie met de heiligheid van bergen doordringt zowel het boeddhisme als het shintoïsme. Twee van de belangrijkste boeddhistische ordes, Tendai en Shingon, hebben hun hoofdkwartieren in tempelcomplexen op respectievelijk de Hiei*zan* en Koya-*san* (de bergen Hiei en Koya, zie p. 258).

De beroemdste van alle heilige Japanse bergen is echter de Fuji-*san,* de berg Fuji (zie kaart p. 239), die traditioneel als een belangrijke *kami* wordt beschouwd. Hij is sinds lang de bestemming van massale pelgrimages en ieder jaar beklimmen duizenden gelovigen de berg om het kleine shintoïstische schrijn op de top te vereren. In de negentiende eeuw, toen het reizen nog ingewikkelder was, ontwikkelde zich een 'Fuji-cultus' waarbij kleine replica's van de berg werden opgericht in plaatselijke shintoïstische heiligdommen in vele delen van Japan. Degenen die de echte berg niet konden beklimmen, liepen tegen de replica op als een symbolische pelgrimage.

Een aantal Japanse boeddhistische scholen beschouwen de Fuji-*san* ook als heilig, waaronder Nichiren-shu (zie p. 254). De hoofdtempel van deze orde staat in de heuvels aan de voet van de berg, in Minobu in het departement Yamanashi.

De met sneeuw bedekte top van de berg Fuji, die door de vele Japanse pelgrims die jaarlijks naar het heiligdom op de top klimmen als een shintoïstische godheid vereerd wordt. Het beklimmen van de 3800 m. hoge slapende vulkaan wordt op zichzelf al beschouwd als een daad van verering.

HET GEBIED DER HEILIGE REINHEID

Een goed voorbeeld van een ritueel dat maar door één boeddhistische orde wordt uitgevoerd is de beroemde *goma* of vuur-reinigingsceremonie, die een centrale plaats inneemt in de shingon-boeddhistische verering. Vanwege de enorme oudheid van het ritueel heeft het een speciale status: zoals de meeste boeddhistische riten kwam het via China naar Japan, maar ontstond het in India in het vedische tijdperk. Volgens sommige geleerden zou het verband houden met de oude Indiase *soma*-ceremonie (zie p. 131). *Goma* richt zich op de reiniging van de gelovigen, die door het vuur symbolisch naar een hoger bewustzijnsniveau streven. De shingon-priesters stapelen smalle houten stroken op in een vierkant, waarbij iedere strook beschreven is met een gebed of een passage uit een heilige boeddhistische *sutra*. Terwijl de priesters heilige klanken opdreunen, wordt de stapel aangestoken en wordt er heilige *goma* (sesamolie) over de vlammen uitgeschonken, waardoor zij springen en dansen.

Terwijl de heilige rook opstijgt, roken de priesters verschillende alledaagse voorwerpen uit die leden van de congregatie hebben meegenomen – foto's van dierbaren, portefeuilles, tassen, rijbewijzen, et cetera – waardoor zij gereinigd worden en, zoals men gelooft, beschermd tegen kwaad. Aan het eind van de ceremonie ontvangt ieder lid van de congregatie een likje van de sesamolie op het voorhoofd als teken van reiniging en van zijn of haar contact met het esoterische domein dat gesymboliseerd wordt door de vlammen en de rook.

DELEN IN DE GEEST

Het misschien wel meest opvallende kenmerk van de Japanse religie is het enorme aantal lokale feesten en rituelen, zowel shintoïstische als boeddhistische. Naast algemeen gevierde feestdagen als het Japanse Nieuwjaar (zie marge p. 263) en het Obon-voorouder-feest (zie p. 264), kent ieder shintoïstisch heiligdom en bijna iedere boeddhistische orde en tempel zijn eigen kalender van speciale rituelen en ceremonies (zie linkermarge). Het zelfde geldt voor de 'Nieuwe Religies' (zie p. 270-1). Andere gewone rituelen zijn begrafenisrituelen, die bijna allemaal volgens boeddhistische riten voltrokken worden – de enige uitzondering vormen de keizerlijke uitvaarten, die geheel shintoïstisch van vorm zijn (zie p. 266).

Wat betreft de meeste gemeenschappen is het jaarlijkse (of in sommige gevallen tweejaarlijkse) plaatselijke feest of *matsuri* het belangrijkste shintoïstische ritueel. Bijna iedere Japanse stad, buurt, dorp of *buraku* (dorpskwartier) kent zo'n feest, dat gericht is op het heiligdom van de lokale shintoïstische *kami*. Er zijn twee basisvormen van *matsuri*. De eerste, een 'gewoon feest' of 'schaduw-*matsuri*', heeft niet direct op de lokale *kami* betrekking, maar is niettemin rond het heiligdom gecentreerd en culmineert in de feestelijke processie van een draagbaar schrijn, een *mikoshi*, door de buurt. Het tweede type *matsuri* is een *taisai* of 'groot feest'. Tijdens dit feest bevat de *mikoshi* de heilige beeltenis van de plaatselijke *kami*. De *taisai* wordt gewoonlijk eens in de drie jaar

Een enorme geverniste vis wordt door de straten van Karatsu, op het eiland Kyushu, gezeuld tijdens de jaarlijkse Kunchi-matsuri van de stad. Gigantische kleurige praalwagens van verschillende wezens zijn kenmerkend voor dit 300 jaar oude feest (zie ook de afbeelding op p. 236).

Traditionele gigaku- *(heilige dans) dansers bij de Meiji-jingu, het heiligdom van keizer Meiji in Tokyo. Miljoenen Japanners bezoeken het heiligdom tijdens de Shogatsu Matsuri, het Japanse nieuwjaarsfeest (zie beneden).*

gevierd, hoewel het ook vaker kan zijn en bij bepaalde belangrijke heiligdommen zelfs ieder jaar. Bij beide vormen van *matsuri* werken de drie groepen die de lokale gemeenschap vertegenwoordigen – het handelaarsgilde *(shotenkai)*, de buurtvereniging *(chokai)* en de oudsten van het heiligdom *(sodaikai)* – samen om een positief beeld van de lokale gemeenschap te geven en zo tegelijkertijd hun onderlinge gevoel van sociale solidariteit en lokale trots verstevigen (zie kader p. 265).

Naast het deelnemen aan gemeenschappelijke rituelen van de huishouding en de lokale feesten, brengen zeer veel Japanners individuele bezoeken aan tempels en schrijnen om de zegen van lokale *bosatsu* of *kami* te vragen, met name bij persoonlijke tegenslagen. In een boeddhistische tempel komt dit meestal neer op het branden van wierook als een gave aan de godheid en het over zichzelf waaieren van de rook. In een heiligdom voert de gelovige eerst een rituele wassing uit, waarbij de mond en de handen worden gewassen, voordat men naar het buitenste gedeelte van het heiligdom toegaat en een gave, meestal geld, in een collectebus laat vallen.

Vervolgens, om de godheid attent te maken op zijn of haar aanwezigheid, trekt de gelovige aan een touw om te bellen of klapt twee maal in de handen, of doet beide. Daarna, met het hoofd respectvol gebogen en de handen gevouwen, doet de smekeling een verzoek om hulp. Zo kan een moeder bijvoorbeeld de *kami* vragen om haar kind door een examen te helpen. Of men vraagt de *kami* om een ziek kind te genezen of de vruchtbaarheid van een huwelijk te verzekeren. De gelovige klapt weer om aan te geven dat het verzoek gedaan is en verlaat het heiligdom. Als het verzoek gehonoreerd wordt, gebieden de goede manieren dat de verzoeker naar het heiligdom terugkeert om de *kami* voor zijn of haar welwillendheid te bedanken.

Een van de gewoonste shintoïstische overgangsrituelen is het geboorteritueel dat bekendstaat als *omiyamairi*, letterlijk 'eerzaam bezoek aan

HET NIEUWJAARSFEEST

Het driedaagse Japanse nieuwjaarsfeest, Shogatsu Matsuri, wordt gevierd van 1-3 januari sinds Japan op 1 januari 1873 de Chinese maankalender afschafte en overging op de Gregoriaanse kalender. In de dagen die direct aan het Nieuwjaar voorafgaan, maken de mensen hun huizen schoon om het jaar met zo min mogelijk vervuiling te beginnen. Er zijn familiemaaltijden *(osechi)* met onder andere speciale soep *(ozoni)* en rijstcakes *(mochi)*. Als teken van waardering geeft men zijn meerderen cadeaus.

Maar de belangrijkste activiteit met Shogatsu Matsuri is een ceremonieel bezoek aan een heiligdom of tempel om gaven aan te bieden en te bidden voor welvaart en een goede gezondheid in de komende periode. In sommige shintoïstische culten worden de kleine huisaltaren die bovenop de *kamidana* en de vooroudertabletten zitten (zie marge p. 264), ritueel verbrand en door nieuwe vervangen.

DE TERUGKEER VAN DE DODEN

Een van de meest algemeen gevierde Japanse feesten is Obon, de boeddhistische viering rond half augustus van de jaarlijkse terugkeer van de doden naar hun voorouderlijke huizen. Tijdens Obon, waarvan de datum nog steeds bepaald wordt door de maankalender, keren mensen wanneer mogelijk terug naar hun geboortestad en maken de familiegraven schoon. Zij zeggen gebeden voor de doden, met name de pas gestorvenen, en doen mee aan de Bonodori, een traditionele dans ter ere van de overledenen.

Op andere momenten van het jaar vinden er thuis voorouderrituelen plaats. Volgens het shintoïsme worden de zielen van de doden een soort lage goden; volgens het boeddhistisch perspectief zijn zij zielen die verlossing zoeken. Beide concepten worden aanvaard, waaruit de Japanse 'tolerantie van ambiguïteit' in spirituele zaken spreekt.

Bij sommige huiselijke voorouderrituelen, met name tijdens Obon, wordt er wierook gebrand op de *butsudan*, het boeddhistische huisaltaar, en worden er kleine schalen rijst aan de zielen van de voorouders aangeboden. Zeven dagen na de dood krijgt de ziel een 'doodsnaam' *(kaimyo)* die op een van de voorouder-tabletten *(ihai)* die in de *butsudan* worden bewaard, wordt bijgeschreven. Dezelfde voorouderzielen worden ook als shintoïstische *tama* (zie p. 266) of *kami* vereerd, die vertegenwoordigd worden door de tabletten op de *kamidana*, de huiselijke 'godenplank' die vaak direct boven de *butsudan* hangt. Ook deze familie-*kami* krijgen gaven aangeboden. De meeste huiselijke rituelen worden in de vroege ochtend uitgevoerd, een tijdstip dat zowel in het boeddhisme als het shintoïsme als heilig wordt beschouwd.

het heiligdom' (*omiya* is een synoniem van *jinja*), wanneer het kind verwelkomd wordt in de gemeenschap van zijn familie. Enkele maanden na de geboorte nemen de ouders het kind mee naar een heiligdom om het te laten reinigen door de *kannushi* (de shintoïstische priester). Normaal gesproken is de hele grootfamilie – grootouders, ooms, tantes, et cetera – ook aanwezig en is er daarna een feestelijke maaltijd. Bij belangrijke heiligdommen, zoals de Meiji-*jingu* in Tokyo, wordt het feest in een speciale ruimte op het terrein van het heiligdom gehouden.

Oharai, de handeling van rituele reiniging, vormt een centraal onderdeel van de meeste shintoïstische ceremonies. Terwijl hij met een heilige tak van de *sakaki* ('bloeiende boom', *cleyera ochnacea*, een altijd groene ondersoort van de pijnboomfamilie) wuift en de juiste gebeden reciteert *(norito)*, probeert de *kannushi* of *guji* (de senior-priester van een heiligdom) iedere spirituele verontreiniging van de persoon, plaats of het ding te verwijderen. Bij deze vervuiling kan het ook gaan om besmetting door kwade geesten of *oni* (zie p. 248).

De rituele reiniging van de bruid en bruidegom vormt een centraal onderdeel van de traditionele Japanse huwelijksceremonies, die gewoonlijk door shintoïstische priesters worden voltrokken. Voor het grootste gedeelte vinden deze echter niet in heiligdommen plaats, maar in hotels en 'huwelijkspaleizen' die voor dat doel gebouwd zijn.

Een shintoïstische priester reciteert gebeden als onderdeel van de jaarlijkse Saigusa Matsuri (Lelie-feest) in het Isagawa-heiligdom in Nara. Tijdens het feest, dat dateert uit de 8ste eeuw, worden lelies geschonken als bescherming tegen ziekte.

EEN TYPISCH TOKIOSE *TAISAI*

De plaatselijke *matsuri* (feest) die in Nishi-Waseda, een buurt in het noordwesten van Tokio (in het district 3-*chome*) gevierd wordt, is een driejaarlijkse *taisai* ('groot feest') ter ere van de zonnegodin Amaterasu, die de *kami* van het plaatselijke heiligdom, de Tenso-*jinja*, is. Het is een van de duizenden heiligdommen in Japan die aan de godin gewijd zijn, waarvan de belangrijkste in Ise ligt (de Ise-*jingu*, zie p. 258).

De *matsuri* vindt traditioneel plaats op twee dagen in begin september. Op de ochtend van de eerste dag dragen kinderen een kinder-*mikoshi*, een draagbaar schrijn van ongeveer een kwart van het formaat van de volwassen versie, door de buurt. De Tenso-*jinja* is te klein om een eigen *guji* (senior priester, onderscheiden van de gewone priester of *kannushi*) te hebben en dus roepen de organisatoren van de *taisai* de diensten in van de *guji* van een ander, dichtbij gelegen heiligdom. In de middag voert de *guji*, bijgestaan door de lokale *sodai* (de 'oudsten' van het heiligdom), een ceremonie uit waarbij hij shintoïstische gebeden reciteert en het heiligdom en wat zich daar in bevindt reinigt door het wuiven met een *sakaki*-tak (heilige pijnboom, zie hoofdtekst).

In de avond is er op het terrein van het heiligdom een publieke voorstelling. In sommige jaren wordt deze uitgevoerd door een traditionele dansgroep en in andere door een shintoïstische theatergroep (zie p. 268). Reizende *matsuri*-licentiehouders, die *roten* worden genoemd, zetten hun kramen op en verkopen souvenirs en traditionele feestmaaltijden, zoals *okonomiy-kai* – een eiergerecht bereid op de grill – en gebakken noedels.

De volgende ochtend vroeg verwijdert de *guji* de heilige (en zelden aanschouwde) beeltenis van Amate-

*Op deze foto, genomen door de auteur, bereidt de processie van de kinder-*mikoshi* zich op de eerste ochtend van het Nishi-Waseda-feest voor op het vertrek. De deelname van jongens en meisjes in de* taisai *wordt als essentieel beschouwd voor het doorgeven van de tradities van het feest aan de nieuwe generatie. De* mikoshi*-processies waren oorspronkelijk geheel een mannen-aangelegenheid, maar sinds 1978 doen ook meisjes en jonge vrouwen mee (zie p. 269).*

rasu uit het binnenste gedeelte van het heiligdom en plaatst deze op de wachtende *mikoshi*. Vervolgens dragen elkaar afwisselende teams van dertig of veertig jonge mannen en vrouwen de draagbare schrijn door de straten, terwijl zij '*Wa shoi! Wa Shoi!*' zingen (een niet vertaalbare uitroep die een beetje lijkt op 'Hoera!'). De processie, die regelmatig stilhoudt om iets te drinken, wordt geleid door de *guji* en omvat ook zangers, een drummer, een jonge man die Tengu uitbeeldt – de beschermdemon van het heiligdom – en de *sodai*. Na zes of zeven uur keert de processie eindelijk terug bij het heiligdom en de priester verwijdert de beeltenis van de *mikoshi*. Hij plaatst deze terug op haar plaats binnenin het heiligdom, waar ze zal blijven tot de volgende *taisai*.

Het essentiële doel van dit ritueel is dat de buurt die door de *jinja* bediend wordt geheiligd wordt door haar periodiek in aanraking te brengen met de heilige aura die de goddelijke beeltenis die op de *mikoshi* wordt rondgedragen, uitstraalt – wat de *mikoshi*-dragers uiteraard ook heiligt. Een *matsuri* is daarom een vreugdevolle gebeurtenis, waarbij de deelnemers ervaren dat zij deel hebben aan de goddelijke essentie van de lokale *kami*. Tijdens dit proces kunnen zij gevoelens ervaren die grenzen aan extase.

Na een laatste gebed van de priester, krijgen de *mikoshi*-dragers een maaltijd in de *mikisho* of het hoofdkwartier van de festiviteiten, die zich op het terrein van een kleine boeddhistische tempel van de *bosatsu* Jizo (zie p. 248) bevindt, op enige afstand van de Tenso-*jinja*.

HEMELEN EN HEL

Op deze 18de-eeuwse houtdruk heeft een vereerder van Amida Boeddha een visioen van Amida die in het hemelse Pure Land op zijn troon zit.

HET AFSCHEID VAN DE DODEN

Het belijden van het geloof in Amida Boeddha werd een vitaal onderdeel van de Japanse manier van sterven en tegenwoordig verkiest een meerderheid van de Japanners om met boeddhistische riten gecremeerd te worden en de as te laten bijzetten op een boeddhistische begraafplaats. Bijna alle Japanse begraafplaatsen zijn verbonden aan tempels en met name aan die van de Pure Land-ordes (Jodoshu en Jodo-shinshu).

Het is echter ook mogelijk om met shintoïstische riten te worden begraven en er zijn ten minste twee shintoïstische begraafplaatsen in Tokio. Een van deze is gereserveerd voor de keizerlijke familie, waarvan de begrafenissen traditioneel volgens shintoïstische riten plaatsvinden. De meest recente was die van de overleden Showa-keizer (Hirohito) in 1989, die werd geleid door shintoïstische priesters (*kannushi*) uit Ise en andere belangrijke heiligdommen.

Eerder is al gezegd dat het shintoïsme voor de Japanners in essentie een 'religie van het leven' is die hoofdzakelijk gericht is op het hier en nu, de overvloed van de natuur en menselijke en dierlijke vruchtbaarheid. Sinds de komst van het boeddhisme hebben de shintoïstische ideeën over het hiernamaals en de redding van de ziel zich beperkt tot het geloof dat de geest van een persoon na de dood voortbestaat en van kracht blijft ten behoeve van de levenden. De vooroudergeesten of *tama* worden beschouwd als onderdeel van de sociale groep die men niet tot schaamte mag brengen (zie p. 256). De *tama* van de pas gestorvenen worden daarom op het shintoïstische huisaltaar of *kamidana* (zie p. 264) gevoed met gaven; als tegenprestatie worden zij geacht de levenden te zegenen en te beschermen.

In de meeste Japanse boeddhistische tradities neemt de dood en wat daarna gebeurt een centrale plaats in. Er zijn talrijke boeddhistische 'hemelen', waarvan de meest verbreide het 'Pure Land' is (zie p. 193). Voor de 'Pure Land'-ordes ligt de weg naar de ultieme 'verlossing' (*nirvana*, de bevrijding van de cyclus van leven en dood; zie p. 257) in het zogenoemde 'Pure Land', een hemels gebied waar de overledenen, bevrijd van de aardse beslommeringen, in staat zullen zijn om de verlichting en uiteindelijk het *nirvana* te bereiken. Het 'Pure Land' is dus een soort hemel 'halverwege' tussen de pijn en het lijden van de sterfelijke wereld enerzijds en de uiteindelijke en eeuwige verlossing anderzijds. De sleutel tot het herboren worden in dit paradijs is gelegen in het absolute geloof in de figuur van Amida Boeddha, wat tot uiting komt in het uitspreken van de *nembutsu* (zie p. 253-4). Men gelooft dat Amida een bijna onbegrensd mededogen heeft met de mens, zelfs in die mate dat hij, hoewel hij zelf de verlichte staat van *boeddha* heeft bereikt, er nog niet toe is overgegaan om het *nirvana* binnen te treden – om anderen zo nog behulpzaam te kunnen zijn bij het bereiken van de hemel van het 'Pure Land'.

Het is theoretisch nog steeds mogelijk voor een persoon om het *nirvana* rechtstreeks te bereiken via de 'moeilijke weg' van intensieve meditatie en aandacht voor spirituele reiniging. Maar Honen, de stichter van de Pure Land-orde (zie p. 253), was ervan overtuigd dat het geloof in Amida noodzakelijk is, omdat de meeste mensen in wezen zo slecht zijn dat zelfs een bijna volmaakt spiritueel leven in deze wereld waarschijnlijk niet genoeg is om verlossing te bereiken.

De steun van Amida werd nog des te noodzakelijker geacht vanwege de gedachte die onder het grootste deel van de boeddhistische clerus leefde dat het universum het 'derde tijdperk' had bereikt, een tijdperk van toenemende chaos dat in het Japans bekendstaat als *mappo*. In deze tijd van toenemende verwarring, ontwrichting en kwaad zou het voor mensen steeds moeilijker zijn om de noodzakelijke rust te vinden om de 'moeilijke weg' naar verlossing te gaan, op een enkeling na. Als zij daar niet in zouden slagen, zouden zij (volgens het perspectief van het Pure Land) in de vuren van de boeddhistische hel, Jigoku (zie kader beneden), terecht kunnen komen. Pure Land-boeddhisten vertrouwen op Amida om de massa der gelovigen te helpen om dit lot te vermijden.

Volgens de Pure Land-ordes kan iedereen die niet door Amida is 'gered' ook nog op een andere belangrijke figuur in de boeddhistische eschatologie vertrouwen: de *boddhisattva* Maitreya ('de Welwillende', in het Japans: Miroku), de 'boeddha van de toekomst'. Maitreya, zo gelooft men, zal komen om de leerstellingen van de Boeddha (de Dharma) te herstellen en een aards boeddhistisch paradijs te scheppen wanneer de huidige wereld-tijd, na het einde van de *mappo*, eindigt. Niemand kan voorspellen wanneer deze apocalyps zal plaatsvinden, maar sommige op het boeddhisme gebaseerde 'Nieuwe Religies' hebben apocalyptische voorspellingen gedaan. Het meest recent (en berucht) is de Aum Shinriku-groepering die in 1995 de fatale sarin-gasaanval op de Tokiose metro pleegde.

HET HIERNAMAALS

De Japanse prehistorische religie lijkt een goed ontwikkeld concept van het hiernamaals gekend te hebben. Er werd veel aandacht besteed aan het plaatsen van het lichaam en tijdens het Kofun-tijdperk (ca. 300-552 v. Chr.) werden er uitgebreide grafheuvels gebouwd om de geesten van de dode keizers in onder te brengen. Het antieke shintoïsme lijkt het concept van een Hades-achtige onderwereld gekend te hebben, zoals te zien is in de afbeelding van Yomi in de *Kojiki*, maar behalve één gevierde episode waarin de oergod Izanagi deze onderwereld bezoekt in een ijdele poging om zijn dode echtgenote terug te halen (zie p. 247), wordt de plaats verder niet genoemd en speelt deze in de shintoïstische theologie geen rol.

De meeste shintoïstische ideeën over de gebieden van de doden zijn verdrongen door boeddhistische concepten, maar niet allemaal. Men gelooft dat de *tama* of geest van de overleden voorouder (zie hoofdtekst) na 33 jaar zijn individuele aard verliest en versmelt met het collectieve lichaam van familie-voorouder geesten of *kami*. Men zegt dat deze op een heilige berg verblijven, vaak in de bergachtige streken Kumano, Yoshino of andere gebieden in het centrum van het oude Japan. De amorfe familie-*kami* worden ook in rituelen aangeroepen, maar op een meer abstract niveau dan de *tama* van een familielid dat pas overleden is (zie ook p. 264).

De boeddhistische ordes introduceerden een aantal concepten van het hiernamaals, waaronder paradijselijke gebieden waar de Boeddha zelf heerst (de nichiren-ordes), de Vairochana Boeddha (de shingon-orde), de Maitreya en Kannon. Zij introduceerden ook het concept van het goddelijke oordeel, waarbij de ziel, 49 dagen na de dood, beoordeeld wordt door een wezen dat Emma wordt genoemd (Sanskriet: Yama). Afhankelijk van zijn oordeel, wordt de ziel verwezen naar het paradijs of naar een van de demonische regionen van Jigoku (de Hel), of wordt zij veroordeeld om te worden herboren als een beest, een godheid of een nieuwe mens. Het meest invloedrijke concept was echter dat van het Pure Land, een paradijs waar de zielen aan de kwellingen van Jigoku konden ontsnappen om eventueel een permanente verlossing of *nirvana* te bereiken.

Het shintoïstische concept van de ziel als *tama* en *kami* bestaat hand in hand met het boeddhistische geloof dat de ziel naar de hel of het paradijs verwezen wordt of wordt gereïncarneerd. Zoals zo vaak ziet de Japanse religie geen tegenstelling in de omarming van beide noties, hoe tegengesteld ze in eerste instantie ook lijken.

Emma, de Heer van Jigoku (bovenaan) beoordeelt het karma (de balans van verdiensten en tekortkomingen) van de doden; degenen met een surplus aan tekortkomingen worden naar een van de bestraffingsregionen verwezen. Een 18de-eeuwse prent.

HET YASUKUNI-HEILIGDOM

Het spook van het Japanse militaristische verleden steekt zo nu en dan nog zijn kop op in de context van het Yasukuni-heiligdom in Tokyo. De *kami* die in deze *jinja* huizen, zijn de zielen van de Japanse oorlogsdoden vanaf de vorming van het keizerlijke leger in 1871 tot het einde van de Tweede Wereldoorlog. Als zodanig is het heiligdom het centrum van conflicten, met name wanneer prominente leden van de regering – soms zelfs de premier – er komen eer bewijzen.

Zulke gelegenheden komen niet vaak voor, maar worden altijd uitgebreid verslagen in de media. Verwijzend naar het vooroorlogse staats-shintoïsme (zie p. 245) en de intens nationalistische ideologie, beschuldigt de Japanse linkervleugel politici ervan dat zij de grondwet van 1947 schenden, die staatsinmenging in religieuze zaken duidelijk verbiedt. Rechts weerspreekt dit met de bewering dat het Yasukuni-heiligdom een private religieuze instelling is en dat degenen die daar bidden dat op persoonlijke titel doen.

De zaken worden gecompliceerd door het feit dat er de afgelopen jaren herhaalde pogingen zijn gedaan om de Yasukuni-*jinja* in een equivalent van 'het graf van de onbekende soldaat' te veranderen, een plaats waar bezoekende buitenlandse hoogwaardigheidsbekleders kransen kunnen leggen. Maar de gevoeligheden van Links in deze kwestie resoneren zodanig in het politieke spectrum, dat deze maatregel tot nu toe onvoldoende steun heeft gekregen in de Japanse Diet (het parlement).

OUDE GELOVEN IN DE MODERNE WERELD

De oude Japanse samenleving was verdeeld in *uji* of clans en de wortels van het shintoïsme waren nauw verstrengeld met de collectieve waarden die deze alomvattende sociale eenheden koesterden. Zo wordt de bescherm-*kami* die zich in een lokaal shintoïstisch heiligdom bevindt nog steeds de *uji-kami* of 'clangod' genoemd, ondanks het feit dat het *uji*-systeem als een belangrijke factor in de Japanse samenleving al meer dan duizend jaar verleden tijd is. Meer recent heeft de *ie* of grootfamilie – die de *uji* als de dominante sociale eenheid verving toen het feodalisme na ca. 1185 zijn intrede deed – de aanzet gegeven tot een diepgaande nadruk op de familie in zowel de meer populaire ordes van het boeddhisme als het shintoïsme (zie p. 256). Bij welk heiligdom of welke tempel men behoort, wordt nog steeds bepaald door iemands *ie*, een feit dat heeft bijgedragen aan de opkomst van de zogenoemde 'Nieuwe religies' (zie p. 270-1).

Eeuwenlang hebben vrouwen een relatief ondergeschikte rol gespeeld in het religieuze leven van het land, hoewel er tot in de historische periode ook regerende keizerinnen zijn geweest: Shotoku Taishi was regent voor een van hen (zie p. 243) en de *Kojiki* (zie p. 250) werd in opdracht van een andere opgesteld. Er waren ook hogepriesteressen in het heiligdom van de zonnegodin in Ise (zie p. 258). Maar rond 800 n. Chr. maakte de impact van het Chinese confucianisme met zijn zwaar patriarchale ideologie effectief een einde aan deze oorspronkelijke statusgelijkheid. Sinds die tijd waren alle keizers en de meeste priesters mannen, ondanks het feit dat Amaterasu tot op de dag van vandaag de meest vereerde godheid van het shintoïsme is.

In deze tijd is de wereldwijde vrouwenbeweging de traditionele Japanse geloofsvoorstellingen en praktijken gaan beïnvloeden. Een toenemend aantal shintoïstische heiligdommen staat jonge vrouwen nu toe om tijdens feesten de *mikoshi* (de draagbare schrijn) te dragen (zie kader p. 269). Er is ook een toename van het aantal vrouwelijke shintoïstische priesters, ondanks de

Danseressen nemen deel aan kagura, *heilig shintoïstisch theater, in een heiligdom in Nara. Vrouwen participeren sinds lang in shintoïstische ceremonies als musici of dansers, maar werden tot voor kort grotendeels uitgesloten van het priesterschap.*

tegenstand van de conservatievere heiligdommen. In 1996 was tien procent van de 21.091 priesters vrouwelijk, vergeleken met negen procent in 1993.

De vroegere verbondenheid van het shintoïsme met het staatsmilitarisme dat tot 1945 bestond, geeft zo nu en dan nog aanleiding tot conflicten (zie marge p. 268). Hoewel de boeddhistische ordes zich over het algemeen verre van de politiek hebben gehouden, zijn ze ook minder gevoelig geweest voor de druk om te veranderen die ertoe geleid heeft dat vrouwen tot het shintoïstische priesterschap zijn toegelaten. Het Japanse boeddhisme kent weinig vrouwelijke priesters – als ze er al zijn. Er zijn eeuwenlang boeddhistische nonnen geweest, maar zij vormen een zeer conservatief element binnen het Japanse religieuze leven.

De enige boeddhistische orde die in de moderne tijd controversieel is geworden, is Nichiren-shoshu (zie p. 255) en met name de hiermee verbonden lekenorganisatie Soka Gakkai (de 'Waarden-Scheppende Beweging'; zie p. 271).

VROUWELIJKE SCHRIJN-DRAGERS

Het dragen van de *mikoshi* (de draagbare schrijn) tijdens een plaatselijk feest of *matsuri* wordt beschouwd als een privilege, met name bij die gelegenheden waarbij de *mikoshi* de beeltenis van de godheid van het lokale heiligdom bevat. Traditioneel was de taak van het dragen van de *mikoshi* voorbehouden aan jonge mannen: van vrouwen werd verwacht dat zij een dienstverlenende rol speelden bij de *matsuri*-processies, zoals het verstrekken van drinken aan de *mikoshi*-dragers en het koken van de maaltijd nadat de draagbare schrijn naar het heiligdom was teruggebracht.

In de late jaren zeventig begon dit echter te veranderen toen vrouwen in de ene na de andere buurt het recht kregen om zich bij hun broers en echtgenoten te voegen om de *kami* door de straten te dragen.

In de Tokiose buurt Nishi-Waseda (zie p. 265) vond deze verandering plaats in 1978. In maart van dat jaar, zes maanden voor de jaarlijkse 'schaduw-*matsuri*' (zie p. 262) wees een lid van het vrouwencomité van de buurtvereniging *(chokai)* – waarvan het hoofd de algehele verantwoordelijkheid voor het feest draagt – erop dat jonge vrouwen in andere buurten tij-

Vrouwelijke schrijndragers zijn tegenwoordig bij lokale shintoïstische feesten een gewoon gezicht. Deze vrouwen nemen deel aan een matsuri *in Asahikawa op het eiland Hokkaido.*

dens de *matsuri* de *miskoshi* droegen. Ze suggereerde dat de tijd gekomen was dat hun eigen buurt zou volgen.

Het besluitvormingsproces dat hierop volgde, was typisch Japans, met beleefde discussies in plaats van verhitte argumenten. Het idee werd overwogen in de belangrijkste organen die bij de organisatie van de *matsuri* betrokken waren: de *chokai*, de vereniging van oudsten van het heiligdom en de plaatselijke winkeliersvereniging (de meeste aspirant-dragers waren dochters van winkeliers). De *guji* (senior-priester) van een naburig heiligdom, die gewoonlijk tijdens de *matsuri* van de buurt voorging, werd ook geraadpleegd. Hij gaf zijn goedkeuring, waarbij hij het feit dat er ooit hogepriesteressen van Amaterasu in Ise geweest waren (zie hoofdtekst) als precedent noemde – Amaterasu is ook de lokale godheid van Nishi-Waseda.

Vele maanden later, nadat alle betrokken partijen het voorstel informeel besproken hadden en goedgekeurd, werd de verandering officieel goedgekeurd door het hoofd van de *chokai*. Ongeveer een week voor de *matsuri* werd een groep vrouwen ingeroosterd in het schema van de *miskoshi*-dragers.

DE 'NIEUWE RELIGIES'

Sinds de vroege negentiende eeuw zijn er in Japan tal van spirituele bewegingen opgekomen die gezamenlijk bekendstaan als de 'Nieuwe Religies' (Shinko Shukyo). De meeste hiervan zijn van het shintoïsme afgeleid, hoewel de meeste diepgaand beïnvloed zijn door ideeën uit een verscheidenheid aan bronnen, waaronder het boeddhisme, Chinese tradities als het confucianisme en taoïsme, het christendom en, tegenwoordig, zelfs het westerse occultisme. Ondanks voorkomende excessen en de soms verhaspelde theologische onderbouwing, zijn de Nieuwe Religies het levende bewijs dat de oude drang naar religieuze vernieuwing nog steeds zeer levendig en vitaal is in het moderne Japan.

De eerste Nieuwe Religies kwamen op tegen de achtergrond van de sociale chaos die de ineenstorting van het Tokugawa-shogunaat met zich meebracht. In die periode ontstond er een aantal succesvolle nieuwe bewegingen, meestal geleid door charismatische persoonlijkheden. Hun succes duurde voort tijdens de Meiji-periode (1868-1912), aan het einde waarvan er dertien op het shintoïsme gebaseerde bewegingen waren – waaronder Tenrikyo (zie kader beneden) – die door de Japanse overheid werden erkend. Ook zijn er verschillende bewegingen die rechtstreeks uit het boeddhisme zijn ontstaan, waarvan Soka Gakkai (de 'Waarden-Scheppende Beweging') de meest invloedrijke is. Deze werd aan het einde van de jaren twintig van deze eeuw

DE TENRIKYO-BEWEGING

In 1838 werd Miki Nakayama (1798-1887) toen zij haar zieke zoon verzorgde, bezeten door een *kami* die zichzelf identificeerde als Ten-taishogun, de 'Grote Hemelse Leenheer'. In de daaropvolgende jaren vertelde Ten-taishogun aan Nakayama dat hij en de negen aan hem onderschikte wezens de enige ware *kami* waren en dat zij haar hadden uitgekozen om de 'Hemelse Waarheid' of *tenri* te verspreiden. Zo werd de tenrikyo-beweging geboren.

De boodschap van de *kami* werd uiteindelijk opgeschreven in een lang gedicht dat in 1883 voltooid werd en de *Ofudesaki* heet, 'De Tip van de Schrijf-Penseel'. Hierin staan de verzamelde openbaringen aan de stichter van de beweging over de aard van de hemel en met name van de *kami* die daar verblijven. Hun relatie tot de mensen was analoog aan die tussen een ouder en zijn of haar kinderen. Zo wordt de belangrijkste manifestatie van de godheid in

Gelovigen bij het belangrijkste heiligdom van Tenrikyo in Tenri-Stad, of Oyasato, het 'Ouderlijk Huis'. Volgens het tenrikyo-geloof schiep 'God de Ouder' op deze plek de mensheid.

het tenrikyo-geloof de Okyami, 'God de Ouder', genoemd.

Tegen het begin van de twintigste eeuw was Tenrikyo een erkende shintoïstische sekte en het blijft tot op de dag van vandaag een van de meest succesvolle van de Nieuwe Religies. Hoewel de beweging hoofdzakelijk geworteld is in het shintoïstische concept van de hiërarchie van de *kami*, heeft de door Miki Nakayama (of Oyasama, 'Vereerde Ouder') vele concepten ontleend aan het Pure Land-boeddhisme, waaronder het idee van 'verlossing' door een intense geloofsbelijdenis, in dit geval in de macht van Oyakami, en een goed omschreven hiernamaals.

Vanuit de basis in Tenri-Stad, dichtbij Nara, verspreidde het geloof zich over heel Japan en is het recentelijk ook overgebracht naar Hawaï, Noord-Amerika, Brazilië en andere landen met een aanzienlijke Japanse immigrantenbevolking.

Een eigentijdse houtdruk van de kunstenaar Yoshitoshi waarop een van de Amerikaanse marineschepen van bevelhebber Matthew C. Perry uit 1853 bij Uraga, Edo (Tokyo) is afgebeeld. Het einde van het shogunaat begon toen Perry's 'zwarte schepen' met geweld de twee eeuwen oude zelfopgelegde Japanse blokkade doorbraken. Vanaf die tijd werd Japan meer ontvankelijk voor invloeden van buitenaf, die een grote impuls betekenden voor de ontluikende Nieuwe Religies. Vele ontstonden in reactie op de omstandigheden tijdens de laatste decennia van het shogunaat, toen het gevestigde shintoïsme en boeddhisme stagneerden en niet reageerden op de veranderende sociale omstandigheden.

gesticht door Makiguchi Tsuesaburo (1871-1944) en is nauw verbonden met de bestaande nichiren-shoshu-orde. Tegen de Tweede Wereldoorlog hadden Tsuesaburo en zijn leerling Toda Josei (1900-1958) slechts een paar duizend volgelingen aangetrokken voordat hun verering van de leer van Nichiren (zie p. 255) tot de onderdrukking ervan leidde. Maar na 1945 groeide de beweging onder leiding van Toda snel, opgestuwd door de sociale omwentelingen die de snelle naoorlogse economische groei van Japan begeleidden (zie rechtermarge).

Soka Gakkai was vooral aantrekkelijk voor de massa's die van het platteland naar de steden waren getrokken en het contact met hun sociale netwerken hadden verloren die zo belangrijk zijn voor het Japanse leven. Het bezoek aan een tempel of heiligdom was gebaseerd op iemands *ie* of familie (zie p. 256) en veel mensen hadden daarom moeite om zich in de nieuwe omgeving bij een tempel of heiligdom aan te sluiten. Veel van de Nieuwe Religies ontstonden om aan de spirituele behoeften van zulke mensen tegemoet te komen. De meer 'gevestigde' Nieuwe Religies, zoals Tenrikyo, benadrukken net als de oudere Japanse bewegingen het belang van de 'familie'. Een minderheid van de nieuwe bewegingen wordt er echter van beschuldigd dat zij zich net zo gedragen als de meer beruchte bewegingen in het Westen, zoals de beschuldiging dat zij zich speciaal richten op ontvankelijke jonge mensen om hen te 'hersenspoelen'. Een van deze sekten was Aum Shinrikyo, een apocalyptische op het boeddhisme gebaseerde sekte die verantwoordelijk was voor de gasaanval op de Tokiose metro in 1995, waarbij tal van mensen omkwamen.

Volgens een van de schattingen zijn er tegenwoordig zo'n tweehonderdduizend Nieuwe Religies, hoewel vele hiervan maar weinig volgelingen hebben. Een goed voorbeeld van zo'n kleine beweging is Shukyo Mahikari of 'Goddelijk Licht', ontstaan in de vroege jaren zestig. Deze groep benadrukt heelwording en heeft een opmerkelijk breed gebaseerde theologie die ontleend is aan het shintoïsme, boeddhisme en tal van andere elementen – waaronder de legende van Atlantis. Net als andere Nieuwe Religies vertoont Shukyo Mahikari de voortdurende vitaliteit van het Japanse vermogen om elementen van verschillende spirituele en culturele tradities te vermengen.

SOKA GAKKAI

Tegen het einde van de jaren zestig had Soka Gakkai, onder leiding van Toda Josei's opvolger Daisaku Ikeda (1928-), meer dan elf miljoen leden aangetrokken. De beweging heeft ook veel niet-Japanse leden, met name in de Verenigde Staten.

De strikte hiërarchie van Soka Gakkai, de quasimilitaire organisatie, de massale bijeenkomsten en de eis van een bijna volledige toewijding van de leden riepen verdenkingen op dat het een dekmantel was voor militaristische revolutionairen. Deze verdenking – die later geheel onjuist bleek – werd gevoed toen Soka Gakkai in de jaren zestig de Komeito, de 'Schone Regeringspartij', oprichtte. De Komeito werd algemeen als een poging gezien om Nichiren-shoshu te politiseren of zelfs de macht te grijpen. Dit vermoeden leeft voort, ondanks het feit dat Komeito twintig jaar geleden alle officiële banden met Soka Gakkai verbrak (en zichzelf onlangs ophief).

Een andere bron van ongerustheid vormen de intensieve pogingen van Soka Gakkai om bekeerlingen te werven, wat tegen traditionele Japanse inclusieve houding jegens verschillende religies ingaat. Ondanks de recente daling van het ledental, financiële schandalen en een breuk met de nichiren-priesters, blijft Soka Gakkai een belangrijke factor in het Japanse religieuze leven.

VERKLARENDE WOORDENLIJST

bodhisattva Sanskriet, 'toekomstige *boeddha*', (letterlijk: 'verlicht wezen'). In het boeddhisme: een individu die verlichting *(bodhi)* bereikt heeft, maar verkiest om het *nirvana* (zie hierna) uit te stellen om anderen in hun spirituele zoektochten bij te staan.

boeddha Sanskriet, 'verlichte'. In het boeddhisme: iemand die verlichting en *nirvana* (zie hierna) heeft bereikt. Gebruikt als titel ('de Boeddha') verwijst de term naar Siddharta Gautama, de grondlegger van het boeddhisme.

bosatsu Japans, '*boddhisatva*' (zie hiervoor).

Chan Chinees *chan*, 'meditatie', van het Sanskritische *dhyana* (zie hierna). Een school binnen het Chinese boeddhisme, waarin het streven naar verlichting zich richt op de praktijk van het mediteren.

davidisch Van of met betrekking tot David, koning van Israël ca. 1000-960 v. Chr., en zijn nakomelingen.

dharma Sanskriet, 'waarheid', 'orde', 'rechtschapenheid', 'plicht', 'rechtvaardigheid'. De term wordt zowel in het hindoeïsme als het boeddhisme gebruikt. Als zelfstandig naamwoord ('de Dharma') verwijst hij specifiek naar de 'waarheid' omtrent het menselijk bestaan zoals ontdekt en onderwezen door de Boeddha.

dhyana Sanskriet, 'meditatie', waarvan het Chinese *chan* (zie boven) en het Japanse *zen* (zie hierna) zijn afgeleid.

dualisme Het geloof dat de kosmos wordt beheerst door twee tegengestelde krachten (bijvoorbeeld goed en kwaad), die een verschillende oorsprong hebben (bijvoorbeeld God en de duivel). In een strikt monotheïsme, waarin God gezien wordt als de bron van alle gebeuren, wordt dit idee verworpen.

eschatologie Grieks, *eschatos*, 'laatste'. Doctrine of doctrines die betrekking hebben op het einde van de wereld.

goeroe Sanskriet, 'leraar'. In het hindoeïsme: een vereerde mannelijke of vrouwelijke religieuze leraar.

Hadieth Arabisch, 'verslag'. De opgetekende traditie van de woorden, het onderricht en de daden van de profeet Mohammed. Na de koran de belangrijkste geschreven bron van de islam.

halacha Het complete corpus van de joodse wet.

imam Arabisch, 'leider'. Degene die de wekelijkse bijeenkomst op vrijdag in de moskee leidt. Als eigennaam verwijst 'Imam' voor de sjiïeten naar de enige legitieme opvolger van Mohammed op aarde.

karma Sanskriet, 'handelen'. In het hindoeïsme en boeddhisme het evenwicht tussen alle verzamelde verdiensten en tekortkomingen van een individu, welke bepalend is voor de aard van diens volgende reïncarnatie.

mantra In het hindoeïsme en boeddhisme: een woord of kort vers dat herhaalde malen wordt uitgesproken of gezongen ter ondersteuning van de meditatie.

mozaïsch Van of met betrekking tot Mozes.

nirvana Sanskriet, letterlijk: 'het uitblazen'. In het boeddhisme: een toestand die vrij is van alle onwetendheid en verlangen, waarin men ophoudt *karma* te verzamelen (zie hiervoor) en waardoor men de bevrijding uit de kringloop van dood en wedergeboorte bereikt.

patristisch Van of met betrekking tot de 'kerkvaders', de (mannelijke) theologen uit de eerste eeuwen van het christendom (ca. 200-500 n. Chr.) wiens werk vorm gegeven heeft aan elementaire christelijke doctrines.

Profeet, de De profeet Mohammed.

Pure Land, het Sukhavati, het 'Westelijke Paradijs' waar de *boeddha* Amitabha (bekendstaand als Amituo in China en als Amida in Japan) regeert. Het is een plaats van gelukzaligheid en kalmte waar zijn volgelingen na hun dood verlichting en *nirvana* (zie hiervoor) kunnen nastreven. Het geloof in het Pure Land leeft sterk in het Oost-Aziatische boeddhisme.

rabbijns Van of met betrekking tot de joodse rabbijnen en hun leer, met name de rabbijnen uit de rabbijnse periode (zie hierna).

rabbijnse periode In het jodendom wordt met deze term een periode in de geschiedenis bedoeld (meestal van het einde van de eerste eeuw tot het begin van de zevende eeuw) waarin de geschriften van belangrijke rabbijnen (leraren) ontstonden, zoals Yohanan ben Zakkai, Akiva, en Juda de Prins. In deze periode ontstonden ook de belangrijkste verzamelwerken van de joodse wetgeving, de Misjna (ca. 200 n. Chr.) en de Talmoed (de Talmoed Jeruzjalmi of Palestijnse Talmoed ca. 400 n. Chr., en de Babylonische Talmoed ca. 500 n. Chr.).

soefi Van of met betrekking tot het soefisme (islamitische mystiek); een islamitisch mysticus.

talmoedische periode De periode in de joodse literaire geschiedenis waarin de geschriften die samen de Talmoed vormen ontstonden (ca. 200-500 n. Chr.) (zie ook rabbijnse periode, hierboven).

Tantra De benaming van de oude heilige teksten en de bewegingen waaraan deze ten grondslag liggen in het hindoeïsme (vanaf ca. 500 n. Chr.) en het boeddhisme (vanaf ongeveer de zevende eeuw n. Chr). Hindoeïstische tantra richt zich op het gebruiken van mannelijke en vrouwelijke goddelijke energieën; boeddhistische tantra benadrukt ritueel, symboliek en een snelle verlichting (verbonden met het concept van de 'woeste goden'). Het gebruik van *mandala's* (cirkelvormige afbeeldingen van de kosmos) is een gebruikelijk onderdeel van beide vormen.

trinitarisch Van of met betrekking tot de christelijke doctrine van de triniteit (God als Vader, Zoon en Heilige Geest).

oelama Arabisch, 'geleerden'. Islamitische schriftgeleerden die de hoogste autoriteit vormen op het gebied van religieuze en juridische kwesties.

vedisch Van of met betrekking tot de heilige Sanskritische teksten die gezamenlijk bekendstaan als de *Veda's*, de oude, op offers gebaseerde religieuze praktijken waarin zij centraal stonden, of de periode gedurende welke zij verzameld werden (ca. 1750 tot 600 v. Chr.).

Zen Japans *zen*, 'meditatie', van het Chinese *chan* en Sanskritische *dhyana* (zie hiervoor). Een school van het Japanse boeddhisme die zich richt op de praktijk van het mediteren.

LITERATUUR

ALGEMENE LITERATUUR

Bowker, John. *The Oxford Dictionary of World Religions.* New York: Oxford University Press, 1997.

Brandon, S.G.E. *A Dictionary of Comparative Religion.* London: Weidenfeld & Nicolson, 1970.

Eliade, Mircea. *The Sacred and the Profane: The Nature of Religion.* Vertaald door Willard R. Trask. New York: Harcourt Brace, 1959.

——, ed. *The Encyclopedia of Religion.* 16 vols. New York: Macmillan, 1987.

Freedman, David Noel, ed. *The Anchor Bible Dictionary.* 6 vols. New York: Doubleday, 1992.

Hastings, James, ed. *Encyclopaedia of Religion and Ethics.* 12 vols. New York: Charles Scribner's Sons, 1913.

Hick, John. *Philosophy of Religion.* 4de ed. Englewood Cliffs, NJ: Prentice-Hall, 1991.

Hinnells, John R., ed. *A Handbook of Living Religions.* New York: Viking, 1984.

James, William. *The Varieties of Religious Experience.* Cambridge, MA: Harvard University Press, 1985 (orig. 1902).

Leeuw, G. van der. *Religion in Essence and Manifestation.* 2 vols. New York: Harper & Row, 1963.

Ludwig, Theodore M. *The Sacred Paths: Understanding the Religions of the World.* 2de ed. Upper Saddle River, NJ: Prentice Hall, 1996.

Metzger, Bruce M. and Michael D. Coogan, eds. *The Oxford Companion to the Bible.* New York: Oxford University Press, 1993.

Noss, David S. and John B. Noss. *A History of the World's Religions.* 9de ed. New York: Macmillan, 1993.

Otto, Rudolf. *The Idea of the Holy.* Vertaald door John W. Harvey. 2de ed. New York: Oxford University Press, 1958.

Porter, J.R. *The Illustrated Guide to the Bible.* New York en Oxford: Oxford University Press, 1995.

Sharma, Arvind, ed. *Women in World Religions.* Albany: State University of New York Press, 1987.

Smart, Ninian and Richard D. Hecht. *Sacred Texts of the World: A Universal Anthology.* New York: Crossroad, 1982.

Smith, Jonathan Z., ed. *The HarperCollins Dictionary of Religion.* San Francisco: HarperSanFrancisco, 1995.

Smith, Wilfred Cantwell. *The Meaning and End of Religion: A New Approach to the Religious Traditions of Mankind.* New York: Macmillan, 1963.

Sullivan, Lawrence E., ed. *Enchanting Powers: Music in the World's Religions.* Cambridge, MA: Harvard University Press, 1997.

Wach, Joachim. (ed. J.M. Kitagawa). *The Comparative Study of Religion.* New York: Columbia University Press, 1961.

Willis, Roy, ed. *World Mythology: The Illustrated Guide.* New York: Simon & Schuster, 1993.

Young, Serenity, ed. *Encyclopedia of Women and World Religion.* New York: Macmillan, 1998.

HOOFDSTUK 1 JODENDOM
Carl S. Ehrlich

Avineri, Shlomo. *The Making of Modern Zionism: The Intellectual Origins of the Jewish State.* New York: Basic Books, 1981.

Baskin, Judith R., ed. *Jewish Women in Historical Perspective.* Detroit: Wayne State University Press, 1991.

Ben-Sasson, H.H., ed. *A History of the Jewish People.* Cambridge: Harvard University Press, 1976.

Bialik, Hayim Nachman and Yehoshua Hana Ravnitzky, eds. *The Book of Legends* (Sefer Ha-Aggadah): *Legends from the Talmud and Midrash.* Vertaald door William G. Braude. New York: Schocken, 1992.

Borowitz, Eugene B. *Choices in Modern Jewish Thought: A Partisan Guide.* 2de ed. West Orange, NJ: Behrman House, 1995.

Carmi, T., ed. *The Penguin Book of Hebrew Verse.* New York en Londen: Penguin Books, 1981.

Cohen, Arthur A. en Paul Mendes-Flohr, eds. *Contemporary Jewish Religious Thought: Original Essays on Critical Concepts, Movements, and Beliefs.* New York: Free Press, 1987.

Dawidowicz, Lucy S. *The War against the Jews, 1933-1945.* Toronto en New York: Bantam, 1986.

Elbogen, Ismar. *Jewish Liturgy: A Comprehensive History.* Vertaald door Raymond P. Scheindlin. Philadelphia: Jewish Publication Society, 1993.

Epstein, L., ed. *The Babylonian Talmud.* 18 vols. Londen: Soncino Press, 1961 (orig. ca. 1935-48).

Friedman, Richard Elliot. *Who Wrote the Bible?* New York: Summit, 1987.

Green, Arthur, ed. *Jewish Spirituality.* (Vol. 1: *From the Bible through the Middle Ages;* Vol. 2: *From the Sixteenth Century Revival to the Present.*) New York: Crossroad, 1988.

Heschel, Abraham Joshua. *God in Search of Man: A Philosophy of Judaism.* Northvale, NJ: Jason Aronson, 1987 (orig. ca. 1955).

Holtz, Barry W., ed. *Back to the Sources: Reading the Classic Jewish Texts.* New York: Summit, 1984.

Idelson, A.Z. *Jewish Music: Its Historical Development.* New York: Dover, 1992 (orig. ca. 1929).

Klein, Isaac. *A Guide to Jewish Religious Practice.* New York: Jewish Theological Seminary of America, 1979.

Kugel, James L., *The Bible as It Was.* Cambridge, MA: Harvard University Press, 1997.

Leviant, Curt, ed. *Masterpieces of Hebrew Literature: A Treasury of 2000 Years of Jewish Creativity.* New York: Ktav, 1969.

Marcus, Jacob R. *The Jew in the Medieval World: A Source Book, 315-1791.* Westport, CT. Greenwood, 1975 (orig. ca. 1938).

Mendes-Flohr, Paul en Jehuda Reinharz, eds. *The Jew in the Modern World: A Documentary History.* New York: Oxford University Press, 1980.

Plaskow, Judith. *Standing Again at Sinai: Judaism from a Feminist Perspective.* San Francisco: Harper & Row, 1990.

Plant, W. Gunther, Bernard J. Bamberger en William Hallo. *The Torah: A Modern Commentary.* New York: Union of American Hebrew Congregations, 1981.

Roth, Cecil, ed. *Encyclopaedia Judaica.* 16 vols. New York: Macmillan, 1972.

Scholem, Gershom. *Major Trends in Jewish Mysticism.* New York: Schocken, 1961 (orig. ca. 1954).

Seltzer, Robert M. *Jewish People, Jewish Thought: The Jewish Experience in History.* New York: Macmillan, 1980.

Strassfeld, Michael, ed. *The Jewish Holidays: A Guide and Commentary.* New York: Harper & Row, 1985.

Tanakh: A New Translation of the Holy Scriptures According to the Traditional

Hebrew Text. Philadelphia: Jewish Publication Society, 1985.
Trachtenberg, Joshua. *The Devil and the Jews: The Medieval Conception of the Jew and Its Relation to Modern Anti-Semitism.* 2de ed. Philadelphia: Jewish Publication Society, 1983.
Urbach, Ephraim E. *The Sages: Their Concepts and Beliefs.* Vertaald door Israel Abrahams. Cambridge, MA: Harvard University Press, 1987.
Werblowsky, R.J. Zwi en Geoffrey Wigoder, eds. *The Oxford Dictionary of the Jewish Religion.* New York: Oxford University Press, 1997.
Wigoder, Geoffrey, ed. *Jewish Art and Civilization.* New York: Walker, 1972.

HOOFDSTUK 2 CHRISTENDOM
Rosemary Drage Hale

Appiah-Kubi, Kofi en Sergio Torres, eds. *African Theology en route.* Maryknoll, NY: Orbis, 1979.
Brown, Peter. *The Rise of Western Christendom: Triumph and Diversity, 200-1000AD.* Oxford: Blackwell, 1997.
Brown, Schuyler. *The Origins of Christianity: A Historical Introduction to the New Testament.* herz. ed. New York: Oxford University Press, 1993.
Carson, D.A., Douglas J. Moo en Leon Morris. *An Introduction to the New Testament.* herz. ed. Grand Rapids, MI: Zondervan, 1994.
Chadwick, Henry. *The Early Church.* New York: Pelican, 1964.
Clark, Elizabeth en Herbert Richardson. *Women and Religion: A Feminist Sourcebook of Christian Thought.* New York: Harper and Row, 1977.
Copleston, Frederick. *A History of Christian Philosophy in the Middle Ages.* Londen: Sheed and Ward, 1978.
Cross, F.L. en E.A. Livingston, eds. *The Oxford Dictionary of the Christian Church.* 3de ed. Oxford: Oxford University Press, 1997.
Cross, Lawrence. *Eastern Christianity: The Byzantine Tradition.* Philadelphia: E.J. Dwyer, 1988.
Dillenberger, John en Claude Welch. *Protestant Christianity: Interpreted Through Its Development.* 2de ed. New York: Macmillan, 1988.
Jedin, Hubert. *The Church in the Modern World.* New York: Crossroad, 1993.
Johnson, Paul. *A History of Christianity.* New York: Atheneum, 1976.
Kazhdan, Alexander P., ed. *The Oxford Dictionary of Byzantium.* 3 vols. New York: Oxford University Press, 1991.
Knowles, David. *Christian Monasticism.* New York: McGraw-Hill, 1969.

Lossky, Vladimir. *The Mystical Theology of the Eastern Church.* Londen: James Clarke, 1968.
McGinn, Bernard. *The Foundations of Mysticism.* New York: Crossroad, 1992.
McGrath, Alister E. *Christian Theology: An Introduction.* Oxford: Blackwell, 1996.
McKenzie, Peter. *The Christians, Their Beliefs and Practices: An Adaptation of Friedrich Heiler's Phenomenology of Religion.* Nashville: Abingdon, 1988.
McLaren, Robert Bruce. *Christian Ethics! Foundations and Practice.* Englewood Cliffs, NJ: Prentice-Hall, 1994.
McManners, John, ed. *The Oxford Illustrated History of Christianity.* Oxford: Oxford University Press, 1992.
Meyendorff, John. *Byzantine Theology: Historical Trends and Doctrinal Themes.* New York: Fordham University Press, 1974.
Porter, J.R. The Illustrated Guide to the Bible. New York en Oxford, Oxford University Press, 1995.
Quebedeaux, Richard. *The New Charismatics: The Origins, Development, and Significance of Neo-Pentecostalism.* New York: Doubleday, 1976.
Raitt, Jill, ed. *Christian Spirituality.* 3 vols. New York: Crossroad, 1985-1989.
Self, David. *High Days and Holidays: Celebrating the Christian Year.* Oxford: Lion, 1993.
Southern, R.W. *Western Society and the Church in the Middle Ages.* New York: Penguin, 1970.

HOOFDSTUK 3 ISLAM
Matthew S. Gordon

Abbott, Nabia. *Aishah, The Beloved of Muhammad.* New York: Arno, 1973 (orig. 1942).
Al-Ghazzali, Abu Hamid Muhammad. *The Alchemy of Happiness.* Vertaald door Claud Field. (bewerkt door Elton L. Daniel). Londen: M.E. Sharpe, 1991.
Ali, A. Yusuf. *The Koran: Translation and Commentary.* Washington, D.C.: American International Printing, 1946.
Ali, Muhammad. *A Manual of Hadith.* Londen: Curzon, 1977.
Arberry, A.J. *The Koran Interpreted.* New York: Macmillan, 1955.
Armstrong, Karen. *Muhammad: A Biography of the Prophet.* San Francisco: Harper San Francisco, 1992.
Daniel, Norman. *Islam and the West: The Making of an Image.* Edinburgh: Edinburgh University Press, 1960.
Denny, Frederick M. *An Introduction to Islam.* New York: Macmillan, 1985.
Dunn, Ross. *The Adventures of Ibn Battuta: A Muslim Traveller of the Fourteenth Century.* Berkeley: University of California Press, 1986.
Ernst, Carl W. *The Shambhala Guide to Sufism.* Boston: Shambhala, 1997.
Esposito, John L. *Islam and Politics.* Syracuse: Syracuse University Press, 1987.
———, *The Oxford Encyclopedia of the Modern Islamic World.* 4 vols. New York: Oxford University Press, 1995.
———, *Islam: The Straight Path.* 3de ed. New York: Oxford University Press, 1998.
Fernea, Elizabeth. *In Search of Islamic Feminism: One Woman's Global Journey.* New York: Doubleday, 1998.
Gibb, H.A.R. en J.H. Kramers, eds. *Shorter Encyclopaedia of Islam.* Leiden: E. J. Brill, 1991.
Guillaume, A. *The Life of Muhammad: A Translation of Ibn Ishaqs Sirat Rasul Allah.* Londen: Oxford University Press, 1967.
Ibn Khaldun. *The Muqaddimah: An Introduction to History.* Vertaald door Franz Rosenthal. 3 vols. New York: Bollingen Foundation, 1958.
Khomeini, Ruhollah. *Islam and Revolution: Writings and Declarations of Imam Khomeini.* Vertaald door Hamid Algar. Berkeley: Mizan, 1987.
Lapidus, Ira M. *A History of Islamic Societies.* Cambridge: Cambridge University Press, 1988.
Malcolm X. *The Autobiography of Malcolm X.* Geschreven met hulp van Alex Haley. New York: Grove, 1965.
Momen, Moojan. *An Introduction to Shi'i Islam.* New Haven: Yale University Press, 1985.
Nanji, Azim A., ed. *The Muslim Almanac: A Reference Work on the History, Faith, Culture, and Peoples of Islam.* New York: Gale Research, 1996.
Rahman, Fazlur. *Islam.* Chicago: University of Chicago Press, 1979.
Renard, John. *Seven Doors to Islam: Spirituality and the Religious Life of Muslims.* Berkeley: University of California Press, 1996.
Robinson, Francis, ed. *The Cambridge Illustrated History of the Islamic World.* Cambridge: Cambridge University Press, 1996.
Robinson, Francis. *Atlas of the Islamic World since 1500.* New York: Facts on File, 1982.
Rodinson, Maxime. *Europe and the Mystique of Islam.* Vertaald door Roger Veinus. Seattle: University of Washington Press, 1987.
Said, Edward. *Orientalism.* New York: Vintage, 1979.

HOOFDSTUK 4 HINDOEÏSME
Vasudha Narayanan

Baird, Robert D., ed. *Religion and Law in*

Independent India. New Delhi: Manohar, 1993.
Basham, Arthur L. *The Wonder That Was India: A Survey of the History and Culture of the Indian Sub-continent before the Coming of the Muslims*. 3de ed. Londen: Sidwick and Jackson, 1967.
Danielou, Alain. *Hindu Polytheism*. New York: Bollingen Foundation, 1964.
Doniger, Wendy en Brian Smith, vertalers. *The Laws of Manu*. Londen: Penguin Books, 1991.
Eck, Diana L. *Darsan: Seeing the Divine Image in India*. Chambersburg, PA: Anima, 1981.
Erndl, Kathleen M. *Victory to the Mother: The Hindu Goddess of Northwest India in Myth, Ritual, and Symbol*. New York: Oxford University Press, 1993.
Gandhi, Mahatma. *An Autobiography: The Story of My Experiments with Truth*. Ahmedabad: Navjivan Publications, 1959.
Gold, Ann Grodzins; en Gloria Goodwin Raheja. *Listen to the Heron's Words: Reimagining Gender and Kinship in Northern India*. Berkeley: University of California Press, 1994.
Hart, George. *Poets of the Tamil Anthologies: Ancient Poems of Love and War*. Princeton: Princeton University Press, 1979.
Hawley, John S. en Donna M. Wulff, eds. *Devi: Goddesses of India*. Berkeley: University of California Press, 1996.
Hawley, John S. en Mark Juergensmeyer. *Songs of the Saints of India*. New York: Oxford University Press, 1988.
Hiriyanna, Mysore. *The Essentials of Indian Philosophy*. Londen: Allen and Unwin, 1960.
Kane, P.V. *History of Dharmasastra*. 5 vols. Poon, India: Bhandarkar Oriental Research Institute, 1953-1974.
Leslie, Julia, ed. *Roles and Rituals for Hindu Women*. Rutherford, NJ: Fairleigh Dickinson University Press, 1991.
Lutgendorf, *Philip. The Life of a Text: Performing the Ramcaritmanas of Tulsidas*. Berkeley: University of California Press, 1991.
Miller, Barbara Stoler, ed. en vert. *Love Song of the Dark Lord: Sayadeva's Gitagovinda*. New York: Columbia University Press, 1977.
Miller, Barbara Stoler, vert. *The Bhagavad Gita: Krishna's Counsel in Time of War*. New York: Columbia University Press, 1986.
Narayan, R.K. *The Ramayana*. New York: Viking, 1972.
Narayan, R.K. *The Mahabharata*. New York: Viking, 1978.
Narayanan, Vasudha. *The Vernacular Veda: Revelation. Recitation and Ritual*.

Columbia: University of South Carolina Press, 1994.
O'Flaherty, Wendy Doniger. *Hindu Myths: A Sourcebook*. Baltimore: Penguin, 1975.
O'Flaherty, Wendy Doniger, ed. *Karma and Rebirth in Classical Indian Traditions*. Berkeley: University of California Press, 1990.
Olivelle, Patrick, vert. *The Upanisads*. New York: Oxford University Press, 1996.
Pandey, Raj Bali. *Hindu Samskaras: Socioreligious Studies of the Hindu Sacraments*. Delhi: Motilal Banarsidass, 1982.
Peterson, Indira Viswanathan. *Poems to Siva: The Hymns of the Tamil Saints*. Princeton: Princeton University Press, 1990.
Rajagopalachari, C. *Mahabharata*. Bombay: Bharatiya Vidya Bhavan, 1953.
Ramanujan, A.K., vert. *Speaking of Siva*. Harmondsworth: Penguin, 1973.
Ramanujan, A. K., vert. *Hymns for the Drowning: Poems for Viosonu*. Princeton: Princeton University Press, 1981.
Sax, William S. *The Gods at Play: Lila in South Asia*. New York: Oxford University Press, 1995.
Singer, Milton B. *Krishna: Myths, Rites, and Attitudes*. Honolulu: East-West Center Press, 1966.
Tharu, Susie en K. Lalita. *Women Writing in India 60OBC to the Present*. 2 vols. New York: The Feminist Press aan de City University van New York, 1991.
Waghorne Joanne P., Norman Cutler en Vasudha Narayanan. *Gods of Flesh, Gods of Stone: The Embodiment of Divinity in India*. Chambersburg, PA: Anima, 1985.
Yocum, Glenn E. *Hymns to the Dancing Siva: A Study of Manikkavacakar's Tiruvacakam*. New Delhi: Heritage, 1982.
Young, Katherine. 'Hinduism' in *Women in World Religions*. (ed. Arvind Sharma). Albany: SUNY Press, 1987.

HOOFDSTUK 5 BOEDDHISME
Malcolm David Eckel
Bechert, Heinz en Richard Gombrich, eds. *The World of Buddhism: Buddhist Monks and Nuns in Society and Culture*. New York: Facts on File, 1984.
Conze, Edward, ed. *Buddhist Scriptures*. New York: Penguin, 1959.
Eckel, Malcolm David. *To See the Buddha: A Philosopher's Quest for the Meaning of Emptiness*. Princeton: Princeton University Press, 1994.
Gombrich, Richard E *How Buddhism Began: The Conditioned Genesis of the Early Teachings*. Londen: Athlone, 1997.
Gombrich, Richard en Gananath Obeyesekere. *Buddhism Transformed: Religious Change in Sri Lanka*. Princeton:

Princeton University Press, 1988.
Horner, L.B. *Women Under Primitive Buddhism: Laywomen and Alinswomen*. Londen, 1930; herdr. Delhi: Motilal Banarsidass, 1975.
Kitagawa, Joseph M. *Religion in Japanese History*. New York: Columbia University Press, 1966.
Lamotte, Etienne. *History of Indian Buddhism from the Origins to the Saka Era*. Vertaald door Sara Webb-Boin. Louvain-la-Neuve: Institut Orientaliste, 1988.
Nakamura, Hajime. *Indian Buddhism: A Survey With Bibliographical Notes*. Delhi: Motilal Banarsidass, 1987.
Paul, Diana Y. *Women in Buddhism: Images of the Feminine in the Mahayana Tradition*. 2de ed. Berkeley: University of California Press, 1985.
Rahula, Walpola. *What the Buddha Taught*. New York: Grove, 1974.
Rhie, Marylin M. en Robert A.E. Thurman. *Wisdom and Compassion: The Sacred Art of Tibet*. New York: Harry N. Abrams, 1991.
Snellgrove, David en Hugh Richardson. *A Cultural History of Tibet*. Boulder, CO: Prajna Press, 1980.
Suzuki, Daisett T. *Zen and Japanese Culture*. Princeton: Princeton University Press, 1959.
Tambiah, S.J. *Buddhism Betrayed? Religion, Politics, and Violence in Sri Lanka*. Chicago: University of Chicago Press, 1992.
Tambiah, S.J. *World Conqueror and World Renouncer: A Study of Buddhism and Polity in Thailand against a Historical Background*. Cambridge: Cambridge University Press, 1976.
Aung San Suu Kyi. *Freedom From Fear and Other Writings*. herz. ed. New York: Viking, 1991.
Tenzin Gyatso, the Fourteenth Dalai Lama. *Freedom in Exile: The Autobiography of the Dalai Lama*. New York: HarperCollins, 1990.
Tweed, Thomas A. *The American Encounter with Buddhism, 1844-1912: Victorian Culture and the Limits of Dissent*. Bloomington: Indiana University Press, 1992.
Williams, Paul. *Mahayana Buddhism: The Doctrinal Foundations*. Londen: Routledge, 1989.
Wright, Arthur F. *Buddhism in Chinese History*. Stanford: Stanford University Press, 1959.
Zwalf, W., ed. *Buddhism: Art and Faith*. Londen: British Museum, 1985.

HOOFDSTUK 6 CHINESE TRADITIES
Jennifer Oldstone-Moore
Birrell, Anne. *Chinese Mythology:*

An Introduction. Baltimore: Johns Hopkins University Press, 1993.

Chan, Wing-tsit. *A Source Book in Chinese Philosophy.* Princeton: Princeton University Press, 1963.

Chen, Kenneth. *Buddhism in China: A Historical Survey.* Princeton: Princeton University Press, 1964.

Confucius. *The Analects.* Vertaald door D.C. Lau. New York: Viking, 1979.

De Bary, William Theodore, Wing-tsit Chan en Burton Watson, eds. *Sources of Chinese Tradition.* Vol. 1. New York: Columbia University Press, 1960.

Fingarette, Herbert. *Confucius: The Sacred as Secular.* New York: Harper & Row, 1972.

The I Ching. Vertaald door Richard Wilhelm, en van het Duits naar het Engels door Cary F. Baynes. 3de ed. Princeton: Princeton University Press, 1967.

Lao-Tzu. *The Tao Te Ching.* Vertaald door D.C. Lau. Baltimore: Penguin, 1963.

Lopez, Donald S., Jr. *Religions of China in Practice.* Princeton: Princeton University Press, 1996.

Jordan, David. *Gods, Ghosts, and Ancestors: The Folk Religion of a Taiwanese Village.* Berkeley: University of California Press, 1972.

Martin, Emily. *The Cult of the Dead in a Chinese Village.* Stanford: Stanford University Press, 1973.

Mencius. *The Mencius.* Vertaald door D.C. Lau. Harmondsworth: Penguin, 1970.

Overmyer, Daniel L. *Religions of China: The World as a Living System.* San Francisco: Harper & Row, 1986.

Overmyer, Daniel L.; Alvin P. Cohen; N.J. Girardot en Wing-tsit Chan. 'Chinese Religions', in *The Encyclopedia of Religion* (ed. Mircea Eliade), vol. 3:257-323. New York: Macmillan, 1987.

Saso, Michael. *The Teachings of Taoist Master Chuang.* New Haven: Yale University Press, 1978.

Schipper, Kristofer. *The Taoist Body.* Vertaald door Karen C. Duval. Berkeley: University of California Press, 1993.

Stepanchuk, Carol en Charles Wong. *Mooncakes and Hungry Ghosts: Festivals of China.* San Francisco: China Books and Periodicals, 1991.

Thompson, Laurence. *Chinese Religion: An Introduction.* 5de ed. Belmont, CA: Wadsworth, 1998.

———, *The Chinese Way in Religion.* 2de ed. Belmont, CA: Wadsworth, 1998.

Tu Wei-ming. *Confucian Thought: Selfhood as Creative Transformation.* Albany: State University of NY Press, 1985.

Watson, Burton. *Chuang Tzu: Basic Writings.* New York: Columbia University Press, 1996.

Welch, Holmes. *Taoism: The Parting of the Way.* Boston: Beacon, 1974.

Wolf, Arthur P., ed. *Religion and Ritual in Chinese Society.* Stanford; Stanford University Press, 1974.

Wright, Arthur F. *Buddhism in Chinese History.* Stanford: Stanford University Press, 1959.

Yampolsky, Philip B. *Platform Sutra of the Sixth Patriarch.* New York: Columbia University Press, 1978.

HOOFDSTUK 7 JAPANSE TRADITIES
C. Scott Littleton

Ashkenazi, Michael. *Matsuri: Festivals of a Japanese Town.* Honolulu: University of Hawaii Press, 1993.

Aston, W.G., vert. *Nihongi: Chronicles of Japan from the Earliest Times to AD697.* Rutland, VT: Charles E. Tuttle, 1972 (orig. 1896).

Blacker, Carmen. *The Catalpa Bow: A Study of Shamanistic Practice in Japan.* Londen: Allen and Unwin, 1975.

Bloom, Alfred. *Shinran's Gospel of Pure Grace.* Tucson: University of Arizona Press, 1965.

Boxer, C.R. *The Christian Century in Japan: 1549-1650.* Berkeley: University of California Press, 1951.

Brannen, Noah S. *Soka Gakkai: Japan's Militant Buddhists.* Richmond, VA: John Knox Press, 1968.

Davis, Winston Bradley. *Dojo: Magic and Exorcism in Modern Japan.* Stanford, CA: Stanford University Press, 1980.

Dumoulin, Heinrich. *Zen Buddhism: A History.* Vertaald door James W Heissig en Paul Knittnerr. 2 vols. New York: Macmillan, 1988; 1990.

Earhart, H. Byron. *Japanese Religion: Unity and Diversity.* 3de ed. Belmont, CA: Wadsworth, 1983.

Foard, James H. 'In Search of a Lost Reformation: A Reconsideration of Kamakura Buddhism.' *Japanese journal of Religious Studies* 7 (1980):261-291.

Hall, John Whitney. *Japan from Prehistory to Modern Times.* New York: Delacorte, 1970

Hardacre, Helen. *Shinto and the State, 1868-1988.* Princeton, NJ: Princeton University Press, 1989.

Littleton, C. Scott. 'The Organization and Management of a Tokyo Shinto Shrine Festival.' In *Ethnology* 25 (1986): 195-202.

———, 'Shinto.' in *Eastern Wisdom: An Illustrated Guide to the Religions and Philosophies of the East.* ed. C. Scott Littleton, 144-61. New York: Henry Holt, 1996.

Matsunaga, Daigan en Alicia Matsunaga. *Foundation of Japanese Buddhism,* Vol. 1. Los Angeles: Buddhist Books International, 1974.

McFarland, H. Neil. *The Rush Hour of the Gods: A Study of New Religious Movements of Japan.* New York: Macmillan, 1974.

Nelson, John K. *A Year in the Life of a Shinto Shrine.* Seattle: University of Washington Press, 1996.

The Nichiren Shoshu Sokagakkai. Tokyo: Seikyo Press, 1966.

Ono, Sokyo. *Shinto: The Kami Way.* Rutland, VT: Charles E. Tuttle, 1962.

Philippi, Donald L., vert. *Kojiki.* Princeton: Princeton University Press, 1969.

Reader, Ian. *Religion in Contemporary Japan.* Honolulu: University of Hawaii Press, 1991.

Sadler, A.W 'Carrying the Mikoshi: Further Notes on the Shrine Festival in Modern Tokyo.' In *Asian Folklore Studies* 31 (1976):89-114.

Saso, Michael R. *Tantric Art and Meditation: The Tendai Tradition.* Honolulu: University of Hawaii Press, 1970.

Suzuki, D.T. *Zen and Japanese Culture.* 2de ed. New York: Pantheon, 1959.

Takahatake, Takamichi. *Young Man Shinran. A Reappraisal of Shinran's Life.* Waterloo, Ontario: Wilfrid Laurier University Press, 1987.

Tanabe, George J. en Willa J. Tanabe. eds. *The Lotus Sutra in Japanese Culture.* Honolulu: University of Hawaii Press, 1989.

A Short History of Tenrikyo. Tenri, Japan: Tenrikyo Kyokai Honbu, 1958.

Watts, Alan. *The Way of Zen.* New York: Pantheon. 1957.

Yamasaki, Taiko. *Shingon: Japanese Esoteric Buddhism.* New York: Random House. 1988.

INDEX

De paginaverwijzingen in *cursief* verwijzen naar bijschriften bij illustraties

A

Abbasidisch kalifaat, 97, 98
Aboe Bakr, 95, 97
Aboe Talied, 106
Abraham, 16-18, *18*, 95, *95*
Adam's Peak, Sri Lanka, 187, 189, *189*
Afrika, 7, 90 (kaart), 91, 92, 97, 99, *99*, *104*, 111, *111*, 122
Aisja, 106
Akbar I, 133
Akiva, Rabbi, 29, 31, 37
al-Ghazzali, Abu Hamid Muhammad, 103
al-Husayn, 97, 106, 108, *108*
Ali ibn Abi Talib, 97, 106, 107, 108
Allah, *zie* islam
altaren, 77, 78
Amaterasu, 242, 246, 247, *247*, 250, 265
  vereerd in het Ise-heiligdom, 246, 258, *258*
Amba, 134
Amerika's, de, 7; *zie ook* Verenigde Staten
Amida Butsu *zie* Amitabha Boeddha
Amidisme *zie* boeddhistische sekten
Amitabha Boeddha (Japans: Amida Butsu; Chinees: Arnituo Fo), 174, 181, 211, 233, 248, 254, 255, 257, 266-7, *266*
  oproepen door *nembutsu*, 193, 219, *234*, 253, 254, 266
  schepping van het Pure Land, 177
  zie ook boeddhistische sekten
Amituo Fo *zie* Amitabha
Anagarika Dharmapala, 196
Analecta (Confucius), 212, *212*, 219
Anandamayi Ma, 142
Andal, 141
anglicanisme (episcopalisme), 62-3, 73, 82-3, 87
anti-judaïsme, 24, *25*
antisemitisme, 25
apocriefen, 9
apostelen, 59, *59*, 60
archeologie, 21, 41
arhants, 167, 182

Ariërs (Indo-Europeanen), 130-31
Aristoteles, 62, 64
Ark van het Verbond, *42*
Arya Samaj, 133
asjkenazim, 24
Asjoka, 167, 172, 173, 182, 194
Atatürk, Kemal, 120, *120*, 122
Augustinus, 61, 64, *64*, 67, 74
Aung San Suu Kyi, 167, 197, *197*
Aurangzeb, Keizer, 133
Avalokiteshvara (Guanyin), 174, 176, *176*, 182, 189, 201, 217, 248
Avondmaal, *zie* Eucharistie
Azrael, 118

B

Bagdad, 97, 98
Bahai, 7
Banoe Hasjim, 94, 97, 106
Bar Kochba, Simeon, 22, 28-9, 37
bar mitzva-ceremonie, *24*, 32, 45
Basmala, 101, 104
bat mitzva-ceremonie, 44, 45
Benedictus van Nursia, 61
Bernardus van Clairvaux, 67
Beruriah, 37
besnijdenis, 23, 26, *26*, 45, 58, 69, 116
Bhagavad Gita zie hindoeïstische heilige teksten
Bhaktivedanta, A.C., 137
Bhimrao Ramji Ambedkar, 197
bijbel, 8, 9, 20, 21, 28, 73, 84
  christelijke, 68-9, *68*, 69, 74-5, *en* 52-87 *passim*
  joodse, *15*, 16, *19*, 24, 30-33, *32*, 34, *35*, 43, *en* 14-51 *passim*
Blavatsky, Helena, 175
Bodh Gaya, *164*, 170, 171, 187, 188
Bodhi-boom, 170, 188, 192
Boeddha, de (Siddhartha Gautama; Shakyamuni), 8, 10, 132, 140, 164-6, *164*, 211, *213*
  afbeeldingen van, 170, *170*, *172*, *176*
  ascetisme, 169, *172*
  Dharma-lichaam, 171, 179, 181, 189
  discipelen, 172, 182, *185*

dood, 171, 192
geboorte, 168, *168*
menselijkheid, 166, 176
parinirvana, 168, 171, 176, 192, *193*
Pravrajya, 169, 170
relieken, 171, 186, 190
verlichting, 164, 170, 171, 188, 192
vier tekenen, 169, 192
Vishnu, incarnatie van, 137
vorige levens, 168, 169, *169*
Vorm-lichaam, 171, 189
vroege leven, 168-70
boeddhisme, 128
  achteruitgang van, in India, 172
  Achttien Scholen, 166, 172, 173, 178, 181
  begrafenisrituelen, 191, 193
  christendom en, 67
  chronologie, 166
  cyclus van leven en dood *zie samsara*
  dharma, 170; *zie ook volgende trefwoord*
  Dharma, de, 166, 170, 171, 173, 174, 178-9, 181, 182, 186, 189, 194, 196
  Edele Achtvoudige Pad, 164, 171, 184-5, 193
  Eerste Boeddhistische Concilie, 172, 178
  geschriften, 166, 167, 174, 178-81, 189, 207, 213, *213*, 250-51, 252-3, *255*
  Gupta-dynastie en, 170, 173
  heilige bergen, 188-9
  hel, 192
  heroplevering in India, 166, 197
  hervormingsbewegingen, 196
  Hinayana-traditie, 172, 173
  hindoeïstische goden in, 177
  huwelijksceremonies, 191
  in het Westen, 164, 175
  karma, 185, 192, 206, 218, 233, 257
  Mahayana-traditie *zie* Mahayana-boeddhisme
  Middenweg, 169-70
  nonnen, 183, 190, 194
  ontstaan en historische ontwikkeling, 168-75
  overgangsrituelen, 167, 190-91
  pelgrimage, 167, 189, *189*
  politiek en, 167, 196-7
  prajna, 185
  samsara, 144, 164, 168, 185, 192-3, *192*

Thammayut-hervormingsbeweging, 196
Vier Edele Waarheden, 164, 171
'Wiel van de Dharma', 170, *171*, 173
zie *ook* Mahayana-boeddhisme; *nirvana*; *sutras*; Tantra; Theravada-boeddhisme; zenboeddhisme *en volgende trefwoorden*
boeddhistisch koningschap, 182, 194-5
  Dalai Lama's *zie* Dalai Lama's
  Thailand, 194, *195*, 196
boeddhistische gemeenschap (Samgha), 166, 171, 172, 190, 194
boeddhistische kloosters, *167*, 172, 173, 174, 183, 194
  bedelronde van de monniken, 195-6, *195*
  centra van wetenschap, 173, 194
boeddhistische sekten
  Huayan, 174
  Pure Land (Amidisme), 177, 193
    in China, 206, 219, 232-3
    in Japan, 241, 245, 248, 251, 253-5, 257, 266-7
  Jodo-shinshu, 238, 245, 253-4, 266
  Jodo-shu, 238, 245, 253, 266
  Nichiren-shoshu, 238, 255, 267, 269, 271
  Nichiren-shu, 238, 245, 261, 267
  Rinzai Zen, 252, *252*, 256
  Shingon, *zie* Shingon-boeddhisme
  Tendai (Tiantai), 201, 206, 238, 243, *245*, 251, 253, 261
  Zen, *zie* zenboeddhisme
boeddhistische tempels, 221, 239, 258, 259
  Angkor Thom, Cambodia, *184*
  Boeddha van Smarag, Bangkok, 187
  Borobudur, Java, 181, 187, *187*
  Horyuji, Nara, 187-8, 243, 259
  Hsi Lai, Los Angeles, 188
  Kamakura, *237*
  Kiyomizu-tempel, Kyoto, *241*
  Pagan, Myanmar, *174*
  Pak Ou-grotten, Laos, *186*
  rotstempels, 170, 187
  Ryoanji zen-tempel, Kyoto, 257, *259*, *259*
  Shwe Dagon, Myanmar, 188
  symboliek van, 188
  Tempel van de Tan, Sri Lanka, 187, 190, 191
  Tendai-complex, berg Hiei, 245, *245*, 252, 253, 254-5
  Todaiji-tempel, Nara, 243, 249
Boeddhistische Vredesdelegatie, 183
Boehme, Jakob, 67, *67*
Bourguiba, Habib, 122
Brahma, 136

Brahma Samaj, 133
brahman, 132, 133, 134-5
buangzi, 212-13
Buddhaghosa, 167, 178, 183
Burma, *zie* Myanmar

C

Calvijn, Johannes, 62
Chadiedja, 106
Chaitanya, 137, 143, 161, *161*
chakra's, 144
Chan-boeddhisme, *zie* zenboeddhisme
Channoeka, 46, *46*
chassidisme, 49, *49*
China, 6, 165 (kaart), 201 (kaart)
  Bureau voor Astronomie, 227
  chronologie, 202
  dierenriem, 227, *227*
  divinatie, *200*, 204, 206
    Acht Trigrammen, *200*, 213, 214
    Yi jing, 212, 213
  dood en hiernamaals, 230-33
  Drie Leren, 174, 200, 203, 234
  Drie Reinen, 211, 226
  ethiek, 216-17, 218-19
  examens voor overheidsdienaren, *199*, 212, 219
  feesten, 224
  geesten, 203, 208, 230, 232
  goden, 208-11, *209*, *211*, 225
  heilige teksten, 204, 205, 206, 207, 212-13
  hel, 232-3, *233*
  Hemels Mandaat, 204, 211, 222, 227
  hemelse bureaucratie, 208, 220-21, 233
  Honderd Scholen-periode, 205
  huisaltaren, *223*, 230
  huwelijk, 226
  impact van Westerse beschaving, 235
  jezuïeten in, 206, *206*
  keizer, 211, 222, 227, 234
  keizerlijke bureaucratie, *199*, 205, 212, 219
  kosmologie, 200-203, 204, 213
  lang leven en onsterfelijkheid, 224, 231, 233
  li, 205, 212
  offergaven, 208, 220, 222, 223, 227, 230-325, 232
  offergeld, 220, 231, 232, *232*
  qi (cb`i), 200, 203, 204, 205, 211, 230, 233
  Qin Shihuangdi, 205, 231
  religieuze vervolging, 200, 206, *207*, 235
  religieuze volkstraditie, 200-202, 203, 204-7, 208-11
  sage kings, 21
  sjamanisme, 206, 207, 213
  streven naar harmonie, 203, 216
  syncretisme, 200, 206, 232
  tempels, 220-21, 222, 227
    Hemelse Tempel, Beijing, 222, *222*, 227; *zie ook* religieuze feesten
    Taishan, *199*
  tweevoudige zielen, 230, 232
  Vijf Elementen, 200-202, 204, 225
  Vijf Heilige Bergen, *199*, 201, 223
  Vijf Kleuren, 224-5, 227
  Vijf Vergiften, 224
  voorouder cultus, *zie* voorouder cultus
  zie ook boeddhisme; confucianisme; taoïsme
christelijk kloosterwezen, 61, 62, 63
christelijke architectuur, 10, *11*, 76-95, *76*, *78*, 258
  altaren, 77, 78
  glas-in-lood, 79, *79*
  oosters-orthodox, 53, 54, 575 78, 79, 80, 82
  protestantse, 63, 79, 83
  roomse, 75, 76, 77, 79, *79*
  ruimtelijke oriëntatie van kerken, 78
christelijke denominaties, 54-6, 63, 76 *zie ook* anglicanisme; oosterse orthodoxie; lutheranisme; pentecostalisme; protestantisme; rooms-katholicisme
christelijke ethiek, 57; *zie ook* christelijke theologie
  kardinale deugden, 74
  liefde, 74, 75
  theologische deugden, 74
  Tien Geboden, 74-5
  zaligsprekingen, 75
  zeven doodzonden, 74
christelijke filosofie, 62
  scholastiek, 62, 64
christelijke mystiek, 66-7
christelijke theologie, 64-7, 74; *zie ook* christelijke ethiek
  bevrijdingstheologie, 64, 74, 86, 87
  Drie-eenheid, 54, 60, 64, 65, *65*, 73
  eeuwig leven, 84
  erfzonde, 64, 74
  feministische theologie, 86, 87, *87*
  Mariadevotie, 70

mystieke theologie, 66-7
symboliek, 53, 77, 78
transsubstantiatie, 77, 83
universitaire studies, 64
wetenschap, invloed van, 63, 64, 87
christendom, 53-87
  anti-klerikalisme, 86
  apocriefe teksten, 69, 74
  begrafenispraktijken, 85
  bijbelse interpretaties, 69, 74
  brieven, 69; *zie ook* Paulus
  canon, 60, 68-9
  chronologie, 56
  contacten met islam, 93, 94, 97, 99
  doctrine van onsterfelijkheid, 84, 85
  en jodendom,
    alternatief voor jodendom, 23
    ethisch monotheïsme, 24
    formatieve invloed van het jodendom, 16
    Jezus en het jodendom, 58
    vroege vertakking van het jodendom, 58
  eren van de doden, 85, *85*
  ethisch monotheïsme, 24
  evangeliën, de, 65, 68, 69, 75, 81
  feesten voor de overledenen, 85
  fundamentele geloofsvoorstellingen, 54, 56-7
  gebed, 82
  geloofsbelijdenis, 60, *65*, 84
  Heilige Schrift, 60, 68-9, 68, 69
  heiligen, 70-73; *zie ook individuele namen*
  hemel en hel, 84
  huwelijk, belang van het, 87
  in China, 200, 206
  in Japan, 240, 244, 245
  kerk en staat, 86-7
  ketterij, 60, 62
  liturgieën, 80, 81, 83
  liturgische kalender, 80-82
  martelaren, 60, 70-71, 73
  missionaire activiteit, 63, 69, 74, 206, 244, 245
  moderne invloeden van buitenaf op, 63, 87
  monotheïstische traditie, 54
  oecumenische beweging, 57, 63
  ontstaan en historische ontwikkeling, 58-63
  Oost-West schisma, 61, *65*
  pauselijk gezag, 61
  pelgrimsplaatsen, 70, 76, *76*, 77
  predestinatie, 62, 84

redding en veroordeling, 56, 84
rituelen, 82-3, 85
Romeinse staatsgodsdienst, 24, 60
sabbat, 83
sacramenten, 82-3, 84, 87
sociaal evangelie-bewegingen, 86
staat en kerk, 61
talen van de bijbel, 68
vagevuur, 84, 85
vrouwelijke priesters, *87*
zie ook bijbel, oosterse orthodoxie; protestantisme; rooms-katholicisme
christenvervolging, Japan, 244
Christus, *zie* Jezus van Nazaret
Chulalongkorn, Koning, 196
confucianisme, 200, 205, 208, 211, 234-5
  cultuurhelden, 214-15
  ethiek, 216-17
  gouden regel, 217, *217*
  heilige geschriften
    Vier Boeken, 212, 213
    Zes Klassieken, 204, 205, 212
  in Japan, 238, 243, 256, 268
  keizerlijke bureaucratie, *199*, 212, 219, 234
  ren, 202, 217
  respect voor de ouders, 202, 214, 215, 216-17, 216, 226, 230, 234
  streven naar harmonie, 200, 202-3, 212, 214, 216-17
  tempels, 221
Confucius (Kong Fuzi), 202, 203, 205, *205*, 221
  geboortefeest (Dag van de Leraar), 224
Congres van Wereldreligies, 175
conservatief jodendom, 25, 50-51
Constantijn I, 'de Grote', 60, 76, *76*, 77
Contrareformatie, 62, 63

D

Dalai Lama's
  Gelukpa-afstamming, 174, 183
  Grote Vijfde (Ngawang Losang Gyatso), 175, *175*, 195
  incarnaties van Avalokiteshvara, 176, 182
  priester-koningen, 175, 182, 194-5
  Veertiende (Tenzin Gyatso), 166, 167, 175, 183, 194, *194*
Damascus, 11, 97
Dao De jing, 206, 212, 219
David, Koning, 18, 20, *21*, 37

demonen 9
Dengyo-daishi (Saicho), 243, 251
Devi, 134
Dharma, *zie* boeddhisme
dharma, zie boeddhisme; hindoeïsme
Dipavali- (Diwali-)feest, 152
djihaad, 114
Dode Zee-rollen, *15*, 23, 29
Dogen, 183, 189, *195*, *245*, 251, 252, 253
dogu, 242
Drie-eenheid, de, 9; *zie ook* christelijke theologie
Druzengemeenschap, 109, 121
dualisme, 26
Dunhuang, 207, *207*, 213
Dura-Europos, 27, 28
Durga, 134, 135, 153
dzinn, 100, 118

E

Edot ha-Mizra, 24
Eisai, 189, *245*, 251, 252, *252*, 253
Elia, *28*
Emituo Fo, *zie* Amitabha
Engisbiki, 250
Essenen, 23
ethische principes
  boeddhistische, 216, 218-19, 257
  Chinese, 216-19
  christelijke, 24, 74-5
  confucianistische, 216-17
  hindoeïstische, 144-5
  islamitische, 110-11
  Japanse, 256-7
  jodendom, 38-9
  shintoïsme, 256-7
  taoïstische, 216
Eucharistie (Heilige Communie; Avondmaal; Mis), 56, 77, 79, 80, 82-3, *83*
evangelicalisme, 63, *63*
Ezra, 37

F

Farizeeën, 23, 58, *58*
Farrakhan, Louis, 121
Fatima, 97, 106, *106*
Fatimidenkalifaat, 97, 98
feest der doden, Mexicaanse, 85, *85*

feest van de hongerige geesten, 220, 232
feesten, *zie* religieuze feesten
fengshui, 223
Feuerbach, Ludwig, 65
Franciscus van Assisi, 66, 67
Freedom From Fear ('Vrij van Angst'), 197
Fu Xi, 214, *214*
Fudoki, 250
Fuji, berg, 189, 239, 261, *261*

G

Gabriël, engel, 73, 104, 106, 107, *107*, 118, *118*
Gandhi, Mohandas Karamchand (Mahatma), 132, 160-61
Ganesha, 135-6, 149, 157
Ganga (Ganges), rivier de, 136, 147, *147*, 152, *152*
Gangesrivier, *zie* Ganga
Gautama, *zie* Boeddha
gebed, islamitisch (*salat*)
 gebedsmatten, 113, 114
 gemeenschappelijk vrijdaggebed, 113, 114
 kibla, 112
 rituele wassing (*tabara*), 113, 114, *116*
 vaste dagelijkse cyclus, 103, 113, 114-16, *114*, *115*
gebedsvlaggen en -wielen, 163, *179*
Genku, *zie* Honen
Gids voor de Sprakelozen, 37
God, concepten van
 Chinese, 208-11 *en* 200-235 *passim zie ook* China *en individuele goden*
 christelijke, 55, 64-5, *65*, 66-7, *en* 54-87 *passim; zie ook* christelijke theologie; christendom; Jezus van Nazaret
 hindoeïstische, 134-7 *zie ook* brahman; Godin; hindoeïsme; *en individuele goden*
 islamitische, 90, 100-103, 118, *en* 90-123 *passim; zie ook* islam
 Japanse, 238, 246-7, *en* 238-71 *passim; zie ook* shintoïsme *en individuele goden*
 joodse, *15*, 16, 20-21, 26-7, 28-9, 39 *zie ook* joodse wet; jodendom
Godin, in hindoeïsme, 134, 135, 136, 142, 144, 146
goeroe, 10
Gregorius de Grote, Paus, 56, 82
Gregorius van Palamas, 67
Guan Di, 214
Guanyin, *zie* Avalokiteshvara

H

Hachiman, 249
Haddj (bedevaart naar Mekka), 112, 115, 116, 117
Hadieth
 bron van wettelijke richtlijnen, 110
 dzikr, 103
 namen van God, 101
 overlevering van het leven van Mohammed, 90, 106, 107
 rituele verplichtingen, 114-16, 117
 soenna, 90
 soenni en shi'i compilaties, 105
Haggada, 27, 33, *33*, 36, 47
halacha, 32, 38, 50, 51
Han-dynastie, 205, 214
Hanuman, 135, *135*
Haraam, 94, 95
Harappa-beschaving, 130, 134, 147
Hare Krishna's, 137, 161
harmonie, streven naar, 200, 202, 203, 223
 huiselijke, 203
 in de samenleving, 200, 202, 212, 216-17
 in het leven, 203, 212, 216, 217, 223
 kosmische, 202-3, 214
 met de natuur, 213
Hasan, 106, 108, *108*
Heian (Kyoto), *241*, 243
Heian-tijdperk, 243-5, 248, 260
heilige afbeeldingen
 boeddhisme, 170, *170*
 christendom, 78
 hindoeïsme, 134
 islam, 89, 100
 jodendom, 27
 zie ook, oosterse orthodoxie, iconen
Heilige Communie *zie* Eucharistie
heilige geschriften, 9
 zie ook individuele religies
heilige teksten, *zie* bijbel; koran; *sutra's*; Tora; *en individuele religies*
Sadat, Anwar, 121
heiligen, *zie* individuele namen en religies
Herodus de Grote, 22
 Tweede Tempel, 40
hervormingsjodendom, 25, 48, *48*, 49, 51
 emancipatie van joodse vrouwen, 51
Herzl, Theodor, 25, 37
Hidjra, 95, 105
Hiei, berg, 243, 245, 258, 261
Hiëronymus van Dalmatië, St., 68
Hildegard van Bingen, 67

Hillel, Rabbi, 37
hindoe-hervormers, 133
hindoeïsme, 125-61
 bhakti, *zie* devotionalisme
 brahman, 132, 133, 134, 135, 140, 144
 charismatische leiders, 142, 143
 chronologie, 128
 cyclus van leven en dood, 132, 136, 144, 156-7
  bevrijding (*moksha*), 129, 136, 144-5, 146, 154, 155, 156, *156*
 definitie, 126-9
 devotionalisme (*bhakti*), 132, 133, 140-41, 145
 dharma, 126, 129, 132, 137, 144, 146
 dienaren, kaste der, (*shudra's*), 158-9
 geweldloosheid (*ahimsa*), 132
 goden, 134-7
 Hare Krishna's, *zie* International Society for Krishna Consciousness
 heersers en krijgers, kaste der, (*kshatriya's*), 158-9
 heilige afbeeldingen, 134
 heilige draad, 156, 159, *159*
 hemel en hel, 157
 hervormingsbewegingen, 133
 hiernamaals, 156-7
 huisaltaren, 149, *149*, 155
 International Society for Krishna Consciousness (ISKCON), 137, 161
 Internet, 143, 149
 kalenders, 153
 karma, 144, 145, 146, 152, 156-7, 159
 'kastenstelsel', 131, 132, 133, 141, 158-61
  jati's, 158, *158*, 159-61
  kastenverplichtingen, 159
  onaanraakbaren, 160-61
  sociale implicaties, 160
  varna's, 158, 159
 kooplieden, kaste der, (*vaishya's*), 158-9
 lotus, 136, 144
 meditatie (*dhyana*), 144, 145, *145*
 menselijke ziel (*atman*), 132, 135, 144, 156
 Mogols en, 133
 moksha, 129, 136, 144-5, 146, 154, 155, 156, *156*
 om 140, *140*, 149
 onsterfelijkheid van de ziel, 132, 156
 ontstaan en historische ontwikkeling, 130-33
 overgangsrituelen, 155
 priesters, kaste der (*brahmanen*), 132,

143, 158-9, *159*
reïncarnatie, 157
religieuze leraren (*goeroes*), 142-3, 145, 149
rita, 131
rituelen, 131, 134, 155
sanatana dharma, 126
scheppingsmythen, 131, *132*
soefisme, gemeenschappelijke basis met, 133
symboliek, 135-6
Tantra, 144
Transcendente Meditatie (TM)-beweging, 142
Vaishnava's, 140, 144, *160*, 161
vedische religie, 131, 141, 155
vrouwen en
  goeroes, 142
  riten (*vrata*), 155
  status van, 133, 160, 161
  Veda's en, 159
vuur, rituele rol, 155
yoga, 144, 145, *145*
zie ook volgende trefwoorden
zieners (*rishi*), 138, 142, *143*
hindoeïstische dichters en schrijvers
  Andal, 141
  Jayadeva, 137, 141
  Jñaneshvar, 140
  Mira, Prinses, 133, 140, 141
  Nammalvar, 132, 141
  Patañjali, 145
  Surdas, 140, 141, *141*
  Takaram, 132, 140
  Talsidas, 141
hindoeïstische feesten, 7, 134, 141, 150-3
zie ook hindoeïsme
hindoeïstische filosofische tradities, 143
hindoeïstische goden en godinnen, 134-7
zie ook individuele goden
hindoeïstische heilige plaatsen, 127, 146-9
hindoeïstische heilige teksten, 138-141, 146
  Aranyaka's, 131, 138
  Bhagavad Gita, 132, 137, 139, *139*, 140, 144, 145
  Bhagavata Purana, 137, 140
  dharmashastra's, 138, 159, 160
  Gita Govinda, 137, 141
  Mahabharata, 138, 139, 155, 160
  mondelinge overlevering van, 130, 138, 141
  Natya Shastra, 154
  Purana's, 134, 138, 139, 146, 147, 157
  Ramayana, 137, 138, *138*, 139, 141, 154

smriti, 138
talen van, 139
  Bengali, 14
  Hindi, 140, 141, *141*
  Marathi, 140
  Sanskriet, 131, 132, 137, 138-41
  Tamil, 140
Upanishads, 130, 131, 138, 140, 142, 156
  concept van *brahman* in, 132, 133, 134, 135
Veda, 130, 131, 132, 138, 140, 141, 156, *156*
  kaste en, 158-9, *159*
  'zieners' (*rishis*), 138
  zie ook Rig Veda
hindoeïstische pelgrimages, 146-7, 148, 149, 152, 157
hindoeïstische tempels, 133, *146*, 147-9
  architectuur, *146*, 148
  Birla, *zie* Lakshmi Narayan
  Hoysala, 129
  Kadirampuram, Hampi, *125*
  Lakshmi Narayan (Birla), Delhi, *146*
  menselijk lichaam als tempel, 149
  rituele baden, 130, 147
  Swaminarayan, Londen, *126*
  Tirumala-Tirupati, 148, *148*
  Tiruvanmiyur, 149
  verering in, 149, 153-5
    heilige muziek en dans, 154
  verspreid over de wereld, *126*, 148-9, *148*
Hirsch, Rabbi Samson Rafael, 50
Holi-feest, 152, *152*, 154
Holocaust, 19, 24, 25, *25*, 26, 33, 40, 47, 51
Holocaust Herdenkingsdag, 47
Honen (Genku), 245, *245*, 249, 251, *253*, 254, 266
Horus, 8, 9
Huang Di, 214
huangzi, 206, 218
Hus, Johannes (Jan), 62

I

I Ching (Yi Jing), 213
Ibn Battuta, 96, 113
iconen, *zie* oosterse orthodoxie
Ignatius van Loyola, 62
imams, 10, 113, 114
imams (Sji'ieten)

Sji'itisch geloof in, 97, 101, 102, 105, 106, 108-9
Verborgen Imam (Twaalfde), 108-9
imperialisme, 99, 122
Inari, 246
India, 6, 7, 127 (kaart), 146-9; *zie ook* boeddhisme; China; hindoeïsme; islam; Japan
Indo-Europeanen (Ariërs) in India, 130-31
International Society for Krishna Consciousness (ISKCON), 137, *161*
Internet, 143, 149
Iran (Perzië), *89*, 91, 92, 96, 98, 99, 100, 103, *108*, 113, 121, 122-3
Isis, 8, 9
islam, 88-123
  Allah, 90, 94-5, 100-102, 104-5, 109, 111, 115, 118-9 *en 90-123 passim*
  begrafenissen, 119
  bekeringen, 96, 97, 99, 102
  christendom en, 90, 92, 96, 96, 97, 99, 100
  chronologie, 92
  definitie van, 90
  dood en hiernamaals, 118-19
  dzimmis, 96
  eigentijdse kwesties, 120-23
  engelen, 118
  figuratieve kunst, *89*, 100
  gebed (*salat*), 112, 114
  gedragscode (Sjarie'a), 92, 110-11 *zie ook* islamitische wet
  geloof (*iman*), ondersteunende doctrines, 100
  gemeenschap van gelovigen (*oemma*), 95
  'heiligen' 109, *109*
  hel, 119
  in China, *119*, 200
  in India, 99
  jodendom en, 16, 90, 96, 100
  kalligrafie, *89*, 98, 100, *100*
  kibla, 112, 113
  madrasas, 111, *111*, 113, 120
  militant radicalisme, 121-3
  monotheïsme, 95, 106
  mystiek, *zie* soefisme
  namen van God, 101, 103
  nubuwwa, 101
  onderwijssysteem van, 99, 104, *104*, 111, *111*, 113, 120
  onreinheid, gradaties van, 116
  ontstaan en historische ontwikkeling, 90, 94-9
  politieke islam, 121-3, *121*

populatie, verspreiding over de wereld, 92-3
predestinatie, 100, 119
profetie en profetische traditie, 95, 101
religieuze colleges *zie madrasa's*
rituele plichten, *zie* Vijf Zuilen
seculier nationalisme, 120, 122
tauhied, 100, 101
vernieuwingsbewegingen, 99
verplicht geven van aalmoezen (*zakat*), 115
verspreiding van, 91 (kaart), 99
Vijf Zuilen, 101, 105, 111, 114-17, *117*
vrije wil, 100, 119
vroege veroveringen van, 96-7
vroege vervolging van, 95
wet, *zie* islamitische wet
zie ook koran *en volgende trefwoorden*
'Islamitisch Verbond' (Jamaat-i-Islami), 123
islamitische bewegingen, 121-3
Islamitische Revolutie, 121
islamitische wet, 92, 98, 110-11
　bronnen van, 110
　huwelijk en, 111, 116
　polygynie en, 111, 116
　scholen van, 98, 110
Ismaili Sji'ieten, 92, 97, 109
Israël, 17 (kaart)
　bijbelse, 16-19, 20-21
　definitie van, 16
　en islam, 123
　staat, de, 19, 20, 25, 37, 40, 51
　zie ook 16-51 *passim*
Israëlieten, 18, 20 *zie ook* Israël; joden; jodendom
Israëlische Onafhankelijkheidsdag, 47
Izaäk, 18
Izanagi, 247, 250, 267
Izanami, 247, 250

J

jade keizer, 208-11, 217
Jafar al-Sadiq, Zesde Imam, 97, 102, 109
Jagannatha-feest, 141
jainisme, 7, 128, 130, 136, 140, 144
Japan
　Aum Shinrikyu-groep, 267, 271
　boetedoening, 256
　butsu en *bosatsu*
　　Amida, *zie* Amitabha Boeddha
　　Hachiman, 249, *249*

Jizo, 248-9
Kannon (Guanyin; Avalokiteshvara), 248, 267
christendom, 244, *244*
chronologie, 240
'extended household' (grootfamilie) (*ie*), 256, 268
'gezicht', sociaal (*tatemae*), 256
goden (*kami*) *zie* shintoïsme, goden
harmonieuze relaties (*wa*), 256, 257
individuele ondergeschiktheid aan de groep, 241, 256, 257
Jomon-cultuur, 242
kalligrafie, 250, 253
keizerlijke mythologie van, 242, 246, 247
Nagasaki, christelijk centrum, 244, *244*
nieuwe religies (Shinko Shukyo), 245, 262, 267, 268, 270-71
nieuwjaarsfeest (Shogatsu Matsuri), 262, 263, *263*
Obon-voorouderfeest, 262, 264
rol van vrouwen in religie, 268-9, *268*, *269*
scheppingsmythen, 247, 250
shintoïsme/boeddhisme-syncretisme, 260
Shugendo-beweging, 260
Shukyo Mahikari-beweging, 271
Yayoi-cultuur, 242
Japanse Martelaren, 244, *244*
Jathrib *zie* Medina
Jayadeva, 137, 141
Jeruzalem, 40, 101, 107, 113, 123
　ingenomen door de Romeinen, 22
　Westelijke Muur, 32, 41, *41*, 42
　zie ook Tempel van Jeruzalem
jezuïeten (Sociëteit van Jezus), 62, 206
Jezus van Nazareth (Jezus Christus), 8, 9, 9, 10
　Barmhartige Samaritaan-parabel, 75
　Bergrede, 75, *75*
　beschouwd als Messias door volgelingen, 29, 59, 60
　discipelen (apostelen), 59, *59*, 60
　etymologie van de naam Christus, 59
　Farizeeën, twisten, 58
　geboorte, 58-9, 80
　intocht in Jeruzalem, 59, 81, *81*
　joodse achtergrond, 58
　kruisiging en dood, 54, 59, *59*, 77
　Laatste Avondmaal, 59, 81, *83*
　mensgeworden God, 54, 57
　opstanding, 54, 59, 81
　volwassenendoop, 59
　wonderen, 59

Jezusgebed, 67
Jimmu Tenno, 246, *246*, 247, 250
Jñaneshvar, 140
joden
　bekering tot het christendom, 25, 48
　Diaspora, 16, 21, 25
　　wereldwijde gemeenschappen, 17, 19, 24, 40, 51
　emancipatie tijdens de Verlichting, 25, 48
　identiteitsbepalende factoren, 48, 51
　sefardim en asjkenazim, 16, 24, 33, 34
　stammen in Jathrib, 94, 96
　vervolging, 19, 24, 25, *25*, 29
　wet *zie ook* joodse wet
　zie ook joodse wet *en* Israël; jodendom
jodendom
　bekeerlingen tot, 23
　chronologie, 18
　contacten met de islam, 93, 97
　dagelijks ritueel, 44-5
　dood en rouw, 45
　Eerste Joodse Oorlog, 22
　erfzonde, 38
　ethische geboden, 38-9
　Farizeeën, 23
　halacha, 38, 50-51
　hiernamaals, 38
　hoeppa, 45
　huwelijksceremonies, 45, *45*
　iconografie, 27, *27*, 43
　jaarlijkse feesten, 45-7
　kalender, 45
　kalligrafie, 34
　kasjroet, 39, *39*
　ketoebba, 45, *45*
　Messias, 28-9, *29*
　mezoeza, 26, 43
　mitzvot, 38
　moderne bewegingen, 48-51
　monotheïsme, 16, 20, 21, 38, 49
　mystieke tendensen, 25, 26, 32
　offers, 42
　oorsprong en historische ontwikkeling, 16-25
　patriarchale traditie, 51
　pelgrimage, 42
　rabbijnse, 42
　Sabbat, 44, 45
　scheiding, 45
　scholastiek, 23
　sekten, 23
　symboliek, 27, *27*, 43
　synagogen, 31, *38*, 40, 41-3, *42*, 50, 51
　talen, 22

tzimtzum, 26
Uittocht uit Egypte, 18, 20, 47, *47*
verbonden met God, 16-18, *18*, *19*, 26, *26*, 36
vrouwen in, 51
wet, *zie ook* joodse wet
zie ook joden; joodse wet; conservatief jodendom; orthodox jodendom; hervormingsjodendom
zionisme, 25, 37
Johannes de Doper, *11*, *59*, 68
Johannes Paulus II, paus, *13*, 72
Jom Kippoer, 39, 41, 46
joodse wet, 16
  gecodificeerd in de Misjna, 30
  gecompileerd in de Talmoed, 30, 31
  halacha, 38, 50-51
  Misjne Tora, 32, 37, *37*
  mondelinge Tora, 30, 31, 36
  noachitische wetten, 38
  religieuze en sociale voorschriften gecombineerd
  Sjoelhan Aroek, 32
  spijswetten (*kasjroet*), 39
  zie ook joden *en* Israël; jodendom
Jozef, St., 71-2
Juda, koninkrijk, 16, 20-21
Judas Maccabeus, 21
Judea, 21-3
Julian van Norwich, 67
Jupiter, *11*

K

Ka'ba, 94, 107, 112, 117, *117*
Kabbala, 26, 32
Kailasa, Mount, 147-8, *157*
kalenders
  Chinese, 227
  Gregoriaanse en Juliaanse, 82
  hindoeïstische, 153
  islamitische, 115
  Japanse, 263
  joodse, 45
Kali, 134, *134*, 135
kalligrafie, *zie* islam; Japan; jodendom
Kamakura-periode, 245, *249*, 251, 253
kami, zie shintoïsme, goden
karma
  boeddhisme, 185, 192, 206, 218, 233, 257
  hindoeïsme, 145, 146, 152, 156-7, 159

Kartikkeya/Murugan, 135
'kastenstelsel', *zie* hindoeïsme
Kegon-school van het boeddhisme, 243
kerken *zie* christelijke kerken
Kerstmis, 80, *80*
Khazaren, 23
Khomeini, Ayatollah Ruhollah, 121, 123
Klaagmuur *zie* Westelijke Muur
Kobo-daishi (Kukai), 238, 243, 250, 251
Kochba, Simeon bar *zie* Bar Kochba, Simeon
Kojiki, 245, 246, 247, 250, 255, 267, 268
koosjer, 39, *39*
koran, 9, 100
  bron van islamitische wet, 110
  christendom en jodendom, 95
  decoratieve kalligrafie, *89*, *98*, 100
  dood en hiernamaals, 118-19
  dzikr, 103
  Einde der Tijden en Laatste Oordeel, 100, 101, 119
  familiewet, 111
  focus van islamitisch onderwijs, 104, *104*
  geopenbaard aan Mohammed, 90, 95, 104
  informatiebronnen voor Mohammeds carrière, 106
  memoriseren en reciteren, 104
  namen van God, 101
  rituele reinheid, 104, 116
  rituele verplichtingen, 114-16
  scholastieke interpretatie (*tafsier*), 105, 110
  soeras, 98, 104-5, *105*, 115, 116
  vriendschap met God (*wilaya*), 101
  woord van God, 90, 104
  zie ook Hadieth; islam
kosmologie, *zie* individuele religies
Koya, berg, Japan, 238, 239, 243, 258, 261
Krishna, 10, 137, *137*, 139, 144, 152, 152
  en Arjuna, 139, *139*, 142, 145
  en Radha, 137, 141, *141*
kruistochten, 61-2, 92, 99
Kukai, *zie* Kobo-daishi
Kumbh Mela-feest, *152*
kundalini, 144
kwaad, 9, 26, 39, 246, 248

L

Lakshmi (Shri), 7, 134, 136, *136*, 149, 153, 155

Laozi, 10, 205-6, *205*, 212, 217
Leger des Heils, 86
Leo III, paus, 57
Leo IX, paus, 61
Loofhuttenfeest, (Soekkot), 43, 46
lotus, 136
Lotus Sutra, 176, 181, 189, 190, 213, 250-51, *251*, 254-5, 271
  zie ook Nichiren
Lourdes, 70, 76
Lucia, 72
Luther, Maarten, 56-7, 62, *62*, 69
lutheranisme, 63, 73, 74, 83

M

Maagd Maria *zie* Maria, de Maagd
Madhva, 143
Mahabharata, *zie* hindoeïstische heilige teksten
Maharishi, *zie* Mahesh Yogi
Mahavira, 132, 140
Mahayana-boeddhisme, *163*, 166-7, 176, 182, 200, *205*, 211, 235
  aankomst in China, 174, 203, 207
  aankomst in Japan, 175, 238, 243
  allegorie, 217
  Amidisme, *zie* boeddhistische sekten
  Avalokiteshvara, (Guanyin), 174, 201, 211, *211*, 217, 248
  bodhisattva's (bosatsu)
  Boeddha's, 176-7, 248, 253
  canonieke geschriften, 179-81
  Chan-school, 174-5, 203, 206, 208, 213, 218-19
  Diamond Sutra, 180, *213*
  Edele Achtvoudige Pad, 10, 257
  ethisch ideaal, 166, 173, 180, 184, 248, 267
  ethische leer, 216, 218-19
  goddelijk oordeel na de dood, 267
  heilig koningschap, 182
  heilige teksten, 166, *167*, 174, 178-81, 207, 213, *213*, 250-51, 252-3, 255
  hel (Jigoku), 192, 249, 267, *267*
  hemels, 173, 174, 175, 176-7, 188, 211, 248
  hiernamaals, concepten van het, 266-7
  Indiase kosmologie, 203
  Leegte, 180, 181
  Madhyamaka-school, 180, 181
  manuscripten, Dunhuang, 207, *213*
  mappo, 253, 266, 267
  Motoori Norinaga, 255

Nara-scholen, 238, 243
nembutsu, 253, 254, *254*, 266
nirvana, 257, 266, 267
officiële religie aan het Yamato-hof, 243
ontstaan, 172, 173
Platform Sutra, 213
scholen van, 180, 181, 243
shintoïsme en, 238, 240-41, 249
verlichting, 208, 213, 218-19
vervolging, 174, 206, *207*, 245
vrouwelijke *bodhisattva's*, 183
Yogachara-school, 180
zie ook boeddhisme; *Lotus Sutra*; *sutras*; tantra; Theravada-boeddhisme; zenboeddhisme
Mahendra (Mahinda), 172, *173*
Mahesh Yogi (Maharishi), 142
Maimonides (Rabbi Moses ben Maimon), 29, 32, 37, *37*
Maitreya (Mile Fo; Miroku), *163*, 174, 176-7, 211, 267
mandala's, 144, 174, 177, *177*, *187*, 251
Manu, 146, 159, 160, 161
Manyoshu, 250
Mao Zedong, 234
Mara, *164*, 170
Maria, de Maagd, 8, 9, *9*, 70, *70*, 79, 80-82
visioenen van, 70, 76
Medina (Jathrib), 94, *94*, 96, 105, 106
meditatie
Chan-boeddhistische, 174-5, 203, 206, 208, 213, 216, 218-19
confucianistische, 205, 219
hindoeïstische, 144, 145, *145*
taoïstische, 218, 219, 221
zenboeddhistische, 256, *256*, 257
Meester van San Miniato, de, 9
Meiji, 246, 249
shintoïsme gevestigd als staatsreligie, 245
Tokio, heiligdom van, 246, 263, 264
Meir, Rabbi, 37
Mekka (Makkah), 94, 96, 106, 107, 112
Mencius (Mengzi), 205
Mendelssohn, Mozes, 37
menora, 22, 43, *43*, 46
Merton, Thomas, 67
messiaanse concepten en geloofsvoorstellingen, 25, 28-9, 37, 40
zie ook Jezus van Nazaret
Messias, messiaanse pretendenten
Menachem Mendel Schneerson, 49
Shjabbetai Zvi, 25, 29, 29
Simeon bar Kochba, 28-9, 37

mihra, 113, *113*, 114
Michaël, de Aartsengel, 73, *73*
Mira, Prinses, 133, 140, 141
Mis, *zie* Eucharistie
Misjna, 30-31
Misjne Tora, 32, 37, *37*
Moe'tazilieten, 119
Moeder India (Bharata Mara), 146
Mogols, 92, *93*, 99, *105*, 133
Mohammed, de Profeet (Muhammad ibn Abdallah), 8, 10, 90, 94-5
ascetisme van, 101
biografische werken, 106-7
familie en afstammelingen, 106
Hadieth, 90, 105, 107
Hemelvaart (Miraadj), 101, 107, *107*
laatste toespraak te Ghadier Choenim, 107, 108
leven van, 106-7
reis naar Jathrib (Hidjra), 95, 105, 106
vroege leven in Mekka, 94
wonderbaarlijke reis naar Jeruzalem (Isra), 101, 107
zegel van profetie, 95, 101
zie ook islam; koran
Mohammed Abdoeh, 120
Mohenjo Daro, 130, *130*
Grote Bad, 130, 130, 147
Mongkut, Koning, 194, 196
monotheïsme, 8, 9, 16, 20, 21, 23-4, 38, 49, 54, 95, 106
mormonisme, 7
Moses ben Maimon, Rabbi *zie* Maimonides
moskeeën, 10, 112-13
al-Aksa (Jeruzalem), 113
al-Azhar (Caïro), *111*
architectuur van, 112-13
Faisal (Islamabad), *93*
Hajdar (Koeljab), *93*
Oemajjad (Damascus), *11*, 113
Selimije (Edirne), *112*, 113
Sjah (Isfahan), *89*
Moslim Broederschap, 123
Motoori Norinaga, 245, 252, *255*
Mozes, 10, 20, 18, 36, *36*
Mozes van León, 32
Muqi, 218, *218*
Myanmar (Burma), 164, *164*, *165*, 166, 167, 173, 174, *174*, 197
Aung San Suu Kyi, 167, 197, *197*
boeddhisme en politiek in, 196-7
boeddhistisch socialisme, 196-7
boeddhistische riten, 190, *190*
Pali-canon, 178, *178*

Shwe Dagon-pagode, *188*
Theravada-boeddhisme, 173-4

N

Nammalvar, 132, 141
Nataraja, *zie* Shiva
Nation of Islam, 121
Navaratri, 134, 152, 153, *153*
nazi's, *zie* Holocaust
neo-confucianisme, 205, 217, 220, 245
Nicea, Concilie van, 60, 70
Nichiren, 167, 181, 189, 245, *245*, 249, 251, *255*
daimoku, 254-5, *255*, 271
verwerping van het Pure Land en Zen-sekten, 254-5
Nieuwe Testament, 84
evangeliën, 58, 65, 68-9, 75, 81
nieuwjaarsfeesten, 11
Chinese, 225, 227
hindoeïstische, 152, 153
joodse (Rosj Hasjana), 45-6
shintoïstische (Shogatsu Matsuri), 262, 263, *263*
Nihonshoki, 243, 245, 247, 250, *255*
nirvana, 173, 177, 182, 184-5, 195, 257, 266, 267
Boeddha's bereiken van het, 192
door het Edele Achtvoudige Pad, 171, 184-5, 193
geweldloosheid (*ahimsa*), 130
vereisten voor het, 185

O

Oceanië, 7
Oda Nobunaga, 244, 245
oelama, 90-92, 96, 97, 98, 105, 108, 110
weerstand tegen hervormingen, 120-21
Oemajjaden-kalifaat, 96-7, 108, 119
Oemma, 95, 96, 97
Okuninushi, 246
Olcott, Henry S., 175
om, 140, *140*, 149
Ona-feest, 152
Ono Yasumaro, 250, 252
onzevader, 82
oosterse orthodoxie, 53, 54-6, 61, 65, 68
contemplatieve mystiek, 67

devotie tot kerkvaders en martelaren, 73
iconen, *56*, *57*, 61, 61, 70, 78, *78*, 79, 82
kerkelijke architectuur, 77, 79
liturgische kalender, 80-82, 85
Mariadevotie, 70
patriarchen van, *56*, 61
patroonheiligen, 72
sacramenten, *56*, 77, 82-3
orakelbeenderen, 204, *204*
Origenes, 65
orthodox jodendom, 25, *48*, 49-51
  en Israël, 51
  scheiding der seksen, 43, *48*
Oslo Akkoorden, 123
Oude Testament, *zie* bijbel; christendom
overgangsrituelen 10
  zie ook individuele religies

P

Padmasambhava, 174, 183, *183*
Palestina, 25
Pali-canon, 178-80, *178*, 185
Parvati, 134, 136, 137, 149
Pasen, *54*, 80, 81
Patañjali, 145
Paulus (Saulus van Tarsus), 23, 60, 67, 74
  brieven, 69
  missie onder de niet-joden, 68, 69
paus, *zie* rooms-katholicisme *en individuele namen*
pausdom, *zie* rooms-katholicisme
pelgrimage, 11
  zie ook individuele religies
Pentateuch (Tora), 30, 31, 36, 38
pentecostalisme, 63, 80
Perzië, *zie* Iran
Pesach, joods paasfeest, 47, *47*, 59, 81
Pilatus, *zie* Pontius Pilatus
Pirke Avot, 30, 38, 39
Plotinus, 67
Poerim, 46-7
polytheïsme, 8
  zie ook God, concepten van
Pongal-feest, 152
Pontius Pilatus, 59
populaties, verspreiding over de wereld
  christelijke, 55
  islamitische, 91, 92-3, 99
  joodse, 17, 23, 25
Profeten (Nevi'im), 30, 31
protestantisme, 54-7, 62-3

denominaties, 62, 63, 73, 74
fundamentele geloofsvoorstellingen, 56-7
heiligenverering, 70, 73
iconoclasme, 78
liturgische kalender, 80, 82
mystiek, 67, 67
negatieve invloed op kloosterwezen, 63
Reformatie, 56, 62, 63, 64, 67, 86-7
sacramenten, 56, 77, 82-3
verwerpt pauselijk gezag, 56
Pseudo-Dionysius de Areopagiet, 67, 73
Purana's, *zie* hindoeïstische heilige teksten
Pure Land-boeddhisme (Amidisme) *zie* boeddhistische sekten

Q

Qu Yuan, 225-6, *226*
Qumran, *15*, 23
Quraysh-stam, 94, 95, 96, 106

R

Radha, 137, 141, *141*
Rama, 135, *135*, 137, 138, *138*, 152
Ramadan, 115-16
Ramananda, 140
Ramanuja, 143, 161
Ramayana, *zie* hindoeïstische heilige teksten
Rashi (Rabbi Solomon ben Isaac), 30, 37
Ravana, 138
reconstructionistisch jodendom, 48, 51
Reformatie, protestantse, 56, 62, 63, 64, 67, 86-7
Reis naar het Westen, 189, 217, *217*
religie, vroegste praktijk van, 6
religieuze feesten
  boeddhistische, 190-91, *191*
  Chinese, 220, 224-7, *225*, 226, 227, 232
    drakenboot-races, 225-6, *226*
    feestelijk voedsel, symboliek van, 224
    uitgevoerd door de keizer, 222, 227
  christelijke, 80, 85
  hindoeïstische, 152-3, *152*, *154*
  islamitische, 115-16
  Japanse, 237, 262-4, *263*
    plaatselijke shintoïstische feesten (*matsuri*), 262-3, *264*, *265*, 265
    vuur-reinigingsceremonie (*goma*), 262

joodse, 43, 45-7, *47*, 59, 81
Renaissance, 16, 24, 25
Ricci, Matteo, 206, *206*
Rig Veda, *131*, 133, 138, 140, 158
rooms-katholicisme, 54-6, 82
  canonisatie, 72, 73
  Contra-Reformatie, 62, *62*
  engelen, 73, 84
  erfzonde, 74
  heilige kunst, 62
  heiligenverering, 56, *56*, 70-71, 76
  liturgische kalender, 80-82, 85
  Maagd Maria, 56, 70, 76
    zie ook Eucharistie
  Mis, *zie* Eucharistie
  'patroonheiligen', 72-3
  pausdom, 54, 61, 62
    zie ook individuele pausen
  sacramenten, 56, 77, 82-3
Roy, Ram Mohan, 133
Ryobu-shintoïsme, 244-5

S

Sai Baba, Satya, 142, *142*
Salomo, Koning, 18, 20, *20*, 37, 40
Salomo ben Isaac, Rabbi *zie* Rashi
samadhi, 185
Sanskriet, 131
  zie ook hindoeïstische heilige teksten, talen
Sarasvati, 153, *153*
Sarasvati, Dayananda, 133
Schleiermacher, Friederich, 64-5
Sebastian, 72
Sefardim, 24, *47*
Seljuq-sultanaat, 98, 111
Shakti, 135, 142, 144, 146
Shakyamuni, *zie* Boeddha
Shang Di, 204, *206*, 211
Shang-dynastie, 204, 211, 230
Shankara, 143, 144, 161
Shantarakshita, 174, 182
Shen Nong, 214
Shingon-boeddhisme, 238, *238*, 250, 258, 261, 262
  gesticht door Kobo-daishi, 238, 243, 250, 251, 253
  mandala's, 177
  Vairochana, Boeddha en, 267
  vuur-reinigingsceremonie, 262
Shinran, 167, 177, 245, *245*, 249, 251,

253-4, *254*
shintoïsme
  bergen, heilige, 261, *261*
  boze geesten (*oni*), 246, 248
  draagbare altaren (*mikoshi*), 262, 265, 268, 269, 269
  en boeddhisme, 238, 240-41, 249
  gehoorzaamheid aan de keizer, 256
  geschriften, 250
  goden (*kami*), 238, 246-9
    ujigami, 242
  hanniwa, 242, *242*
  heilig theater (*kagura*), 265, 268
  heilige geschriften, 245, 246, 247, 250
  heilige poorten (*torii*), 258, 260-61, *260*
  Kokugaku-vernieuwing, 255
  kosmologie en theogonie, 246-249
  officiële religie van Japan, 245
  ontstaan, 238, 242
  plaatselijke feesten (*matsuri; taisai*), 262-3, 262, 265, *265*
  rituele reiniging, 264, 265
  Tenrikyo-sekte, 270-71, *270*
  vooroudergeesten, 246, 267
  vrouwelijke altaardragers, 269, *269*
  vrouwelijke priesters, *268*, 269
  wa en *tatemae*, behoud van, 256-7
  Zeven Geluksgoden, 246-8
shintoïstische heiligdommen (*jingu, jinja*), 239, 258, 259-61
  Isagawa (Nara), *264*
  Ise, 242, 246, 258, 260
  Itsukushima (Miyajima), 260
  Izurno Taisha, 246, 260
  Kamakura, 249
  Kitano Temmangu (Kyoto), 248
  Yasakuni (Tokio), 246, *268*
Shiva, 125, 130, 134, *134*, 135, 136, 140, 142, 147, 149
  linga, 137
  op Mount Kailasa, 147-8, *157*
  Nataraja, 125, 149
  Parvati en, 134, 136, 137, 149, *157*
Shotoku Taishi, 182, 243, *243*, 259, 268
Shri (Lakshmi), 134, 136, *136*, 149, 153, 155
Shuddhodana, 168, 169
Siddhartha *zie* Boeddha
Siddoer, 33, 43
sikhisme, 7, 128, 133
Sinaï, berg, 18, *19*, 26, 30, *36*, 47
Sita, *135*, 138, *138*
Sjabbetai Zvi, 29, *29*
Sjah Jehan 1, 133

Sjahada, 100, 101, 114
Sjarie'a, 92, 110-11, 120
Sjechina, 26, 51
Sjema, 26, 26, 33, 37, 43, 45
Sji'itische islam, 92, 97, 105, 106, 108-9, *en* 88-123 *passim*
  imams, 97, 101, 102, 105, 106, 108-9, *108*
  ontstaan, 97
sjofar, 43, 46
soefisme, 99, 101-3, 107
  ascetisme, 102, 103
  en hindoeïsme, 133
  loges (*chanakaahs*), 103, 113
  religieuze geschriften, 103
  soefi-ordes, 99, 102, *102*, 103, *103*
  vrienden van God (*wali Allah*), 101, 109
Soennitische islam, 92, 98, 99, 105, 108, 100, 119, *en* 88-123 *passim*
  ontstaan, 98
  wetsscholen, 98, 110, 111, *111*
Soka Gakkai, *255*, 269, 270-71
Song-dynastie, 174, 180, 205, 221
Spanje, *15*, 18, 24, 25, 36, 56, 66, 66, 76, 86, 92, 96, 97, 97, 99
stupa's, 171, 173, 177, 181, 186-7, *187*, 188-9
Surdas, 140, 141, *141*
sutra's, 166, 180-81, 180, 183, 189, 190, 233, 235, 250-51
  Diamant-Sutra, 180, *213*
  Platform-Sutra, 213
  verering van, 179-80, 189
  Vervolmaking van Wijsheid-*sutra's*, 180, 180
  zie ook Lotus-Sutra
  Zonne-Sutra, 250-51
synagogen, *zie* jodendom

T

Taishan (berg Tai), *199*, 201, 221-3
Talmoed, 31, 37, 38, 39
  van Babylon, 23, 30
  van Jeruzalem, 30
Tang-dynastie, 174, 213, 221
Tantra (boeddhistische), 166-7, 174, 272
  canonieke geschriften, 180-81
  Kalachakra Tantra, 186, 190
  Leegte, concept van, 181
  rol van *mandala's*, 177, *177*
  Shambhala, 186

siddha's, 183, 195
zijtak van Mahayana-traditie, 167, 174
Tantra (hindoeïstische), 144, 272
Tao, 203, 206, 211, 212, 233
taoïsme, 200, 203, 205
  Acht Onsterfelijken, *231*
  cultuurhelden, 214, 215
  ethische leerstellingen, 216
  filosofische traditie, 206, 208, 210, 211, 216, 217-18, 233, 235
  fysiologische alchimie, 221
  goden, 206
  heilige geschriften, 206, 213
  hemelse bureaucratie, 220-21, 233
  hundun, 210
  Japan, 238, 243, 245, 256
  jiao, 220, 221, 226
  kalebassen, 210, *210*
  lang leven en onsterfelijkheid, *210*, 213, 215, 216, 231, 233, 235
  lichamelijke kosmos, 221
  religieuze traditie, 206, 213, 216, 218
  seksuele praktijken, 218, *221*
  streven naar harmonie, 200, 203, 212-13, 214, 216, 235
  tempels, 220-21
  wu wei, 203, 212, 218
Tempel van Jeruzalem
  Eerste Tempel (Salomo's Tempel), 20-21, *20*, 31, 40, *50*
    vernietiging van, 20
    rituelen, 42-3
  Tweede Tempel, 21, 40-41
    heilige gebieden, 40, 41
    ontwijd en opnieuw gewijd, 21, 46
    uitgebreid en verbouwd door Herodes, 22, 40, *40*
    vernietiging van, 22, 22, 31, 40
tempels, 10
  zie ook individuele religies
Tenjin (Sugawara no Michizane), 248
Teresa van Avila, 66, 66
Tertullianus, 65, 69
Tetragrammaton, *15*, 26
Thailand, 173, 174, 194, 195, 196
Theosofische Vereniging, 175, 196
Theravada-boeddhisme, 173-4, *173*, 176, 178-9
  Boeddha's Dag (Vishakha Puja), 167, *167*, 190, 191
  Buddhaghosa, 167, 178, 183
  Drie Korven (*Tipitaka*) van de Pali-canon, 178-9, *178*
  feesten, 190-91

kloosterwijding, 190, *190*
Sri Lanka, 166, 173-4, 173, 175
Vijf Voorschriften, 167, 185
zie ook boeddhisme; Mahayana-boeddhisme; tantrisme
Thich Nhat Hanh, 183
Thomas van Aquino, 62, 64
Tian (Hemel), 204, 211, 222
Tibet, 165 (kaart)
    aankomst van boeddhisme, 166, 174, 183
    Avalokiteshvara, 176, 176, 182
    boeddhisme, herintroductie, 174, 183
    boeddhistische sekten, 174
    canonieke geschriften, 180-81
    Chinese bezetting, 166, 175, 194
    Dodenboek, 193, 193
    Labrang-klooster, *182*
    Samye (bSam-yas)-klooster, 166, 174, 183
    zie ook boeddhisme; Dalai Lama's; Lhasa
Tien Geboden, 10
Tillich, Paul, 65
Tishah b'Av fast day, 47
Tokugawa shogunaat, 238, 240, 244, 270
Tora, 10, 16, 23, *24*, 30-33, *31*, *32*, 34, 37, 43
    ark, 38, *42*, 43
    bar mitzva-ceremonie, 24, 32
    door God aan Mozes gegeven, 19, 36, *36*
    'een haag bouwen rond' 30, 39
    lezingencyclus, 31, 44-5
    mitzvot, 16, 38, 50
    mondelinge Tora, 23, 31, 36
    vrouwenstudies van, 51
Toyotomi Hideyoshi, 244, *244*
Tu Bishvat, feest van, 46
Tukaram, 312, 140
Tulsidas, 141
Twaalver-Shi'ieten, 92, 97, 99, 108, 109, 120, 122-3

U

Uittocht uit Egypte, 18, 20, 47, *47*
Upanishads, zie hindoeïstische heilige teksten

V

Vairochana, 177, *177*, 250, 267
Varuna, 131

Veda, zie hindoeïstische heilige teksten
vedische religie, 131, 141, 155
Verenigde Staten, 17, 24, 25, *50*, 51, 55, 56, 63, 93, 133, 148, 166, 175, 240, 245, 270, *271*
Verlichting, de, 63, 64
Vessantara, Prins, 169, 190
Vijf Boeken van Mozes, *zie* Pentateuch
Vijf Zuilen van de islam, de, 101, 105, 114-17
Vishnu, *132*, 135, 136, 140, 148, 149
    incarnaties (*avatars*), 135, 137, 140, 152
Volkeren van het Boek, 95, 96
voorouderculus, 203, 204, 206, 208, 217, 223, 226, 230-32
    geesten, 203, 217, 230
    huisaltaren, 223, 231-2
    Obon-feest, 262, 264
    offergaven aan, 231-2
    vooroudertabletten, 226, 230
vrije wil
    islam, 100, 119
    jodendom, 39
vrouwen
    bodhisattva's, 183
    goeroes, 142
    hindoeïsme en, 155, 159
    islam en, 106, *122*, 122, 123
    jodendom en, 37, 43, 48, 51
    priesters, christelijke, 87
    shintoïsme en, 268-9, *268*, *269*
    status in de hindoeïstische samenleving, 133, 160, 161
    vruchtbaarheidsculten, Yayoi- en Jomon-culturen, 242
Vulgaat-bijbel, 68

W

Wekenfeest, (joods Pinksteren), 47
Wereldraad van Kerken, 57
Westelijk Paradijs, *zie* Pure Land-boeddhisme
Westelijke Inscriptie, 220
Westelijke Muur, Jeruzalem, 32, 41, *41*, 42
    orthodoxe scheiding van de seksen, *48*
Westerse (Roomse) kerk, 61-2, 70, 77-8
wetten van Manu, 159, 160, 161
Wiel van de Dharma, 170, *171*, 173
Wyclif (Wycliffe), John, 62, 68

X

Xavier, Francis, 244
Xuanzang, 207, 217
Xunzi, 205

Y

Yamato-dynastie, 242-3, 250, 261
Yi Jing (I Ching), 213
yin en yang, 200-202, *200*, 204, 213, 224, 230, 234
yoga 144, 145, *145*
Yuan-dynastie, 219

Z

Zakkai, Yohanan ben, 22-3, *23*, 29, 30
Zarathustra, leer van, 7, 93, 97
Zaydi-sji'ieten, 92
zenboeddhisme, 175, 183, 189, 206, *237*, 238, 251, 252, 253
    esthetica, 257
    heilige raadsel (*koans*), 251, 256
    meditatie, 174-5, 203, 206, 208, 213, 216, 218-19
    Rinzai-school, 252, *252*, 256
    rond Kyoto, 244
    satori, 256, *256*, 257
    Soto-school, 195, 252, 256
    stervensgedichten, *192*
    verworpen door Nichiren, 254-5
Zhang Zai, 220
Zhou, hertog van, 215
Zhou Enlai, 215
Zhou-dynastie, 204-5, 211, 212, 213, 225, 231
Zhu Xi, 205
zionisme, 22, 25, 37, 51
Zohar, 32
zonde, *zie* christelijke ethiek; christelijke theologie; jodendom
Zonne-Boeddha, *zie* Vairochana
Zvi, Sjabbetai, 25, 29, *29*
Zwingli, Ulrich, 62

VERANTWOORDING ILLUSTRATIES

De uitgevers willen graag de volgende fotografen en organisaties bedanken voor hun toestemming voor reproductie van hun materiaal. Al het mogelijke is in het werk gesteld om copyright-houders te traceren. Als er echter toch omissies zijn, zullen wij deze graag in volgende edities rectificeren.

LEGENDA:
t top; m midden; b beneden; l links; r rechts
AA&A: Ancient Art and Architecture
BAL: Bridgeman Art Library
BL: British Library
BM: British Museum
RHPL: Robert Harding Picture Library

Pagina 2tl Zev Radovan; 2tr Christie's Images; 2mt BL; 2mm BL; 2mb BAL/BM; 2bl Christie's Images; 2br BL; 7 RHPL/Nigel Blythe; 8 BAL; 9 Christie's Images; 11 Angelo Hornak; 12 RHPL/J.H. Wilson; 13 Frank Spooner Agency; 14 AA&A; 15 BL; 16 BM; 18 Zev Radovan; 19 Getty Images/Stephen Studd; 20 Zev Radovan; 21 AKG, London/BL; 22 AKG, London; 23 Zev Radovan; 24 Sonia Halliday Photographs/Barry Scale; 25 BAL; 26 The Stockmarket; 27 Zev Radovan; 28 Zev Radovan; 29 Zev Radovan; 31 Zev Radovan; 32 Zev Radovan; 33 Zev Radovan; 34-5 The Stockmarket; 36 Zev Radovan; 37 AKG, London/University Library, Jerusalem; 38 Zev Radovan; 39 Michael Abrahams/Network; 40 Zev Radovan; 41 Getty Images/Alan Puzey; 42 AKG, London; 43 AKG, London/Biblioteca Nacional Lisboa; 44 The Stockmarket; 45 BAL/Museo Cotter, Venice; 46 Zev Radovan; 47 The Stockmarket; 48 Zev Radovan; 49 Getty Images/Sarah Stone; 50 Arcaid/ Richard Bryant; 52 e.t. Archive; 53 Christie's Images; 54 RHPL/E. Simanor; 56 Christie's Images; 57 Panos Pictures/Mark Hakansson; 58 RHPL/E. Simanor; 59 Christie's Images; 60 e.t. Archive/San Apollinare Nuovo, Ravenna; 61 Christie's Images; 62 e.t. Archive/Uffizi Gallery, Florence; 63 Getty Images/John Livsey; 64 BAL/Biblioteca Medicea-Laurenziana, Vatican; 65 e.t. Archive/National Art Gallery, Budapest; 66 BAL/Santa Maria della Vittoria, Rome; 67 AKG, London; 68 Christie's Images; 69 Christie's Images; 70 Christie's Images; 71 BAL/Vatican Museum and Galleries; 73 Christie's Images; 74 Panos Pictures/Bruce Paton; 75 RHPL; 76 RHPL; 77 MAS/Institut Amadler d'Art Hispanic; 78 Impact Photos/Alain le Garsmeur; 79 Angelo Hornak; 80 Magnum/Meyer; 81 Panos Pictures/Jeremy Horner; 82 Magnum/ Gruyeart, 83 Magnum/Abbas; 84 Christie's Images. 85 Getty Images/Michael Townsend; 86 RHPL; 87 Impact Photos/Caroline Penn; 88 RHPL; 89 Christie's Images; 90 The Stockmarket; 93t Magnum/Abbas; 93b Christine Osbourne; 94 BAL/ Chester Beatty Library; 95 e.t. Archive/Turkish & Islamic Arts Museum; 96 RHPL; 97 Images Colour Library; 98 Christie's Images; 99 Magnum/Abbas; 100 Christie's Images; 102 Christine Osbourne; 103 Magnum/Abbas; 104 Magnum/Abbas; 105 BAL/Musee Conde; 106 Images Colour Library; 107 AKG, London/Bibliotheque Nationale, Paris; 108 Christie's Images; 109 Christine Osbourne; 111 Axiom/James Morris; 112 e.t. Archive; 113 Christie's Images; 114 Magnum/Abbas; 115 The Stockmarket; 116 The Stockmarket; 117 RHPL/ Mohammed Amin; 118 e.t. Archive/Museum of Turkish & Islamic Art; 119 Magnum/Abbas; 120 Frank Spooner Agency; 121 Hutchison; 122 RHPL; 123 Magnum/Abbas; 124 Impact Photos/Mike McQueen; 125 Christie's Images; 126 Impact Photos/Simon Shepherd; 129 Hutchison/Jenny Pate; 130 RHPL; 131 e.t. Archive/V&A; 132 e.t. Archive; 134 e.t. Archive; 135 The Stockmarket; 136 Hutchison/Liba Taylor; 137 BAL/BL; 138 BAL/BL; 139 BL/DBP; 140 BM/DBP; 141 BAL/ V&A; 142 Frank Spooner Agency; 143 BAL/V&A; 144 Hutchison; 145 BL/DBP; 146 Images Colour Library; 147 Impact Photos/Mark Henley; 148 Dinodia; 149 Link; 150-51 Magnum/Raghu Rai; 152 BAL/V&A; 153 Panos Pictures/Jean-Leo Dugast; 154 Hutchison/John Hatt; 156 V.R. Rajagopalan; 157 BAL/V&A; 158 Julia Ruxton; 159 VR. Rajagopalan; 160 Dinodia; 161 The Temple of Consciences/DBP; 162 The Stockmarket; 163 Christie's Images; 164 BL/DBP; 167t Hutchison; 167b Hutchison; 168 e.t. Archive/ Musée Guimet; 169 John Bigelow Taylor; 170 Christie's Images; 171 Hutchison/Alex Stuart; 172 Magnum/Abbas; 173 Hutchison/Bernard Regent; 174 Hutchison/Jeremy Horner; 175 Hutchison/ Alex Stuart; 176 Christie's Images; 177 e.t. Archive/ Musée Guimet; 178 BM/DBP; 179 Hutchison/ Sarah Errington; 180 BM/DBP; 181 Hutchison/ Sarah Errington; 182 Panos Pictures/Catherine Platt; 183 Christie's Images; 184 The Stockmarket; 185 e.t. Archive/Museum of Fine Arts Boston; 186 Panos Pictures/Jean-Leo Dugast; 187 Magnum/ Bruno Barbey; 188 Hutchison/Sarah Errington; 189 Panos Pictures/Sean Sprague; 190 Magnum/ Bruno Barbey; 191 Panes Pictures/D. Sansoni; 192 Hutchison; 193 e.t. Archive/Musee Guimet; 194 Magnum/Raghu Rai; 195 The Stockmarket; 196 The Stockmarket; 197 Frank Spooner Agency; 198 National Geographic Image Collection/ Georgia Lowell; 199 e.t. Archive; 200 Images Colour Library; 203t BL/DBP; 203b Getty Images/ Paul Grebliunas; 204 BM/BAL; 205 e.t. Archive; 206 BAL; 207 RHPL/Sibyl Sassoon; 208 e.t. Archive; 209 Magnum/Meyer; 210 Christie's Images; 211 Christie's Images; 213 BU/BAL; 214 BM/DBP; 215 National Palace, Taiwan; 216 e.t. Archive/National Palace, Taiwan; 217 DBP; 218 Daitoku-ji Monastery/BAL; 219 RHPL; 220 Images Colour Library; 221 e.t. Archive; 222 National Geographic Image Collection/Dean Conger; 223 Network/Barry Lewis; 224 Magnum/Meyer; 225 RHPL/G&P Corrigan; 226 National Geographic Image Collection/George Mobley; 227 Images Colour Library; 228-9 Hutchison/Woodhead; 230 RHPUG&P Corrigan; 231 Images Colour Library; 232 Images Colour Library; 233 BM/Michael Holford; 234 National Geographic Image Collection/James P. Blair; 235 Magnum; 236 TRIP/ C. Rennie; 237 TRIP/A. Tovy; 238 Axioni/Jim Holmes; 241 Axiom/C. Rennie; 242 WFA/Ono Collection, Osaka; 243 Sam Fogg Rare Books of London; 244 Panos Pictures/Jim Holmes; 245 AA&A; 246 The Japanese Gallery/DBP; 247 The Japanese Gallery/DBP; 249 AA&A; 250 Magnum/ Thomas Hopker; 251 BL; 252 BL; 253 Sam Fogg Rare Books of London; 254 BAL/Nara National Museum; 255 AA&A; 256 RHPL; 257 Getty Images/Paul Chesley; 258 Axiom; 259 TRIP/C. Rennie; 260 TRIP/C. Rennie; 261 Hutchison/ Liba Taylor; 262 TRIP/C. Rennie; 263 The Stockmarket; 264 TRIP/B.A. Krohn Johansen; 265 C. Scott Littleton; 266 BM/DBP; 267 Michael Holford; 268 Magnum/Ernst Haas; 269 RHPL/ Gavin Heller; 270 Tenrikyo Headquarters, Tenri City; 271 e.t. Archive/BM

De citaten op p. 218, 219 en 220 zijn overgenomen uit: Chan, Wing-tsit; A Source Book in Chinese Philosophy. Copyright © 1963 by Princeton University Press, renewed 1991 by Princeton University Press. Reprinted by permission of Princeton University Press.